Springers Lehrbücher
der Informatik

Herausgegeben von
o. Univ.-Prof. Dr.-Ing. Gerhard H. Schildt
Technische Universität Wien

SpringerWienNewYork

Johann Blieberger
Bernd Burgstaller
Gerhard-Helge Schildt

Informatik

Grundlagen

Fünfte, überarbeitete Auflage

SpringerWienNewYork

Ao. Univ.-Prof. Dipl.-Ing. Dr. Johann Blieberger
Institut für Rechnergestützte Automation
Arbeitsgruppe Automatisierungssysteme
Technische Universität, Wien, Österreich
e-mail: blieb@auto.tuwien.ac.at

Dipl.-Ing. Dr. Bernd Burgstaller
School of Information Technologies
The University of Sydney
Sydney, Australia
e-mail: bburg@it.usyd.edu.au

o. Univ.-Prof. Dr.-Ing. Dipl.-Ing. und Ing. (grad.) Gerhard-Helge Schildt
Institut für Rechnergestützte Automation
Arbeitsgruppe Automatisierungssysteme
Technische Universität, Wien, Österreich
e-mail: schi@auto.tuwien.ac.at

Das Werk ist urheberrechtlich geschützt.
Die dadurch begründeten Rechte, insbesondere die der Übersetzung, des Nachdruckes, der Entnahme von Abbildungen, der Funksendung, der Wiedergabe auf photomechanischem oder ähnlichem Wege und der Speicherung in Datenverarbeitungsanlagen, bleiben, auch bei nur auszugsweiser Verwertung, vorbehalten.

© 1990, 1992, 1996, 2002 und 2005 Springer-Verlag/Wien
Printed in Austria

SpringerWienNewYork ist ein Unternehmen
von Springer Science + Business Media
springer.at

Die Wiedergabe von Gebrauchsnamen, Handelsnamen, Warenbezeichnungen usw. in diesem Buch berechtigt auch ohne besondere Kennzeichnung nicht zu der Annahme, dass solche Namen im Sinne der Warenzeichen- und Markenschutz-Gesetzgebung als frei zu betrachten wären und daher von jedermann benutzt werden dürfen.

Produkthaftung: Sämtliche Angaben in diesem Fachbuch/wissenschaftlichen Werk erfolgen trotz sorgfältiger Bearbeitung und Kontrolle ohne Gewähr. Insbesondere Angaben über Dosierungsanweisungen und Applikationsformen müssen vom jeweiligen Anwender im Einzelfall anhand anderer Literaturstellen auf ihre Richtigkeit überprüft werden. Eine Haftung der Autoren oder des Verlages aus dem Inhalt dieses Werkes ist ausgeschlossen.

Satz: Reproduktionsfertige Vorlage der Autoren
Druck und Bindung: Grasl Druck & Neue Medien, 2540 Bad Vöslau, Österreich

Gedruckt auf säurefreiem, chlorfrei gebleichtem Papier – TCF
SPIN: 11429821

Mit 103 Abbildungen

Bibliografische Information Der Deutschen Bibliothek
Die Deutsche Bibliothek verzeichnet diese Publikation in der Deutschen Nationalbibliografie; detaillierte bibliografische Daten sind im Internet über <http://dnb.ddb.de> abrufbar.

ISSN 0938-9504
ISBN-10   3-211-27754-4 SpringerWienNewYork
ISBN-13   978-3-211-27754-6 SpringerWienNewYork
ISBN 3-211-83710-8 4. Aufl. SpringerWienNewYork

Vorwort zur 1. Auflage

> *Für euch, Kinder der Wissenschaft und der Weisheit,
> haben wir dieses geschrieben. Erforscht das Buch
> und suchet euch unsere Ansicht zusammen, die wir
> verstreut und an mehreren Orten dargetan haben;
> was euch an einem Orte verborgen bleibt, das haben
> wir an einem anderen offengelegt,
> damit es fassbar werde für eure Weisheit.*
>
> Heinrich Cornelius Agrippa von Nettesheim,
> „De occulta philosophia".

Angesichts einer wahren Flut von Büchern über Informatik erhebt sich die berechtigte Frage, was in der Informatiker-Ausbildung an der Technischen Universität Wien tätige Autoren veranlasst, beinahe ein ganzes Jahr ihrer ohnedies knappen Zeit zu opfern und ein weiteres zu schreiben „*... damit es fassbar werde für eure Weisheit*" ?

Initiales Moment für die Beschäftigung mit dieser Idee war das Problem, den Hörern der für das erste Semester vorgesehenen Vorlesung „Einführung in die Informatik" geeignete schriftliche Unterlagen empfehlen zu müssen. Die Ziele dieser insgesamt sechsstündigen Lehrveranstaltung haben, im Gegensatz zu der parallel stattfindenden „Einführung in das Programmieren", jedoch kaum etwas mit der Entwicklung von Software zu tun. Vielmehr werden hier genau jene Aspekte der Informatik abgedeckt, die nicht die eigentliche Programmierung betreffen.

Nun erwies sich aber ein Großteil der in der letzten Zeit erschienenen (guten) Bücher über Informatik als zu anspruchsvoll beziehungsweise zu spezialisiert; etwa 80% der in technischen Buchhandlungen zu findenden Werke sind eigentlich Programm- oder Hardware-Beschreibungen. Im Endeffekt konnten wir daher kein deutschsprachiges Buch finden, das eine dem Niveau des ersten Semesters angemessene Einführung in die moderne Informatik bietet – und dabei die eigentliche Programmierung ausklammert.

Der stoffliche Aufbau unserer INFORMATIK ist daher zunächst einmal darauf ausgerichtet, einige der wesentlichen *theoretischen Grundlagen* zu erarbeiten. Dadurch werden nicht zuletzt auch die Voraussetzungen dafür geschaffen, sich mit der *Funktionsweise moderner Computersysteme* zu beschäftigen.

Das Buch ist streng hierarchisch aufgebaut, das heißt, der Inhalt späterer Kapitel setzt den Inhalt früherer Kapitel voraus, nicht aber umgekehrt. Im Vordergrund steht dabei ein umfassender Überblick über die einzelnen Themen, aber natürlich unter Berücksichtigung des für das Verständnis notwendigen und zumutbaren Detaillierungsgrades. Die Intention war, eine Art „studienbegleitende Übersicht" zu schaffen, also ein einführendes Werk, dessen Gültigkeit nicht mit dem ersten Semester endet; diese Absicht äußert sich nicht zuletzt schon in einem umfangreichen Index. Dass dies aber in Anbetracht der ungeheuer schnell vor sich gehenden Weiterentwicklung der Informatik nur ein Versuch sein kann, liegt auf der Hand.

Was den Stil und die Aufmachung des Ganzen betrifft, haben wir versucht, den normalerweise üblichen, trockenen Sachbuchcharakter von „Definition - Satz - Beweis" zugunsten einer lockeren und das intuitive Verständnis fördernden Darstellung aufzugeben. In den Text eingestreut finden sich etwa, neben vielen Abbildungen, auch diverse Literaturzitate aus den verschiedensten Bereichen. Diese zu suchen haben wir nicht nur auf uns genommen, um Ihnen etwas von dem Spaß zu vermitteln, den uns die Beschäftigung mit informatischen Belangen bereitet, sondern auch, um anzudeuten, wie viele Assoziationsmöglichkeiten mit nicht minder wichtigen und interessanten Gebieten der menschlichen Kultur eine angeblich trockene Materie bieten kann.

Es bleibt uns nur mehr, jenen Studenten Dank zu sagen, die mit ihren Kommentaren und Verbesserungsvorschlägen dazu beigetragen haben, dass das Buch in der vorliegenden Form präsentiert werden kann.

J. Blieberger, G.H. Schildt, U. Schmid, S. Stöckler

Vorwort zur 5. Auflage

Die nunmehr vorliegende fünfte Auflage unterscheidet sich von den bisherigen im wesentlichen dadurch, dass ein neues Kapitel über *Graphentheorie und Automaten* hinzugekommen ist und einige andere Kapitel ergänzt und an den Stand der Technik angepasst wurden. Nötig wurde dies unter anderem durch kleinere Änderungen des Studienplans für Informatik an der TU Wien.

Unter der URI

http://www.auto.tuwien.ac.at/informatik

finden sich nach wie vor multimediale Aufbereitungen verschiedener Inhalte. Im Buch finden Sie an den entsprechenden Stellen ein Icon nebenstehender Gestalt.

Um den Stoff inhaltlich zu vertiefen, steht Ihnen folgendes Buch zur Verfügung

W. Kastner, G.H. Schildt, „Informatik – Aufgaben und Lösungen", Springer-Verlag.

Abschließend wollen wir uns bei den Lesern bedanken, die mit ihren Kommentaren dazu beigetragen haben, Fehler zu beheben und Lücken in der Präsentation zu schließen. Sollten Sie einen Fehler in diesem Buch finden, so senden Sie bitte Email an

Grundlagen_der_Informatik@auto.tuwien.ac.at

Oberwaltersdorf, Sydney, Pressbaum, Juli 2005

J. Blieberger, B. Burgstaller, G.-H. Schildt

Inhaltsverzeichnis

Einführung   1

1   Entwicklung des Berufsbildes   3

2   Inhaltsübersicht   7

Theoretische Grundlagen   13

3   Informationstheorie   15
    3.1   Der Begriff Information und seine Entstehung   15
    3.2   Der nachrichtentechnische Informationsbegriff   17
    3.3   Grundlagen der Codierung   19
    3.4   Informationstheorie nach Shannon   21
    3.5   Kanäle, Transinformation, Verbundentropie und Irrelevanz   26

4   Codierungstheorie   33
    4.1   Datenverdichtung   33
       4.1.1   Der Huffman-Code   33
       4.1.2   Ein adaptiver Huffman-Code   35
       4.1.3   Arithmetisches Codieren   35
    4.2   Datenkompression   37
       4.2.1   Modellierung   37
       4.2.2   Übliche Modelle   39
    4.3   Fehlererkennende und fehlerkorrigierende Codes   43
       4.3.1   Die Hammingdistanz   44
       4.3.2   Fehlererkennende Codes   46
       4.3.3   Fehlerkorrigierende Codes   48
    4.4   Zifferncodierung   50
       4.4.1   BCD-Code   50
       4.4.2   Gray-Code   50
    4.5   Codierung alphanumerischer Zeichen   51
       4.5.1   Der ASCII-Code   51
       4.5.2   Der ISO 10646 Standard   51
    4.6   Cryptographie   55
       4.6.1   Traditionelle Verschlüsselungsmethoden   55
       4.6.2   Ersetzungsmethoden   56
       4.6.3   Verschiebungsmethoden   57
       4.6.4   Der Data Encryption Standard   58
       4.6.5   Public Key Cryptosystems   61
       4.6.6   Die RSA-Methode   62
       4.6.7   Authentisierung   64
       4.6.8   Elektronisches Geld   65

5 Datenübertragungsverfahren — 69
- 5.1 Synchronisation auf Bit- und Wortebene 69
  - 5.1.1 Bittaktsynchronisation 69
  - 5.1.2 Wortsynchronisation 72
- 5.2 Mehrfachnutzung von Übertragungskanälen 73
  - 5.2.1 Raummultiplex (Space Division Multiplexing/SDM) 73
  - 5.2.2 Frequenzmultiplex (Frequency Division Multiplexing/FDM) ... 75
  - 5.2.3 Zeitmultiplex (Time Division Multiplexing/TDM) 75
  - 5.2.4 Codemultiplex (Code Division Multiplexing/CDM) 76
  - 5.2.5 Vergleich der verschiedenen Multiplexverfahren 79
- 5.3 Kanalcodierung 81
- 5.4 Trennzeichenfreie Codierung 82
  - 5.4.1 Eigenschaften 83
  - 5.4.2 Fehlerverhalten 86

6 Informationsreduzierende Codierungen — 87
- 6.1 Matrizen 87
- 6.2 Diskrete Cosinus-Transformation 90
  - 6.2.1 Einige Eigenschaften der diskreten Cosinus-Transformation .. 90
  - 6.2.2 Algorithmische Durchführung der DCT 93
- 6.3 Praktische Anwendungen der diskreten Cosinus-Transformation ... 93
  - 6.3.1 Signale und Sprache 93
  - 6.3.2 Bilder 94
  - 6.3.3 Film und Video 96
- 6.4 Wavelet-Transformationen 98
- 6.5 Fraktale Bildkompression 98

7 Zahlendarstellungen — 101
- 7.1 Zahlensysteme 101
- 7.2 Der ideelle Zahlenbegriff 103
- 7.3 Zahlenumwandlungen 104
  - 7.3.1 Konversion von ganzen Zahlen 105
  - 7.3.2 Konversion von Zahlen mit Nachkommastellen 106
  - 7.3.3 Konversion zwischen Zahlen in binärer und hexadezimaler Darstellung ... 107
- 7.4 Rechnen im binären System 107
  - 7.4.1 Die Addition im binären Zahlensystem 107
  - 7.4.2 Die Subtraktion im binären Zahlensystem 109
  - 7.4.3 Die Multiplikation im binären Zahlensystem 109
  - 7.4.4 Die Division im binären Zahlensystem 111
- 7.5 Rechnen im hexadezimalen System 111
- 7.6 Rechnen mit überlangen Zahlen 112
- 7.7 Potenzieren 114
- 7.8 Darstellung negativer Zahlen 114
  - 7.8.1 Darstellung durch Vorzeichen und Betrag 115
  - 7.8.2 Exzessdarstellung 116
  - 7.8.3 Einerkomplementdarstellung 116
  - 7.8.4 Zweierkomplementdarstellung 117

8 Numerik — 119
- 8.1 Festpunkt-Darstellung 119
- 8.2 Gleitpunkt-Darstellung 120
  - 8.2.1 Normalisierte und denormalisierte Gleitpunktzahlen 121
  - 8.2.2 Normalisieren von Gleitpunktzahlen 122

8.3 Struktur von Gleitpunkt-Zahlensystemen ... 123
8.3.1 Parameter eines Gleitpunkt-Zahlensystems ... 123
8.3.2 Anzahl der Gleitpunktzahlen ... 123
8.3.3 Größte und kleinste Gleitpunktzahl ... 124
8.3.4 Absolute Abstände der Gleitpunktzahlen ... 124
8.4 Codierung von Gleitpunktzahlen ... 126
8.5 IEEE-Normen für Gleitpunkt-Zahlensysteme ... 128
8.5.1 Formate der IEEE 754 Gleitpunkt-Zahlensysteme ... 130
8.5.2 Codierung von Gleitpunktzahlen der IEEE 754 Gleitpunkt-Zahlensysteme ... 130
8.5.3 Arithmetik der IEEE 754 Gleitpunkt-Zahlensysteme ... 135
8.6 Arithmetik auf Gleitpunkt-Zahlensystemen ... 135
8.6.1 Rundung ... 136
8.6.2 Rundungsfehler ... 138
8.6.3 Rundung und arithmetische Operationen ... 143
8.6.4 Implementierung einer IEEE 754 Gleitpunkt-Arithmetik ... 145
8.7 Genauigkeitsbetrachtungen von Numerik-Software ... 158
8.7.1 Fehlerfortpflanzung ... 158
8.7.2 Gesamtanalyse eines numerischen Programms ... 159
8.7.3 Summation von Gleitpunktzahlen ... 160

9 Algorithmen ... 165
9.1 Analyse von Algorithmen ... 165
9.2 Binäres Suchen ... 168
9.3 Präludium und Fuge über ein Thema von Hoare ... 170

10 Graphen und Automaten ... 179
10.1 Gerichtete und ungerichtete Graphen ... 179
10.2 Pfade ... 180
10.3 Zusammenhängende Graphen ... 181
10.4 Bäume ... 182
10.5 Flussgraphen ... 184
10.6 Endliche Automaten mit Ausgabe ... 185
10.7 Petri-Netze ... 188

11 Boolesche Algebra ... 195
11.1 Operationen der Booleschen Algebra ... 195
11.2 Gesetze der Booleschen Algebra ... 196
11.3 Funktionen über der Booleschen Algebra ... 198
11.4 Normalformen ... 200
11.4.1 Disjunktive Normalform ... 200
11.4.2 Konjunktive Normalform ... 201
11.5 Vereinfachen von Funktionen ... 201
11.5.1 Verfahren nach Quine und McCluskey ... 202
11.5.2 Verfahren nach Karnaugh und Veitch ... 207

12 Fuzzy-Logik ... 213
12.1 Fuzzy-Mengen ... 213
12.2 Fuzzyfizierung ... 215
12.2.1 Fuzzy-Operatoren ... 216
12.2.2 Fuzzy-Relationen ... 218
12.2.3 Regelbasis ... 218
12.2.4 Inferenz ... 219
12.2.5 Defuzzifizierung ... 223

13 Quanten-Computer — 225
- 13.1 Schrödingers Katze 225
- 13.2 Für Qubits definierte Operationen 227
  - 13.2.1 Unäre Operationen 228
  - 13.2.2 Das Tensorprodukt 229
  - 13.2.3 Binäre Operationen 230
  - 13.2.4 Das No-Cloning Theorem 230
  - 13.2.5 Verschränkte Qubits 231
  - 13.2.6 Die Grover-Operation 233
  - 13.2.7 Universelle Operationen 234
  - 13.2.8 Die Quanten-Fourier-Transformation 235
- 13.3 Quanten-Informationstheorie 236
  - 13.3.1 Die von Neumannsche Quantenentropie 237
  - 13.3.2 Die bedingte Quanten-Entropie (Quanten-Irrelevanz) . . . 238
  - 13.3.3 Die Quanten-Transinformation 240
- 13.4 Quanten-Algorithmen 240
  - 13.4.1 Quanten-Parallelismus 240
  - 13.4.2 Vorzeichenänderung 240
  - 13.4.3 Der Groversche Algorithmus 241
  - 13.4.4 Der Shorsche Algorithmus 243
- 13.5 Dichte Codierung 246
- 13.6 Quanten-Teleportation 247

Ausklang — 249

Literaturverzeichnis — 251

Namensverzeichnis — 253

Stichwortverzeichnis — 255

Einführung

> Theaterdirektor: *Ihr beiden, die ihr mir so oft*
> *In Not und Trübsal beigestanden,*
> *Sagt, was ihr wohl in deutschen Landen*
> *Von unsrer Unternehmung hofft?*
> *Ich wünschte sehr, der Menge zu behagen,*
> *Besonders, weil sie lebt und leben lässt.*
> *Die Pfosten sind, die Bretter aufgeschlagen,*
> *Und jedermann erwartet sich ein Fest.*
> *Sie sitzen schon mit hohen Augenbrauen*
> *Gelassen da und möchten gern erstaunen.*
> *Ich weiß, wie man den Geist des Volks versöhnt;*
> *Doch so verlegen bin ich nie gewesen:*
> *Zwar sind sie an das Beste nicht gewöhnt,*
> *Allein sie haben schrecklich viel gelesen. (...)*
>
> Dichter: *O sprich mir nicht von jener bunten Menge,*
> *Bei deren Anblick uns der Geist entflieht.*
> *Verhülle mir das wogende Gedränge,*
> *Das wider Willen uns zum Strudel zieht.*
> *Nein, führe mich zur stillen Himmelsenge,*
> *Wo nur dem Dichter reine Freude blüht;*
> *Wo Lieb und Freundschaft unsres Herzens Segen*
> *Mit Götterhand erschaffen und erpflegen.*
> *Ach! was in tiefer Brust uns da entsprungen,*
> *Was sich die Lippe schüchtern vorgelallt,*
> *Missraten jetzt und jetzt vielleicht gelungen,*
> *Verschlingt des wilden Augenblicks Gewalt.*
> *Oft, wenn es erst durch Jahre durchgedrungen,*
> *Erscheint es in vollendeter Gestalt.*
> *Was glänzt, ist für den Augenblick geboren,*
> *Das Echte bleibt der Nachwelt unverloren.*
>
> Lustige Person: *Wenn ich nur nichts von Nachwelt hören sollte!*
> *Gesetzt, dar ich von Nachwelt reden wollte,*
> *Wer machte denn der Mitwelt Spaß?*
> *Den will sie doch und soll ihn haben.*
> *Die Gegenwart von einem braven Knaben*
> *Ist, dächt ich, immer auch schon was.*
> *Wer sich behaglich mitzuteilen weiß,*
> *Den wird des Volkes Laune nicht erbittern;*
> *Er wünscht sich einen großen Kreis,*
> *um ihn gewisser zu erschüttern. (...)*
>
> Vorspiel auf dem Theater.
> Johann Wolfgang von Goethe, „Faust".
> Der Tragödie erster Teil.

Jeder Versuch, einer größeren Menge von Personen unterschiedlicher Bildungsstruktur mit einer umfassenden, die persönlichen Bedürfnisse des Einzelnen nicht beachtenden Vermittlung von Inhalten zu genügen, konfrontiert die Urheber mit den einander widersprechenden Zielen, denen schon Goethe im „Faust" durch die symbolhaften Personen des Theaterdirektors, des Dichters und der Lustigen Person so wortgewaltig Ausdruck verliehen hat.

Auf unsere Situation projiziert, zwingt der vom „Theaterdirektor" verkörperte Initial- und Erfolgsgedanke die beiden gegensätzlichen Strömungen Wissenschaft und Spieltrieb durch die Festlegung der äußeren Bedingungen dazu, sich in einem Kompromiss zu vereinigen.

Würden wir uns dabei völlig auf den Standpunkt des „Dichters" stellen, so müssten wir die Informatik von der streng wissenschaftlichen Seite her aufziehen. Die hierfür notwendigen, abstrakten und komplizierten Formalisierungen setzten beim Leser aber tiefere Kenntnisse bezüglich der Mathematik voraus. Genauso bedürfte es einer gewissen elektrotechnischen Vorbildung, um die gerätespezifischen Aspekte wirklich ordentlich verstehen zu können. Ein derartiger Ansatz erscheint uns daher sowohl in didaktischer Hinsicht als auch vom nötigen Umfang her ziemlich ungeeignet.

Die „Lustige Person" hingegen würde für eine Ausrichtung der Informatik ausschließlich auf die für den Großteil der Rezipienten wichtigen Teilgebiete plädieren. Bei dieser Betrachtungsweise hätten natürlich die theoretische Informatik und die Elektrotechnik eher geringen Stellenwert. Die stets steigenden Ansprüche in bezug auf die Qualifikation eines Informatikers erfordern jedoch, neben immer größeren Fertigkeiten bei der Formalisierung von Problemen, vor allem das Vorhandensein von immer umfangreicheren Fachkenntnissen. Aus diesem Grund stellt ein derartiger, für die Ausbildung von Programmierern vielleicht sogar geeigneter Ansatz für Informatiker eine zumindest mittelfristig äußerst fragwürdige Grundlage dar.

Unter der Berücksichtigung dieser einander widersprechenden Zielsetzungen haben wir versucht, einige uns wichtig erscheinende Teilgebiete der Informatik in einer gut strukturierten Form vorzustellen. Dabei soll beim Leser, quasi als Nebeneffekt, ein erstes Gefühl für die in der Informatik so wichtigen Prinzipien wie *Abstraktion*, *Strukturierung* und *Partitionierung* von Problemen entwickelt werden. Wir erachten dies als mindestens ebenso wichtig wie die Vorstellung der Inhalte selbst, da gerade die für die *Systemanalyse* (die Untersuchung und Partitionierung eines Problems in Hinblick auf dessen Lösbarkeit mit einem Computer) so wichtige Fähigkeit zur Entwicklung und Verifikation von Konzepten einen Informatiker von einem Programmierer unterscheidet.

Konkret stellt die vorliegende INFORMATIK das Angebot zu einem nicht hauptsächlich an Programmieraspekten orientierten Einstieg in die Informatik dar, wobei der Versuch eines diesbezüglich möglichst umfassenden Überblicks im Vordergrund steht. Selbstverständlich erhebt das Buch aber keinen Anspruch auf eine vollständige Übersicht über die Informatik. Ein solches Unterfangen müsste vor allem die bei weitem umfangreichste Sparte Software, die theoretische Informatik und die Mathematik sowie Spezialdisziplinen wie die Elektrotechnik berücksichtigen. Darüber hinaus dürften auch anwendungsspezifische Grundlagen etwa aus den Wirtschaftswissenschaften, dem Maschinenbau, ... und diverse Verfahrenstechniken nicht vernachlässigt werden.

Endlich sollte einmal zu lesen sein:
Die Ausstattung des neuen Stückes
hat alles bisher Übertroffene geboten.

Karl Kraus, „Die Fackel".

1 Entwicklung des Berufsbildes

> *Habe nun, ach! Philosophie,*
> *Juristerei und Medizin,*
> *Und leider auch Theologie!*
> *Durchaus studiert, mit heißem Bemühn.*
> *Da steh ich nun, ich armer Tor!*
> *Und bin so klug als wie zuvor;*
> *Heiße Magister, heiße Doktor gar,*
> *Und ziehe schon an die zehen Jahr*
> *Herauf, herab und quer und krumm*
> *Meine Schüler an der Nase herum –*
> *Und sehe, dass wir nichts wissen können!*
>
> Faust.
> Johann Wolfgang von Goethe, „Faust". Der Tragödie erster Teil.

Der ungeheuer schnell vor sich gehende Entwicklungsprozess der Informatik und das Eindringen der Computer in praktisch alle Lebensbereiche hatte und hat enorme Auswirkungen auf das *Berufsbild* des Informatikers. In der *Pionierzeit* der Informatik (etwa ab 1940) gab es praktisch keine kommerziellen Interessen an der Computertechnik. Die Anwender waren meist Wissenschafter oder Techniker, die komplexe Berechnungen mit den damals mehrere, voll klimatisierte Räume füllenden, programmierbaren „Taschenrechnern" ausführen wollten. Abgesehen von der ohnedies schwierigen und umständlichen Programmierung mussten sie dazu tief in die Details der Rechnerkonstruktion eindringen, jeder einzelne war etwa im Falle eines (häufig auftretenden) Defektes gezwungen, defekte Elektronenröhren zu lokalisieren und auszutauschen. Der Vergleich mit dem Taschenrechner ist insofern treffend, als diese Computer dem einzelnen Anwender tatsächlich exklusiv zur Verfügung standen; außerdem war die Rechenleistung für heutige Verhältnisse lächerlich klein.

Für jedes Problem wurde eine „Insellösung" geschaffen, das heißt, ein speziell auf die Erfordernisse zugeschnittenes Programm geschrieben. Dabei mussten auch die elementarsten Details (immer wieder) ausprogrammiert werden. Jeder Anwender war sein eigener Informatiker; um einen Computer verwenden zu können, musste er sich das notwendige Detailwissen über die Programmierung in *Assembler* (einer symbolischen *Maschinensprache*) oder in einer der ersten *höheren Programmiersprachen* (wie zum Beispiel *Fortran*) aneignen. An die Informatik als selbständige Disziplin war damals nicht zu denken. Hard- und Software wurden als eine Einheit betrachtet; es war selbstverständliche Aufgabe eines Computerherstellers, das für den Betrieb eines Rechners nötige Betriebssystem oder den Fortran-Compiler (ein Übersetzungsprogramm) mit der Hardware mitzuliefern. Dass die ganze Software von Leuten geschrieben wurde, welche die Notwendigkeit eines systematischen und verständlichen Designs (noch) nicht erkannten, liegt auf der Hand.

Hier sei kurz angemerkt, dass bis heute Uneinigkeit darüber herrscht, wer den ersten frei programmierbaren Computer gebaut hat. Der Deutsche Konrad Zuse vervollständigte seine *Z1* 1938 in Berlin. Die *Z1* war ein Rechner auf elektromechanischer Basis. In Folge baute Zuse die *Z2* und *Z3*, die elektromechanisch mittels Relais arbeiteten. Die Arbeit an der *Z3* wurde 1941 beendet. Der Amerikaner Howard Hathaway Aiken beendete seine Arbeit an der *Mark I*, damals noch mit dem Namen *ASCC* (Automatic Sequence Controlled Calculator), im Jahre 1943. Sowohl die *Mark I* als auch ihre Nachfolgerin funktionierten elektro-mechanisch. Die Amerikaner John Presper Eckert und John William Mauchly bauten gemeinsam die *ENIAC* (Electronic Integrator and Computer), die sie 1946 fertigstellten. Der Grund für die Uneinigkeit, welches nun der erste frei programmierbare Computer war, liegt einerseits in politischen Bereichen, andererseits darin, dass nur mehr schwer feststellbar ist, welche Berechnungen diese „Dinosaurier" der Computer durchführen konnten.

Durch epochale Fortschritte in der Hardware-Technologie (Erfindung des Transistors!) und der daraus resultierenden physikalischen Verkleinerung und Verbilligung von Computersystemen wurden allmählich kommerzielle Interessen geweckt. Der nachgewiesenermaßen erste volltransistorisierte Computer war das *Mailüfterl* des Österreichers Heinz Zemanek. Die verlässlicher gewordene Hardware konnte nun nicht mehr die vielen Fehler in den schon umfangreichen Betriebssystemen kaschieren (vor dieser Zeit war ein Maschinenabsturz ein „normaler" Betriebszustand, kein Mensch hätte sich über Fehler im Betriebssystem beklagt). Die riesigen Kosten, die durch das Ausbessern dieser konzeptuell schlechten Software verursacht wurden (eine Fehlerbehebung zog meist einige neue Fehler nach sich!), induzierten einen entscheidenden Wandel. Eine Marketing-Entscheidung von IBM zu Beginn der Siebzigerjahre, nämlich die Software von der Hardware zu trennen, kann als Katalysator für die Entstehung einer eigenen Software-Industrie bezeichnet werden. Seit damals entwickelt(e) sich eine immer umfangreicher werdende, von Spezialisten (eben den Informatikern) bereitgestellte Schnittstelle zwischen dem Anwender und dem Rechnersystem, die den Anwender von den computerspezifischen Detailproblemen weitgehend befreit.

In unserer Zeit sind diesbezüglich Forderungen wie komfortable und gleichzeitig einfache Bedienbarkeit, aufwendige Graphik und leistungsfähige Hilfefunktionen selbstverständlich. Die Entwicklung der *Computer-Netzwerke* bringt weitere Komplexitäten ins Bild. So muss etwa ein Zugriff auf geographisch weit entfernte Datenbestände oder die Kommunikation mit speziellen Geräten (etwa einem in Amerika befindlichen Supercomputer, einem hochauflösenden Drucker, usw.) problemlos möglich sein (Internet!). In diesem Zusammenhang gewinnt auch die Forderung nach *Kompatibilität*, also nach der Verträglichkeit von Software-Systemen untereinander, immer stärkere Bedeutung. Den derzeitigen Gipfelpunkt stellt wohl die Java-Technologie mit ihrer „write once, run everywhere"-Philosophie dar.

Das Profil des Anwenders hat sich demzufolge radikal gewandelt. Waren es zu Beginn zumindest technisch geschulte Fachleute, die selbst die Programmierung ihrer Applikations-Software vornahmen, sind es heute vor allem an technischen Details total uninteressierte Vertreter der diversen Berufsgruppen, die ihre spezifischen Probleme von Informatikern gelöst haben wollen.

Begünstigt wurde die gesamte Entwicklung noch durch die Veränderungen in der Kostenrelation Hardware/Software. Diktierte in der Anfangszeit die aufwendige und demzufolge sehr teure Hardware den Preis eines Computersystems, so ist es heute die immer umfangreicher werdende Software. Durch die Fortschritte in der *VLSI-Technik* (Very Large Scale Integration) kann trotz steigender Leistungsfähigkeit der Rechner eine fallende Tendenz der Hardwarepreise prognostiziert werden. Die geradezu explodierenden Entwicklungszeiten bei der Software und die stets steigenden Qualifikationserfordernisse für Software-Spezialisten führen hingegen trotz verbesserter und vereinheitlichter Techniken wie etwa *UML* – Unified Modeling Language, *CASE* – Computer Aided Software Engineering, oder verschiedener Ansätze betreffend Durchführung des Software Entwicklungsprozesses, zu immer teureren Produkten.

War es früher notwendig, die sehr kostspieligen Großrechner durch die quasigleichzeitige Verarbeitung mehrerer Aufgaben (*Jobs*) möglichst gut auszulasten, schaffte (unter anderem) der oben beschriebene Trend die Voraussetzungen, den Bedarf nach immer höherer Rechenleistung durch die Ausnutzung von *Parallelität* steigern zu können. Die Bearbeitung einer einzelnen Aufgabe wird hier von mehreren Verarbeitungseinheiten (*Prozessoren*) gleichzeitig durchgeführt. Die Rechnersysteme dieser Generation werden als *verteilte Systeme (Distributed Systems)* bezeichnet; die Möglichkeiten reichen von lose gekoppelten Computer-Netzwerken bis zu dicht gekoppelten Mehrprozessorsystemen.

Daneben ist es vor allem die Forderung nach stets wachsender Zuverlässigkeit, welche die Weichen innerhalb der Informatik stellt. Computer werden mittlerweile an immer wichtigeren Stellen eingesetzt, selbst kurze Ausfälle können existenzbedrohende Katastrophen auslösen. Durch die immer stärkere Verflechtung der diversen Anwendungsmöglichkeiten werden zudem auch früher relativ „ungefährliche" Bereiche zum potentiellen Gefahrenherd; so kann ein Fehler in einem Lagerbuchhaltungsprogramm einer vollautomatischen Hamburger-Fabrik fatale Folgen haben, wenn es zum Beispiel statt der benötigten 100 Tonnen Speisesalz die gleiche Menge Waschpulver bestellt und einlagert ....

Als unmittelbare Konsequenz des Gesagten ergeben sich immer größer werdende Anforderungen an Soft- und Hardware, jedoch im Sinne einer verbesserten Zuverlässigkeit des Gesamtsystems. Daraus resultiert natürlich stets steigender Bedarf nach immer ausgefeilteren Entwurfstechniken und Teststrategien. Verschärfend kommt noch hinzu, dass durch den internationalen Konkurrenzdruck die Innovationszyklen (vor allem bei Hardware) immer kürzer werden, das heißt, es muss mehr Qualität in immer kürzerer Zeit erreicht werden.

Diese Entwicklungen haben klarerweise große Auswirkungen auf die Qualifikationserfordernisse für Informatiker. Wir wollen abschließend versuchen, einige der wichtigsten *Anforderungen* zu formulieren, wobei wir hauptsächlich den Anwendungssektor im Auge haben.

Als zentral kann die Beherrschung prinzipieller Techniken der *Systemanalyse*, vor allem die Fähigkeit zur *Festlegung* und *Verifikation* von sauberen und (halbwegs) *zukunftssicheren* Konzepten angesehen werden. Dies ist umso wichtiger, als die Entwicklung eines größeren Software-Paketes üblicherweise Jahre dauert, wodurch schlecht getroffene Entscheidungen in der Entwurfsphase katastrophale Folgen haben können. Dabei ist nicht zuletzt die Berücksichtigung der internationalen Standardisierungsbestrebungen (etwa bei Netzwerken, Graphik, usw.) von großer Bedeutung.

Als selbstverständlich müssen exzellente „handwerkliche" Fähigkeiten wie *Abstraktionsvermögen*, *logisches Denken*, die Beherrschung der *Formalisierung* eines Problems und – last but not least – hinreichende *Programmiererfahrung* vorausgesetzt werden. Ebenfalls unumgänglich ist ein *fundiertes Wissen* in den jeweils relevanten Teilgebieten der Informatik; dies verlangt vor allem große *Flexibilität* und *Aufnahmefähigkeit*, da die Weiterentwicklung ungeheuer schnell vor sich geht. Zur Schaffung einer fundierten Gesprächsbasis mit den (potentiellen) Anwendern ist es darüber hinaus auch notwendig, gewisse *Spezialkenntnisse* auf deren Fachgebieten zu sammeln. Erst dadurch ist bei der Durchführung eines konkreten Projektes überhaupt eine Systemanalyse möglich. Dies erzwingt meist eine (gewollte oder ungewollte) Spezialisierung bei den auf diesem Sektor arbeitenden Informatikern.

Ebenso wichtig ist schließlich die Fähigkeit zur *Teamarbeit*, ohne die größere Projekte nicht mehr denkbar sind. In diesem Zusammenhang sei auch auf die kulturellen Aspekte bei der Team-Arbeit hingewiesen, die im Zuge der teilweisen Abwanderung der Software-Entwicklung etwa nach Indien oder China immer wichtiger werden. Als unmittelbarer Seiteneffekt der Teamarbeit resultiert die immer stärker werdende Trennung des Entwicklers von seiner Entwicklung; durch eine passende *Entwurfsmethodik* und eine exakte und durchdachte *Dokumentation* sollte sowohl die Übernahme der Entwicklungsarbeit als auch die spätere Wartung und Betreuung durch jemand anderen leicht möglich sein. Es erhebt sich auch die Notwendigkeit, eigene Ideen in überzeugender Form den anderen Mitgliedern eines Teams darlegen zu müssen; die Pflege eines gewissen „*Vortragsstils*" kann daher nur empfohlen werden. Es sollte aber klar sein, dass nur eine zur *eigenständigen Arbeit* und zu *eigenen Ideen* fähige Persönlichkeit ein Gewinn für ein Team ist; das (völlige) Verlassen auf eine Gruppe ist für die Entwicklung der individuellen Kompetenz gerade am Anfang eine nicht zu unterschätzende Gefahr.

Heinrich! Heinrich!

Johann Wolfgang von Goethe, „Faust". Der Tragödie erster Teil.

2 Inhaltsübersicht

> *Der Worte sind genug gewechselt,*
> *Lasst mich auch endlich Taten sehn!*
> *Indes ihr Komplimente drechselt,*
> *Kann etwas Nützliches geschehn. (...)*
> *Ihr wisst, auf unsern deutschen Bühnen*
> *Probiert ein jeder, was er mag;*
> *Drum schonet mir an diesem Tag*
> *Prospekte nicht und nicht Maschinen.*
> *Gebraucht das groß' und kleine Himmelslicht,*
> *Die Sterne dürfet Ihr verschwenden;*
> *An Wasser, Feuer, Felsenwänden,*
> *An Tier und Vögeln fehlt es nicht.*
> *So schreitet in dem engen Bretterhaus*
> *Den ganzen Kreis der Schöpfung aus*
> *Und wandelt mit bedächt'ger Schnelle*
> *Vom Himmel durch die Welt zur Hölle.*
>
> Theaterdirektor.
> Johann Wolfgang von Goethe,
> „Faust". Der Tragödie erster Teil.

Systeme großer Komplexität, wie zum Beispiel moderne Computer, sind in vielfältiger Art und Weise strukturiert aufgebaut. Ein in der Informatik oft anzutreffendes Hilfsmittel, um solche (strukturellen) Abhängigkeiten wiederzugeben, ist ein Modell mittels *gerichteter azyklischer Graphen*. Wir wollen dieses Modell abgekürzt *GAG-Modell* nennen.

Mathematisch betrachtet besteht nun ein GAG zunächst aus zwei wesentlichen Bestandteilen, nämlich aus seinen *Knoten* und aus seinen *gerichteten Kanten*. Abbildung 2.1 zeigt ein Beispiel für so einen GAG.

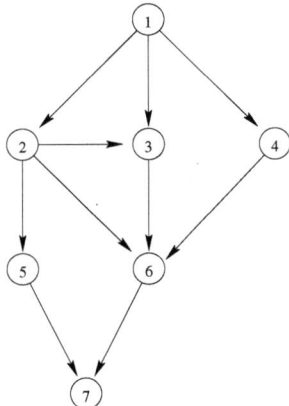

Abbildung 2.1: Ein gerichteter azyklischer Graph (GAG)

Knoten werden dabei als Kreise, gerichtete Kanten als Pfeile dargestellt. Hier wird auch klar, was man unter einem azyklischen Graphen versteht: Auf welchem Weg auch immer man sich

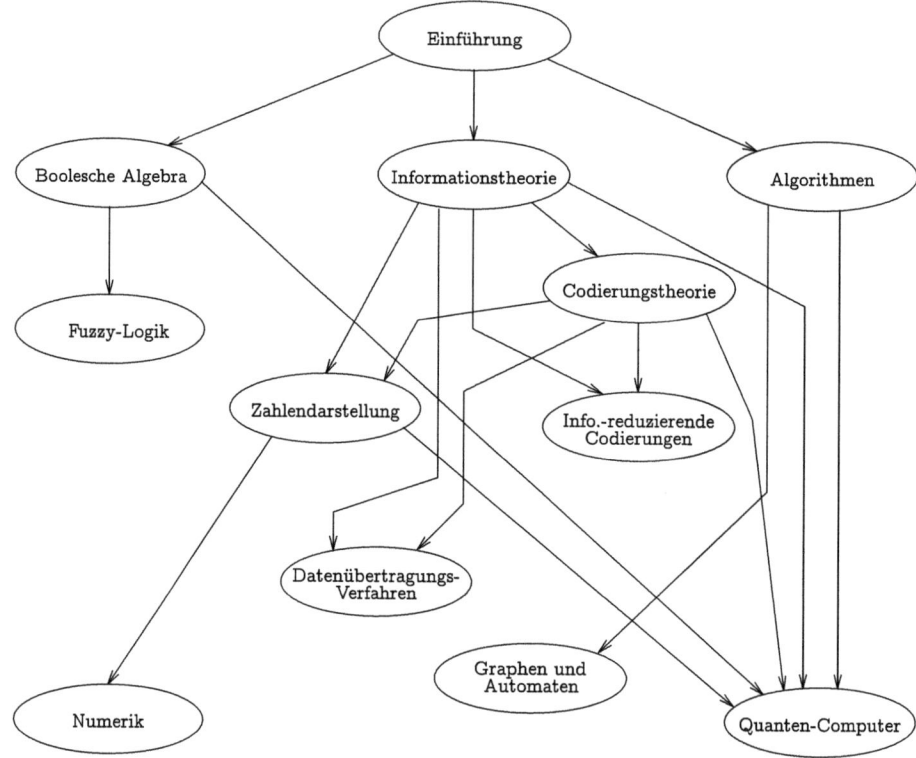

Abbildung 2.2: Übersicht über den Zusammenhang des behandelten Stoffes

durch den Graphen bewegt (wobei man nur entlang einer gerichteten Kante gehen darf, wenn sie in die Richtung weist, in der man sich bewegen will), man kehrt niemals zu einem schon einmal berührten Knoten zurück. Existierte etwa in Abbildung 2.1 eine gerichtete Kante von Knoten 5 zu Knoten 1, so gäbe es einen Zyklus 1, 2, 5, 1, 2, 5, 1, ...

Eine andere wichtige Eigenschaft gerichteter azyklischer Graphen ist, dass ihre Knoten immer so nummeriert werden können, dass die Knoten, die auf einem Weg liegen, stets aufsteigende Nummern haben, wobei das für jeden Weg im GAG gilt. Die Knoten in unserem Beispiel-Graph in Abbildung 2.1 sind bereits so nummeriert, dass diese Eigenschaft erfüllt ist. Es gibt aber natürlich auch andere Nummerierungen, die ebenfalls diese Eigenschaft haben.

Zur Verdeutlichung der Vorteile unseres GAG-Modells soll nun der Aufbau dieses Buches mit seiner Hilfe dargestellt werden. Zunächst aber noch eine wichtige Bemerkung: Es ist uns gelungen, die Kapitel unseres Buches in die Gestalt eines GAG zu bringen, sodass es auch möglich ist, eine Nummerierung der Kapitel zu finden, damit keinerlei Vorgriffe bei der Darstellung des Inhalts notwendig waren. Abbildung 2.2 zeigt nun die wesentlichen Kapitel dieses Buches mit ihren Abhängigkeiten in Form eines GAG.

Bevor wir uns einer genaueren Beschreibung von Abbildung 2.2 widmen, eine grundsätzliche Bemerkung: Falls man sich entscheidet ein GAG-Modell zu erstellen, muss man immer auch genau festlegen, wie die beiden Hauptbestandteile des Modells, Knoten und Kanten, in diesem speziellen Fall zu interpretieren sind. Abb. 2.2 ist nun so zu verstehen, dass die Knoten *Kapitel* unseres Buches und die Kanten eine Relation zwischen den Kapiteln darstellen, die man wie folgt beschreiben kann: Wenn eine Kante von Kapitel A zu Kapitel B führt, so kann man sagen, dass

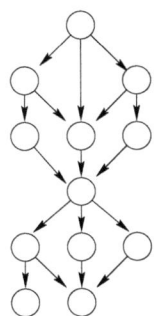

Abbildung 2.3: Ein komplexer GAG

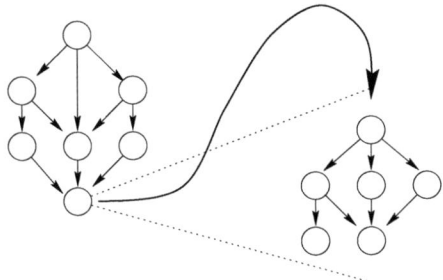

Abbildung 2.4: Ein vereinfachter GAG

„Kapitel B auf Kapitel A aufbaut" oder dass „wesentliche Inhalte von Kapitel A in Kapitel B verwendet werden".

Auf der *Einführung* bauen also die heterogenen Kapitel *Informationstheorie*, *Boolesche Algebra* und *Algorithmen* auf. Die *Informationstheorie* ist grundlegend für den Abschnitt *Codierungstheorie*; beide bilden den Grundstein für *Informationsreduzierende Codierungen* und *Zahlendarstellungen*; das Kapitel *Datenübertragungsverfahren* widmet sich sowohl der Synchronisation, der Kommunikation als auch der Mehrfachausnutzung von Übertragungskanälen. Im Kapitel *Numerik* werden die Darstellung von nicht-ganzen, *reellen Zahlen* in Computern und damit zusammenhängende Probleme behandelt; zusammen decken diese Kapitel den Themenkreis Informationsdarstellung im Computer ab. In der *Booleschen Algebra* werden die theoretischen Grundlagen für die Manipulation logischer Ausdrücke behandelt. Einer Verallgemeinerung der Booleschen Algebra, nämlich der *Fuzzy-Logik* ist ebenfalls ein eigenes Kapitel gewidmet. Die Untersuchung spezieller Eigenschaften von Algorithmen wird in Kapitel *Algorithmen* behandelt. Das Kapitel *Quanten-Computer* schließlich beschäftigt sich mit den theoretischen Grundlagen dieser in Entwicklung befindlichen vollkommen neuen Computer-Generation, wobei versucht wurde, einen dem Informatiker gemäßen Zugang zu dieser Thematik zu finden. Das Kapitel *Graphen und Automaten* erlaubt, für die an mehreren Stellen vorkommenden Referenzen auf Graphen (etwa in diesem Kapitel) eine einheitliche Beschreibung zu erstellen und eine Einführung in die wichtige Thematik der Automaten zu geben.

Um komplexere Abhängigkeiten modellieren zu können, müssen wir unser GAG-Modell noch etwas „aufblähen" und das im wahrsten Sinne des Wortes. Wir vereinbaren nämlich, dass jeder Knoten eines GAG wieder aus einem kompletten GAG bestehen darf. Diese Modifikation erlaubt uns etwa, Graphen zu vereinfachen. Betrachten wir den in Abbildung 2.3 dargestellten GAG. Er kann mit Hilfe unserer Vereinbarung auch in der in Abbildung 2.4 gezeigten Form durch zwei getrennte Graphen dargestellt werden.

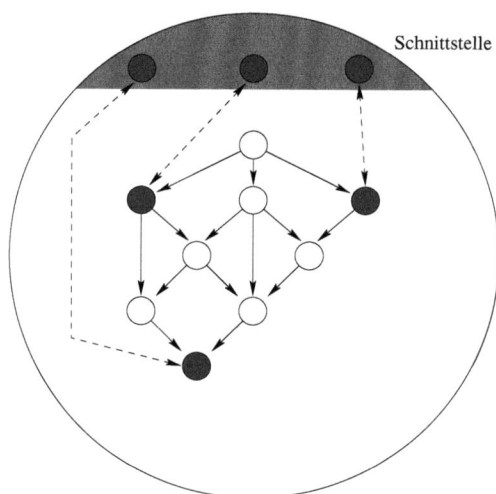

Abbildung 2.5: Ein modifiziertes GAG-Modell mit nach außen sichtbaren Schnittstellen

Generell ist anzumerken, dass ein GAG-Modell (ohne unsere Modifikation) schnell dazu neigt, unübersichtlich zu werden; mit unserer Modifikation gelingt es jedoch kleine, übersichtliche Modelle zu erstellen. Sehr hilfreich ist im Zusammenhang mit der Modellierung komplexer Software-Systeme eine bestimmte Interpretation unseres modifizierten GAGs: Ausgezeichnete Knoten bilden die *Schnittstelle* des GAGs nach außen, d.h., nur diese Knoten sind von außen sichtbar, alle anderen Knoten nicht. Die Schnittstelle kann nun von anderen GAG-Modellen verwendet werden, ohne dass der Entwerfer des Modells über die Interna Bescheid wissen muss. Im Sinne eines einigermaßen durchführbaren Systementwurfes kann man sogar froh sein, nichts über die verborgenen Details zu erfahren.

> *„Oh, all right,"* said the old man.
> *„Here's a prayer for you. Got a pencil?"*
> *„Yes,"* said Arthur.
> *„It goes like this. Let's see now:*
> *'Protect me from knowing what I don't need to know.*
> *Protect me from even knowing that there are things*
> *to know that I don't know.*
> *Protect me from knowing that I decided not to know*
> *about the things that I decided not to know about. Amen.'*
> *That's it. ..."*
>
> Douglas Adams,
> „Mostly Harmless -
> The fifth in the increasingly inaccurately named Hitchhiker's Trilogy"

Die bewusste Herbeiführung eines solchen Zustandes, nämlich des Verbergens unwichtiger Details, ist als *Information Hiding* bekannt geworden und spielt beim *objektorientierten Entwurf* von Software-Systemen eine zentrale Rolle. Abb. 2.5 zeigt ein GAG-Modell mit nach außen sichtbaren Schnittstellen.

Anhand unseres (Inhalts-)GAG-Modelles lassen sich auch einige Schlussfolgerungen ziehen. So ist zur Konstruktion eines Knotens nur die Schnittstelle der unmittelbar darunterliegenden Knoten interessant, nicht jedoch deren Implementierung, die in unserem Sinne ein eigenes GAG-Modell bildet. Die (noch) weiter unten befindlichen Knoten sind in diesem Zusammenhang überhaupt nicht relevant, weder bezüglich ihrer Funktionalität noch ihrer Implementierung.

Verfolgt man die zugrundeliegende Denkrichtung konsequent weiter, so ist es nur mehr ein kleiner Sprung zu der heutzutage fast schon überstrapazierten *Spezialisierung*. Der Aufbau moderner Computersysteme orientiert sich nämlich durchwegs an GAG-Modellen, wobei für jeden Bereich (Knoten) andere Spezialisten zuständig sind.

Neben den bisher erwähnten Themenbereichen gibt es noch andere Spezialgebiete, die eher begleitenden Charakter haben. Dazu gehört zum Beispiel das *Projektmanagement* und der *Vertrieb*. Ersteres beschäftigt sich mit der Durchführungsorganisation eines konkreten Projektes, letzterer mit der (kommerziellen) Verwertung der Produkte. Die Fachleute auf diesen Positionen durchlaufen, im Anschluss an die „normale" Ausbildung, für gewöhnlich auch exzessive Schulungen auf wirtschaftlichem Sektor. Bedingt durch ihre Tätigkeit sind sie aber nur selten in der Lage, den detaillierten Überblick über den technischen „State of the Art" zu behalten.

Ein Problemkreis gänzlich anderer Natur sind die *soziologischen Implikationen* der Informatik. Kaum irgend jemand in der Entwicklungskette eines Computersystems oder gar eines Netzwerks wird sich zum Beispiel für zuständig erklären, wenn durch einen Designfehler irgendwelche datenschutzrechtlichen Probleme virulent werden. Im Aufdeckungsfall wäre wohl eine endlose Schuldzuweisungskette vom *Systemadministrator* (der für die Betreuung und Verwaltung eines Computersystems zuständigen Person) bis zum Hardware-Designer und zurück die Folge. Wir haben hier ein Spezialgebiet vor Augen, für das sich noch keine auch fachlich richtig ausgebildete Instanz gefunden hat; Soziologen werden sich kaum mit dem Ballast von Details wie dem Presentation Layer bei Computer-Netzwerken beschäftigen.

Diese Ausführungen zeigen deutlich die in der Praxis weit verbreitete Spezialisierung, die durch den ungeheuren Umfang der Informatik bedingt ist. Ob diese Entwicklung nun gut oder schlecht ist, sei dahingestellt; es ist jedoch kaum zu bestreiten, dass die für die einzelnen Bereiche zuständigen Fachleute Gefahr laufen, über ihren Detailproblemen den Blick auf das Gesamtsystem (also letztlich auf das Endergebnis) zu verlieren.

Theoretische Grundlagen

Grau, teurer Freund, ist alle Theorie
Und grün des Lebens goldner Baum.

Mephistopheles.
Johann Wolfgang von Goethe, „Faust".
Der Tragödie erster Teil.

Obwohl die Informatik zu den Ingenieurwissenschaften zählt, also einen starken Bezug zur Praxis hat, kann nicht auf theoretische Grundlagen verzichtet werden. Die steigenden Qualitätsanforderungen sind dafür verantwortlich, dass jeder Informatiker ein fundiertes theoretisches Wissen über die zugrundeliegenden Zusammenhänge erwerben muss.

Betrachtet man zum Vergleich einen der ältesten Zweige der Naturwissenschaften, die Physik, so erkennt man, dass diese ohne die theoretische Fundierung in der Mathematik heutzutage undenkbar wäre. Eine vollständige Einführung in die mathematischen Grundlagen der Informatik kann und soll aber hier nicht durchgeführt werden, vielmehr werden wir unser Hauptaugenmerk auf jene theoretischen Gebiete richten, die für das Verständnis von praktisch relevanten Kenntnissen wichtig sind.

Die folgenden Abschnitte befassen sich daher mit *Informationstheorie*, *Codierungstheorie*, *informationsmindernder Codierung*, *Zahlendarstellungen* und der *Booleschen Algebra*. Diese fünf Gebiete haben sich als unentbehrliche Stützpfeiler für das generelle Verständnis der übergeordneten Zusammenhänge innerhalb der Informatik bewährt.

Das Kapitel *Informationstheorie* präzisiert den Begriff der *Information*, indem seine Grundlagen dargelegt und der *Shannonsche Informationsbegriff* genauer erläutert wird.

Die *Codierungstheorie* bringt sowohl Konzepte zur optimalen Codierung als auch Beispiele gebräuchlicher Codes. Darüber hinaus wurde ein Abschnitt über *Cryptographie* aufgenommen, der sich mit den immer wichtiger werdenden Methoden zur Verschlüsselung von Nachrichten auseinandersetzt. Anwendungen der Cryptographie innerhalb der Informatik finden sich hauptsächlich im Zusammenhang mit dem *Datenschutz*, der vor allem auch deswegen immer mehr an Bedeutung gewinnt, weil die ständig fortschreitende Vernetzung von Computersystemen den unerlaubten Zugriff (durch sogenannte *Hacker*) auf zu schützende Daten erleichtert. Auch die Popularität des *Internet* hat das ihre dazu beigetragen, dass die Verschlüsselung von persönlichen Daten, wie etwa Kreditkartennummern, immer mehr an Bedeutung gewinnt. Aus demselben Grund diskutieren wir hier auch die Problematik des *elektronischen Geldes*.

Das Kapitel *Datenübertragungsverfahren* widmet sich sowohl der Synchronisation, der Kommunikation als auch der Mehrfachausnutzung von Übertragungskanälen.

Informationsmindernde Codierung hat in jüngster Zeit hauptsächlich durch die sich lawinenartig verbreitenden multimedialen Computeranwendungen enormes Interesse geweckt. Aber auch die Signalverarbeitung hat sukzessive an Bedeutung gewonnen. Dieses Kapitel ist daher den theoretischen Grundlagen, vor allem der *diskreten Cosinus-Transformation*, und deren Anwendungen gewidmet.

Das Kapitel *Zahlendarstellungen* führt zunächst in gebräuchliche Zahlensysteme – wie etwa das binäre und das hexadezimale – ein und befasst sich anschließend damit, wie in solchen Systemen einfache arithmetische Operationen durchgeführt werden können. Dabei liegt natürlich der Schwerpunkt auf den in modernen Computern verwendeten Zahlendarstellungen. Der Darstellung von negativen Zahlen wird besonderes Augenmerk geschenkt.

Auf dieses Kapitel aufbauend erschließt das Kapitel *Numerik* die Festpunkt- und Gleitpunktzahlen sowie die Probleme, die bei der Implementierung numerischer Algorithmen auftreten.

Das Kapitel *Graphen und Automaten* erstellt für die an mehreren Stellen vorkommenden Referenzen auf Graphen eine einheitliche Beschreibung und gibt eine Einführung in die wichtige Thematik der Automaten.

Den in der Informatik so zentralen Algorithmen und einigen Techniken ihrer mathematischen Untersuchung ist der Abschnitt *Algorithmen* gewidmet.

Die *Boolesche Algebra* bildet einerseits die Grundlage für das Verständnis der *logischen Schaltungen*, aus denen Computer aufgebaut sind, und soll andererseits den Leser dazu bewegen, formales Denken zu entwickeln. Dabei erweist es sich als günstig, die Manipulationen logischer Ausdrücke mittels Operatoren und entsprechender Klammerung durchzuführen. Deswegen wurde als Notation für die booleschen Operatoren die in der Mathematik übliche gewählt. Die anderenorts gebräuchliche Darstellung des Negationsoperators durch Überstreichung von Termen hat sich als ungünstig erwiesen, da sie eigentlich eine implizite Klammerung darstellt und auch in keiner Programmiersprache Verwendung findet.

Die *Fuzzy-Logik* stellt eine Verallgemeinerung der Booleschen Logik dar und wird ebenfalls in einem eigenen Kapitel dargelegt.

Den theoretischen Grundlagen der gerade in Entwicklung befindlichen *Quanten-Computer* ist das letzte Kapitel gewidmet. Dabei wurde versucht, einen dem Informatiker gemäßen Zugang zu dieser Thematik zu finden, dem ein reiches neues Betätigungsfeld in dieser neuen Computer-Generation erwächst.

Abschließend sei noch darauf hingewiesen, dass bei der Darstellung von Zahlen als Dezimalzeichen der im englischen Sprachraum übliche Punkt verwendet wird.

3 Informationstheorie

3.1 Der Begriff Information und seine Entstehung

Der Begriff Information ist nur schwer zu fassen. Es wird hier nicht versucht werden, Information zu definieren. Physiker definieren Masse auch nicht, sie verlassen sich darauf, dass jedermann ein intuitives Gefühl (entwickelt) hat, was Masse ist. Es soll daher zuerst daran gegangen werden, die beim Leser vorhandene intuitive Vorstellung von Information zu präzisieren und den Unterschied zwischen verschiedenen Informationsbegriffen herauszuarbeiten.

Wir beginnen unser Unternehmen mit einem kleinen historischen Ausflug. Der Begriff Information wurde erstmals Ende der vierziger Jahre des 20. Jahrhunderts von *Claude E. Shannon* genauer untersucht. Es gab jedoch schon sehr viel früher Untersuchungen in dieser Richtung, und zwar in der Physik, wo im 19. Jahrhundert der – mit dem Shannonschen Informationsbegriff eng verwandte – Begriff *Entropie* eingeführt wurde. Damals war man noch zutiefst dem *Newtonschen Weltbild* verhaftet. Dieses setzt einen absoluten Raum und eine absolute Zeit voraus und ist streng kausalitätsbezogen. Betrachtet man (mit dem „Newtonschen Auge") nun ein System, das aus einer Menge von Teilchen besteht, deren Aufenthaltsort und deren Geschwindigkeit man zu einem bestimmten Zeitpunkt kennt, so bedeutet das, dass man (nach diesem Weltbild) prinzipiell in der Lage ist, den Zustand des Systems zu einem beliebigen Zeitpunkt (sowohl früher, als auch später) exakt zu bestimmen. *Pierre Simon de Laplace* war der erste, der ein Wesen erdacht hat, das zu der vorher beschriebenen Tätigkeit fähig ist, nämlich den nach ihm benannten *Laplaceschen Dämon*. Bei der praktischen Nachahmung der dämonischen Fähigkeit stieß man jedoch sehr bald an Grenzen, da zum Beispiel ein einziges Wassertröpfchen bis zu 10^{21} Moleküle enthält.

> *Eine Intelligenz, welche für einen gegebenen Augenblick alle*
> *in der Natur wirkenden Kräfte sowie die gegenseitige Lage der sie*
> *zusammensetzenden Elemente kennte und überdies umfassend genug*
> *wäre, um diese gegebenen Größen der Analysis zu unterwerfen,*
> *würde in derselben Formel die Bewegungen der größten Weltkörper*
> *wie des leichtesten Atoms umschließen; nichts würde ihr ungewiss*
> *sein, und Zukunft wie Vergangenheit würden ihr offen vor Augen liegen.*
>
> Pierre Simon de Laplace, „Essai philosophique sur les probabilités", 1814

Das Newtonsche Weltbild konnte nicht aufrecht erhalten werden, da die Anforderung, den Zustand eines Systems zu einem bestimmten Zeitpunkt exakt zu kennen, zugunsten der *Heisenbergschen Unschärferelation* aufgegeben werden musste. Im 19. Jahrhundert aber versuchte man, das Problem, den Systemzustand zu erfassen, mit anderen Mitteln in den Griff zu bekommen. Gleichzeitig befand sich nämlich die Wahrscheinlichkeitsrechnung im Entstehen, die schon von den ersten Versicherungsgesellschaften genutzt wurde. Man wusste also, dass es möglich war, ohne Detailwissen doch Aussagen über ein Gesamtsystem zu gewinnen, indem man Erwartungswerte berechnete. Da beim Übergang von den Einzeldaten zu Mittelwerten Wissen verloren geht, wurde die Entropie eingeführt. Sie soll in gewisser Weise widerspiegeln, über wie viele Einzelwerte gemittelt wurde. Dabei waren vor allem der Engländer *James Clerk Maxwell* und der

Österreicher *Ludwig Boltzmann* federführend. Der Name Entropie selbst wurde von *Rudolf Clausius* geprägt.

Der dazu äquivalente Begriff des Informationsgehaltes wurde – wie schon angedeutet – 1948 von *C. E. Shannon* formuliert; wir werden ihn im Abschnitt 3.4 genauer behandeln. Er findet seine Anwendung hauptsächlich in der Nachrichtentechnik, ist aber auch für Informatiker interessant, da Begriffe wie Redundanz oder Informationsfluss für die Praxis äußerst wichtig sind. Heute beschäftigt sich außer der Informatik, die sich unter anderem mit der Erfassung, Transformation und Speicherung von Information auseinandersetzt, auch die Biologie vermehrt mit dem Informationsbegriff. So besteht etwa eines ihrer Hauptprobleme darin, zu erklären, wie – entgegen dem 2. Hauptsatz der Wärmelehre – Ordnung (Leben) entstehen konnte. Man vergleiche dazu etwa [19]*. Auch die Physik sieht sich in zunehmendem Maße mit dem Informationsbegriff konfrontiert, da – einhergehend mit der Erkenntnis, dass jede Berechnung ein inhärenter physikalischer Vorgang ist, was bedeutet, dass Informatik (wie etwa auch die Chemie) eigentlich physikalisch erklärt werden könnte – sich immer mehr die Frage stellt, ob nicht umgekehrt die Physik eine Informationswissenschaft ist.

Bevor wir uns in Details ergehen, wollen wir noch kurz eine interessante Abhängigkeit zwischen Information und Energie erwähnen. Dabei begegnet uns wieder ein „geistiges Wesen", das zwar mit dem Laplaceschen Dämon das Schicksal teilt, rein fiktiv zu sein, aber wie dieser die Wissenschaft um wichtige Erkenntnisse bereichert hat. Am besten lässt sich nämlich diese Interdependenz zwischen Energie und Information anhand des *Maxwellschen Dämons* illustrieren. Ihm obliegt es, ein kleines Türchen zu bewachen, das sich zwischen zwei Gasbehältern befindet. Außerdem beobachtet er die Gasmoleküle in den beiden Behältern. Nähert sich von links ein

Abbildung 3.1: Der Maxwellsche Dämon

schnelles Gasmolekül, so öffnet der Dämon das Türchen und lässt es passieren. Wenn sich andererseits ein langsames Gasteilchen von links auf das Türchen zubewegt, belässt er es geschlossen. Mit Molekülen des rechten Gasbehälters verfährt der Dämon genau umgekehrt, das heißt, er lässt langsame Moleküle in den linken passieren, nicht aber die schnellen. Auf diese Art und Weise sammeln sich im rechten Behälter die schnellen Moleküle, im linken aber die langsamen, oder anders ausgedrückt: Im rechten Gasbehälter steigt die Temperatur, im linken sinkt sie. Das steht aber im krassen Gegensatz zum zweiten Hauptsatz der Thermodynamik. Glücklicherweise (für den zweiten Hauptsatz und für die heutige Physik) konnte gezeigt werden, dass die durch den

---

*Eine genauere Beschreibung aller zitierten Bücher und Artikel befindet sich auf Seite 251.

Maxwellschen Dämon gewonnene Energie genau dem Maß an Information entspricht, das der Dämon von den Gasmolekülen haben muss, um seiner Tätigkeit nachzukommen. Damit wurde eine Äquivalenz zwischen Information und Energie aufgezeigt.

Abschließend wollen wir noch eine Stelle aus [11] zitieren:

> *Wenn Sie sich an jedes Wort in diesem Buch erinnern,*
> *sind in Ihrem Gedächtnis etwa zwei Millionen Informationen gespeichert:*
> *Die Ordnung in Ihrem Gehirn ist um zwei Millionen Einheiten angewachsen.*
> *Doch während Sie das Buch gelesen haben,*
> *sind mindestens tausend Kalorien geordneter Energie*
> *in ungeordnete Energie umgewandelt worden.*
> *Dies wird die Unordnung des Universums um ungefähr*
> *zwanzig Millionen Millionen Millionen Einheiten erhöhen -*
> *also ungefähr um das Zehnmillionenmillionenmillionenfache*
> *der Ordnungszunahme in Ihrem Gehirn.*
> *Und das gilt nur für den Fall, dass Sie sich an ALLES,*
> *was in diesem Buch steht, erinnern.*

3.2 Der nachrichtentechnische Informationsbegriff

In diesem Abschnitt wollen wir die Grundbegriffe der Informationstheorie einführen. Wir gehen dabei von dem in Abbildung 3.2 dargestellten Modell aus. Dabei soll *Information* von der *Quelle*

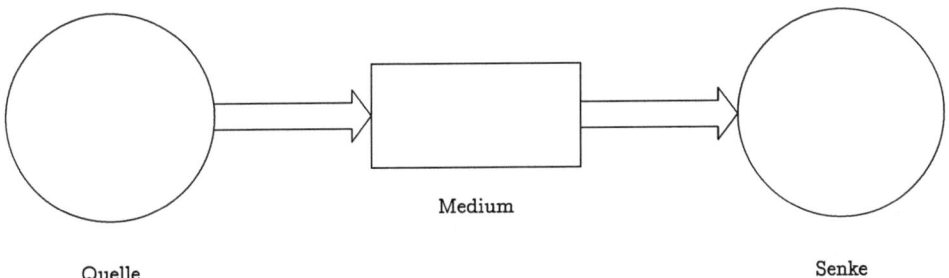

Abbildung 3.2: Das Modell der Informationsübertragung

über ein *Übertragungsmedium* zu einer *Senke* übermittelt werden. Anstatt der Bezeichnungen *Quelle* und *Senke* sind auch *Sender* und *Empfänger* gebräuchlich. Statt *Übertragungsmedium* wird auch der Ausdruck *Nachrichtenkanal* oder einfach *Kanal* verwendet. Um dieses abstrakte Modell mit Leben zu füllen, geben wir einige Beispiele:

1. Sowohl der Sender als auch der Empfänger ist ein Mensch. Der Sender spricht mit dem Empfänger, wobei als Übertragungsmedium Schallwellen fungieren. Nimmt man außerdem an, dass zusätzlich Körpersprache eine wesentliche Rolle spielt, so müssen auch Lichtwellen als Übertragungsmedium in Betracht gezogen werden. Wenn während des Gespräches beide Teilnehmer abwechselnd sprechen und zuhören, so wechseln auch die Rollen von Sender und Empfänger entsprechend.

2. In der Genetik übermittelt die DNS (Desoxyribonukleinsäure) als Sender über eine mRNS (messenger Ribonukleinsäure = Boten RNS), die als Übertragungsmedium agiert, Information über herzustellende Enzyme an die Ribosomen.

3. Ein Radiosender sendet Information omnidirektional mittels elektromagnetischer Wellen zu Empfängern (Radio-Empfängern).

4. Daten, die in einem File data gespeichert sind, werden mit einem Datenkompressionsprogramm (z.B. compress, gzip, ...) komprimiert. Das Ergebnis liegt dann etwa als File data.Z oder data.gz vor.

Was verstehen wir nun aber unter *Information*?

Information ist die *Bedeutung*, die durch eine *Nachricht* übermittelt wird. Klarerweise ist Information in diesem Sinn *subjektiv*.

Nachrichten werden über das Übertragungsmedium durch *Signale* übertragen. Man unterscheidet dabei zwischen *analogen* und *diskreten* Signalen. In Abbildung 3.3 stellen wir diese beiden Arten von Signalen einander gegenüber. Man beachte, dass diskrete Signale nur eine be-

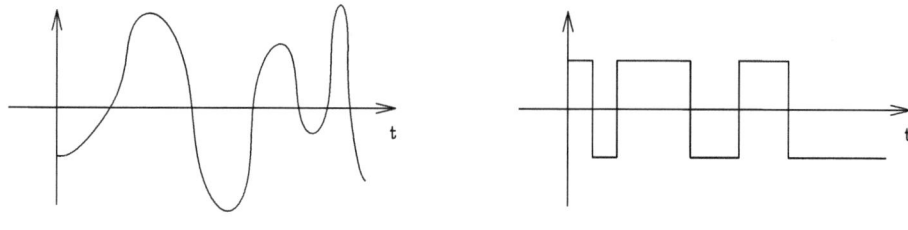

zeit- und wertkontinuierliches Signal

wertdiskretes und zeitkontinuierliches

Abbildung 3.3: Analoge und diskrete Signale

stimmte Anzahl von Zuständen annehmen können (in Abbildung 3.3 sind zwei Zustände möglich). Beispiele für analoge Signale sind etwa Schallschwingungen, die Spannungsschwankungen bei der Übertragung von Telefongesprächen über Telefonleitungen, von Radiosendern erzeugte Veränderungen elektromagnetischer Schwingungen, der Magnetisierungsverlauf auf Tonbändern. Beispiele für diskrete Signale werden wir im Laufe unserer Abhandlungen noch viele kennenlernen, darum sollen hier zunächst keine erwähnt werden.

An dieser Stelle wollen wir darauf hinweisen, dass die beiden Arten von Signalen eine Schnittstelle zwischen den beiden technischen Disziplinen *Elektrotechnik* und *Informatik* bilden. Die Informatik beschäftigt sich im wesentlichen mit logischen Abstraktionen der Wirklichkeit, die sich auf wohlunterscheidbare Zustände beziehen. Daher interessiert sie sich hauptsächlich für diskrete Signale. Da aber in der Natur keine diskreten Signale existieren, muss eine Abbildung von analogen Signalen auf diskrete erfolgen; das ist nun die Aufgabe der Elektrotechnik. Wie diese Abbildung technisch realisiert wird, mag zwar interessant sein, gehört aber nicht zur Informatik. Ein Informatiker sieht die Grundvoraussetzung seines Betätigungsbereiches erst gegeben, wenn diskrete Signale oder diskrete Zustände vorliegen. Sollten, wie sich abzuzeichnen scheint, eines Tages Rechner statt auf elektronischen Schaltkreisen auf Schaltungen aufbauen, die mit Laserlicht arbeiten, so wird die Informatik davon relativ unbeeindruckt weiterbestehen.

Zur Übertragung von Information bedienen wir uns einer *Sprache*. Jede Sprache hat bestimmte Regeln, nach denen eine Nachricht aufgebaut sein muss. Diese Regeln werden mit *Grammatik* oder auch gleichbedeutend mit *Syntax* bezeichnet. Für das Verständnis der übermittelten Information ist es notwendig, diese Syntax zu kennen. Wir erkennen hier den im wesentlichen „rekursiven" Charakter von Information: Man benötigt Information über die Regeln, nach denen eine Nachricht aufgebaut ist, bevor man die Information aus der Nachricht „herauslesen" kann. Wer Spaß an solchen rekursiven Strukturen und verzwickten Schleifen findet, sei auch auf das Buch „Gödel, Escher, Bach" von *Douglas R. Hofstadter* [12] verwiesen.

Eine in einer Sprache abgefasste Nachricht ist meist aus *Zeichen* zusammengesetzt. Die Menge aller unterschiedlichen Zeichen einer Sprache wird mit *Alphabet* bezeichnet. Das Alphabet der deutschen Sprache besteht etwa aus allen Groß- und Kleinbuchstaben mit den Umlauten und ß, aber auch aus den Interpunktionszeichen, dem Zwischenraum, etc.

Als weiteres Beispiel betrachten wir die 24 Kleinbuchstaben der altgriechischen Sprache. Diese besteht aus dem Alphabet

$$\{\alpha \mid \beta \mid \gamma \mid \delta \mid \varepsilon \mid \zeta \mid \eta \mid \theta \mid \iota \mid \kappa \mid \lambda \mid \mu \mid \nu \mid o \mid \xi \mid \pi \mid \rho \mid \sigma \mid \tau \mid \upsilon \mid \varphi \mid \chi \mid \psi \mid \omega\}$$

Dabei ist zu beachten, dass die Zeichen {, | und } nicht Bestandteil des Alphabetes sind. Sie dienen dazu, die Aufzählung der Zeichen des Alphabetes zu ermöglichen. Genau genommen wird versucht, eine Sprache mit einer anderen Sprache zu erklären. Diese übergeordnete, beschreibende Sprache nennt man *Metasprache*. Man beachte, dass wir soeben den Begriff Metasprache erklärt haben unter Verwendung der deutschen Sprache als Metametasprache (und gerade jetzt als Metametametasprache (und jetzt als Metametametametasprache (und jetzt als ...))).

Neben den natürlichen Sprachen existieren noch zahlreiche künstlich geschaffene, zum Beispiel die mathematische Zeichensprache:

$(1 + 1) = 2$ syntaktisch und semantisch richtig
$(1 + 3) < 2$ syntaktisch richtig, aber
               semantisch (inhaltlich) falsch
$1 + 2) < 5$ syntaktisch falsch

Weitere Beispiele für künstliche Sprachen sind etwa die Notenschrift, die chemische Formelsprache (z.B. $C_6H_{12}O_6$) oder Programmiersprachen, z.B.:

if (a < b) { min = a; } else { min = b; }

Besteht ein Alphabet nur aus zwei Zeichen, so nennt man es *Binäralphabet*. Beispiele für Binäralphabete sind etwa $\{0 \mid 1\}$ oder $\{\bullet \mid -\}$.

3.3 Grundlagen der Codierung

Unter *Codierung* verstehen wir die Abbildung von einer Sprache auf eine andere. Eine solche Abbildung kann aus verschiedenen Gründen günstig sein. Zum Beispiel wurde beim (relativ komplexen) Buchsatzsystem TeX, das zur Erstellung dieses Buches verwendet wurde, aufgrund der beschränkten Eingabemöglichkeiten eines Standardbildschirmes das Problem der griechischen Buchstaben dadurch gelöst, dass die Eingabe von \alpha die Ausgabe α im endgültigen Dokument zur Folge hat. Hier wurde also aus Gründen der einfacheren Darstellung auf einem nichtgraphischen Terminal auf eine Codierung verschiedener Nicht-Standardzeichen zurückgegriffen. Andere Gründe für die Einführung einer Codierung sind etwa einfachere Übertragungsmöglichkeiten, einfachere Verarbeitung oder Erhöhung der Störsicherheit bei der Übertragung.

Meist ist die Codierung so definiert, dass einzelne Zeichen des Quellalphabetes auf Zeichenfolgen des Zielalphabetes abgebildet werden (man vergleiche α und \alpha). In diesem Fall nennt man die so erhaltene Zeichenfolge *Wort*. Die Menge aller Wörter der Zielsprache, die durch diese Abbildung getroffen werden, nennt man *Code*. Diese Abbildung muss umkehrbar eindeutig sein, um zu gewährleisten, dass die Rückübersetzung in das Quellalphabet (die *Decodierung*) möglich ist. Abhängig davon, ob die Wortlänge des Codes für alle Wörter gleich ist oder nicht, spricht man von Codes mit *fester* oder *variabler Wortlänge*. Codes mit variabler Wortlänge haben den Vorteil, dass Zeichen, die öfter vorkommen, auf kürzere Wörter abgebildet werden können als solche, die weniger oft vorkommen, wodurch die übertragene Datenmenge reduziert werden kann.

Ein Beispiel für einen Code mit variabler Wortlänge ist etwa der *Morse-Code*. Das Alphabet des Morse-Codes umfasst die drei Zeichen

$$\{\bullet \mid - \mid \text{Pause}\}.$$

|W| Das Pausezeichen wird verwendet, um einen verschlüsselten Text eindeutig decodieren zu können. Einzelheiten können Sie dem Baum in Abbildung 3.4 entnehmen. Diese Art von Baum wird *Code-*

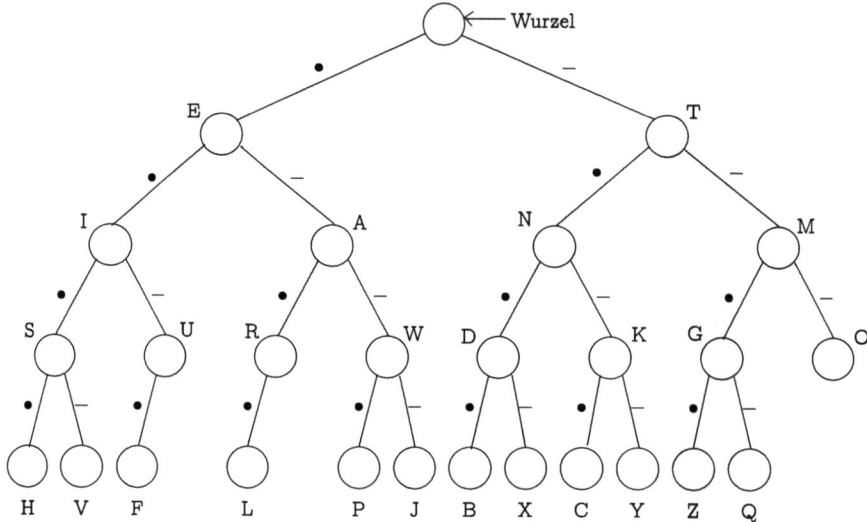

Abbildung 3.4: Codebaum des Morse-Codes

baum genannt. In unserem Codebaum lässt sich das codierte Wort finden, indem man – von der Wurzel beginnend bis zum zu codierenden Buchstaben fortschreitend – die auf diesem Weg liegenden Punkte und Striche notiert. So lautet etwa die Verschlüsselung der Buchstabenfolge *SOS*

$$\bullet\bullet\bullet---\bullet\bullet\bullet.$$

Ziel des Morse-Codes ist es, häufig auftretende Buchstaben durch möglichst kurze Punkt-Strich-Folgen zu verschlüsseln. Dabei ist zu beachten, dass die Übertragung eines Striches etwa dreimal so lange dauert wie die Übertragung eines Punktes. Beachten Sie auch die in der Informatik häufig übliche Art, die *Wurzel* eines Baumes oben darzustellen. Zur Benennung der verschiedenen Teile, aus denen so ein Baum besteht, ist noch anzumerken, dass die „Kreise" an den Verzweigungen *Knoten*, die Endknoten *Blätter* und die Verbindungen zwischen den Knoten *Kanten* genannt werden.

Als weiteres Beispiel erwähnen wir die Codierung von Erbinformation, die für alle Lebewesen (unseres Planeten) gleich erfolgt, nämlich durch einen aus 64 Zeichen bestehenden *genetischen Code* (vgl. Abbildung 3.5). Als Gen wird ein Abschnitt des Kettenmoleküls DNS bezeichnet, an dem in linearer Folge jeweils eine von vier möglichen Stickstoffbasen (Adenin, Cytosin, Guanin und Thymin) hängen. Je drei aufeinanderfolgende solcher Basen bilden ein Wort. Es gibt daher insgesamt $4^3 = 64$ verschiedene Wörter. Diese 64 Wörter werden (laut Abbildung 3.5) auf 20 Aminosäuren abgebildet, aus denen Proteine aufgebaut werden. Manche Wörter werden auch als „Interpunktionszeichen" verwendet, so gibt es etwa eigene Start- ($\bullet$) und Endezeichen ($\circ$).

Ist das Zielalphabet einer Codierung ein binäres Alphabet, so spricht man von einem *Binärcode*. Ein Zeichen des Binäralphabetes wird *Bit* genannt, wobei Bit eine Abkürzung für *binary*

G												
G				A				C				T		
G	A	C	T	G	A	C	T	G	A	C	T
Gly				Glu				Asp			•	Val
A												
G				A				C				T		
G	A	C	T	G	A	C	T	G	A	C	T
Arg		Ser		Lys		AsN	Thr				Met	Ile
C												
G				A				C				T		
G	A	C	T	G	A	C	T	G	A	C	T
Arg				GlN		His		Pro				Leu	
T												
G				A				C				T		
G	A	C	T	G	A	C	T	G	A	C	T
Trp	o opal	Cys	o amber	o ochre	Tyr		Ser				Leu	Phe

Abbildung 3.5: Der genetische Code

digit ist, die von Claude E. Shannon eingeführt wurde. Aus Gründen, die wir noch detailliert ausführen werden, haben Binärcodes in der Informatik große Bedeutung gewonnen. In diesem Zusammenhang kehren wir noch einmal kurz zu unserem im Abschnitt 3.2 eingeführten Modell der Informationsübertragung zurück. Ein für die Praxis wichtiger Begriff ergibt sich daraus, dass man die Menge der in einer bestimmten Zeit übertragenen Information misst. Dieses Maß wird *Informationsfluss* genannt und in Bit pro Sekunde (Bit/s) gemessen.

In der Praxis wird, um das Anschreiben zu großer Zahlen zu vermeiden, eine bestimmte Anzahl von Bits zusammengefasst; so etwa $2^{10} = 1024$ Bit $= 1$ *KBit*, $2^{20} = 1048576$ Bit $= 1$ *MBit*, 2^{30} Bit $= 1$ *GBit* oder 2^{40} Bit $= 1$ *TBit* Die nächsthöhere „Einheit" 2^{50} Bit dämmert noch unter der Decke der technischen Realisierbarkeit, es sei aber dennoch schon der Name verraten: 1 *PBit*.

Eine andere Art Bits zu gruppieren, besteht darin, zunächst 8 Bit zu einem sogenannten *Byte* – oder auch *Octet* genannt – zusammenzufassen. Dies resultiert hauptsächlich daraus, dass es ursprünglich möglich war, in einem Byte einen Buchstaben des englisch/amerikanischen Alphabets unterzubringen. Durch den Wunsch auch andere Sprachen, vor allem ostasiatische wie etwa das Japanische, in Computern abzubilden, ist nun allerdings für diese Zwecke ein Byte zu klein geworden (siehe auch Kapitel 4.5.2). Trotzdem wird die „Einheit" Byte immer noch häufig verwendet. Auch hier findet dasselbe System wie bei der Einheit Bit Verwendung, wenn es darum geht, größere Gruppen zusammenzufassen: $2^{10} = 1024$ Byte $= 1$ *KByte*, 2^{20} Byte $= 1$ *MByte*, 2^{30} Byte $= 1$ *GByte* oder 2^{40} Byte $= 1$ *TByte*.

3.4 Informationstheorie nach Shannon

Die von *Shannon* 1948 [21] entwickelte Informationstheorie versucht, ein Maß für den *Informationsgehalt* zu finden, das heißt, ein Maß dafür, wieviel Information eine diskrete Nachricht enthält, die von einem Sender an einen Empfänger übermittelt wird. Die Nachricht besteht aus einer Zeichenfolge, in der die Zeichen mit bestimmten Wahrscheinlichkeiten auftreten. Der Informationsgehalt soll folgende Eigenschaften haben:

- Der Informationsgehalt soll nur von der Wahrscheinlichkeit abhängen, mit der das Zeichen gesendet wird, und nicht von der Art der Codierung. Häufig gesendete Zeichen sollen einen niedrigen Informationsgehalt haben, selten gesendete jedoch einen hohen. Dieser Forderung kann man nachkommen, indem man für den Informationsgehalt eine monoton wachsende Funktion des Reziprokwertes der Wahrscheinlichkeit des Zeichens wählt, also eine Funktion

$$f(1/p),$$

wobei p für die Wahrscheinlichkeit steht, mit der das Zeichen auftritt, und f eine monoton wachsende Funktion ist.

- Der Informationsgehalt einer aus mehreren (voneinander unabhängigen) Zeichen bestehenden Nachricht soll gleich der Summe der Informationsgehalte der einzelnen Zeichen sein. Aus der Unabhängigkeit der Zeichen folgt, dass die Wahrscheinlichkeit des Auftretens dieser Nachricht gleich dem Produkt der Einzelwahrscheinlichkeiten der die Nachricht bildenden Zeichen ist. Das heißt, wenn das Zeichen *e* mit der Wahrscheinlichkeit 0.3 und das Zeichen *h* mit der Wahrscheinlichkeit 0.1 auftritt, so ist die Wahrscheinlichkeit des Auftretens von *Ehe* gleich $0.3 \cdot 0.1 \cdot 0.3 = 0.009$. Der Informationsgehalt muss daher eine Funktion sein, die

$$f(x) + f(y) = f(x \cdot y)$$

erfüllt. Das wird zum Beispiel von der logarithmischen Funktion gewährleistet.

Auf Grund dieser Forderungen wird der Informationsgehalt eines Zeichens definiert als der Logarithmus des Reziprokwertes der Wahrscheinlichkeit, mit der das Zeichen auftritt. Als Basis des Logarithmus wählt man 2. Der Informationsgehalt wird üblicherweise mit h bezeichnet, die Wahrscheinlichkeit, mit der ein Zeichen auftritt, mit p. Man erhält also

$$h = \text{ld}\,(1/p) = -\text{ld}\,p,$$

wobei ld den Logarithmus zur Basis 2 bezeichnet (ld steht für *logarithmus dualis*). Man beachte außerdem, dass trotz des negativen Vorzeichens der Informationsgehalt positiv ist, da p kleiner (oder gleich) 1 ist.

Sendet also zum Beispiel eine Nachrichtenquelle immer das gleiche Zeichen, so ist $p = 1$ und damit der Informationsgehalt gleich 0. Der Empfänger wird allerdings durch das immer wiederkehrende Zeichen auch nicht informiert. Ein Zeichen, das nie gesendet wird ($p = 0$), hat unendlich großen Informationsgehalt. Da es aber nie gesendet wird, tritt dieser unendliche Informationsgehalt auch nie auf. Sendet die Nachrichtenquelle Binärzeichen mit gleicher Wahrscheinlichkeit ($p = 1/2$), so ist der Informationsgehalt eines Zeichens gleich 1.

Falls die Nachrichtenquelle n unterschiedliche Zeichen mit gleicher Wahrscheinlichkeit sendet, ist der Informationsgehalt eines Zeichens gleich ld n. Ist n eine Potenz von 2, also zum Beispiel $n = 2^k$, so ist der Informationsgehalt ganzzahlig, nämlich gleich k. Die Einheit des Informationsgehaltes wird *Bit* genannt.

Als Beispiel wollen wir den Informationsgehalt einer n-stelligen Dezimalzahl berechnen. Der Informationsgehalt einer Dezimalziffer beträgt ld $10 \approx 3.32$ Bit. Die n-stellige Dezimalzahl hat daher den Informationsgehalt $h = n \cdot \text{ld}\,10 \approx n \cdot 3.32$ Bit.

Wenn eine Nachrichtenquelle Zeichen mit unterschiedlicher Wahrscheinlichkeit sendet, so kann der Informationsgehalt eines empfangenen Zeichens unter der Voraussetzung berechnet werden, dass man die Auftrittswahrscheinlichkeit des Zeichens kennt. Oft ist es aber wünschenswert, schon vor dem Eintreffen des Zeichens zu berechnen, welcher Informationsgehalt zu erwarten ist. Dieser Erwartungswert ist gleich dem Mittelwert der Informationsgehalte aller Zeichen des zugrundeliegenden Alphabetes. Sei $h_i = h(p_i)$ der Informationsgehalt des i-ten Zeichens und p_i die Wahrscheinlichkeit, mit der dieses Zeichen auftritt, so ist der *mittlere Informationsgehalt* H gegeben durch

$$H = \sum_i p_i \cdot h_i = \sum_i p_i \cdot \text{ld}\,(1/p_i) = -\sum_i p_i \cdot \text{ld}\,p_i\,.$$

Dieser mittlere Informationsgehalt wird auch *Entropie* genannt und ebenfalls in *Bit* gemessen. Die Formel für H ist auch unter dem Namen *Shannonsche Funktion* bekannt.

Sei zum Beispiel ein Alphabet gegeben, das aus den Zeichen x, y und z besteht, deren Auftrittswahrscheinlichkeiten gegeben seien durch

	p
x	0.50
y	0.25
z	0.25

Der Informationsgehalt der einzelnen Zeichen kann leicht berechnet werden. Es ergibt sich

	p_i	h_i
x	0.50	1
y	0.25	2
z	0.25	2

Der mittlere Informationsgehalt berechnet sich daher zu

$$H = 0.5 \cdot 1 + 0.25 \cdot 2 + 0.25 \cdot 2 = 1.5 \text{ Bit.}$$

Um in diesem Beispiel eine optimale Codierung des Alphabetes (in Form eines Binärcodes) zu erhalten, empfiehlt sich ein Code variabler Länge folgender Form:

x	1
y	01
z	00

Wir haben dabei für das häufiger vorkommende Zeichen ein kürzeres Binärwort gewählt. Man überzeugt sich leicht, dass der Code *umkehrbar eindeutig* ist, d.h, dass man den ursprünglichen Strom von Zeichen des Quellalphabetes eindeutig aus dem Strom der Zeichen des Zielalphabetes rekonstruieren kann. Als Beispiel wählen wir den Bit-Strom

011100011.

Diesem entspricht eindeutig folgender Strom der Zeichen aus dem Quellalphabet:

yxxzyx .

Selbstverständlich erhält man einen genauso zufriedenstellenden Code, wenn man in der Codierung 0 und 1 vertauscht.

Unter der *mittleren Wortlänge* L eines Codes versteht man die mit den Auftrittswahrscheinlichkeiten gewichtete Summe der Längen der – den einzelnen Zeichen entsprechenden – Codewörter, d.h.

$$L = \sum_i p_i \cdot l_i ,$$

wobei l_i für die Länge des dem i-ten Zeichen entsprechenden Codewortes steht. Im Gegensatz zum Informationsgehalt, der nur durch die Auftrittswahrscheinlichkeiten der einzelnen Zeichen bestimmt ist, hängt die mittlere Wortlänge von der gewählten Codierung ab.

Da in unserem Beispiel die Länge jedes Binärwortes gleich dem Informationsgehalt des Zeichens gewählt werden konnte, ist die mittlere Wortlänge des Codes auch gleich dem mittlerem Informationsgehalt. Der Grund, warum das möglich ist, liegt in der günstigen Wahrscheinlichkeitsverteilung der Zeichen des Alphabetes. Betrachten wir im Unterschied dazu etwa folgendes Beispiel (mit derselben Codierung wie oben).

	p_i	h_i	$p_i \cdot h_i$	l_i	$p_i \cdot l_i$
x	0.7	0.515	0.360	1	0.7
y	0.2	2.322	0.464	2	0.4
z	0.1	3.322	0.332	2	0.2

$$H = 1.156 \text{ Bit} \qquad L = 1.3 \text{ Bit}$$

In diesem Beispiel stellt man fest, dass die mittlere Wortlänge etwas größer ist als der mittlere Informationsgehalt und zwar deswegen, weil die Informationsgehalte der einzelnen Zeichen nicht ganzzahlig sind, die Codierung aber eine ganzzahlige Wortlänge bedingt.

Man kann sich leicht überlegen, dass die mittlere Wortlänge eines Binärcodes immer größer oder gleich dem mittleren Informationsgehalt der Zeichen des Codes ist. Die Differenz zwischen mittlerer Wortlänge und mittlerem Informationsgehalt wird mit *Redundanz* R des Codes bezeichnet.

$$R = L - H \text{ mit } R \geq 0$$

Auch die Redundanz eines Codes wird in *Bit* gemessen. Der Stamm des Namens hat seinen Ursprung im Lateinischen, nämlich in *redundare*, was soviel heißt wie: *überfließen* oder *im Überfluss haben* und die Tatsache, dass eigentlich zuviel Information „verwendet" wird, recht gut ausdrückt.

Oft will man die Redundanz bezogen auf die mittlere Wortlänge eruieren. So erhält man die *relative Redundanz* r

$$r = R/L \, .$$

Für unser obiges Beispiel erhält man eine Redundanz von $R = 0.144$ und eine relative Redundanz von $r = 0.111$.

Natürliche Sprachen weisen meist einen hohen Grad an Redundanz auf. So wirkt sich etwa das Auslassen von Buchstaben (auch wenn es zeitweise Sitte ist) nicht unbedingt verständnismindernd aus:

Oh tempo'a, oh mo'es!

Afrikanischer Pirat.
René Goscinny, Albert Uderzo,
„Asterix auf Korsika".

Abschließend wollen wir uns in diesem Abschnitt noch die Frage stellen, wann denn der mittlere Informationsgehalt sein Maximum erreicht, oder – anders ausgedrückt, welche Verteilung die Auftrittswahrscheinlichkeiten der Zeichen haben müssen, damit das zugehörige H maximal wird. Um diese Frage zu beantworten, benötigen wir ein paar kleine mathematische Abschätzungen.

Interessante Eigenschaft des Logarithmus

Für jede positive reelle Zahl $x \neq 1$ gilt

$$\ln x < x - 1. \tag{3.1}$$

Um dies zu beweisen, differenzieren wir die Funktion $f(x) = \ln x - x + 1$. Wir erhalten $f'(x) = \frac{1}{x} - 1$. Daher ist $f'(x) = 0$ genau dann, wenn $x = 1$. Wegen $\lim_{x \to 0} f(x) = -\infty$ und $\lim_{x \to \infty} f(x) = -\infty$ hat $f(x)$ im Punkt $x = 1$ ein Maximum und ist sonst negativ, das heißt, $\ln x - x + 1 < 0$ falls $x \neq 1$. Der Graph der Funktion $f(x)$ ist in Abb. 3.6 dargestellt.

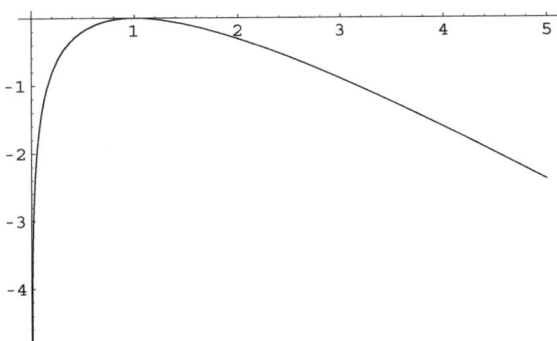

Abbildung 3.6: Die Funktion $f(x) = \ln x - x + 1$ im Bereich $(0,5)$

Fundamentale Ungleichung

Es seien n eine natürliche Zahl und $x_1, x_2, \ldots, x_n, y_1, y_2, \ldots, y_n$ nichtnegative reelle Zahlen mit der Eigenschaft
$$x_1 + x_2 + \ldots + x_n = y_1 + y_2 + \ldots + y_n.$$
Dann gilt
$$\sum_{i=1}^{n} x_i \cdot ld \left(\frac{y_i}{x_i}\right) \leq 0. \tag{3.2}$$
Darüber hinaus ist
$$\sum_{i=1}^{n} x_i \cdot ld \left(\frac{y_i}{x_i}\right) = 0,$$
genau dann, wenn $x_1 = y_1, x_2 = y_2, \ldots, x_n = y_n$ gilt.

Falls ein y_i gegen Null strebt, so geht die linke Seite der Ungleichung (3.2) gegen $-\infty$; falls ein x_i gegen Null strebt, so geht der entsprechende Term in (3.2) gegen Null. Daher können wir uns im folgenden auf positive x_i und y_i beschränken.

Unter Verwendung von $ld\, x = \ln x / \ln 2$ erhalten wir
$$Z = \sum_{i=1}^{n} x_i \cdot ld \left(\frac{y_i}{x_i}\right) = \frac{1}{\ln 2} \sum_{i=1}^{n} x_i \ln \left(\frac{y_i}{x_i}\right),$$
woraus unter Beachtung der interessanten Eigenschaft des Logarithmus (3.1) folgt
$$Z \leq \frac{1}{\ln 2} \sum_{i=1}^{n} x_i \left(\frac{y_i}{x_i} - 1\right) = \frac{1}{\ln 2} \left(\sum_{i=1}^{n} y_i - \sum_{i=1}^{n} x_i\right) = 0;$$
dabei gilt das Gleichheitszeichen, genau dann, wenn $\frac{x_1}{y_1} = \frac{x_2}{y_2} = \ldots = \frac{x_n}{y_n} = 1$ ist.

Maximum der Entropie

Betrachten wir nun ein Alphabet aus n Zeichen, deren Auftrittswahrscheinlichkeiten wir mit $p_1, p_2, \ldots, p_n$ bezeichnen, so gilt für die zugehörige Entropie
$$H \leq ld\, n$$
und es gilt
$$H = ld\, n$$
genau dann, wenn $p_1 = p_2 = \ldots = p_n = \frac{1}{n}$.

Wir berechnen unter Zuhilfenahme von $\sum_{i=1}^{n} p_i = 1$

$$H - \operatorname{ld} n =$$
$$\sum_{i=1}^{n} p_i \cdot \operatorname{ld}\left(\frac{1}{p_i}\right) - \sum_{i=1}^{n} p_i \cdot \operatorname{ld} n =$$
$$\sum_{i=1}^{n} p_i \cdot \left(\operatorname{ld}\left(\frac{1}{p_i}\right) - \operatorname{ld} n\right)$$

Da $\operatorname{ld}(x \cdot y) = \operatorname{ld} x + \operatorname{ld} y$ und $\operatorname{ld} 1/x = -\operatorname{ld} x$, gilt auch $\operatorname{ld} 1/p_i - \operatorname{ld} n = \operatorname{ld} 1/p_i + \operatorname{ld} 1/n = \operatorname{ld}(1/p_i \cdot 1/n)$ und daher folgt

$$H - \operatorname{ld} n = \sum_{i=1}^{n} p_i \cdot \operatorname{ld}\left(\frac{1}{p_i} \cdot \frac{1}{n}\right) = \sum_{i=1}^{n} p_i \cdot \operatorname{ld}\left(\frac{1/n}{p_i}\right).$$

Wenn wir $x_i = p_i$ und $y_i = 1/n$ setzen, kann die fundamentale Ungleichung auf die letzte Zeile angewendet werden, da $\sum_{i=1}^{n} p_i = 1$ und $\sum_{i=1}^{n} \frac{1}{n} = 1$. Wir erhalten

$$\sum_{i=1}^{n} p_i \cdot \operatorname{ld}\left(\frac{1/n}{p_i}\right) \leq 0,$$

wobei das Gleichheitszeichen genau dann gilt, wenn $p_1 = p_2 = \ldots = p_n = \frac{1}{n}$.

3.5 Kanäle, Transinformation, Verbundentropie und Irrelevanz

Wir wollen diesen Abschnitt damit beginnen, dass wir unser bisheriges Modell (Quelle, Kanal, Senke) etwas verallgemeinern. Wir nehmen nun an, dass wir zwei Nachrichtenquellen gleichzeitig beobachten. Das Alphabet der ersten Nachrichtenquelle sei $\{\alpha_1, \alpha_2, \ldots, \alpha_n\}$ mit den Auftrittswahrscheinlichkeiten $p_1(\alpha), p_2(\alpha), \ldots, p_n(\alpha)$. Das Alphabet der zweite Quelle sei $\{\beta_1, \beta_2, \ldots, \beta_m\}$ mit den Auftrittswahrscheinlichkeiten $p_1(\beta), p_2(\beta), \ldots, p_m(\beta)$.

Da wir beide Quellen gemeinsam beobachten, nehmen wir immer Paare von Zeichen aus den beiden Quellen wahr, also etwa $(\alpha_1, \beta_1), (\alpha_5, \beta_2), (\alpha_n, \beta_2), (\alpha_2, \beta_m), \ldots$.

Im speziellen interessiert uns nun, wie wir die Entropie dieses Gesamtsystems berechnen oder abschätzen können, wenn wir die Entropie der einzelnen Quellen kennen.

Wir bezeichnen in Folge die erste Quelle mit $\mathfrak{A}$, die zweite mit $\mathfrak{B}$. Die Entropie der Quelle $\mathfrak{A}$ sei $H(\mathfrak{A})$, die von $\mathfrak{B}$ sei $H(\mathfrak{B})$. Um die Entropie des Gesamtsystems $H(\mathfrak{AB})$ abzuschätzen, berechnen wir

$$H(\mathfrak{A}) + H(\mathfrak{B}) - H(\mathfrak{AB}) =$$
$$\sum_{i=1}^{n} p_i(\alpha) \cdot \operatorname{ld}(1/p_i(\alpha)) + \sum_{j=1}^{m} p_j(\beta) \cdot \operatorname{ld}(1/p_j(\beta)) + \sum_{i=1}^{n}\sum_{j=1}^{m} p_{ij}(\alpha\beta) \cdot \operatorname{ld} p_{ij}(\alpha\beta),$$

wobei $p_{ij}(\alpha\beta)$ die Wahrscheinlichkeit bezeichnet, dass das Zeichen α_i von der Quelle $\mathfrak{A}$ und gleichzeitig das Zeichen β_j von der Quelle $\mathfrak{B}$ ausgesendet wird. Falls die beiden Quellen von einander unabhängig sind, ist $p_{ij}(\alpha\beta) = p_i(\alpha) \cdot p_j(\beta)$.

Da $\sum_{j=1}^{m} p_{ij}(\alpha\beta) = p_i(\alpha)$ und $\sum_{i=1}^{n} p_{ij}(\alpha\beta) = p_j(\beta)$ können wir fortfahren

$$H(\mathfrak{A}) + H(\mathfrak{B}) - H(\mathfrak{AB}) =$$
$$\sum_{i=1}^{n}\sum_{j=1}^{m} p_{ij}(\alpha\beta) \cdot (\operatorname{ld}(1/p_i(\alpha)) + \operatorname{ld}(1/p_j(\beta)) + \operatorname{ld} p_{ij}(\alpha\beta)) =$$

3.5 Kanäle, Transinformation, Verbundentropie und Irrelevanz

$$\sum_{i=1}^{n}\sum_{j=1}^{m} p_{ij}(\alpha\beta) \cdot \text{ld}\left(\frac{p_{ij}(\alpha\beta)}{p_i(\alpha) \cdot p_j(\beta)}\right) =$$

$$-\sum_{i=1}^{n}\sum_{j=1}^{m} p_{ij}(\alpha\beta) \cdot \text{ld}\left(\frac{p_i(\alpha) \cdot p_j(\beta)}{p_{ij}(\alpha\beta)}\right) \geq 0.$$

Dabei erhalten wir das $\geq$-Zeichen durch eine neuerliche Anwendung unserer fundamentalen Ungleichung, wobei das Gleichheitszeichen genau dann gilt, wenn $p_{ij}(\alpha\beta) = p_i(\alpha) \cdot p_j(\beta)$, d.h., wenn die beiden Nachrichtenquellen unabhängig voneinander sind.

Zusammenfassend gilt also

$$H(\mathfrak{A}\mathfrak{B}) \leq H(\mathfrak{A}) + H(\mathfrak{B}),$$

wobei

$$H(\mathfrak{A}\mathfrak{B}) = H(\mathfrak{A}) + H(\mathfrak{B}),$$

genau dann gilt, wenn die beiden Nachrichtenquellen $\mathfrak{A}$ und $\mathfrak{B}$ unabhängig voneinander sind. $H(\mathfrak{A}\mathfrak{B})$ wird auch Verbundentropie *genannt.*

Als einfaches Beispiel betrachten wir zwei Nachrichtenquellen $\mathfrak{A}$ und $\mathfrak{B}$ mit folgenden Alphabeten und Auftrittswahrscheinlichkeiten der einzelnen Zeichen.

Quelle $\mathfrak{A}$				Quelle $\mathfrak{B}$		
α_1	0	$p_1(\alpha)$	$\frac{1}{2}$	β_1	0	$p_1(\beta)$	$\frac{1}{2}$
α_2	1	$p_2(\alpha)$	$\frac{1}{4}$	β_2	1	$p_2(\beta)$	$\frac{1}{2}$
α_3	2	$p_3(\alpha)$	$\frac{1}{4}$				

Daraus ergeben sich

$$H(\mathfrak{A}) = \frac{1}{2} \cdot \text{ld } 2 + \frac{1}{4} \cdot \text{ld } 4 + \frac{1}{4} \cdot \text{ld } 4 = \frac{1}{2} + \frac{1}{2} + \frac{1}{2} = \frac{3}{2} = 1.5$$

und

$$H(\mathfrak{B}) = \frac{1}{2} \cdot \text{ld } 2 + \frac{1}{2} \cdot \text{ld } 2 = \frac{1}{2} + \frac{1}{2} = 1.$$

Seien nun die $p_{ij}(\alpha\beta)$ wie folgt gegeben:

$p_{11}(\alpha\beta)$	$\frac{1}{2}$	$p_{12}(\alpha\beta)$	0
$p_{21}(\alpha\beta)$	0	$p_{22}(\alpha\beta)$	$\frac{1}{4}$
$p_{31}(\alpha\beta)$	0	$p_{32}(\alpha\beta)$	$\frac{1}{4}$

Ein genauerer Blick auf diese Tabelle zeigt, dass das bedeutet, dass, falls Quelle $\mathfrak{A}$ das Zeichen 0 produziert, Quelle $\mathfrak{B}$ ebenfalls das Zeichen 0 hervorbringt. Wenn Quelle $\mathfrak{A}$ die Zeichen 1 oder 2 erzeugt, erscheint bei Quelle $\mathfrak{B}$ das Zeichen 1.

Die Verbundentropie berechnet sich daher zu

$$H(\mathfrak{A}\mathfrak{B}) = \frac{1}{2} \cdot \text{ld } 2 + \frac{1}{4} \cdot \text{ld } 4 + \frac{1}{4} \cdot \text{ld } 4 = \frac{1}{2} + \frac{1}{2} + \frac{1}{2} = \frac{3}{2} = 1.5,$$

was heißt, dass – wie man schon aus der Bemerkung im Anschluss an die Tabelle der $p_{ij}(\alpha\beta)$ entnehmen könnte – keine Unabhängigkeit zwischen den Quellen $\mathfrak{A}$ und $\mathfrak{B}$ vorliegt.

Betrachten wir im Unterschied dazu die folgende Tabelle von $p_{ij}(\alpha\beta)$:

$p_{11}(\alpha\beta)$	$\frac{1}{4}$	$p_{12}(\alpha\beta)$	$\frac{1}{4}$
$p_{21}(\alpha\beta)$	$\frac{1}{8}$	$p_{22}(\alpha\beta)$	$\frac{1}{8}$
$p_{31}(\alpha\beta)$	$\frac{1}{8}$	$p_{32}(\alpha\beta)$	$\frac{1}{8}$

Hier lässt sich kein Zusammenhang zwischen den Quellen $\mathfrak{A}$ und $\mathfrak{B}$ feststellen.

Die Verbundentropie berechnet sich hier zu

$$H(\mathfrak{AB}) = \frac{1}{4} \cdot \text{ld } 4 + \frac{1}{4} \cdot \text{ld } 4 + \frac{1}{8} \cdot \text{ld } 8 + \frac{1}{8} \cdot \text{ld } 8 + \frac{1}{8} \cdot \text{ld } 8 + \frac{1}{8} \cdot \text{ld } 8 = \frac{1}{2} + \frac{1}{2} + \frac{3}{8} + \frac{3}{8} + \frac{3}{8} = \frac{5}{2} = 2.5,$$

woraus man ersieht, dass die beiden Quellen tatsächlich unabhängig von einander sind.

In diesem Zusammenhang bleibt die Frage zu beantworten, ob – wie in den obigen Beispielen tatsächlich der Fall – immer $H(\mathfrak{AB}) \geq H(\mathfrak{A})$ und $H(\mathfrak{AB}) \geq H(\mathfrak{B})$ gilt. Wir berechnen

$$H(\mathfrak{AB}) - H(\mathfrak{A}) =$$
$$\sum_{i=1}^{n} \sum_{j=1}^{m} p_{ij}(\alpha\beta) \cdot \text{ld} \left(\frac{1}{p_{ij}(\alpha\beta)}\right) + \sum_{i=1}^{n} p_i(\alpha) \text{ld } p_i(\alpha) =$$
$$\sum_{i=1}^{n} \sum_{j=1}^{m} p_{ij}(\alpha\beta) \left(\text{ld } p_i(\alpha) + \text{ld} \left(\frac{1}{p_{ij}(\alpha\beta)}\right)\right) =$$
$$\sum_{i=1}^{n} \sum_{j=1}^{m} p_{ij}(\alpha\beta) \cdot \text{ld} \left(\frac{p_i(\alpha)}{p_{ij}(\alpha\beta)}\right)$$

Da $p_i(\alpha) = \sum_{j=1}^{m} p_{ij}(\alpha\beta)$, folgt natürlich $p_{ij}(\alpha\beta) \leq p_i(\alpha)$, woraus $\frac{1}{p_{ij}(\alpha\beta)} \geq \frac{1}{p_i(\alpha)}$ und damit $\frac{p_i(\alpha)}{p_{ij}(\alpha\beta)} \geq 1$ folgt. Auf Grund der Monotonie des Logarithmus gilt dann aber auch $\text{ld } \frac{p_i(\alpha)}{p_{ij}(\alpha\beta)} \geq 0$. Somit ist aber der verbleibende Term in der obigen Summe auf jeden Fall größer gleich Null, da auch die $p_{ij}(\alpha\beta)$ alle nichtnegativ sind.

Dasselbe Argument kann man auf $H(\mathfrak{AB}) - H(\mathfrak{B})$ anwenden.

Es gilt also der Satz über die *Monotonie der Entropie*, nämlich, dass die Verbundentropie immer mindestens so groß ist, wie die Entropie der Teilsysteme, also

$$H(\mathfrak{AB}) \geq H(\mathfrak{A})$$

und

$$H(\mathfrak{AB}) \geq H(\mathfrak{B}).$$

Im Rest dieses Abschnittes interessieren uns die in Abb. 3.7 dargestellten Arten der Entropie, die während der Übertragung von Information über einen Nachrichtenkanal relevant sind. Dabei steht die Eingangsentropie für den mittleren Informationsgehalt der Nachricht *vor* der Eingabe in den Kanal und die Ausgangsentropie für den mittleren Informationsgehalt *nach* der Ausgabe aus dem Kanal. Die *Irrelevanz* ist jene Entropie, die durch Störungen im Nachrichtenkanal (ungewollt) entsteht. Die *Äquivokation* ist jener Informationsgehalt, der im Zuge der Übertragung der Nachricht über den Kanal verloren geht. Die *mittlere Transinformation* schließlich ist jener Informationsgehalt, der bei der Übertragung der Nachricht über den Kanal erhalten bleibt, während die Verbundentropie jenen Informationsgehalt bezeichnet, den man erhält, wenn man sowohl den Eingang $\mathfrak{A}$ als auch den Ausgang $\mathfrak{B}$ des Kanals gleichzeitig beobachtet.

In der Praxis sind Nachrichtenkanäle immer Störungen[†] unterworfen; denken Sie etwa an das Knacken in Telefonleitungen. Das heißt, wir können nicht davon ausgehen, dass an der Ausgabeseite eines Kanals immer dasselbe Zeichen erscheint, das wir eingegeben haben. Wenn wir also ein Zeichen α in den Kanal eingeben, erwarten wir mit einer bedingten Wahrscheinlichkeit $p(\beta|\alpha)$ die Ausgabe eines Zeichens β. Der *bedingte Informationsgehalt* $h(\beta|\alpha)$ ist definiert durch

$$h(\beta|\alpha) = \text{ld} \left(\frac{1}{p(\beta|\alpha)}\right).$$

[†]Man spricht in diesem Zusammenhang auch von einer die Störungen erzeugenden *Rauschquelle* (hicks!).

3.5 Kanäle, Transinformation, Verbundentropie und Irrelevanz

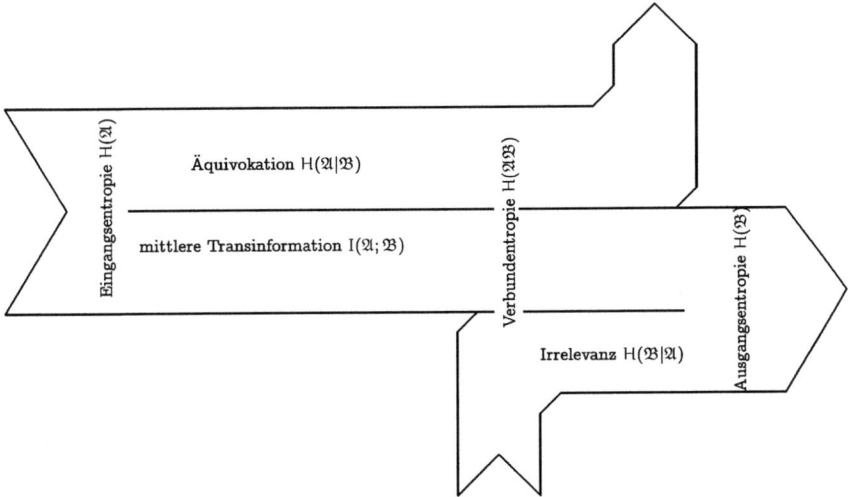

Abbildung 3.7: Verschiedene Entropien im Nachrichtenkanal

Dieser misst die Information, die dadurch entsteht, dass ein Beobachter sieht, dass das Zeichen α in den Kanal ein- und das Zeichen β ausgegeben wird.

Die *bedingte Entropie* ist nun der mittlere bedingte Informationsgehalt, wobei über alle Zeichen der Quelle $\mathfrak{B}$ gemittelt wird. Wir definieren

$$H(\mathfrak{B}|\alpha) = \sum_{j=1}^{m} p(\beta_j|\alpha) \cdot h(\beta|\alpha) = \sum_{j=1}^{m} p(\beta_j|\alpha) \cdot \mathrm{ld}\left(\frac{1}{p(\beta_j|\alpha)}\right).$$

$H(\mathfrak{B}|\alpha)$ ist also der zu erwartende Informationsgewinn, den man erhält, wenn man den Ausgang des Kanales beobachtet, in den das Zeichen α eingegeben wurde. Der Informationsgewinn entsteht aber – wie bereits gesagt – einzig und allein durch das Vorhandensein von Störungen im Kanal.

Nun mitteln wir zusätzlich über das eingegebene Zeichen und definieren die *Irrelevanz* folgendermaßen

$$H(\mathfrak{B}|\mathfrak{A}) = \sum_{i=1}^{n} p_i(\alpha) \cdot H(\mathfrak{B}|\alpha_i) = \sum_{i=1}^{n}\sum_{j=1}^{m} p_i(\alpha) \cdot p(\beta_j|\alpha_i) \cdot \mathrm{ld}\left(\frac{1}{p(\beta_j|\alpha_i)}\right).$$

Die Verbundentropie $H(\mathfrak{A}\mathfrak{B})$ ist jetzt jener Informationsgewinn, den wir erhalten würden, wenn wir Ein- und Ausgang des Nachrichtenkanals gleichzeitig beobachten würden. Wir können also erwarten, dass sich die Verbundentropie zusammensetzt als Summe der Entropie der Rauschquelle (also der Irrelevanz) und der Entropie der Eingangsquelle $H(\mathfrak{A})$.

Wir berechnen unter Verwendung von $p_{ij}(\alpha\beta) = p_i(\alpha) \cdot p(\beta_j|\alpha_i)$

$$H(\mathfrak{A}) + H(\mathfrak{B}|\mathfrak{A}) =$$
$$\sum_{i=1}^{n} p_i(\alpha) \cdot \mathrm{ld}\left(\frac{1}{p_1(\alpha)}\right) + \sum_{i=1}^{n}\sum_{j=1}^{m} p_{ij}(\alpha\beta) \cdot \mathrm{ld}\left(\frac{1}{p(\beta_j|\alpha_i)}\right) =$$
$$\sum_{i=1}^{n}\sum_{j=1}^{m} p_{ij}(\alpha\beta) \cdot \mathrm{ld}\left(\frac{1}{p_i(\alpha) \cdot p(\beta_j|\alpha_i)}\right) =$$
$$\sum_{i=1}^{n}\sum_{j=1}^{m} p_{ij}(\alpha\beta) \cdot \mathrm{ld}\left(\frac{1}{p_{ij}(\alpha\beta)}\right) = H(\mathfrak{A}\mathfrak{B}).$$

Zusammenfassend haben wir über die Verbundentropie und die Irrelevanz gezeigt, dass

$$H(\mathfrak{AB}) = H(\mathfrak{A}) + H(\mathfrak{B}|\mathfrak{A}).$$

Wenn nun anders herum ein Zeichen β aus dem Kanal ausgegeben wird, dann wurde ein spezielles Zeichen α mit der a posteriori Wahrscheinlichkeit p(α|β) in den Kanal eingegeben. Der bedingte Informationsgehalt

$$h(\alpha|\beta) = \operatorname{ld}\left(\frac{1}{p(\alpha|\beta)}\right),$$

den ein Beobachter des Kanaleingangs, der über die Ausgabe des Zeichens β Bescheid weiß, durch die Beobachtung der Eingabe von α gewinnt, geht im Kanal verloren.

Die bedingte Entropie

$$H(\mathfrak{A}|\beta) = \sum_{i=1}^{n} p(\alpha_i|\beta) \cdot h(\alpha_i|\beta) = \sum_{i=1}^{n} p(\alpha_i|\beta) \cdot \operatorname{ld}\left(\frac{1}{p(\alpha_i|\beta)}\right)$$

ist der Erwartungswert des Informationsgehaltes, den wir erhalten, wenn wir den Eingang des Kanales beobachten, wobei wir wissen, dass β vom Kanal ausgegeben wurde.

Die *Äquivokation* ist definiert als Erwartungswert dieser bedingten Entropie, wobei über β gemittelt wird

$$H(\mathfrak{A}|\mathfrak{B}) = \sum_{j=1}^{m} p_j(\beta) \cdot H(\mathfrak{A}|\beta_j) = \sum_{i=1}^{n} \sum_{j=1}^{m} p_j(\beta) \cdot p(\alpha_i|\beta_j) \cdot \operatorname{ld}\left(\frac{1}{p(\alpha_i|\beta_j)}\right).$$

Sie ist also der Teil der Entropie $H(\mathfrak{A})$, der im Mittel von den Störungen absorbiert wird.

Ähnlich wie oben kann man berechnen, dass für die Verbundentropie und die Äquivokation gilt

$$H(\mathfrak{AB}) = H(\mathfrak{B}) + H(\mathfrak{A}|\mathfrak{B}).$$

Wir kehren nun zu unserem Beispiel zurück und wollen für den Teil, bei dem Abhängigkeit zwischen den beiden Teilsystemen besteht, die Irrelevanz und die Äquivokation bestimmen. Wir wollen uns dabei nicht auf die gerade hergeleiteten Formeln verlassen, sondern die Definition von Irrelevanz und Äquivokation verwenden, um die entsprechenden Werte zu berechnen.

Zunächst erstellen wir eine Tabelle der bedingten Wahrscheinlichkeiten für die Berechnung der Irrelevanz. Wir erhalten

$p(\beta_1|\alpha_1)$	1	$p(\beta_2|\alpha_1)$	0
$p(\beta_1|\alpha_2)$	0	$p(\beta_2|\alpha_2)$	1
$p(\beta_1|\alpha_3)$	0	$p(\beta_2|\alpha_3)$	1

Damit berechnen wir die Irrelevanz zu

$$H(\mathfrak{B}|\mathfrak{A}) = \frac{1}{2} \cdot 1 \cdot \operatorname{ld} 1 + \frac{1}{2} \cdot 0 + \frac{1}{4} \cdot 0 + \frac{1}{4} \cdot 1 \cdot \operatorname{ld} 1 + \frac{1}{4} \cdot 0 + \frac{1}{4} \cdot 1 \cdot \operatorname{ld} 1 = 0.$$

Die adäquate Tabelle für die Äquivokation sieht folgendermaßen aus

$p(\alpha_1|\beta_1)$	1	$p(\alpha_2|\beta_1)$	0	$p(\alpha_3|\beta_1)$	0
$p(\alpha_1|\beta_2)$	0	$p(\alpha_2|\beta_2)$	$\frac{1}{2}$	$p(\alpha_3|\beta_2)$	$\frac{1}{2}$

Daher erhalten wir für die Äquivokation

$$H(\mathfrak{A}|\mathfrak{B}) = \frac{1}{2} \cdot 1 \cdot \text{ld } 1 + \frac{1}{2} \cdot 0 + \frac{1}{2} \cdot 0 + \frac{1}{2} \cdot \frac{1}{2} \cdot \text{ld } 2 + \frac{1}{2} \cdot \frac{1}{2} \cdot \text{ld } 2 = \frac{1}{4} + \frac{1}{4} = \frac{1}{2}.$$

Die *gegenseitige Information* ist definiert als

$$h(\alpha; \beta) = h(\alpha) - h(\alpha|\beta) = \text{ld}\left(\frac{p(\alpha|\beta)}{p(\alpha)}\right) = \text{ld}\left(\frac{p(\alpha\beta)}{p(\alpha) \cdot p(\beta)}\right).$$

Sie gibt, falls $h(\alpha) \geq h(\alpha|\beta)$, an, welcher Anteil des Informationsgehaltes $h(\alpha)$ eines in den Kanal eingegebenen Zeichens α vor der Ausgabe aus dem Kanal nicht durch Störungen verschluckt wurde. Falls $h(\alpha) < h(\alpha|\beta)$, frisst der Kanal mehr Information als ihm eingegeben wurde. Das ist tatsächlich möglich! Man nennt die gegenseitige Information deshalb auch *Transinformatinsgehalt*.

Der Erwartungswert

$$H(\mathfrak{A}; \mathfrak{B}) = \sum_{i=1}^{n} \sum_{j=1}^{m} p_{ij}(\alpha\beta) \cdot h(\alpha; \beta) = \sum_{i=1}^{n} \sum_{j=1}^{m} p_{ij}(\alpha\beta) \cdot \text{ld}\left(\frac{p_{ij}(\alpha\beta)}{p_i(\alpha) \cdot p_j(\beta)}\right)$$

heißt *mittlere Transinformation*. Sie gibt an, wieviel nutzbare Information im Mittel über den Kanal transportiert wird.

Ohne es zu beweisen, gilt

$$H(\mathfrak{A}; \mathfrak{B}) = H(\mathfrak{A}) - H(\mathfrak{A}|\mathfrak{B}) = H(\mathfrak{B}) - H(\mathfrak{B}|\mathfrak{A}).$$

In unserem Beispiel erhalten wir

$$H(\mathfrak{A}; \mathfrak{B}) = \frac{3}{2} - \frac{1}{2} = 1$$

als mittlere Transinformation.

Weiterführende Literatur

W. Heise, P. Quattrocchi. *Informations- und Codierungstheorie*. Springer-Verlag, 1989.

H. Heuser, H. Wolf. *Algebra, Funktionalanalysis und Codierung*. Teubner, Stuttgart, 1986.

T. Kameda, K. Weihrauch. *Einführung in die Codierungstheorie*. BI Wissenschaftsverlag, Mannheim, 1973.

4 Codierungstheorie

4.1 Datenverdichtung

Dieser Abschnitt zeigt Wege, Codes mit möglichst wenig Redundanz zu konstruieren. Wir gehen aber vorläufig nicht darauf ein, dass dadurch Übertragungsfehler oft nicht erkannt werden.

4.1.1 Der Huffman-Code

Einen besonders redundanz-armen Code liefert eine nach *David A. Huffman* benannte Methode der Codegenerierung. Beschränkt man sich auf das Codieren einzelner Zeichen, kann man sogar zeigen, dass kein anderes Verfahren sie in dieser Hinsicht übertrifft.

Beim Verfahren zur Erzeugung eines Huffman-Codes wird schrittweise ein Codebaum aufgebaut. Man fasst dazu die beiden Zeichen mit der geringsten Wahrscheinlichkeit zusammen und behandelt sie im weiteren Verlauf wie ein einzelnes Zeichen, dessen Auftrittswahrscheinlichkeit gleich der Summe der beiden Einzelwahrscheinlichkeiten ist. Dieses Verfahren wird so lange fortgesetzt, bis nur noch ein Zeichen übrig ist und damit der Codebaum fertig erstellt ist.

Als Beispiel wollen wir einen Huffman-Code für ein Alphabet aufstellen, das aus den Zeichen $\{a \mid b \mid c \mid d \mid e\}$ besteht. Die entsprechenden Auftrittswahrscheinlichkeiten sind in der folgenden Tabelle gegeben.

	p
a	0.40
b	0.20
c	0.18
d	0.11
e	0.11

Zur Unterstützung schreibt man parallel zur Entstehung des Codebaumes Tabellen (wie oben) an, deren Zeilen nach den Wahrscheinlichkeiten geordnet sind. Dann fasst man die Zeichen der beiden letzten Zeilen zu einem Zeichen zusammen, bildet die Summe der Wahrscheinlichkeiten und behandelt sie ab nun als *ein* Zeichen. Anschließend ordnet man es in eine neue Tabelle ein und erhält gleichzeitig den ersten Teilbaum des Codebaumes (man beachte dabei die Markierung der Kanten mit Zeichen des Zielalphabetes).

	p
a	0.40
de	0.22
b	0.20
c	0.18

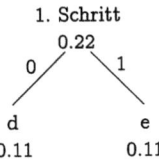

Indem man diesen Vorgang solange wiederholt, bis nur mehr ein „Zeichen" mit der Wahrscheinlichkeit 1.0 übrig ist, erhält man folgende Tabellen und Bäume:

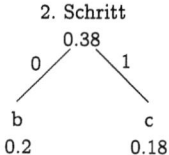

	p
a	0.40
bc	0.38
de	0.22

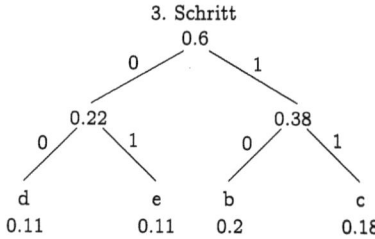

	p
bcde	0.60
a	0.40

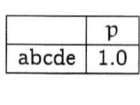

	p
abcde	1.0

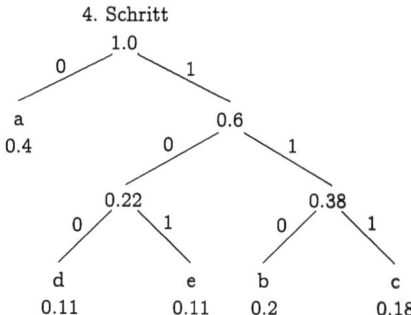

Der sich dadurch ergebende Huffman-Code kann der folgenden Tabelle entnommen werden:

	p	Code	l	p · l
a	0.40	0	1	0.40
b	0.20	110	3	0.60
c	0.18	111	3	0.54
d	0.11	100	3	0.33
e	0.11	101	3	0.33

Es ergibt sich eine mittlere Wortlänge von $L = 2.20$ Bit und eine Redundanz von $R = 0.06$ Bit.

Abschließend sei darauf hingewiesen, dass man beim Huffman-Code die Redundanz beliebig klein machen kann, indem man statt Einzelzeichen ganze Zeichenfolgen gemeinsam codiert. Betrachten wir etwa als Beispiel das Alphabet $\{a \mid b\}$ mit folgenden Auftrittswahrscheinlichkeiten und folgender Codierung:

	p	Code
a	0.8	0
b	0.2	1

Hier beträgt der mittlere Informationsgehalt eines Zeichens $H = 0.722$ Bit. Codiert man wie oben jedes Zeichen getrennt, so ergibt sich die Redundanz zu $R = 0.278$ Bit.

Codiert man mittels Huffman-Code jeweils zwei aufeinanderfolgende Zeichen durch ein einziges Codewort variabler Länge, so erhält man folgende Tabelle (die Wahrscheinlichkeit eines zusammengesetzten Zeichens ergibt sich dabei auf Grund der vorausgesetzten Unabhängigkeit als Produkt der Wahrscheinlichkeiten der einzelnen Zeichen):

	p	Code	l	p · l
aa	0.64	0	1	0.64
ab	0.16	10	2	0.32
ba	0.16	110	3	0.48
bb	0.04	111	3	0.12

Damit sinkt die Redundanz auf $R = 0.116$ Bit.

Es sei aber abschließend darauf hingewiesen, dass die oben beschriebene Methode bei einer ungünstigeren Verteilung der Auftrittswahrscheinlichkeiten beim Zusammenfassen von Paaren von Einzelzeichen durchaus eine größere Redundanz liefern kann als der zu den Einzelzeichen gehörige Code. Indem man jedoch das Verfahren sukzessive fortsetzt, das heißt, drei, vier, fünf, usw. Einzelzeichen zusammenfasst, wird man irgendwann einen Code erhalten, dessen Redundanz kleiner ist als die des aus den Einzelzeichen bestehenden Codes. Die relative Redundanz aber wird mit jedem der angewandten Schritte kleiner.

4.1.2 Ein adaptiver Huffman-Code

Der im vorhergegangenen Abschnitt behandelte Huffman-Code setzt voraus, dass vor der ersten Verwendung die Auftrittswahrscheinlichkeiten der einzelnen Zeichen feststehen. Das kann aber bei manchen zu übertragenden Bitfolgen dazu führen, dass die mittlere Länge der Codewörter länger ist als notwendig, weil diese Bitfolgen zufällig nur relativ unwahrscheinliche Zeichen repräsentieren. Dieser Nachteil kann behoben werden, indem man *adaptive Codes* konstruiert.

Bei adaptiven Codes führen sowohl der Sender als auch der Empfänger für jedes Zeichen einen Zähler mit. Die relative Häufigkeit der Zeichen – das ist der Quotient daraus, wie oft das Zeichen bisher aufgetreten ist, und der Gesamtanzahl der bisher übertragenen Zeichen – fungiert dann als „Näherung" für die Auftrittswahrscheinlichkeit des jeweiligen Zeichens. Mit diesen relativen Häufigkeiten als Basis ändert man den Code, d.h., eigentlich erstellt man einen neuen Code.

Eine wesentliche Frage ist, *wann* man diesen neuen Code erstellt. Theoretisch ist es möglich, nach jedem übertragenen Zeichen den Code zu adaptieren. Das wäre aber in manchen Fällen zu aufwendig. In der Praxis einigt man sich darauf, zum Beispiel nur nach jeweils N übertragenen Zeichen den Code zu adaptieren. Selbstverständlich müssen Sender und Empfänger denselben Wert für N verwenden, sonst wird es zu keiner korrekten Decodierung kommen.

Wer an technischen Details betreffend einen adaptiven Huffman-Code interessiert ist, sei auf [6] verwiesen. Wir werden auf die dabei auftretenden Probleme nicht näher eingehen, da es Codes gibt, die für adaptive Methoden viel besser geeignet sind als der Huffman-Code.

4.1.3 Arithmetisches Codieren

In diesem Abschnitt werden wir uns mit einer Art von Codierung beschäftigen, die nicht nur besser geeignet ist, adaptive Änderungen des Codes vorzunehmen, sondern auch im allgemeinen geringere Redundanz liefert als etwa der Huffman-Code.

Die zugrundeliegende Idee des *arithmetischen Codierens* ist etwa folgende: Eine Nachricht wird durch ein Intervall reeller Zahlen aus dem Bereich zwischen 0 und 1 dargestellt. Wenn die Nachricht länger und länger wird, wird das Intervall kürzer und kürzer. Die einzelnen, zu übertragenden Zeichen verkleinern das Intervall entsprechend der zugehörigen Auftrittswahrscheinlichkeit. Die häufigeren Symbole verringern die Größe des Intervalls weniger als die weniger oft vorkommenden.

Vor der Übertragung des ersten Zeichens ist das Intervall das gesamte Intervall [0, 1), das heißt, alle x im Bereich $0 \leq x < 1$. Wenn ein Zeichen codiert wird, so wird das Intervall auf jenen Teilbereich verkleinert, der dem Zeichen zugeordnet ist. Betrachten wir zum Beispiel das Alphabet {a | e | i | o | u | ! } mit folgenden Auftrittswahrscheinlichkeiten und zugeordneten Intervallen:

a	0.2	[0, 0.2)
e	0.3	[0.2, 0.5)
i	0.1	[0.5, 0.6)
o	0.2	[0.6, 0.8)
u	0.1	[0.8, 0.9)
!	0.1	[0.9, 1.0)

Angenommen, wir wollen die typische Lautäußerung eines Comic-Helden, nämlich *eaii!* übertragen. Zu Beginn nehmen sowohl Sender als auch Empfänger an, dass das Intervall gleich [0, 1) ist. Nachdem das erste zu übertragende Zeichen ein *e* ist, verkleinert der Sender sein Intervall auf [0.2, 0.5), also auf das Intervall, das diesem Zeichen zugeordnet ist. Das nächste Zeichen – ein *a* – verkleinert dieses Intervall auf sein erstes Fünftel, da dem Zeichen *a* [0, 0.2) zugeordnet ist. Das heißt also, dass das Intervall nun die Gestalt [0.2, 0.26) hat. Die folgende Abbildung zeigt eine Darstellung dieses Prozesses. Die vertikalen Strecken stellen die Auftrittswahrscheinlichkeiten der einzelnen Zeichen dar.

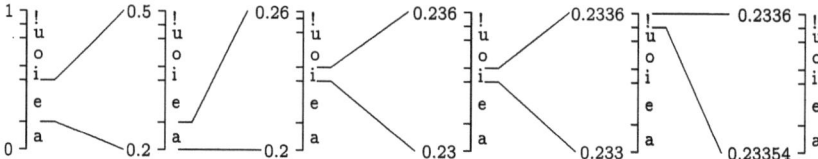

Das nächste Zeichen ist ein *i*, dem das Intervall [0.5, 0.6) zugeordnet ist. Angewandt auf unser aktuelles Intervall, ergibt das [0.23, 0.236). Wenn man so fortfährt, erhält man für die gesamte Nachricht

	[0, 1)
e	[0.2, 0.5)
a	[0.2, 0.26)
i	[0.23, 0.236)
i	[0.233, 0.2336)
!	[0.23354, 0.2336)

Allgemein kann man folgende Formel festhalten: Seien o_{alt} und u_{alt} die alte obere und die alte untere Grenze des Intervalls und sei $\ell_{alt} = o_{alt} - u_{alt}$ die Länge des alten Intervalls. Sei weiters x das nächste zu codierende Zeichen, $[o_x, u_x]$ das dem Zeichen x zugeordnete Intervall. Dann berechnet sich die neue untere Intervallgrenze wie

$$u_{neu} = u_{alt} + \ell_{alt} \cdot u_x;$$

die neue obere Intervallgrenze ergibt sich zu

$$o_{neu} = u_{alt} + \ell_{alt} \cdot o_x.$$

Nun betrachten wir die Übertragung der Nachricht von der Seite des Empfängers. Nehmen wir an, der Empfänger kennt (außer den Auftrittswahrscheinlichkeiten der Zeichen) nur das endgültige Intervall [0.23354, 0.2336). Damit kann er sofort schließen, dass das erste übertragene Zeichen ein *e* war, da das übertragene Intervall vollständig innerhalb des dem Zeichen *e* zugeordneten Intervalles liegt. Jetzt kann der Empfänger aber die Berechnungen des Senders simulieren. Am Anfang war das Intervall $[0,1)$, nach der Codierung von *e* ist es $[0.2, 0.5)$. Daher muss das zweite Zeichen ein *a* gewesen sein, weil das das Intervall $[0.2, 0.26)$ produziert hätte, das wiederum vollständig das übertragene Intervall $[0.23354, 0.2336)$ umschließt. Indem er so fortfährt, kann der Empfänger die ganze Nachricht decodieren.

Wenn man obiges Verfahren genauer betrachtet, so sieht man, dass es nicht notwendig ist, beide Grenzen des Intervalles zu übertragen. Statt dessen genügt es, eine einzige Zahl aus dem Intervall zu übermitteln, z.B. 0.23355 (andere Zahlen, wie etwa 0.23354, 0.23357 oder sogar 0.23354321, wären genauso geeignet). Damit hat der Empfänger aber das Problem zu entscheiden, wann das Ende der Nachricht erreicht ist. So könnte etwa die Zahl 0.0 irgendeine der folgenden Nachrichten darstellen: *a, aa, aaa, aaaa, ...*. Um diese Mehrdeutigkeit zu beseitigen, genügt es, dafür zu sorgen, dass eine spezielle *Endekennung* erfolgt; zum Beispiel könnten sich Sender und Empfänger darauf einigen, dass das Zeichen *!* eine Nachricht beendet (natürlich ist jedes andere Zeichen genau so gut dafür geeignet, es sollte aber nicht innerhalb der Nachricht vorkommen.). Sobald der Empfänger dieses Zeichen erkennt, beendet er seine Decodierungstätigkeit.

Wir wollen es bei diesen eher informellen Ausführungen bewenden lassen. Die Implementierung dieser Codierungsmethode würde es erforderlich machen, Probleme zu lösen, die für das prinzipielle Verständnis nur hinderlich wären. So muss etwa, da wir nur 0 und 1 übertragen wollen, die Zahl noch in ihre Binärdarstellung umgewandelt werden; diese Konversion werden wir jedoch erst im Kapitel 7.3 kennenlernen. Wer an einer exakten Darstellung interessiert ist, sei auf [25] verwiesen. Dort findet man auch eine Implementierung in der Programmiersprache C.

Arithmetisches Codieren eignet sich weit besser für adaptive Änderungen des Codes, da nicht, wie beim Huffman-Code, der Codebaum neu generiert, sondern nur die Zuordnung der Teilintervalle neu durchgeführt werden muss. Alle anderen Überlegungen zum Thema adaptive Codes bleiben unverändert, wie etwa die Synchronisation von Sender und Empfänger bezüglich des Zeitpunktes der Adaption des Codes.

4.2 Datenkompression

Wir sprechen von *Datenkompression*, wenn eine Abbildung einer Zeichenkette $x_1, x_2, \ldots, x_N$ auf eine andere Zeichenkette $y_1, y_2, \ldots, y_M$ so erfolgt, dass $M < N$ erfüllt ist, sofern der Umfang des Quellalphabetes nicht größer ist als der des Zielalphabetes.

Datenkompression ist aufs engste mit *Vorhersage* verbunden, Vorhersage wiederum mit einer *Modellbildung*. Betrachten wir etwa folgendes Beispiel (Abbildung 4.1). Der Vorhersager versucht, den auf ihn von der Quelle zukommenden Text zu *modellieren*. Mit einem möglichst exakten Modell kann er nun eine Vorhersage über die noch kommenden Zeichen wagen.

4.2.1 Modellierung

Klarerweise ist es unumgänglich, dass sowohl Sender als auch Empfänger dasselbe Modell verwenden. Der Sender erzeugt Codes mit Hilfe des Modells, der Empfänger interpretiert die Codes korrekt unter Verwendung desselben Modells. Im Sinne einer effizienten Datenübertragung ist es wichtig, das Modell so zu wählen, dass es an den zu übertragenden Text gut angepasst ist. Andererseits ist sicherzustellen, dass der Empfänger immer dasselbe Modell wie der Sender verwendet. Wenn das Modell nie verändert wird, besteht die Gefahr, dass die Datenübertragung ineffizient wird; wenn zu häufig ein neues Modell vom Sender zum Empfänger übertragen wird, können die Vorteile der Datenkompression ebenfalls verloren gehen.

Abbildung 4.1: Die Vorhersage von Text

Man unterscheidet drei Möglichkeiten, wie Sender und Empfänger ein Modell verwalten:

- *statische*,
- *semi-adaptive* und
- *adaptive* Modellierung.

Bei der *statischen Modellierung* vereinbaren der Sender und der Empfänger ein fixes Modell, das nicht vom tatsächlich übertragenen Text abhängt. Als Beispiel sei hier nur der schon bekannte Morse-Code erwähnt. Diese Methode ist natürlich relativ unflexibel bezogen auf die Unterschiedlichkeit der zu übertragenden Nachrichten.

Bei der *semi-adaptiven Modellierung* zählt der Sender zunächst die in der Nachricht vorkommenden Worte, benutzt diese Zahlen, um eine möglichst effiziente Datenübertragung zu erreichen, überträgt das so erhaltene Modell an den Empfänger und sendet schließlich die nach diesem Modell codierte Nachricht. Der Empfänger benutzt das erhaltene Modell zur Decodierung der empfangenen Nachricht. Nachteile dieser Methode sind, dass das Erstellen eines Modells für jede Nachricht Zeit kostet, dass das Modell übertragen werden muss und dass der Sender die gesamte Nachricht analysieren muss, bevor er mit der Übertragung beginnen kann.

Die Nachteile beider Modellierungsarten lassen sich durch die *adaptive Modellierung* beheben. Der Sender beginnt, die Nachricht Zeichen für Zeichen zu übertragen, die der Empfänger

4.2 Datenkompression

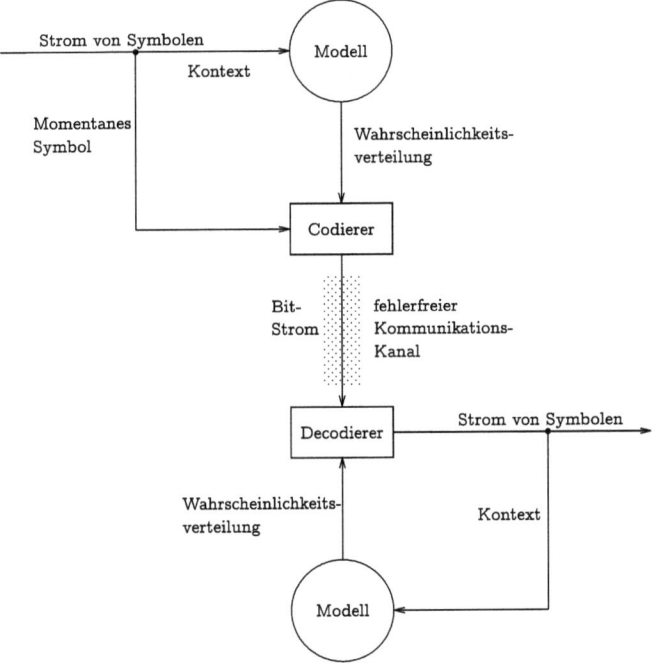

Abbildung 4.2: Inkrementelle Codierung von Nachrichten

natürlich decodieren kann. Sowohl Sender als auch Empfänger schreiben jedes Wort auf, das übertragen wurde. Per Übereinkunft nehmen Sender und Empfänger ein Wort, das zweimal übertragen wurde, in die Code-Tabelle auf, wobei sie dem Wort den nächsten freien Code zuweisen. Von nun an kann anstelle des Wortes der effizientere Code übertragen werden. Abbildung 4.2 zeigt das allgemeine Modell so einer inkrementellen Codierung von Nachrichten. Beachten Sie, dass für die Codierung der modellierten Zeichen ein beliebiges Codierungsverfahren verwendet werden kann. Es empfiehlt sich jedoch, ein adaptives Verfahren wie etwa den adaptiven Huffman-Code oder das arithmetische Codieren zu wählen. Letzteres wird in zunehmenden Maße für diese Zwecke eingesetzt, da es, wie schon weiter oben erwähnt, geringere Redundanz besitzt.

4.2.2 Übliche Modelle

In diesem Abschnitt werden wir unterschiedliche Arten von Modellen beschreiben.

Modelle mit endlichem Kontext

Eines der einfachsten Modelle betrachtet immer k Zeichen. Basierend auf den ersten $k-1$ Zeichen wird versucht, das k-te Zeichen zu erraten. Es werden daher k-Tupel von Zeichen mit den entsprechenden, aufgetretenen relativen Häufigkeiten abgespeichert. Basierend auf diesen Häufigkeiten kann dann ein Code erstellt werden. Der Einfachheit halber wählt man natürlich einen adaptiven Code wie etwa arithmetisches Codieren.

Modelle mit endlich vielen Zuständen

Für die Darstellung von Modellen mit endlich vielen Zuständen sind *Zustandsdiagramme* sehr vorteilhaft. Wir werden ihnen noch einige Male in diesem Buch begegnen. Ein Zustandsdiagramm besteht aus *Knoten*, welche die Zustände des zu modellierenden Systems repräsentieren, aus sogenannten *gerichteten Kanten* und aus *Beschriftungen*, die den Kanten zugeordnet sind. Diese Beschriftungen legen die Bedingungen fest, wann ein Zustandswechsel von einem Knoten entlang einer gerichteten Kante zu einem neuen Zustand erfolgt.

Betrachten wir nun folgende Nachricht:

```
a d b a d a c b d c b a c b d b a c b a c d c d a c b a d a c b d b a
c b a c b a c d b a d a c b a c b a c b a d a c b a c b a c b a d c d
b a c b a d b a c d b d c b a c d a c b a c b a c b a c d d a
```

Einige mögliche Modelle sehen wie folgt aus.

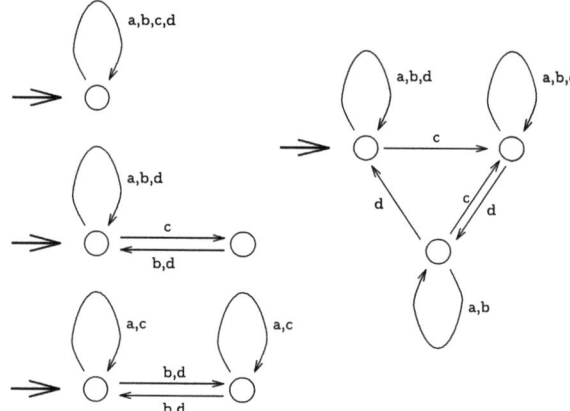

Dabei ist der Startzustand durch einen Pfeil angezeigt. Um diese Modelle untereinander zu vergleichen, wollen wir für jedes von ihnen den Informationsgehalt berechnen. Dazu ist es erforderlich, jedes Modell mit der gegebenen Nachricht zu „füttern" und dabei jede Kante mit der Anzahl zu markieren, wie oft sie benutzt wurde. Daraus ergeben sich dann relative Häufigkeiten, die man benutzen kann, um den Informationsgehalt des Modells zu berechnen (vgl. Abbildung 4.3).

Dabei geht man folgendermaßen vor: Sei n die Länge der betrachteten Nachricht, gemessen in Anzahl der Zeichen, z ein Zustand, O die Menge der von z wegführenden Kanten. Sei weiters e eine bestimmte Kante, u_e die Anzahl, wie oft die Kante e benutzt wurde, und U_O die Summe dieser Anzahlen über alle von z wegführenden Kanten.

In unserem Beispiel ist $n = 101$. Wählen wir in Abbildung 4.3 das obere der beiden Modelle mit zwei Zuständen und bezeichne z den linken Zustand, so ist $O = \{a, b, c, d\}$, $u_a = 30$, $u_b = 7$, $u_c = 26$ und $u_d = 12$ und daher $U_O = 75$.

Man berechnet dann für jede Kante $e \in O$

$$h_e = -\frac{u_e}{U_O}\mathrm{ld}\,\frac{u_e}{U_O},$$

und summiert diese Informationsgehalte für alle $e \in O$ auf

$$H_O = \sum_{e \in O} h_e = -\sum_{e \in O} \frac{u_e}{U_O}\mathrm{ld}\,\frac{u_e}{U_O}.$$

Diese Berechnung führt man für alle Zustände des Modells durch.

4.2 Datenkompression

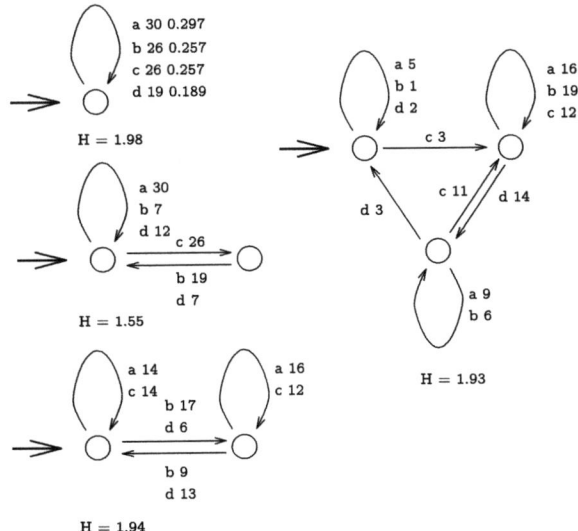

Abbildung 4.3: Modelle mit den sich ergebenden Häufigkeiten

In unserem Beispiel ergibt sich für den linken Knoten des oben festgelegten Modells

$$H_{O_{li}} = -\frac{30}{75}\text{ld}\frac{30}{75} - \frac{7}{75}\text{ld}\frac{7}{75} - \frac{26}{75}\text{ld}\frac{26}{75} - \frac{12}{75}\text{ld}\frac{12}{75} = 0.529 + 0.319 + 0.530 + 0.423 = 1.801 \text{ Bit}.$$

Für den rechten erhält man in ähnlicher Manier $H_{O_{re}} = 0.840$ Bit.

Um den Informationsgehalt des gesamten Modells zu erhalten, muss man noch die Ergebnisse für die einzelnen Zustände entsprechend der Anzahl, wie oft sie betreten wurden, gewichten. Dieses Gewicht ist natürlich gleich $\frac{U_O}{n}$, da jeder Zustand genau so oft betreten, wie er verlassen wird. Dabei nehmen wir an, dass der Anfangszustand von außen betreten und der Endzustand nach außen verlassen wird. Man erhält somit

$$H = \frac{1}{n}\sum_z U_O H_O.$$

Für unser Beispiel ergibt sich

$$H = \frac{75}{101}1.801 + \frac{26}{101}0.840 = 1.554 \text{ Bit}.$$

Um das beste Modell (minimales H) mit einer bestimmten Anzahl von Zuständen zu finden, müsste man alle möglichen Modelle erzeugen und deren Informationsgehalt berechnen. Angenommen, wir wollen ein optimales Modell mit n Zuständen für ein Alphabet mit q Zeichen generieren. Da es n^{qn} unterschiedliche Modelle gibt, wächst die Anzahl der zu untersuchenden Modelle mehr als exponentiell, was dieses Vorhaben nicht sehr erfolgversprechend aussehen lässt. Daher erhebt sich die Frage, ob es möglich ist, mit relativ wenig Aufwand gute Approximationen zu einem optimalen Modell zu finden.

Allgemein gesprochen sind Modelle mit endlich vielen Zuständen in der Lage, Modelle mit endlichem Kontext zu simulieren, können aber zusätzlich zu diesen noch andere, interessante Anwendungen abdecken. So ist es beispielsweise mit ihnen möglich, Modelle zu erstellen, die „Zählen" erforderlich machen. Betrachten wir etwa eine Nachricht, wo jedes dritte Zeichen ein a ist. Ein Modell mit endlich vielen Zuständen kann diese Tatsache ganz einfach widerspiegeln, ein Modell mit endlichem Kontext nicht.

Dynamische Markov-Modelle

Die dynamische Markov-Modellierung, eine weitere zustandsbasierende Methode der Modellerstellung, stellt eine gute Approximation an ein optimales Zustandsmodell dar. Sie versucht, das Modell in Abhängigkeit von der zu übertragenden Nachricht zu erstellen. Dabei ist die Grundidee die, für jede Kante des Zustandsdiagrammes einen Zähler mitzuführen und einen neuen Zustand abzuspalten, sobald eine zugehörige Kante genügend häufig benutzt wird.

In Abbildung 4.4 wird diese Spaltungsoperation vorgeführt. Gezeigt ist ein Fragment eines Modells mit endlich vielen Zuständen, bei dem Zustand t einer Spaltung unterzogen wird. Von t weg gehen zwei Kanten, eine für das Zeichen 0 und eine für das Zeichen 1, die jeweils zu den Zuständen x und y führen. Es mag mehrere Kanten geben, die zu t führen. Drei sind abgebildet, nämlich die, die von u, v und w kommen. Jede dieser Kanten mag mit 0 oder 1 markiert sein. Da diese Markierungen für unsere Betrachtung unwesentlich sind, wurden sie aber weggelassen.

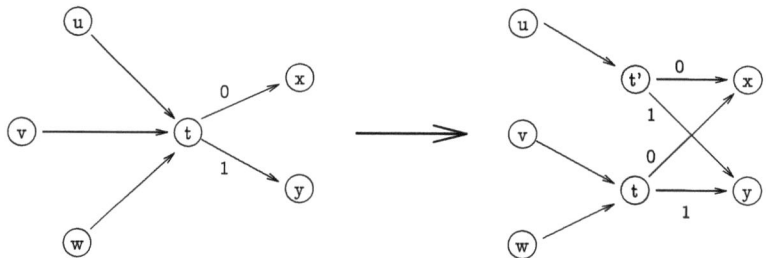

Abbildung 4.4: Die Spaltungsoperation bei der dynamischen Markov-Modellierung

Weiters nehmen wir an, die Kante von u nach t sei oft verwendet worden. Deshalb wird der Zustand t gespalten. Es wird ein neuer Zustand t' generiert. Die Kante $u \rightarrow t$, welche die Spaltung bewirkt hat, wird nach t' umdirigiert, die anderen Kanten zeigen weiterhin auf t. Für jede Kante, die vom ursprünglichen Zustand t weggeführt hat, wird auch eine Kante generiert, die von t' weg zum ursprünglichen Ziel hin führt.

Der interessante Punkt ist, dass im ursprünglichen Modell, wann immer Zustand t erreicht wurde, Information verloren ging. Es ist nämlich unbekannt, von welchem Vorgängerzustand aus t erreicht wurde. Es ist aber wahrscheinlich, dass die Vorhersage des nächsten Zeichens vom vorherigen Zustand abhängt. Die einfachste Art festzustellen, ob so ein Zusammenhang besteht, ist, t zu spalten. Nach der Spaltung werden die Zähler der Kanten $t' \rightarrow x$ und $t' \rightarrow y$ nur dann erhöht, wenn t' von u aus erreicht wurde, anderenfalls werden die Zähler der ursprünglichen t-Kanten erhöht.

Es bleibt die Frage, mit welchem Modell man beginnen soll. Prinzipiell genügt es, mit einem Modell zu beginnen, das aus nur einem einzigen Zustand besteht (vgl. Abbildung 4.5); den Rest erledigt die Spaltungsoperation. Für Zeichen, die aus 4 Bit bestehen, eignen sich aber auch die in Abbildung 4.6 und 4.7 dargestellten Modelle für den Start des Verfahrens, da sie eher auf die für die unterschiedlichen 4 Bit auftretenden Häufigkeiten Rücksicht nehmen.

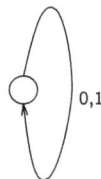

Abbildung 4.5: Ein einfaches Startmodell mit nur einem Zustand

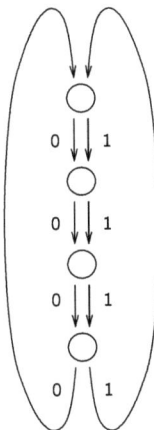

Abbildung 4.6: Ein Startmodell für Zeichen bestehend aus 4 Bit

Dictionary-basierende Modelle

Alle bisher von uns behandelten Verfahren sind *statistische Verfahren*. Es gibt jedoch auch eine Menge von sogenannten *Dictionary-basierenden Verfahren*. Zum Beispiel die nach *Jacob Ziv* und *Abraham Lempel* benannten *Ziv-Lempel-Codes*. Auf diesem Verfahren beruhen etwa so bekannte Kompressionsprogramme wie gzip oder compress.

Vorteile von Dictionary-basierenden gegenüber statistischen Verfahren sind zur Zeit im Platzbedarf und im schnelleren zeitlichen Ablauf zu finden. Man kann jedoch zeigen (vgl. [2]), dass es für jedes Dictionary-basierende Verfahren ein statistisches gibt, das gleich gut oder besser komprimiert. Die Entwicklung der Computertechnik kann daher dazu führen, dass Dictionary-basierende Verfahren in Zukunft an Bedeutung verlieren werden. Wir werden sie hier dennoch kurz erläutern.

Im wesentlichen besteht die Grundidee der Dictionary-basierenden Verfahren darin, öfter vorkommende Phrasen in der zu übertragenden Nachricht durch einen Verweis auf das erste Vorkommen im Text zu ersetzen. So ein Verweis kann zum Beispiel als Zahlenpaar (m, l) realisiert werden, wobei m die Startposition der Phrase ist und l ihre Länge. So verweist etwa $(7, 2)$ auf das siebente und achte Zeichen des Textes. Auf diese Art und Weise ließe sich etwa die Zeichenfolge „abbaabbbabab" als „abba$(1,3)(3,2)(8,3)$" codieren.

Eine wichtige Entscheidung ist, wie lange eine Phrase höchstens sein kann, die in das Dictionary aufgenommen wird. Es gibt eine ganze Familie von Ziv-Lempel-Codes, deren Mitglieder sich darin unterscheiden, wie das Dictionary aufgebaut wird. Es sollen hier keine Details wiedergegeben werden, jedoch sei der interessierte Leser auf [2] verwiesen.

4.3 Fehlererkennende und fehlerkorrigierende Codes

In den Abschnitten 4.1 und 4.2 haben wir uns damit beschäftigt, die Redundanz eines Codes zu minimieren, um möglichst wenig Zeichen übertragen zu müssen. Betrachtet man nun aber ein reales, physikalisches Übertragungsmedium, so treten unweigerlich während der Übermittlung von Information *Störungen* auf. Man denke dabei etwa an Störungen in Telefonleitungen.

Diese Art von Übertragungsfehlern stellt natürlich speziell für redundanzarme Codierungen ein großes Problem dar, da möglicherweise bereits das „Umfallen" eines einzigen Bits (von 0 auf

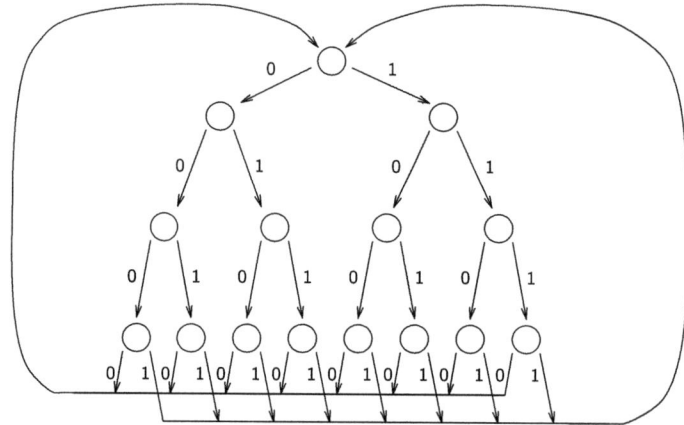

Abbildung 4.7: Ein anderes Startmodell für Zeichen bestehend aus 4 Bit

1 oder von 1 auf 0) bewirkt, dass der Sinn der übertragenen Information vollkommen zerstört oder geändert wird. Wir werden in diesem Abschnitt versuchen, für dieses Problem geeignete Lösungsansätze zu geben. In der Praxis wird man stets versuchen müssen, einen vernünftigen Mittelweg zwischen redundanzarmen und solchen Codes zu finden, die gegenüber Störungen sicher sind.

Man unterscheidet generell zwischen einzeln auftretenden *Fehlern* und sogenannten *Fehlerbündeln* (engl. burst). Bei Fehlerbündeln werden mehrere aufeinanderfolgende Bits einer Nachricht gestört. So kann etwa das eingangs erwähnte, kurze Knacken in einer Telefonleitung, obwohl es im Mittel nur 10 Millisekunden dauert, bei einer Datenrate von 33600 Bit/s zur Störung von etwa 336 aufeinanderfolgenden Bits führen.

In den folgenden Abschnitten 4.3.1, 4.3.2 und 4.3.3 werden wir nur Codes fester Wortlänge behandeln.

4.3.1 Die Hammingdistanz

„Ja, ja, necken Sie mich ruhig!"

Leo Schöller.
Carl Laufs, Wilhelm Jacoby,
„Pension Schöller". Schwank.

Wir wollen zunächst ein Maß dafür finden, wie man feststellen kann, ob und wie weit ein Code gegenüber Störungen sicher ist. Betrachten wir zum Beispiel ein Alphabet bestehend aus den Zeichen $\{a \mid e \mid i \mid o\}$ mit folgender Codierung

a	00
e	01
i	10
o	11

Wie man leicht sieht, genügt es, ein einziges Bit zu stören, um den Empfänger eine falsche Nachricht decodieren zu lassen. So wird etwa aus dem Zeichen a durch Ändern des ersten Bits ein i, durch Ändern des zweiten Bits des Codewortes ein e. Ändert man beide Bits, erhält man ein o.

4.3 Fehlererkennende und fehlerkorrigierende Codes

Wenn wir unter Beibehaltung des Alphabetes nun folgende Codierung wählen

a	000
e	011
i	101
o	110

so erkennen wir, dass es durch Ändern eines einzigen Bits eines gültigen Codewortes nicht mehr möglich ist, ein anderes gültiges Codewort zu erhalten. Beispielsweise bekommt man, wenn man das erste Bit der Codierung von a ändert, das Wort 100. Dieses Wort ist aber nun nicht Teil des Codes – in dem Sinn, dass es kein Zeichen gibt, dessen Codierung 100 wäre. Es lässt sich aber nicht feststellen, welches Zeichen vor der Störung vorgelegen hat, selbst wenn man davon ausgeht, dass nur ein Bit gestört worden ist. Es könnte nämlich sowohl ein a als auch ein i oder ein o gewesen sein.

Dass solche Änderungen des Sinnes von Information auch in der Alltagssprache möglich sind, zeigt unser Zitat am Anfang dieses Abschnittes. Der dort zitierte *Leo Schöller* hat nämlich einen Sprachfehler, der es ihm unmöglich macht, ein l richtig auszusprechen. Er ersetzt daher jedes l durch ein n. Das gipfelt nicht nur in so wunderschönen Wortschöpfungen wie etwa „Wannensteins Nager", sondern eben auch in – den Sinn offen lassenden – Aussprüchen wie . . . (*siehe oben*).

Wir wollen nun unsere beiden Beispiele von oben etwas genauer betrachten, um Einsicht zu gewinnen, warum es beim zweiten Code möglich ist, ein gestörtes Bit zu erkennen, beim ersten aber nicht (wir sprechen jetzt wieder von unserem *aeio*-Beispiel und nicht von Neo Schönners Sprachkaprionen, seien sie auch noch so sehr von Johann Wonfgang von Goethe oder Friedrich von Schinner beeinflusst.). Sehen wir uns dazu zwei Codewörter des ersten Codes an, und stellen wir fest, an wievielen Stellen sich die Codewörter unterscheiden. Nehmen wir etwa die Codewörter für a und i. Diese beiden unterscheiden sich an der ersten Stelle, nicht jedoch an der zweiten. Daher ist die Antwort für diese beiden Codewörter 1. Man nennt diesen Wert nach Richard W. Hamming die *Hammingdistanz* der beiden betrachteten Codewörter. Diesen Vorgang kann man nun paarweise für alle Codewörter durchführen und erhält folgende Tabelle. Paarweise heißt dabei, dass man Paare verschiedener Codewörter betrachtet. Die Hammingdistanz zweier gleicher Codewörter ist 0 und für unsere Untersuchungen uninteressant. Es würde also genügen, nur das obere oder untere Dreieck der Tabelle auszufüllen, da man natürlich dasselbe Ergebnis erhält, wenn man das Codewort für a mit dem von e vergleicht und umgekehrt.

	a	e	i	o
a	–	1	1	2
e	1	–	2	1
i	1	2	–	1
o	2	1	1	–

Man erkennt, dass jedes Zeichen des Alphabetes durch Störung eines einzigen Bits in (wenigstens) ein anderes verwandelt werden kann.

Im zweiten Fall erhält man folgende Tabelle der Hammingdistanzen:

	a	e	i	o
a	–	2	2	2
e		–	2	2
i			–	2
o				–

Wie man sieht, ist hier die Hammingdistanz der Codewörter immer gleich 2. Es ist also möglich, ein gestörtes Bit zu erkennen, weil durch Störung eines einzigen Bits kein Codewort entsteht. Allerdings kann bei Störung von zwei Bits pro Codewort der Fehler wieder nicht erkannt werden.

Da es für unsere Zwecke auf den kleinsten Wert aller paarweisen Hammingdistanzen der Codewörter ankommt, definieren wir die *Hammingdistanz eines Codes* als das Minimum der paarweisen Hammingdistanzen seiner Codewörter. Wie man leicht sieht, kann sie als Minimum aller in unseren Tabellen auftretenden Zahlen bestimmt werden.

4.3.2 Fehlererkennende Codes

Aliena vitia in oculis habemus, a tergo nostra sunt.

Seneca, „De ira".

Im letzten Abschnitt haben wir den Begriff Hammingdistanz eines Codes kennengelernt. Jetzt wollen wir präzisieren, in welchem Zusammenhang dieser Begriff mit fehlererkennenden Codes steht.

Angenommen, wir haben einen Code mit Hammingdistanz D ($D \geq 2$). Dann können Störungen von bis zu $D-1$ verschiedenen Bits pro Codewort erkannt werden. Das sieht man leicht, wenn man bedenkt, dass bis zu $D-1$ Bits verändert werden können, ohne ein (vereinbartes) Codewort zu erhalten. Erst wenn das D-te Bit verändert wird, tritt möglicherweise wieder ein Codewort auf. „Möglicherweise" deswegen, weil ja die Hammingdistanz zweier Codewörter durchaus größer sein kann als die Hammingdistanz des Codes. Es ist aber sichergestellt, dass mindestens ein Codewort existiert, das durch gezieltes Ändern von D Bits in ein anderes Codewort verwandelt werden kann.

Im Rest dieses Abschnittes wollen wir uns damit befassen, wie man die Hammingdistanz eines gegebenen Codes vergrößern kann. Die erste Idee, die wir vorstellen wollen, ist die, das einem Zeichen entsprechende Codewort zweimal hintereinander zu senden. Wenn der Code zuvor Hammingdistanz D hatte, so hat der neue Code Hammingdistanz 2D. Allerdings verdoppelt sich dadurch die Wortlänge des Codes, und auch die Redundanz erhöht sich stark.

Eine andere gebräuchliche Methode ist die des Anhängens eines sogenannten *Parity-Bits*. Dabei wird jedem Codewort ein Bit hinzugefügt. Der Wert dieses Bits berechnet sich, indem man die Anzahl der in einem Codewort vorkommenden Einsen zählt. Ist diese Anzahl eine gerade Zahl (0, 2, 4, 6, ...), so setzt man das Parity-Bit gleich 0, andernfalls gleich 1. Durch diese Methode erhöht man die Hammingdistanz eines Codes um 1. Als Anwendung dazu kann unser *aeio*-Beispiel aus dem Abschnitt 4.3.1 dienen.

Hat man einen Code mit Hammingdistanz 1, so erlaubt die Methode des Anhängens eines Parity-Bits eine Verdopplung der Hammingdistanz, wobei sich die Länge der Codewörter nur um eins erhöht. Die Methode des Zweifachsendens erreicht denselben Effekt bei gleichzeitiger Verdopplung der Wortlänge und ist daher in den meisten Fällen der Parity-Bit-Methode unterlegen.

Abschließend wollen wir uns noch kurz mit den für die Praxis wichtigen *Polynomcodes* beschäftigen. Polynomcodes, die manchmal auch *CRC Codes* (Cyclic Redundancy Codes) genannt werden, basieren darauf, Bitfolgen als Polynome zu interpretieren, deren Koeffizienten nur aus 0 und 1 bestehen. Die Elemente einer Bitfolge der Länge k ($a_{k-1} \ldots a_1 a_0$) werden interpretiert als die Koeffizienten eines Polynoms, das den Grad $k-1$ hat, d.h., die Form $a_{k-1}x^{k-1} + \ldots + a_1x^1 + a_0x^0$ besitzt, wobei die a_i nur die Werte 0 und 1 annehmen. Zum Beispiel entspricht der Bitfolge 110001 das Polynom $x^5 + x^4 + x^0$.

Rechnungen mit solchen Polynomen werden modulo 2 durchgeführt, d.h., dass im wesentlichen wie mit herkömmlichen, natürlichen Zahlen gerechnet wird, nur dass bei Bedarf $1+1=0$ gesetzt wird. Das bedeutet unter anderem, dass $-1 = +1$ ist, da $1 + (-1) = 1 + 1 = 0$.

4.3 Fehlererkennende und fehlerkorrigierende Codes

> *Genau Julius! Und wir beide*
> *bilden dann ein Triumvirat!*
>
> Zenturio Gaius Bonus zu Julius Pompilius.
> René Goscinny, Albert Uderzo, „Asterix der Gallier".

Wir wollen zur Übung einige Rechnungen durchführen:

$$(x^5 + x^4 + 1) + (x^5 + x^3 + x) = x^4 + x^3 + x + 1,$$

da $1 \cdot x^5 + 1 \cdot x^5 = 0 \cdot x^5 = 0$, oder

$$(x + 1) \cdot (x + 1) = (x^2 + 1),$$

da $1 \cdot x + 1 \cdot x = 0 \cdot x = 0$. Die Division von $(x^5 + x^4 + 1)$ durch $(x^2 + 1)$ ergibt etwa $x^3 + x^2 + x + 1$, wobei x als Rest bleibt.

Wie wird nun die Polynomcodemethode angewandt? Als erstes müssen sich Sender und Empfänger auf ein identisches, erzeugendes (Generator-)Polynom $G(x)$ einigen. Mit Hilfe dieses Polynomes wird eine Prüfsumme berechnet. Diese Prüfsumme wird an das dem ursprünglichen Codewort entsprechende (Message-)Polynom $M(x)$ angehängt und mitübertragen. Die zentrale Idee ist die, die Prüfsumme so zu wählen, dass das übertragene Wort (ursprüngliches Codewort und Prüfsumme) durch $G(x)$ teilbar ist. Wenn der Empfänger das erhaltene Wort durch $G(x)$ dividiert und dabei einen Rest ungleich 0 erhält, so liegt ein Übertragungsfehler vor.

Der Algorithmus zur Berechnung der Prüfsumme ist folgender:

1. Sei r der Grad von $G(x)$ und m der von $M(x)$. Man hängt r Nullen am Ende des Codewortes an. Das Codewort hat nun $m + r$ Bit und entspricht dem Polynom $x^r \cdot M(x)$.

2. Man dividiert $x^r \cdot M(x)$ durch $G(x)$, wobei immer $1 + 1 = 0$ berücksichtigt wird.

3. Man subtrahiert den bei der Division erhaltenen Rest vom Polynom $x^r \cdot M(x)$. Das Resultat $T(x)$ dieser Subtraktion wird übertragen (natürlich werden nur die Koeffizienten des (Transmission-)Polynomes $T(x)$ übertragen).

Als Beispiel betrachten wir folgendes erzeugende Polynom $G(x) = x^3 + x^2 + 1$. Das zu übertragende Wort sei 0110. Diesem Wort entspricht das Polynom $M(x) = x^2 + x$. Das Polynom $x^r \cdot M(x) = x^5 + x^4$ muss nun durch $G(x)$ dividiert werden. Man erhält als Ergebnis x^2 und als Rest ebenfalls x^2. Daher ergibt sich das zu übertragende Wort $T(x)$ zu $T(x) = x^5 + x^4 + x^2$, was der Bitfolge 0110100 entspricht.

Welche Übertragungsfehler kann dieser Code nun erkennen? Angenommen, bei der Übertragung tritt eine Störung auf und beim Empfänger kommt $T(x) + E(x)$ ($E(x)$ ... Error-Polynom) an. Dieser dividiert nun durch $G(x)$. Da $T(x)$ durch $G(x)$ teilbar ist, ist der Rest immer 0, d.h., er erhält $\text{Rest}((T(x) + E(x))/G(x)) = \text{Rest}(E(x)/G(x))$. Alle Fehler, die durch $G(x)$ teilbar sind, können daher nicht, alle anderen sehr wohl erkannt werden.

Kehren wir kurz zu unserem obigen Beispiel zurück. Angenommen, bei der Übertragung wird das Wort 0110100 gestört. Der Empfänger erhält stattdessen 1110100. Diese Bitfolge entspricht dem Polynom $x^6 + x^5 + x^4 + x^2$. Bei der Division dieses Polynomes durch $G(x)$ ergibt sich als Resultat $x^3 + x$ und als Rest $x^2 + x$. Daher wird der Übertragungsfehler erkannt.

Es gibt mehrere erzeugende Polynome, die zum Standard erhoben worden sind.

$$\begin{aligned}
\text{CRC-12} &= x^{12} + x^{11} + x^3 + x^2 + x^1 + 1 \\
\text{CRC-16} &= x^{16} + x^{15} + x^2 + 1 \\
\text{CRC-CCITT} &= x^{16} + x^{12} + x^5 + 1
\end{aligned}$$

CRC-12 wird für Bitfolgen der Länge 6, die beiden anderen für Folgen der Länge 8 verwendet.

4.3.3 Fehlerkorrigierende Codes

Im Abschnitt 4.3.2 haben wir uns damit auseinandergesetzt, wie Übertragungsfehler erkannt werden können. In diesem Abschnitt wollen wir uns damit beschäftigen, wie zusätzlich zur Fehlererkennung der aufgetretene Fehler auch noch korrigiert werden kann.

Wie nicht anders zu erwarten, spielt dabei wieder die Hammingdistanz des zugrundeliegenden Codes eine wesentliche Rolle. Wenn man nämlich k Fehler korrigieren will, benötigt man mindestens eine Hammingdistanz von 2k + 1. Denn in diesem Fall sind die Codewörter so weit „von einander entfernt", dass selbst bei k Störungen das originale Codewort noch „näher" liegt als alle anderen Codewörter und daher eindeutig bestimmt werden kann.

Als Beispiel betrachten wir einen Code bestehend aus den vier Codewörtern 0000000000, 0000011111, 1111100000 und 1111111111. Dieser Code hat Hammingdistanz 5 und kann daher sogar zweifache Fehler korrigieren. Nehmen wir an, das Codewort 0000000111 trifft beim Empfänger ein, dann weiß dieser, dass das Original 0000011111 gewesen sein muss, wenn er annehmen kann, dass höchstens zwei Fehler aufgetreten sind. Sollte ein dreifacher Fehler aufgetreten sein, nämlich einer, der 0000000000 in 0000000111 verwandelt hat, so kann der Fehler nicht richtig korrigiert werden.

Angenommen, wir wollen nun m Bits übertragen, die tatsächlich Information tragen, und r zusätzliche Bits verwenden, um zu gewährleisten, dass ein einziger auftretender Fehler korrigiert wird (solche Bits werden auch *Prüfbits* genannt). Außerdem sei $n = m + r$ die Gesamtanzahl der zu übertragenden Bits. Jedes der 2^m Codewörter hat n „Nachbarn" mit der Hammingdistanz 1. Diese erhält man, indem man systematisch jedes Bit des n Bit langen Codewortes invertiert. Daher „belegt" jedes der 2^m Codewörter $n + 1$ Bitmuster der Länge n. Da die Gesamtanzahl der Bitmuster 2^n ist, muss gelten $(n + 1)2^m \leq 2^n$. Unter Verwendung von $n = m + r$, wird daraus $(m + r + 1) \leq 2^r$. Bei gegebenem m stellt das eine untere Schranke für die Anzahl von Prüfbits dar, die zur Fehlerkorrektur verwendet werden müssen.

Diese theoretische untere Schranke kann man tatsächlich erreichen, wenn man folgenden, von *Robert W. Hamming* gefundenen Code verwendet. Die Bits des Codewortes werden mit 1 beginnend von links nach rechts durchnummeriert. Jene Bits, die Potenzen von 2 sind, also 1, 2, 4, 8, 16, usw., sind Prüfbits. Die restlichen (3, 5, 6, 7, 9, usw.) sind mit den Information tragenden Datenbits gefüllt. Jedes Prüfbit ist ein Parity-Bit für eine bestimmte Menge von Bits. Ein Bit kann in die Berechnung verschiedener Prüfbits involviert sein. Um festzustellen, zu welchen Prüfbits ein bestimmtes Bit, nämlich das mit der Nummer k, einen Beitrag liefert, genügt es, k als Summe von Zweierpotenzen zu schreiben. Zum Beispiel $11 = 8 + 2 + 1$ oder $29 = 16 + 8 + 4 + 1$. Ein Bit liefert zu allen jenen Prüfbits einen Beitrag, deren Nummer in dieser Darstellung vorkommt. So wird etwa Bit 11 in der Berechnung der Prüfbits 1, 2 und 8 berücksichtigt.

Wenn der Empfänger ein bestimmtes Wort erhält, setzt er zunächst einmal einen *Korrekturindikator* auf 0. Dann kontrolliert er jedes Prüfbit k (k = 1, 2, 4, 8, . . .), um zu sehen, ob der im Wort stehende Wert mit seinem neu berechneten Wert übereinstimmt. Falls das nicht der Fall ist, addiert er k zu seinem Korrekturindikator. Ist dieser Indikator nach Bearbeitung aller Prüfbits gleich 0, so akzeptiert der Empfänger das Wort als korrektes Codewort. Andernfalls enthält der Indikator die Nummer des gestörten Bits, das somit leicht korrigiert werden kann. Falls also zum Beispiel die Prüfbits 1, 2 und 8 nicht richtig waren, so muss das Bit 11 korrigiert (invertiert) werden, da es das einzige Bit ist, das von den Prüfbits 1, 2 und 8 kontrolliert wird.

Als Beispiel betrachten wir einen Hammingcode, der aus 4 Datenbits und aus 3 Prüfbits besteht. Aufgrund unserer vorigen Überlegungen sieht die Aufteilung der Bits so aus:

1	2	3	4	5	6	7
P	P	D	P	D	D	D

4.3 Fehlererkennende und fehlerkorrigierende Codes

Bezeichnen wir die Datenbits mit x_3, x_5, x_6, x_7 und die Prüfbits mit p_1, p_2, p_4, entsprechend ihrer Position. Dann gelten folgende Gleichungen für die Prüfbits:

$$p_1 = x_3 \oplus x_5 \oplus x_7$$
$$p_2 = x_3 \oplus x_6 \oplus x_7$$
$$p_4 = x_5 \oplus x_6 \oplus x_7,$$

wobei mit $\oplus$ die Operation zur Erstellung von Parity-Bits bezeichnet wurde (vgl. Abschnitt 4.3.2); es gilt also $0 \oplus 0 = 1 \oplus 1 = 0$ und $0 \oplus 1 = 1 \oplus 0 = 1$. Wenn wir für das Datenwort 0110 die entsprechenden Prüfbits mittels der obigen Gleichungen berechnen, erhalten wir:

$$p_1 = 0 \oplus 1 \oplus 0 = 1$$
$$p_2 = 0 \oplus 1 \oplus 0 = 1$$
$$p_4 = 1 \oplus 1 \oplus 0 = 0$$

Damit ergibt sich das endgültig zu übertragende Wort zu 1100110. Angenommen, das Bit mit der Nummer 5 wird bei der Übertragung gestört, und daher das Wort 1100010 empfangen. Jetzt sehen die Berechnungen beim Empfänger folgendermaßen aus:

$$p_1 \oplus x_3 \oplus x_5 \oplus x_7 = ?$$
$$p_2 \oplus x_3 \oplus x_6 \oplus x_7 = ?$$
$$p_4 \oplus x_5 \oplus x_6 \oplus x_7 = ?$$

Die tatsächlichen Berechnungen ergeben:

$$1 \oplus 0 \oplus 0 \oplus 0 = 1$$
$$1 \oplus 0 \oplus 1 \oplus 0 = 0$$
$$0 \oplus 0 \oplus 1 \oplus 0 = 1$$

Da bei den Berechnungen, welche die Prüfbits p_1 und p_4 betreffen, ein Wert ungleich 0 entstanden ist, folgt, dass der oben erwähnte Korrekturindikator nun den Wert $5 = (1 + 4)$ hat und daher das gestörte Bit jenes mit der Nummer 5 ist.

Der Vollständigkeit halber sei noch erwähnt, dass auch beim Auftreten von mehreren gestörten Stellen der Indikator den Wert 0 oder aber einen Wert haben kann, der größer ist als die Länge der Codewörter. Falls der letztere Fall eintritt, kann man also mit Sicherheit auf das Vorhandensein mehrerer gestörter Stellen schließen.

Der hier vorgestellte *Hamming-Code* kann nur einfache Fehler korrigieren. Es gibt aber einen Trick, der es gestattet, Hamming-Codes zu verwenden, um Fehlerbündel zu korrigieren. Eine Folge von k aufeinanderfolgenden Codewörtern wird in Form einer Matrix angeordnet, und zwar ein Codewort pro Zeile. Normalerweise würde man die Daten Codewort für Codewort übertragen. Um Fehlerbündel zu korrigieren, sendet man die Daten spaltenweise. Auf Empfängerseite wird die Matrix rekonstruiert, und zwar ebenfalls spaltenweise. Falls nun ein Fehlerbündel der Länge k aufgetreten ist, ist nicht mehr als ein Bit in jedem der k Codewörter gestört. Da aber der Hamming-Code in der Lage ist, ein gestörtes Bit zu korrigieren, kann der gesamte übertragene Block wiederhergestellt werden. Diese Methode benutzt also $k \cdot r$ Prüfbits, um Datenblöcke bestehend aus $k \cdot m$ Bits gegenüber einmalig auftretenden Fehlerbündeln der Länge k unempfindlich zu machen.

4.4 Zifferncodierung

Von den zahlreichen Codes zur Codierung von Dezimalziffern sollen im folgenden nur die wichtigsten und bekanntesten vorgestellt werden.

4.4.1 BCD-Code

Manchmal findet man eine *dezimalstellenweise binäre* Codierung vor (**engl.**: Binary Coded Decimal = BCD). Darunter versteht man, dass jede Ziffer einer Dezimalzahl separat codiert wird. Näheres entnehmen Sie bitte der Abbildung 4.8. Wie man aus dem Codebaum erkennt, sind

Ziffer				
0	0	0	0	0
1	0	0	0	1
2	0	0	1	0
3	0	0	1	1
4	0	1	0	0
5	0	1	0	1
6	0	1	1	0
7	0	1	1	1
8	1	0	0	0
9	1	0	0	1
-	1	0	1	0
-	1	0	1	1
-	1	1	0	0
-	1	1	0	1
-	1	1	1	0
-	1	1	1	1

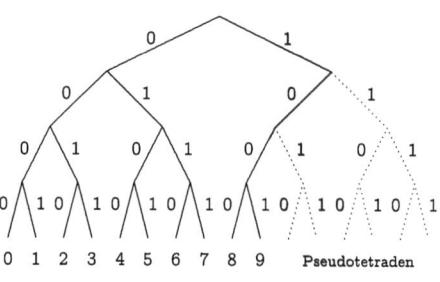

Abbildung 4.8: Der BCD-Code

von den 16 möglichen Endknoten nur 10 mit den Dezimalzahlen von 0 bis 9 belegt. Die nicht besetzten Knoten werden *Pseudotetraden* genannt.

Zum Beispiel ergibt sich für die Darstellung der Dezimalzahl 61:

$$61 = 0110\ 0001$$

Die BCD-Darstellung besitzt die Vorteile, dass sie unserem Denken im Dezimalsystem recht nahe kommt und dass sich durch sie gebrochene Dezimalzahlen exakt berechnen lassen.

4.4.2 Gray-Code

Der Gray-Code ist dadurch gekennzeichnet, dass sich die Codierung zweier benachbarter Ziffern nur in einem Bit unterscheidet. Einen Code mit dieser Eigenschaft nennt man *einschrittigen Code*. Dies trifft für alle Codewörter zwischen 0 und 9 zu, nicht jedoch für den Wechsel von 9 auf 0. Näheres entnehmen Sie bitte der Abbildung 4.9.

Der Code wird so gebildet, dass jedesmal, wenn die Kombinationen der bisher verwendeten Stellen erschöpft sind, die nächste Stelle mit 1 belegt wird und die bisher angeschriebenen Kombinationen in umgekehrter Reihenfolge wiederholt werden.

Ziffer				
0	0	0	0	0
1	0	0	0	1
2	0	0	1	1
3	0	0	1	0
4	0	1	1	0
5	0	1	1	1
6	0	1	0	1
7	0	1	0	0
8	1	1	0	0
9	1	1	0	1
–	1	1	1	1
–	1	1	1	0
–	1	0	1	0
–	1	0	1	1
–	1	0	0	1
–	1	0	0	0

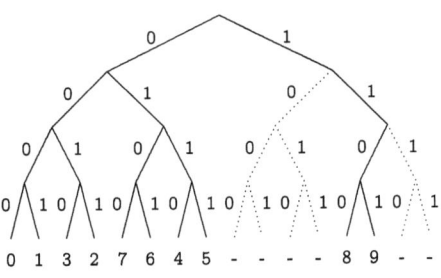

Abbildung 4.9: Der Gray-Code

4.5 Codierung alphanumerischer Zeichen

4.5.1 Der ASCII-Code

Der ASCII-Code (American Standard Code for Information Interchange) verwendet 7 Bit zur Informationsdarstellung. Der ASCII-Code war bis vor kurzer Zeit der am weitesten verbreitete Code für Aufgaben der Datenübertragung. Eine ASCII-Code-Tabelle findet sich in Tab. 4.1.

Die *International Organization for Standardization ISO* hat diesen 7-Bit-Code genormt. Bestimmte Binärkombinationen können aber nach nationalem Bedarf festgelegt werden. So verwendet zum Beispiel die deutsche Referenzversion Umlautzeichen anstelle der eckigen und geschwungenen Klammern der USA-Version. Diese Tatsache ist ein verbreiteter Grund zur Freude für Leute, die gerne englischsprachige Programme mittels deutscher Tastatur bedienen wollen oder die englischsprachige Textverarbeitungssysteme zur Eingabe deutscher Texte benutzen. (Man beachte auch, dass solche Texte {u~erst {nderungsfreundlich sind und von Laien }blicherweise au~erordentlich schnell verstanden werden k|nnen.)

Außer den Schriftzeichen (Groß- und Kleinbuchstaben, Ziffern und Sonderzeichen) enthält der Code noch Übertragungs-, Format-, Geräte- und Informationssteuerzeichen. Die Tabellen 4.2, 4.3, 4.4, 4.5, 4.6 und 4.7 geben eine Übersicht über einen Teil der Steuerzeichen. Einige davon lassen noch die Telex-Vergangenheit des Codes durchscheinen.

4.5.2 Der ISO 10646 Standard

Bedingt durch den Wunsch nicht nur Zeichensätze des englisch/amerikanischen Sprachraumes, sondern auch japanische oder andere ideogramm-basierte Sprachsymbole in Computern darzustellen, wurden die 7 Bit, die der ASCII-Code anbietet, zu wenig. Es gibt nunmehr seit 1993 einen 16 Bit umfassenden, von der ISO unter der Nummer 10646 standardisierten Code für diese Zwecke. Der Code ist in verschiedene Blöcke eingeteilt; einen groben Überblick verschafft Tabelle 4.8 auf Seite 54.

Es ist interessant zu bemerken, dass der Platz der Formatsteuerzeichen des ursprünglichen ASCII-Codes in ISO 10646 einfach freigeblieben ist. Statt dessen gibt es eine, über den Umfang

b_3	b_2	b_1	b_0	b_6 b_5 b_4	0 0 0 0	0 0 1 1	0 1 0 2	0 1 1 3	1 0 0 4	1 0 1 5	1 1 0 6	1 1 1 7
0	0	0	0	0	NUL	DLE	SP	0	@	P	‘	p
0	0	0	1	1	SOH	DC1	!	1	A	Q	a	q
0	0	1	0	2	STX	DC2	"	2	B	R	b	r
0	0	1	1	3	ETX	DC3	#	3	C	S	c	s
0	1	0	0	4	EOT	DC4	$	4	D	T	d	t
0	1	0	1	5	ENQ	NAK	%	5	E	U	e	u
0	1	1	0	6	ACK	SYN	&	6	F	V	f	v
0	1	1	1	7	BEL	ETB	’	7	G	W	g	w
1	0	0	0	8	BS	CAN	(	8	H	X	h	x
1	0	0	1	9	HT	EM	)	9	I	Y	i	y
1	0	1	0	10	LF	SUB	*	:	J	Z	j	z
1	0	1	1	11	VT	ESC	+	;	K	[	k	{
1	1	0	0	12	FF	FS	,	<	L	\	l	|
1	1	0	1	13	CR	GS	-	=	M	]	m	}
1	1	1	0	14	SO	RS	.	>	N	^	n	~
1	1	1	1	15	SI	US	/	?	O	_	o	DEL

Tabelle 4.1: ASCII-Code-Tabelle

SOH	Start of heading	(Anfang eines Kennsatzes, z.B. Adresse)
STX	Start of text	(Anfang des Textes)
ETX	End of text	(Ende des Textes)
EOT	End of transmission	(Ende der Übertragung)
ENQ	Enquiry	(Anforderung einer Antwort)
ACK	Acknowledge	(positive Rückmeldung)
NAK	Negative acknowledge	(negative Rückmeldung)
DLE	Data link escape	(Umschaltung zu außerhalb des Codes liegenden Übertragungssteuerbefehlen)
SYN	Synchronous idle	(Synchronisierungszeichen)
ETB	End of transmission block	(Ende des Datenübertragungsblocks)

Tabelle 4.2: Übertragungssteuerzeichen

SP	Space	(Zwischenraum)
BS	Backspace	(Rückwärtsschritt)
HT	Horizontal tabulation	(Horizontal-Tabulator)
LF	Line feed	(Zeilenvorschub)
CR	Carriage return	(Wagenrücklauf auf den Zeilenanfang)

Tabelle 4.3: Formatsteuerzeichen

DC Device control (Gerätesteuerung, Bedeutung nach besonderer Vereinbarung)

Tabelle 4.4: Gerätesteuerzeichen (zur Steuerung von Zusatzgeräten)

US	Unit separator	(Teilgruppen-Trennung)
RS	Record separator	(Untergruppen-Trennung)
GS	Group separator	(Gruppen-Trennung)
FS	File separator	(Hauptgruppen-Trennung)

Tabelle 4.5: Informationstrennzeichen (zur logischen Gliederung der Daten)

4.5 Codierung alphanumerischer Zeichen

ESC	Escape	(Umschaltung, verändert die Bedeutung des nächstfolgenden Zeichens nach besonderer Vereinbarung)
SO	Shift-Out	(Dauerumschaltung; verändert die Bedeutung aller nachfolgenden Zeichen, bis eine Rückschaltung vorgenommen wird)
SI	Shift-In	(Rückschaltung)

Tabelle 4.6: Steuerzeichen zur Code-Erweiterung

NUL	Null	(Null, Füllzeichen)
BEL	Bell	(Klingel)
CAN	Cancel	(Ungültig, die vorangehenden Zeichen enthalten Fehler)
EM	End of medium	(Ende der Aufzeichnung auf einem Datenträger)
SUB	Substitute character	(Ersetzen eines fehlerhaften Zeichens durch ein anderes)
DEL	Delete	(Löschen, zum Überschreiben fehlerhafter Zeichen)

Tabelle 4.7: Sonstige Steuerzeichen

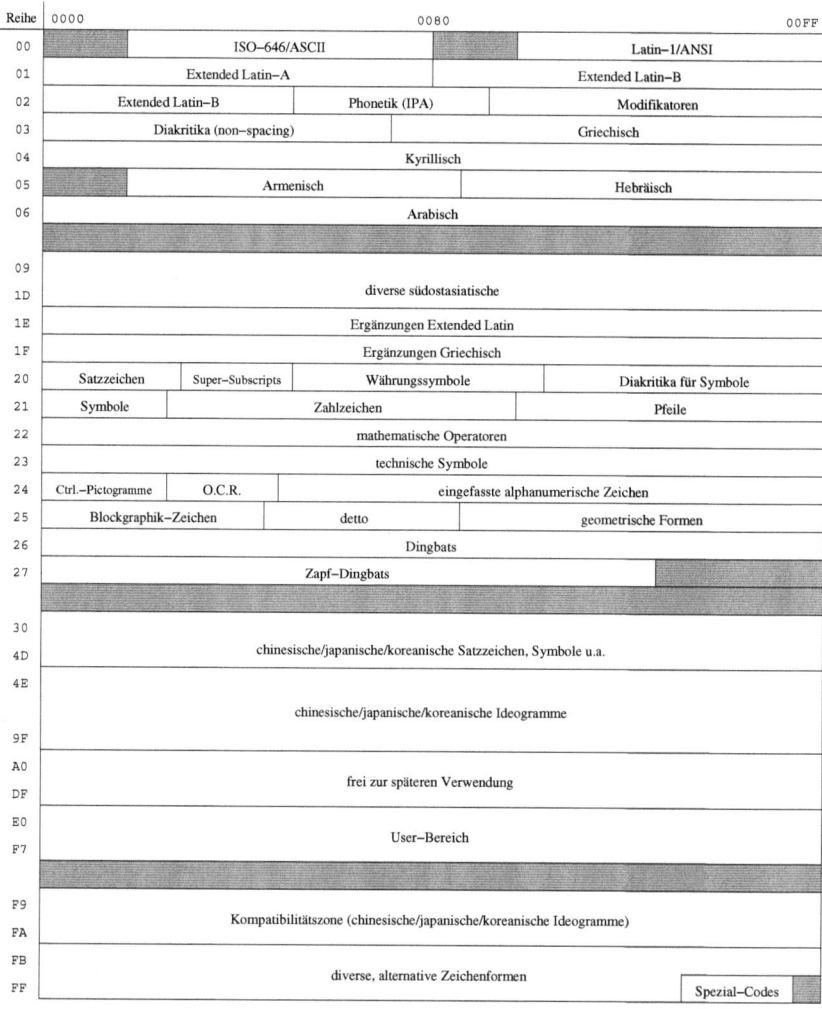

Tabelle 4.8: Blockeinteilung bei ISO 10646

des ASCII-Codes bei weitem hinausgehende Menge von neuen Steuerzeichen. So ist etwa eine Umschaltung der Schreibrichtung „von links nach rechts" nach „von rechts nach links" vorgesehen, da man diese Schreibrichtung zum Beispiel für das Arabische oder für das Hebräische benötigt. Auch gibt es viele unterschiedlich breite Zwischenraumzeichen (Spaces), so etwa einen Zwischenraum, der so lang ist wie ein „n", einen, der so lang ist wie ein „m", sehr viel dünnere Zwischenräume und schließlich sogar einen Zwischenraum, der keinen Platz benötigt. Die beim ASCII-Code übliche Unterscheidung zwischen carriage return und line feed wurde aufgehoben und ein neues Steuerzeichen namens line separator definiert. Damit sollte es leichter sein als bisher, Text-Files ohne Probleme zwischen Computern unterschiedlicher Hersteller auszutauschen.

4.6 Cryptographie

> *Historically, four groups of people have used and contributed to the art of cryptography: military, the diplomatic corps, diarists, and lovers.*
>
> Andrew S. Tanenbaum, „Computer Networks".

In den vorangegangenen Abschnitten 4.1, 4.2 und 4.3 haben wir die wesentlichen Methoden kennengelernt, die notwendig sind, um Information effizient und sicher gegenüber von Störungen von einem Sender zu einem Empfänger zu übertragen. Völlig außer acht gelassen haben wir dabei, dass ein uns nicht wohl Gesonnener irgendwo das Übertragungsmedium (z.B. eine Telefonleitung) anzapft, mitlauscht und so dieselbe Information wie der Empfänger erhält. Lässt man militärische oder geheimdienstliche Anwendungen beiseite, so bleiben dennoch genügend, die Methoden erfordern, um solche „Abhöraktionen" zu verhindern. Man denke etwa an das von Banken aufgebaute und über Telefonleitungen verbundene Computernetz, auf dem Daten über Kontostände der Kunden übertragen werden, die geheim bleiben sollen.

Die Aufgabe der *Cryptographie* ist, Verschlüsselungsmethoden zu finden, die Texte so verschlüsseln, dass sie von unerwünschten Interessenten unmöglich oder zumindest nur sehr schwer entschlüsselt werden können.

Im folgenden Abschnitt werden wir uns zunächst mit traditionellen Methoden der Cryptographie beschäftigen und den *Data Encryption Standard* vorstellen, bevor wir uns Methoden zuwenden, die in letzter Zeit die Einstellung zu dieser Materie stark verändert haben, nämlich den *Public Key Cryptosystems*. Abschließend gehen wir kurz auf das Problem der *Authentisierung* von Nachrichten und auf die Problematik des *elektronischen Geldes* ein.

4.6.1 Traditionelle Verschlüsselungsmethoden

Wir erweitern unser – aus dem Abschnitt 3.2 bekanntes – Modell der Informationsübertragung. Die Abbildung 4.10 ist so zu interpretieren (in Klammern finden sich die englischen Fachausdrücke): Der *unverschlüsselte Text* (*plaintext*) wird mittels einer Funktion, die durch einen *Schlüssel* (*key*) parametrisiert wird, in den *verschlüsselten Text* (*ciphertext* oder *cryptogram*) umgewandelt. Dieser verschlüsselte Text wird dann übermittelt, sei es durch berittenen Boten oder durch Funk. Der *Eindringling* oder *Bösewicht* (*intruder* oder *bad guy*) hat die Möglichkeit, den gesamten verschlüsselten Text mitzuhören und aufzuzeichnen. Manchmal kann der Bösewicht nicht nur mithören, sondern auch Nachrichten einschleusen und so dem Empfänger vorspiegeln, der Sender hätte eine Nachricht übermittelt. Die Kunst, einen verschlüsselten Text ohne Kenntnis des Schlüssels zu entziffern, wird im englischen Sprachraum *cryptanalysis* genannt. Gemeinsam mit der Cryptographie nennt man diese Disziplin dann *cryptology*.

Alles Unglück kommt von der Terminologie.

Anton Kuh.

Eine grundlegende Annahme der Cryptographie ist, dass der Bösewicht zumindest die generelle Verschlüsselungsmethode kennt. Jedesmal, wenn diese Methode bekannt geworden ist, oder wenn man glaubt, sie sei bekannt geworden, eine neue zu erfinden, zu testen und zu installieren, ist äußerst aufwendig und aufgrund der beteiligten Personen unsicher in der Hinsicht, dass die neue Methode schon verraten worden sein kann, bevor sie installiert worden ist.

Hier gewinnt nun der Schlüssel seine Existenzberechtigung. So ein Schlüssel besteht normalerweise aus einer (kleinen) Anzahl von Buchstaben und wählt durch seine Beschaffenheit eine von vielen möglichen Verschlüsselungen aus. Das heißt, unser Modell besteht aus einer Verschlüsselungsmethode, die öffentlich bekannt ist, für relativ lange Zeit (mehrere Jahre) unverändert bleibt und die durch einen leicht und oft zu ändernden Schlüssel parametrisiert wird.

Abschließend sei noch darauf hingewiesen, dass es sehr viel leichter wird, eine Verschlüsselungsmethode zu knacken, wenn es dem Bösewicht gelingt, Teile des unverschlüsselten Textes in die Hand zu bekommen. Es genügt auch oft, solche Teile zu raten. Man bedenke etwa, dass die meisten Computersysteme als erstes so etwas wie „Please login:" von sich geben.

Historisch gesehen wurden Verschlüsselungsmethoden unterteilt in *Ersetzungsmethoden* und *Verschiebungsmethoden*, die wir in den folgenden Abschnitten behandeln wollen.

4.6.2 Ersetzungsmethoden

Bei *Ersetzungsmethoden* werden Buchstaben oder Gruppen von Buchstaben durch andere Buchstaben oder Gruppen von Buchstaben ersetzt. Die älteste bekannte solche Methode wird *Gaius Julius Caesar* zugeschrieben. Bei dieser wird aus einem a ein D, ein b wird ein E, ein c wird ein F, ... und ein z wird ein C. Zum Beispiel wird aus caesar durch Verschlüsselung FDHVDU. Wir werden in den Beispielen immer unverschlüsselten Text in Kleinbuchstaben, verschlüsselten in Großbuchstaben angeben.

Eine kleine Verallgemeinerung dieser Methode erlaubt es, den verschlüsselten Text gegenüber dem unverschlüsselten statt um 3 um k Buchstaben zu verschieben. In diesem Fall ist also k der Schlüssel der Methode, die durch zirkulares Verschieben innerhalb eines Alphabetes arbeitet.

Die nächste Verbesserung gestattet, jedes Zeichen des unverschlüsselten Textes ohne die Verschiebung von vorhin, auf ein anderes Zeichen abzubilden, zum Beispiel

```
abcdefghijklmnopqrstuvwxyz
QWERTZUIOPASDFGHJKLYXCVBNM
```

Diese Methode nennt man *monoalphabetische Ersetzung*, wobei der Schlüssel eine Buchstabenfolge, bestehend aus dem vollen Alphabet, ist. Die Verschlüsselung von caesar lautet hier EQTLQK.

Auf den ersten Blick scheint diese Methode sehr sicher zu sein, da der Bösewicht, obwohl er die Methode kennt, nicht weiß, welcher der insgesamt 26! ≈ $4 \cdot 10^{26}$ Schlüssel im Einsatz ist. Im Gegensatz zur erstgenannten Methode ist es nicht vielversprechend, alle möglichen Schlüssel auszuprobieren. Selbst ein Computer, der 1 Mikrosekunde für einen Versuch brauchen würde, würde 10^{13} Jahre benötigen, um alle Schlüssel durchzuprobieren.

Nichtsdestoweniger ist es, selbst wenn nur sehr wenig verschlüsselter Text zugänglich ist, leicht möglich, diese Verschlüsselungsmethode zu knacken. Der grundlegende Gedanke dazu ist, auszunutzen, dass die verschiedenen Buchstaben natürlicher Sprachen nicht die gleiche Auftrittswahrscheinlichkeit haben. In gleicher Weise treten Kombinationen aus zwei oder drei Buchstaben nicht mit gleicher Häufigkeit auf. Ein Bösewicht würde also die – in der verschlüsselten Nachricht auftretenden – Zeichen entsprechend ihrer Häufigkeit ordnen und sie mit den bekannten Häufigkeiten der natürlichen Sprache vergleichen. Durch Probieren und mit etwas Phantasie ist es dann meist nicht schwer, den Text zu entschlüsseln.

Um also dem Bösewicht das Leben etwas zu erschweren, muss man verhindern, dass häufig vorkommende Buchstaben hervorstechen. Man könnte etwa mehrere verschiedene monoalphabetische Ersetzungen abwechselnd durchführen. Man nennt diese Methode *polyalphabetische Ersetzung*. Zum Beispiel sei die *Vigenèremethode* angeführt. Diese Methode besteht aus einer quadratischen Matrix, die 26 „Caesar-Alphabete" beinhaltet. Die erste Zeile, A genannt, ist ABCDEFGHIJKLMNOPQRSTUVWXYZ. Die nächste Zeile, B genannt, ist BCDEFGHI ... XYZA. Die letzte Zeile, Z genannt, ist ZABCDEFGH ... WXY.

Wie die monoalphabetische Ersetzung besitzt auch diese Methode einen Schlüssel. Dieser besteht aber jetzt nicht aus 26 unterschiedlichen Buchstaben, sondern aus einem kurzen, leicht zu merkenden Wort oder aus einem ebensolchen Satz, wie etwa *MIRACULIX*. Um eine Nachricht zu verschlüsseln, schreibt man den Schlüssel über den unverschlüsselten Text, zum Beispiel:

```
MIRACULIXMIRACULIXMIRACULIXMIRACULIXMIRACULIXMIRACULIXMIR
derehrwuerdigedruidedesdorfesschneidetmistelnundbrautzaubertraenke
```

Der Buchstabe des Schlüssels gibt an, welche Zeile der Matrix zur Verschlüsselung herangezogen werden soll. Klarerweise werden dadurch gleiche Buchstaben des unverschlüsselten Textes abhängig von ihrer Position in der Nachricht auf verschiedene Buchstaben abgebildet.

Noch mächtiger wird die Methode, wenn man statt Caesars Methode für die Zeilen beliebige monoalphabetische Ersetzungen erlaubt. Allerdings bedeutet das, dass die Matrix Teil des Schlüssels wird und somit ebenfalls gemerkt oder aufgeschrieben werden muss.

Trotzdem kann die Verschlüsselungsmethode der polyalphabetischen Ersetzung immer noch relativ leicht geknackt werden. Der Trick besteht darin, die Länge des Schlüssels zu erraten. Angenommen, der Bösewicht versucht es zunächst mit der Länge k. Er ordnet den verschlüsselten Text dann in Zeilen an, wobei die Zeilenlänge gleich k ist. Wenn dieser Versuch erfolgreich ist, sollten die Spalten mit derselben monoalphabetischen Ersetzungsmethode erzeugt worden sein. Daher sollten die Buchstaben in jeder Spalte ungefähr die Häufigkeiten der natürlichen Sprache haben. Jede Spalte kann dann, wie oben beschrieben, als monoalphabetische Ersetzungsmethode geknackt werden. Falls keine Übereinstimmung der Häufigkeiten vorliegt, probiert man einen anderen Wert für k.

Was fällt uns dazu als Cryptographen ein? Wir machen einfach den Schlüssel länger als die Nachricht! Tatsächlich ist diese Methode praktisch nicht zu knacken, hat aber leider sehr viele Nachteile. So kann normalerweise der Schlüssel nicht im Gedächtnis behalten werden, und daher müssen sowohl Sender als auch Empfänger eine Kopie des Schlüssels aufbewahren. Das stellt aber ein großes Sicherheitsrisiko dar.

4.6.3 Verschiebungsmethoden

Ersetzungsmethoden bewahren die Reihenfolge der Buchstaben des unverschlüsselten Textes, aber vertauschen die Buchstaben des Alphabetes. *Verschiebungsmethoden* verändern, im Gegensatz dazu, die Reihenfolge der Buchstaben des Textes, lassen aber das Alphabet unangetastet. Als Beispiel sei eine spaltenweise Verschiebung angeführt. Der Schlüssel besteht dabei aus einem Wort (oder aus einem kurzen Satz), wobei kein Buchstabe doppelt oder mehrfach vorkommen darf. In unserem Beispiel ist der Schlüssel *ASTERIX*. An Hand dieses Schlüssels werden die Spalten nummeriert, und zwar so, dass 1 unter dem Buchstaben des Schlüssels steht, der am nächsten dem Anfang des Alphabetes liegt. Der unverschlüsselte Text wird zeilenweise darunter geschrieben. Der verschlüsselte Text wird spaltenweise herausgelesen, wobei mit der niedrigsten Spaltennummer begonnen wird.

```
ASTERIX
1562437
derheld    verschlüsselter Text:
diesera
benteue    DDBRTEIHSTNEEELRUIKKVEEELRRREIEEII
reinlis    ERENIGNGDAESLRO
tigerkl
einerkr
iegervo
```

Um eine Verschiebungsmethode zu knacken, muss der Bösewicht zuerst einmal wissen, dass es sich um eine solche handelt. Das kann er ersehen, indem er die Häufigkeiten der Buchstaben betrachtet. Sind sie mit denen der natürlichen Sprache annähernd identisch, so liegt eine Verschiebungsmethode vor.

Als nächstes muss er versuchen, zu erraten, wie groß die Anzahl der Spalten ist. Da unser Beispieltext die Länge 49 hat, genügt es, alle Teiler von 49 zu betrachten, weil man ja eine Tabelle aus einer ganzen Zahl von Spalten und Zeilen erhalten will. Diese Teiler sind also 1, 7 und 49. Danach braucht man nur noch die richtige Ordnung der Spalten rekonstruieren. Auch das erweist sich meist als nicht sonderlich schwierig, vor allem, wenn man kontextabhängige Information mitverwendet.

4.6.4 Der Data Encryption Standard

Ungern entdeck ich höheres Geheimnis.

Mephistopheles.
Johann Wolfgang von Goethe, „Faust".
Der Tragödie zweiter Teil.

Während wir die wichtigsten klassischen cryptographischen Methoden beschrieben haben, haben wir bisweilen auch angedeutet, wie man Computer dazu verwenden kann, um Verschlüsselungsmethoden zu knacken. So bietet sich der Computer auch dazu an, die Häufigkeiten der auftretenden Zeichen zu bestimmen. In diesem Abschnitt wollen wir nun versuchen, Verschlüsselungsmethoden zu finden, die so kompliziert sind, dass sie nicht einmal mit Hilfe eines Computers geknackt werden können.

Obwohl die heutige Cryptographie genau dieselben Methoden verwendet wie die historische, nämlich Ersetzungs- und Verschiebungsmethoden, ist die Vorgangsweise doch verschieden. Früher versuchte man, mit möglichst einfachen Methoden und langen Schlüsseln große Sicherheit zu erlangen. Heute greift man das Problem von einer anderen Seite an: Man gestaltet den Verschlüsselungsalgorithmus so kompliziert, dass jemand, der diese Methode knacken will, trotz großer Mengen an verschlüsseltem Text nicht in der Lage ist, ihr zu Leibe zu rücken.

Verschiebungen und Ersetzungen können leicht mit einfachen Schaltungen realisiert werden. Zum Beispiel betrachte man Abbildung 4.11, die eine sogenannte *P-Box* (*P* steht für *Permutation*) zeigt, und mit deren Hilfe es leicht ist, hereinkommende Bits untereinander zu vertauschen. Angenommen, die Eingänge sind von oben nach unten nummeriert durch 01234567, dann hätte der Ausgang die Form 36071245. Durch eine geeignete interne Verdrahtung ist es möglich, jede denkbare Permutation durchzuführen. Eine P-Box kann also verwendet werden, um Verschiebungsmethoden zu realisieren.

4.6 Cryptographie

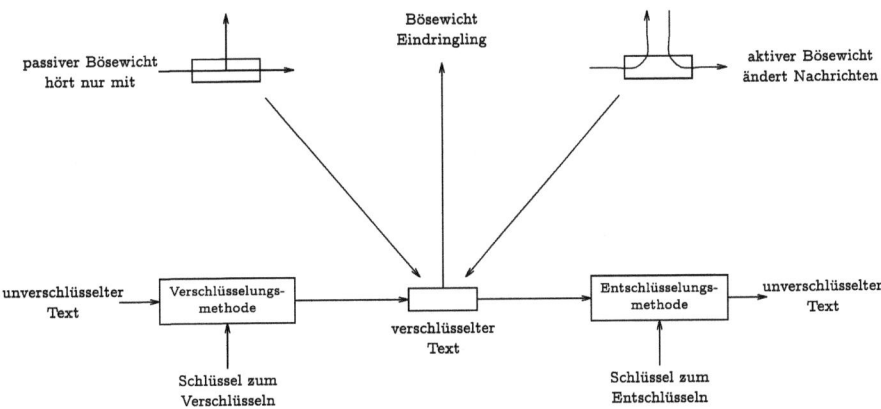

Abbildung 4.10: Verallgemeinertes Modell der Informationsübertragung

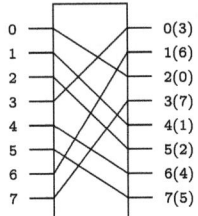

Abbildung 4.11: Eine P-Box

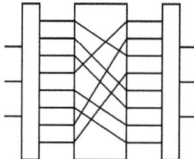

Abbildung 4.12: Eine S-Box

Ersetzungen können mit Hilfe einer sogenannten *S-Box* bewerkstelligt werden (S steht für *Substitution*). Diese besteht eigentlich aus drei Bestandteilen, wobei der mittlere eine P-Box ist. Der erste Teil hat folgendes Verhalten: Seien die acht Ausgänge wieder von 0 bis 7 durchnummeriert und die Eingänge von 0 bis 2. Abhängig von den Eingängen wird eine der Ausgangsleitungen aktiviert. Welche Leitung aktiviert wird (1), sehen Sie in der folgenden Tabelle. Beachten Sie auch, dass nur binäre Eingänge erlaubt sind.

Eingänge			Ausgangs-
0	1	2	nummer
0	0	0	0
0	0	1	1
0	1	0	2
0	1	1	3
1	0	0	4
1	0	1	5
1	1	0	6
1	1	1	7

Der dritte Bestandteil arbeitet genau invertiert wie der erste, das heißt, obige Tabelle ist verkehrt herum zu lesen. Wenn also 000 am Eingang unserer obigen S-Box anliegt, so liegt am Ausgang 010 an. Wieder kann durch interne Verdrahtung der P-Box jede gewünschte Ersetzung durchgeführt werden.

Was in diesen einfachen Bausteinen steckt, wird erst sichtbar, wenn man – wie in folgendem Beispiel – ganze Folgen solcher Bausteine hintereinanderreiht.

In diesem Beispiel werden zuerst zwölf Eingangsbits permutiert. Theoretisch wäre es möglich, als zweite Stufe eine S-Box zu haben, die zwölf Bits auf zwölf Bits abbildet. Eine solche Box würde allerdings $2^{12} = 4096$ sich überkreuzende Drähte im Inneren benötigen. Stattdessen teilt man die Eingänge in vier Gruppen mit je drei Bits. Obwohl dadurch die Anzahl der Möglichkeiten geringer wird, stellt das keine wesentliche Einschränkung dar, weil wir genügend solche Stufen hintereinander setzen können. Auf diese Art und Weise werden die Ausgänge zu einer nichtlinearen Funktion der Eingänge.

Im Jänner 1977 hat die Regierung der Vereinigten Staaten eine Verschlüsselungsmethode, die von IBM entwickelt wurde, als Standard anerkannt. Diese Verschlüsselungsmethode, der *Data Encryption Standard (DES)*, wurde – ähnlich wie oben angedeutet – realisiert.

Der Algorithmus, der dieser Verschlüsselung zu Grunde liegt, wird im folgenden kurz genauer erläutert. Zu verschlüsselnder Text wird in Blöcke zu je 64 Bit aufgeteilt. Der Algorithmus hat 19 verschiedene Stufen und wird von einem Schlüssel parametrisiert, der 56 Bit lang ist. Er ist so beschaffen, dass derselbe Schlüssel zum Verschlüsseln und zum Entschlüsseln verwendet werden kann. Dazu werden die Stufen nur in umgekehrter Richtung durchlaufen. Die erste Stufe ist eine einfache Permutation der Eingänge, die letzte Stufe die dazu inverse Permutation. Die vorletzte Stufe vertauscht die erste Hälfte (32 Bit) mit der zweiten Hälfte. Die restlichen Stufen sehen so aus, dass die zweite Hälfte des Eingangs auf die erste Hälfte des Ausgangs kopiert wird. Die zweite Hälfte des Ausgangs ergibt sich durch eine vom Schlüssel beeinflusste Operation auf den beiden Hälften des Eingangs. Diese Operation soll nicht weiter erklärt werden. Man kann aber abschließend festhalten, dass der DES-Algorithmus im wesentlichen eine monoalphabetische Ersetzung ist, allerdings eine sehr komplizierte.

Der Data Encryption Standard war eigentlich von Anfang an umstritten, und zwar aus folgenden Gründen: Die Länge des Schlüssels von 56 Bit wird von vielen Leuten für zu kurz erachtet, da dadurch die Möglichkeit besteht, die Methode durch einfaches Probieren zu knacken. Die Länge des Schlüssels im Vorschlag von IBM war 128, was einfaches Probieren aussichtslos erscheinen lässt. Die Länge wurde auf Verlangen der U.S. Regierung reduziert. Es wurde aber nie publik gemacht, was zu dieser Entscheidung geführt hat. Außerdem wurde von der Regierung verlangt, dass IBM die Entwurfsrichtlinien der verwendeten S-Boxen geheim hält. Daher liegt der Verdacht nahe, dass sich die U.S. Regierung einen Trick vorbehalten hat, um gegebenenfalls verschlüsselte Texte leicht entschlüsseln zu können.

4.6.5 Public Key Cryptosystems

*Wer in die Öffentlichkeit tritt,
hat keine Nachsicht zu erwarten
und keine zu fordern.*

Marie von Ebner-Eschenbach.

Bevor wir uns dem eigentlichen Inhalt dieses Abschnittes zuwenden, wollen wir noch kurz ein Problem streifen, das bei herkömmlichen Verschlüsselungssystemen auftritt, nämlich: Wie können zwei Partner miteinander (abhör-)sicher kommunizieren, die bisher nicht miteinander kommuniziert haben?

Die beiden Partner müssen sich nicht nur auf ein Ver- und Entschlüsselungsverfahren einigen, sondern auch einen gemeinsamen Schlüssel verwenden. Das heißt also, dass zumindest der Schlüssel in irgendeiner Form von einem zum anderen transportiert werden muss. Selbstverständlich ist der Transport des Schlüssels risikobehaftet. Obwohl es Ansätze zur Lösung dieses Problems in herkömmlichen, traditionellen Verschlüsselungssystemen gibt, weisen sie alle doch Nachteile auf. Der Hauptnachteil ist meist ein sehr hoher Zeitaufwand, bis eine sichere Kommunikation zustande kommt.

Dieses Problem wird aber von einer anderen Verschlüsselungsmethode ohne weiteres gelöst. Der Grundgedanke dafür taucht erstmals 1976 in einem Artikel von *Diffie* und *Hellman* auf (vgl. [4]). Bis zu diesem Zeitpunkt glaubten eigentlich alle Leute, man müsse sowohl den Schlüssel zum Verschlüsseln als auch den Schlüssel zum Entschlüsseln geheimhalten. Denkt man etwa an eine monoalphabetische Ersetzungsmethode, so ist klar, dass die beiden Schlüssel (aus *abc* wird *XYZ* und aus *XYZ* wird *abc*) leicht auseinander hergeleitet werden können. Diffie und Hellman haben nun vorgeschlagen, einen Verschlüsselungsalgorithmus E und einen Entschlüsselungsalgorithmus D so zu wählen, dass es effektiv unmöglich ist, D herzuleiten, selbst wenn man E genau kennt. (D und E haben ihren Ursprung in den englischen Ausdrücken *encrypt* für Verschlüsseln und *decrypt* für Entschlüsseln.)

Zusammenfassend muss ein solches Schema also folgendes erfüllen:

1. $D(E(P)) = P$.

2. Es ist äußerst schwierig, D aus E herzuleiten.

3. Die Verschlüsselung kann nicht geknackt werden, selbst wenn man die Möglichkeit hat, beliebig viele korrespondierende unverschlüsselte und verschlüsselte Textpaare zu erzeugen.

Die erste Anforderung sagt also aus, dass man die ursprüngliche Nachricht erhält, wenn man D auf eine verschlüsselte Nachricht $E(P)$ anwendet. Die zweite Forderung ist klar. Die dritte ist notwendig, weil, wie wir gleich sehen werden, jeder mit der Verschlüsselungsmethode so viel spielen kann, wie er will.

Unter diesen Voraussetzungen gibt es keinen Grund mehr, warum E nicht öffentlich zugänglich gemacht werden sollte. Also baut sich jeder, der gerne geheime Nachrichten empfangen will, zuerst zwei solche Algorithmen, E und D, die den obigen Anforderungen genügen. Anschließend macht er den Verschlüsselungsalgorithmus öffentlich zugänglich. Daher der Name *Public Key Cryptosystems*.

Jetzt wollen wir noch kurz sehen, wie wir das eingangs erwähnte Problem mit dieser Methode lösen können. Angenommen, zwei Partner A und B wollen miteinander abhörsicher Kontakt aufnehmen. Die Verschlüsselungsalgorithmen beider sind öffentlich bekannt (wir nennen sie E_A und E_B). A nimmt nun seine erste Nachricht P, berechnet $E_B(P)$ und sendet diesen Text zu B. B entschlüsselt mittels D_B, d.h., er berechnet $D_B(E_B(P)) = P$. Niemand sonst kann die verschlüsselte Nachricht $E_B(P)$ entziffern, weil es zu schwierig ist, D_B aus E_B herzuleiten. Das Problem wurde also gelöst, und zwar ohne langwierigen Zeitaufwand.

4.6.6 Die RSA-Methode

Wir wollen uns nun ansehen, wie solche im Abschnitt 4.6.5 postulierten Algorithmen tatsächlich aussehen können. Dazu geben wir eine von *Rivest, Shamir* und *Adleman* 1978 veröffentlichte Methode an (vgl. [20]). Der Name der Methode leitet sich von den Anfangsbuchstaben der Namen der Erfinder her. Die *RSA-Methode* basiert auf zahlentheoretischen Grundlagen. Wir werden nur das Prinzip erläutern; wer darüber hinaus an Einzelheiten interessiert ist, möge die Originalarbeit studieren.

1. Man nehme zwei große Primzahlen, p und q, wobei jede größer ist als 10^{100}.

2. Man berechne $n = p \cdot q$ und $z = (p-1) \cdot (q-1)$.

3. Man wähle eine Zahl, die relativ prim ist zu z, und nenne sie d.

4. Man suche eine Zahl e, sodass $e \cdot d = 1 \mod z$.

Mit diesen Parametern gerüstet können wir zu verschlüsseln beginnen. Zuerst stellen wir die Nachricht in numerischer Form dar, dann teilen wir den unverschlüsselten Text in Blöcke von Bits der Länge k auf, wobei $2^k < n$ sein muss. Das ist notwendig, da sonst keine eindeutige Entschlüsselung möglich wäre. Darauf berechnen wir $C = P^e \mod n$, wobei P den Wert des Bitblocks bezeichnet und C die entsprechende, verschlüsselte Nachricht. Um C zu entschlüsseln, berechnen wir $P = C^d \mod n$. Es kann gezeigt werden, dass diese Berechnungen tatsächlich zueinander invers sind. Man braucht also, um zu verschlüsseln, e und n, um zu entschlüsseln, d und n. Daher besteht der öffentlich zugängliche Schlüssel aus dem Paar (e, n) und der geheime Schlüssel aus (d, n).

4.6 Cryptographie

Die Sicherheit der Methode basiert darauf, dass es einerseits relativ leicht ist, große Primzahlen zu finden, aber andererseits extrem schwierig, große Zahlen in ihre Primfaktoren zu zerlegen. Könnte nämlich ein Bösewicht n in seine Primfaktoren p und q zerlegen, so würde er z kennen. Dann ist es leicht, aus z und e die Zahl d mit dem Euklidischen Algorithmus zu berechnen. Mathematiker versuchen seit Jahrhunderten, Methoden zur schnellen Primfaktorenzerlegung zu finden, aber ohne Erfolg. Es handelt sich offensichtlich um ein äußerst schwieriges Problem. Laut Rivest, Shamir und Adleman benötigt ein Computer 4 Milliarden Jahre, um eine 200-stellige Zahl in ihre Primfaktoren zu zerlegen, und 10^{25} Jahre für eine 500-stellige Zahl – das Ganze unter der Annahme des schnellsten, bekannten Algorithmus zur Primfaktorenzerlegung und des schnellsten, bekannten Computers. Selbst wenn Computer sehr viel schneller werden, könnte man immer noch die Anzahl der Stellen erhöhen. Es soll jedoch erwähnt werden, dass kürzlich jemand einen Trick gefunden hat, der es erlaubt, die Methode zu knacken, ohne die Zahl n in ihre Primfaktoren zu zerlegen. Allerdings ist die Durchführung des Tricks nicht viel weniger aufwendig als die Zerlegung der Zahl n in ihre Primfaktoren.

Ein sehr einfaches Beispiel für die RSA-Methode: Wir wählen $p = 3$ und $q = 11$, das gibt $n = 33$ und $z = 20$. Ein passender Wert für d wäre $d = 7$, da 7 und 20 keine gemeinsamen Teiler haben, also relativ prim sind. Damit kann e gefunden werden, indem man $7 \cdot e = 1 \mod 20$ löst. Man erhält $e = 3$ und berechnet also zur Verschlüsselung der Nachricht $C = P^3 \mod 33$ und $P = C^7 \mod 33$ zur Entschlüsselung. Als Beispiel sei die Verschlüsselung von „idefix" in Tab. 4.9 angegeben.

unverschlüsselter Text			verschlüsselter Text		nach Entschlüsselung		
symbolisch	numerisch	P^3	$P^3 \mod 33$	C^7	$C^7 \mod 33$	symbolisch
i	09	729	3	2187	09	i
d	04	64	31	27512614111	04	d
e	05	125	26	8031810176	05	e
f	06	216	18	612220032	06	f
i	09	729	3	2187	09	i
x	24	13824	30	21870000000	24	x
Berechnungen des Senders				Berechnungen des Empfängers		

Tabelle 4.9: Die Verschlüsselung von „idefix"

Da die gewählten Primzahlen so klein sind, muss P kleiner sein als 33, und es kann immer nur ein Buchstabe verschlüsselt werden. Man erhält also hier eine monoalphabetische Ersetzungsmethode, die nicht sehr beeindruckend ist. Hätten wir stattdessen p und q $\approx 10^{100}$ gewählt, so wäre $n \approx 10^{200}$, und jeder Block könnte bis zu 664 Bit ($2^{664} \approx 10^{200}$) oder 83 Buchstaben lang sein. Im Vergleich dazu erlaubt *DES* nur 8 Buchstaben pro Block.

Abschließend soll noch bemerkt werden, dass es probabilistische Primzahltests gibt, die betreffend eine vorgegebene Zahl n, eine Aussage bezüglich der Primalität von n machen. Diese Aussage ist jedoch nur mit einer bestimmten Wahrscheinlichkeit wahr. Genauer: Falls der Test ergibt, dass keine Primzahl vorliegt, so ist n sicher keine Primzahl; im umgekehrten Fall kann man nur sagen, dass mit Wahrscheinlichkeit $0 < p < 1$ eine Primzahl vorliegt (es gibt Verfahren, die $p = 1/4$ garantieren.). Eine erfolglose Wiederholung dieses Primzahltests erlaubt es, die Wahrscheinlichkeit, dass keine Primzahl vorliegt, beliebig klein zu machen. Wenn wir zum Beispiel den Primzahltest mit $p = 1/4$ zehnmal wiederholen, so ist die Wahrscheinlichkeit, dass n eine Primzahl ist, gleich $1 - (1/4)^{10} = 1 - 0.00000095367 = 0.99999904633$. Wer an Details betreffend Primzahltests interessiert ist, sei auf [13] Kapitel 4.5.4 verwiesen.

4.6.7 Authentisierung

An ihren Früchten sollt ihr sie erkennen.

Matthäus 7,16.

Angenommen, Sie gehen zur Bank, um einen Scheck einzulösen. Normalerweise wird der Bankbeamte Ihnen freundlich und gerne die gewünschte Summe auszahlen. Nehmen Sie nun aber an, Sie gehen mit einem Stapel von Schecks, die Sie zuvor mit einem handelsüblichen Kopierer vervielfältigt haben, zur selben Bank und wollen diese einlösen. Mit ziemlicher Sicherheit wird der Bankbeamte weniger freundlich sein. Banken sind sehr heikel in Bezug auf Originale und Kopien.

Ein anderer, aber verwandter Punkt betrifft eigenhändige Unterschriften. Die *Authentizität* vieler Dokumente wird nur dann anerkannt, wenn eine autorisierte, eigenhändige Unterschrift vorhanden ist. Kopien sind absolut wertlos. Nun sollte aber für computergestützte Systeme, die ohne Papier und Bleistift auskommen wie etwa das *Internet*, eine gleichwertige Lösung gefunden werden. Wir werden im folgenden zeigen, wie die im Abschnitt 4.6.5 eingeführten Verschlüsselungsmethoden mit öffentlich bekannten Schlüsseln zur Lösung dieser Probleme herangezogen werden können.

Um solche Methoden für Authentisierungszwecke zu nutzen, müssen sie außer $D(E(P)) = P$ auch noch $E(D(P)) = P$ erfüllen. Angenommen das ist erfüllt, dann kann A eine signierte Nachricht P zu B schicken, indem er $E_B(D_A(P))$ übermittelt. Man beachte, dass A sowohl seinen eigenen, geheimen Schlüssel D_A zur Entschlüsselung kennt als auch den öffentlich bekannten Schlüssel E_B.

Wenn nun B diese Nachricht empfängt, benutzt er seinen eigenen, geheimen Schlüssel D_B zur Entschlüsselung und erhält $D_A(P)$. Diesen (nicht voll entzifferten) Text bewahrt er an einem sicheren Ort auf und entschlüsselt ihn zusätzlich mittels E_A, um den unverschlüsselten Text zu erhalten.

Um zu sehen, wie diese Methode funktioniert, nehmen wir an, A weigert sich zuzugeben, er hätte die Nachricht P an B übermittelt. Sollte der Fall vor Gericht kommen, kann B sowohl P als auch $D_A(P)$ vorweisen. Der Richter kann nun leicht überprüfen, ob B eine korrekte Nachricht von A erhalten hat, indem er E_A auf $D_A(P)$ anwendet. Da B den geheimen Schlüssel von A nicht kennt, ist die einzige Art und Weise, wie B zu $D_A(P)$ gekommen sein kann, die, dass A die Nachricht tatsächlich gesendet hat.

Wenn man nun in die Nachricht zusätzlich eine laufende Nummer, Zeit und Datum der Übermittlung und mehrere Prüfbits der gesamten Nachricht (einschließlich laufender Nummer, Zeit und Datum) inkludiert, ist es praktisch unmöglich, eine einmal gesendete Nachricht später noch einmal zu übermitteln, da das sofort an der laufenden Nummer oder an der Zeit oder am Datum erkannt werden würde. Selbst wenn diese veränderlichen Parameter ebenso gefälscht worden wären, würde man eine solche Fälschung an den falschen Prüfbits erkennen.

Abschließend soll noch bemerkt werden, dass die RSA-Methode zur Verschlüsselung und zur Authentisierung im frei erhältlichen Programm-Paket *PGP* (Pretty Good Privacy) Verwendung findet. Mit dieser Software kann jedermann seine Emails verschlüsseln und signieren. Es gibt Versionen für alle gängigen Mail-Programme.

4.6.8 Elektronisches Geld

> *„Kost an KILO"*
>
> Ostbahn-Kurti & Die Chefpartie,
> *„Kilo"*.

Dadurch, dass die kommerzielle Nutzung des Internet zusehends an Bedeutung gewinnt, steigt auch das Bedürfnis sowohl von Anbietern als auch von Kunden nach geeigneten elektronischen Geldmitteln zur Abwicklung von Geschäften. Obwohl es möglich ist, Geschäfte mittels Kreditkarten über das Internet abzuwickeln, gibt es dabei einige Probleme:

- Zwar wird die Kreditkartennummer vom Kunden zum Verkäufer transferiert, nicht jedoch die Unterschrift des Kunden.
- Die Kreditkartennummer muss unbedingt verschlüsselt übertragen werden.
- Der Verkäufer kann zwar die übermittelte Nummer bei der Kreditkartengesellschaft validieren, der Karteninhaber ist aber nicht davor gefeit, dass seine Kartennummer von jemandem missbräuchlich verwendet wird.

Geschäfte, die über Kreditkarten abgewickelt werden, weisen überdies den für den Karteninhaber unangenehmen Nebeneffekt auf, dass die Kreditkartengesellschaft prinzipiell in der Lage ist, den Weg des Kunden von einem Geschäft zum nächsten genau zu verfolgen. Das heißt, die Kreditkartengesellschaft erhält sehr genaue Informationen über das Kaufverhalten des Kunden, über seine Urlaubsgepflogenheiten und über sonstige Details seines Privatlebens, die bei Barzahlung Angelegenheit des Kunden geblieben wären.

Eine elektronische Form von Geld sollte sowohl in der Handhabung als auch in Bezug auf die Anonymität möglichst an die Barzahlung heranreichen, sollte also die oben genannten Nachteile nicht besitzen. Im folgenden werden wir einige Szenarien für elektronisches Geld vorstellen, die diese Anforderungen mehr oder weniger erfüllen. Realisierungen von elektronischem Geld werden vermutlich von den hier gezeigten Konzepten abweichen, das Prinzip wird aber wohl dasselbe sein. Gründe für diese Abweichungen können juristisch bedingt oder im Gebaren einzelner Banken zu suchen sein.

Szenarium 1

Der Kunde kann elektronisches Geld von seinem Konto auf die Harddisk seines Computers buchen.

Die Realisierung des elektronischen Geldes sieht so aus, dass die Bank eine eindeutige Nummer für jede Geldeinheit, z.B. 1 Euro, 5 Euro, 10 Euro, ..., 1000 Euro, 5000 Euro, usw., vergibt. Diese eindeutige Nummer wird verschlüsselt und in verschlüsselter Form an den Kunden überwiesen.

Tätigt der Kunde nun ein Geschäft, so überweist er einen entsprechenden Betrag seines elektronischen Geldes an den Verkäufer zum Beispiel über das Internet. Der Verkäufer schickt nun dieses Geld sofort weiter an die Bank, die dieses Geld ausgestellt hat. Die Bank entschlüsselt das Geld und prüft, ob die so erhaltene Nummer tatsächlich in der von ihr geführten Liste von ausgegebenen Geldeinheiten aufscheint. Wenn ja, wird dem Verkäufer mitgeteilt, dass das Geld in Ordnung ist; wenn nein, wurde ein Schwindler entlarvt.

Will man sicherstellen, dass nicht Kopien des elektronischen Geldes angefertigt werden, die dann für unterschiedliche Geschäfte verwendet werden, so muss die Bank, wann immer ihr Geld zur Prüfung übermittelt wird, dieses sofort einziehen und diesem Wert entsprechend neu generiertes dem Verkäufer überweisen oder dem Konto des Verkäufers gutschreiben.

Beachten Sie, dass es (zumindest prinzipiell) auch möglich ist, elektronisches Geld sogar auf Papier auszudrucken und es in dieser Form zur Abwicklung von Geschäften zu verwenden.

Dieses Szenarium weist alle Vorteile von Bargeld auf bis auf einen: Die Bank kann, wenn sie will, nachverfolgen, wofür der Kunde sein Geld ausgibt. Man kann allerdings diesen Nachteil beheben, wie wir in folgendem Szenarium sehen werden.

Szenarium 2

Wieder kann der Kunde elektronisches Geld von seinem Konto auf die Harddisk seines Computers buchen.

Die Realisierung des elektronischen Geldes sieht nun allerdings anders aus. Dazu findet beispielsweise die RSA-Methode folgendermaßen Verwendung:

1. Der Kunde möchte elektronisches Geld des Betrages U, z.B. 50 Euro, von der Bank anfordern.

2. Die Bank verfügt für jede Geldeinheit U über ein eigenes Ver- und Entschlüsselungspaar $E_B^U = (e_B^U, n_B^U)$ bzw. $D_B^U = (d_B^U, n_B^U)$, wobei E_B^U öffentlich und D_B^U nur der Bank bekannt ist.

3. Der Computer des Kunden generiert zwei Zufallszahlen g und s, und berechnet
$$g \cdot s^{e_B^U} \mod n_B^U.$$

4. Der Kunde sendet $g \cdot s^{e_B^U} \mod n_B^U$ an die Bank.

5. Die Bank wendet nun den privaten Schlüssel D_B^U auf $g \cdot s^{e_B^U}$ an, d.h., sie berechnet
$$D_B^U(g \cdot s^{e_B^U}) = (g \cdot s^{e_B^U})^{d_B^U} \mod n_B^U = g^{d_B^U} \cdot s^{e_B^U d_B^U} \mod n_B^U = g^{d_B^U} \cdot s \mod n_B^U$$
und sendet diesen Wert zurück an den Kunden.

6. Der Kunde erhält nun durch Division durch s einen Geldwert, der nur mehr durch D_B^U verschlüsselt ist, nämlich $g^{d_B^U} \mod n_B^U$, und tätigt seine Transaktionen mit diesem Geld, d.h., mit dem Paar $(g, g^{d_B^U} \mod n_B^U)$.

Wird nun mit diesem Geld ein Geschäft abgewickelt, so transferiert der Kunde g und $D_B^U(g)$ an den Verkäufer, dieser kann sich durch Anwenden von E_B^U, des öffentlichen Schlüssels der Bank für die Geldeinheit U, davon überzeugen, daß das Geld in Ordnung ist.

Die Bank kann nun ihr zur Validierung übergebenes Geld nicht an seinen Ursprung zurück verfolgen, da sie weder g noch $g^{d_B^U} \mod n_B^U$ jemals in dieser Form, sondern nur verschlüsselt, d.h., mit einem ihr unbekannten Faktor multipliziert, zu Gesicht bekommen hat. Sie muss nun allerdings eine Liste allen Geldes (g) führen, das ihr zur Validierung übermittelt wurde, um zu gewährleisten, dass es nicht zweimal verwendet wird. Um zu vermeiden, dass diese Listen zu groß werden, muss daher zusätzlich jedes Geld mit einem Zeitpunkt versehen werden, ab dem es ungültig ist (das heißt, vor der Berechnung von D_B^U in Punkt 5 wird zu $g \cdot s^{e_B^U} \mod n_B^U$ noch die entsprechende Zeitinformation adjungiert.). Bei Erreichen des „Ablaufdatums" kann es die Bank aus der Liste entfernen. Der Kunde muss jedoch darauf achten, sein Geld vor Ablauf der Frist bei der Bank gegen neues einzutauschen. Natürlich kann dieses Eintauschen vollautomatisch durch den Computer erfolgen.

Damit sind alle Vorteile von Bargeld nachgebildet worden. Es gibt allerdings einige Unsicherheitsfaktoren, die nicht zu umgehen sind, nämlich die Unzuverlässigkeit der Computer-Hardware. So kann etwa nicht gewährleistet werden, dass die Harddisk des Computers einen irreparablen

Defekt erleidet, der dazu führt, dass alles auf ihr gespeicherte Geld verloren ist. Durch zeitweises Duplizieren des abgespeicherten Geldes auf andere Speichermedien, kann man zwar das Risiko eines Defektes herabsetzen, ihn jedoch nie ganz ausschließen. Aber schließlich kann man auch nicht vollständig sicher sein, seine Geldbörse mit Bargeld nicht zu verlieren.

Leider verlieren durch elektronisches Geld so treffsichere Definitionen wie die des unvergessenen *Karl Farkas*, die wir abschließend wiedergeben wollen, etwas an Handgreiflichkeit.

Geld ist jene Materie,
die auf dem Wege zum Finanzamt
flüchtig unsere Finger streift.

Karl Farkas.

Weiterführende Literatur

Timothy C. Bell, John G. Cleary, Ian H. Witten. *Text Compression*. Prentice Hall, Englewood Cliffs, N.J., 1990.

H. Heuser, H. Wolf. *Algebra, Funktionalanalysis und Codierung*. Teubner-Verlag, Stuttgart, 1986.

T. Kameda, K. Weihrauch. *Einführung in die Codierungstheorie*. BI Wissenschaftsverlag, Mannheim, 1973.

R. Lidl, H. Niederreiter. *Introduction to Finite Fields and Their Applications*. Cambridge University Press, Cambridge, 1986.

A. Salomaa. *Public-Key Cryptography*. Springer-Verlag, Berlin, 1990.

S. Singh. *Geheime Botschaften*. Hanser Verlag, München, 2000

A. Tanenbaum. *Computer Networks, 2nd Ed.* Prentice-Hall, Englewood Cliffs, 1988.

Ian H. Witten, Alistair Moffat, Timothy C. Bell. *Managing Gigabytes*. Van Nostrand Reinhold, New York, 1994.

5 Datenübertragungsverfahren

Bei der Übertragung von Daten sind außer Verfahren zur Datensicherung und -kompression, wie sie in den vorangegangenen Abschnitten behandelt wurden, auch Verfahren zur Synchronisation der Kommunikation zwischen Sender und Empfänger erforderlich. Geht man von einer bitseriellen Datenübertragung aus, so muss eine Synchronisation sowohl auf Bit- als auch auf Wortebene gewährleistet sein.

5.1 Synchronisation auf Bit- und Wortebene

Bei der Decodierung einer kontinuierlichen Bitfolge ist nicht nur in jedem Wert eines Binärzeichens eine Information enthalten (log. 0 oder log. 1), sondern auch in der Stelle, die jedes einzelne Binärzeichen im Codewort einnimmt. Der Empfänger muss also die ankommenden Bits nicht nur richtig empfangen, er muss auch jedes empfangene Bit der richtigen Stelle im Codewort zuordnen. Ein Nachrichtenblock soll aus einer vereinbarten Anzahl von Codeworten bestehen. Wenn nun solche Nachrichtenblöcke über einen in der Regel gestörten Nachrichtenkanal übertragen werden, treten nichtlineare Verzerrungen sowohl amplituden- als auch phasenmäßig auf. Dazu kommen noch laufzeitbedingte Verzögerungen (vgl. Abbildung 5.1).

Am Empfangsort treten nun zwei wesentliche Probleme bei der Detektierung des empfangenen Bitstroms auf: Die sichere Erkennung der Zeitlage eines einzelnen Bits z.B. repräsentiert durch einen Impuls (Bittaktsynchronisation). Weiter muss die Frage beantwortet werden, wo genau das Telegramm als Nachrichtenblock beginnt und wo die Wortgrenzen liegen. Das ist die Aufgabe der Wortsynchronisation.

5.1.1 Bittaktsynchronisation

Der einfachste Weg zur Synchronisation zwischen Sender und Empfänger könnte darin bestehen, außer einer Leitung zur Übertragung digitaler Daten separat noch eine Taktleitung zur Verfügung zu stellen, über die der Empfänger die Information erhält, mit welcher Frequenz und in welcher zeitlichen Lage der Sender die Daten verschickt hat (Abb. 5.2a). Eine solche Lösung ist jedoch in der Regel zu aufwendig; daher versucht man, aus der Folge der übertragenen Bits die Information über die Taktfrequenz und die zeitliche Lage (Phasenlage des Taktsignals) abzuleiten (Abb. 5.2b).

Die Wiederherstellung des Bittaktes (die sog. Bittaktregeneration) wird dadurch erreicht, dass das verzerrte, bitserielle Datensignal durch einen Amplitudenentscheider mit Hilfe einer Schaltschwelle U_{thr} (engl: threshold = Schaltschwelle) bewertet wird. Am Ausgang des Amplitudenentscheiders entstehen Rechteckimpulse, die erkannten Einsen entsprechen. Dieses Signal kann nun dazu verwendet werden, einen lokalen Oszillator zur Bittakterzeugung am Empfangsort „zu stützen" und ihn praktisch wie einen Schwungradoszillator zu betreiben. Das Verfahren weist Nachteile bei langen Null- und Einsfolgen auf, da man dann auf die Kurzzeitstabilität des lokalen Oszillators angewiesen ist. Um den Oszillator am Empfangsort taktmäßig zu stützen, kann man eine Anordnung vorsehen, die als Phase Lock Loop (PLL) bezeichnet wird. Dabei werden am Eingang eines Phasendiskriminators die Phasenlage des Signals des Amplitudenentscheiders mit dem Taktsignal des lokalen Oszillators verglichen. Daraus wird eine Stellgröße u erzeugt, die durch einen Tiefpass gefiltert den lokalen Oszillator als spannungsgesteuerten Oszillator (engl.: voltage controlled oscillator, VCO) ansteuert und damit regelnd die Phasenlage des lokalen Taktsignals verändert.

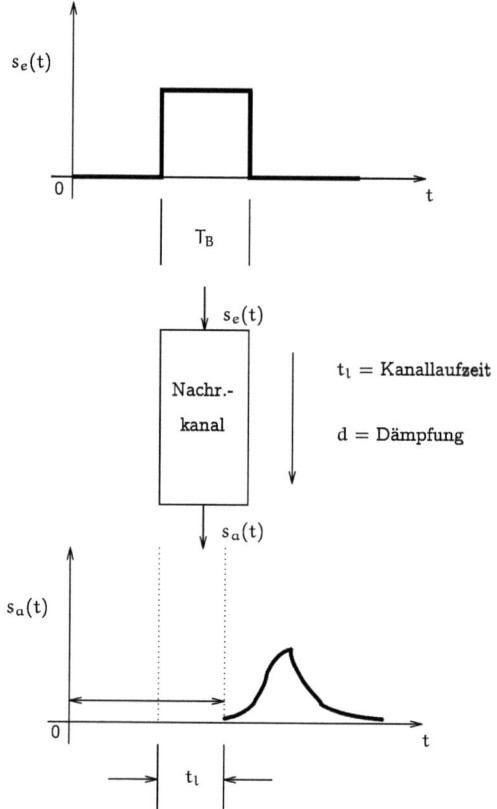

Abbildung 5.1: Gestörter Nachrichtenkanal

5.1 Synchronisation auf Bit- und Wortebene

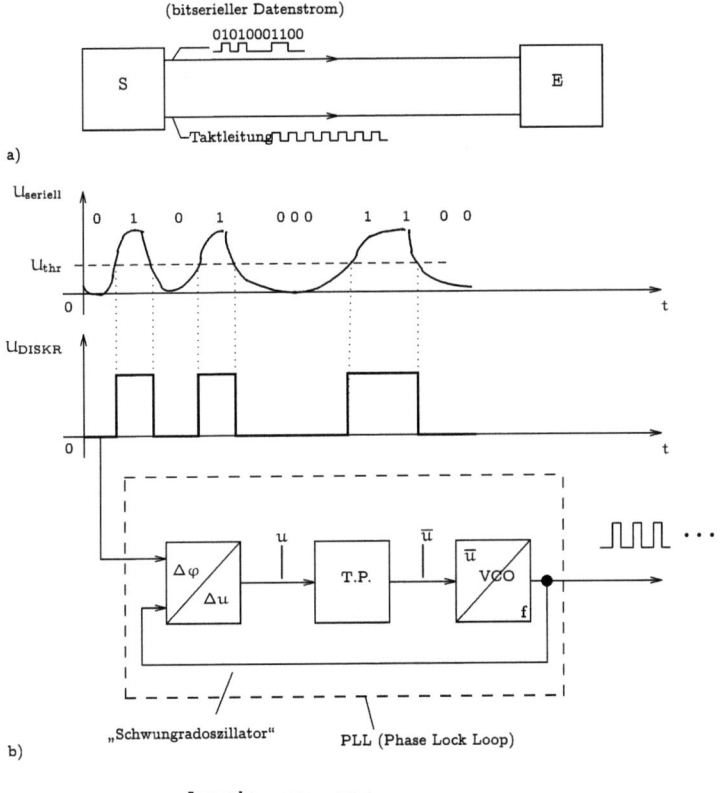

Abbildung 5.2: Bittaktsynchronisation durch separate Taktleitung (a) und Bittaktregeneration aus dem seriellen Datenstrom (b)

Bit-Stuffing

Um die Bittaktregeneration im Fall von langen 0- oder 1-Folgen zu unterstützen, kann das Verfahren des Bit-Stuffings eingesetzt werden. Dazu werden die Daten zunächst serialisiert, durchlaufen einen sogenannten Bit-Stuffer und werden anschließend durch einen NRZI-Codierer geleitet. Die Bezeichnung NRZI steht für Non-Return-to-Zero-Inverted und stellt in der Informatik ein häufig verwendetes Codierungsverfahren dar. Werden im seriellen Datenstrom eine vorgegebene Anzahl von Einsen erkannt, dann wird im NRZI-Datenstrom ein Polaritätswechsel durchgeführt. Das Codierungsverfahren dient dazu, lange 1-Folgen zu erkennen, um die Bittaktregeneration geeignet zu unterstützen. Mit den so entstandenen zusätzlichen Flanken wird ein Phase-Lock-Loop (PLL) synchronisiert, um auf diese Weise den spannungsgesteuerten Oszillator (VCO = voltage controlled oscillator) bezüglich seiner Taktfrequenz zu stützen. Die folgende Abbildung zeigt das Verfahren des Bit-Stuffings.

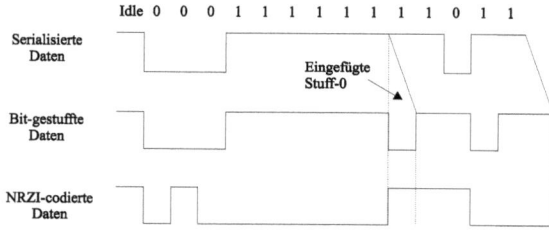

Abbildung 5.3: Bit-Stuffing

Um einen Synchronisationsverlust zu vermeiden, wird vor dem NRZI-Codierer ein Bit-Stuffer aktiviert. Erkennt der Bit-Stuffer im seriellen Datenstrom z.B. sechs aufeinander folgende Einsen, wird automatisch eine Null in den Datenstrom eingefügt. Diese vom Bit-Stuffer eingefügte Null bewirkt im nachfolgenden NRZI-Codierer einen Polaritätswechsel. Auf der Empfängerseite zählt nach dem NRZI-Decoder der Bit-Destuffer die Anzahl der empfangenen Einsen mit. Nach sechs aufeinander folgenden Einsen erwartet der Bit-Destuffer die auf der Senderseite eingefügte Bit-Stuff-Null und entfernt diese wieder aus dem Datenstrom, sodass nachfolgend die reinen Nutzdaten wieder zur Verfügung stehen.

5.1.2 Wortsynchronisation

Die Wortsynchronisation kann man sich wie folgt vorstellen: Im Sender wird periodisch am Anfang eines jeden Nachrichtenblocks ein Synchronisationswort in den seriellen Bitstrom eingefügt. Neben den periodisch eingeblendeten Synchronisations-Worten treten statistisch verteilte, scheinbare Synchronisationsworte auf, die Bestandteil der Nettodaten sind, die es aber auszublenden gilt. Dies erreicht man dadurch, dass man mehrere Nachrichtenblöcke in einen Zwischenspeicher lädt, den gesamten Inhalt auf Synchronisationsworte überprüft, periodisch auftretende Synchronisationsworte beibehält und zwischendurch zufällig auftretende scheinbare Synchronisationsworte wegen ihres nicht-periodischen Auftretens als irrelevant bewertet.

Erscheint bei einer Prüfung das Synchronisationswort, dann findet die nächste Prüfung eine Nachrichtenblocklänge später statt, indem ein Erwartungsfenster geöffnet wird und überprüft wird, ob in diesem Fenster das vereinbarte Synchronisationswort gefunden wurde. Tritt das erwartete Synchronisationswort jedoch bei Verlust des Synchronisationswortes nicht auf, findet eine fortlaufende bitweise Prüfung statt, bis das nächste Synchronisationswort gefunden wird. Dieser Vorgang wird Spurprüfung genannt.

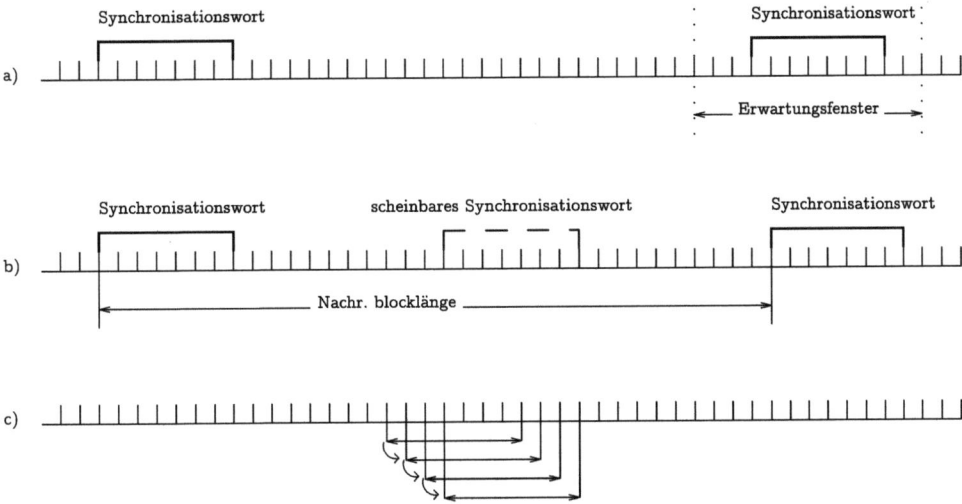

Abbildung 5.4: Wortsynchronisation durch Auswertung mit einem Erwartungsfenster (a), Eliminieren scheinbarer Synchronisationsworte (b) und Spurprüfung nach Verlust des Synchronisationswortes (c)

Die dargestellten Synchronisationsverfahren finden bei modernen Nachrichten-Systemen Anwendung, insbesondere bei der Puls-Code-Modulation (PCM), welche die Basismodulation für das ISDN-System bildet (engl.: Integrated Service Data Network).

5.2 Mehrfachnutzung von Übertragungskanälen

Eine wesentliche Aufgabe der Signalformung im Nachrichtenkanal besteht darin, das primäre Signal so umzuformen, dass eine größere Zahl gleichartiger Signale über einen gemeinsamen Übertragungskanal geleitet werden kann. Dazu werden die primären Signale auf der Senderseite im sog. Modulator in geeigneter Weise zu einem gemeinsamen Signal zusammengefasst und nach der Übertragung im Demodulator wieder aufgeteilt. Abb. 5.5 zeigt die Signalbündelung vor dem Modulator und die Entbündelung am Ausgang des Demodulators.

5.2.1 Raummultiplex (Space Division Multiplexing/SDM)

Werden mehrere Nachrichten in einem Kommunikationssystem auf parallelen Leitungen oder Funkkanälen übertragen, so liegt eine Kommunikation im Raumvielfach vor. Dabei werden die Kanäle durch räumliche Trennung unterschieden (siehe Abb. 5.6). Beim Raummultiplex steht nicht die Mehrfachausnutzung sondern die Erhöhung der Übertragungskapazität eines Mediums im Vordergrund. Die folgende Abbildung zeigt das Prinzip des Raummultiplex, wobei ein Schutzabstand für die Separierung der Kanäle sorgt.

Beispiele für ein Raummultiplexsystem sind das Bussystem in einem Computer (siehe Abb. 5.7) oder das Funkzellennetz bei der GSM-Telefonie (siehe Abb. 5.8).

Der Vorteil beim Raummultiplexsystem besteht in einer höheren Gesamtkapazität bei geringer Sendeleistung. Nachteilig bei Funkzellennetzen wirkt sich die umfangreiche Infrastruktur sowie eine häufige Kommunikationsübergabe im Zellennetz aus.

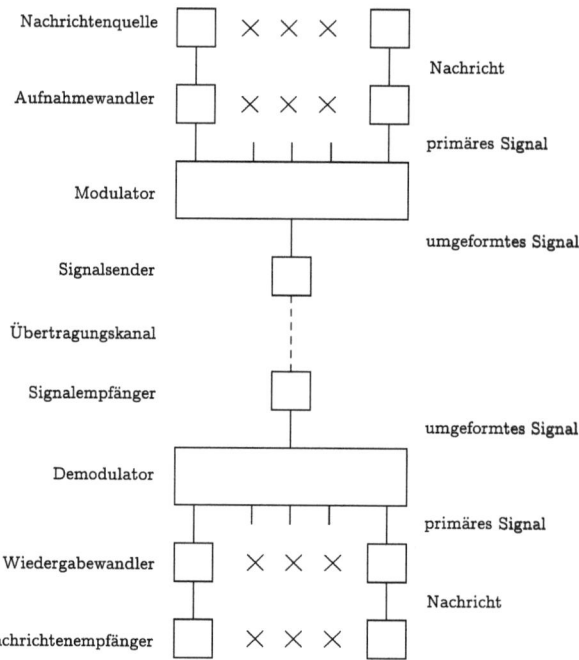

Abbildung 5.5: Blockbild eines Kommunikationssystems mit Nachrichtenbündelung

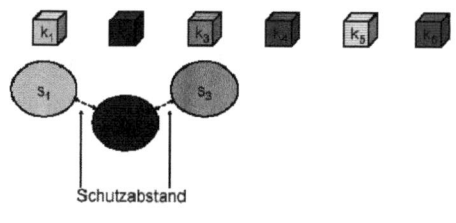

Abbildung 5.6: Raummultiplexsystem

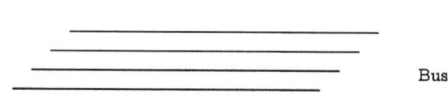

Abbildung 5.7: Raumvielfach als Bussystem

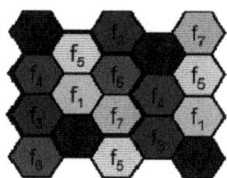

Abbildung 5.8: Funkzellennetz beim GSM

5.2.2 Frequenzmultiplex (Frequency Division Multiplexing/FDM)

Ein vorgegebenes Frequenzband wird in mehrere Frequenzbänder unterteilt; dabei wird jedem Kanal ein eigenes Frequenzband zugewiesen.

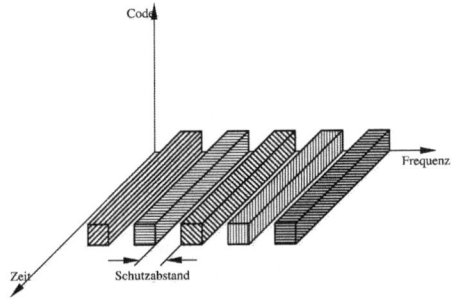

Abbildung 5.9: Frequenzmultiplexsystem

Beim Frequenzmultiplexverfahren verteilt man die verschiedenen Nachrichten, die gleichzeitig übertragen werden sollen, auf verschiedene Frequenzbänder (Kanäle). Dies erfolgt durch Frequenzumsetzung, d.h., durch Modulation von Trägerschwingungen so, dass die Frequenzspektren der einzelnen Kanäle sich nicht überlappen (Schutzabstand).

5.2.3 Zeitmultiplex (Time Division Multiplexing/TDM)

Beim Zeitmultiplexsystem werden verschiedene Nachrichten, die gleichzeitig übertragen werden sollen, sogenannten Zeitschlitzen (engl.: time slots) eindeutig zugeordnet. Voraussetzung für einen geordneten Ablauf ist, dass entsprechende Taktoszillatoren (engl.: local clock oscillator) beim Sender und Empfänger synchron arbeiten. Dann kann ein Kanal den gesamten Frequenzbereich für eine genau festgelegte Zeit (engl.: time slot) für sich beanspruchen. Dabei arbeiten alle Sender auf der gleichen Frequenz, jedoch zu unterschiedlichen Zeiten.

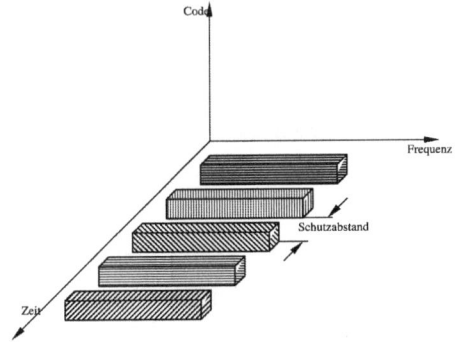

Abbildung 5.10: Zeitmultiplexsystem

Die gesamte Kommunikation wird in Epochen der Epochendauer T abgewickelt. Teilen sich n zu übertragende Signale eine Epoche T, so ergibt sich daraus die Größe eines Zeitschlitzes ohne Berücksichtigung von Schutzzeiten zu T/n (siehe Abb. 5.10).

Im Empfänger erfolgt die Signaltrennung durch Zeittore, die alles außer der gewünschten Kommunikation ausblenden. Man kann Zeitmultiplexverfahren sowohl zur Übertragung von

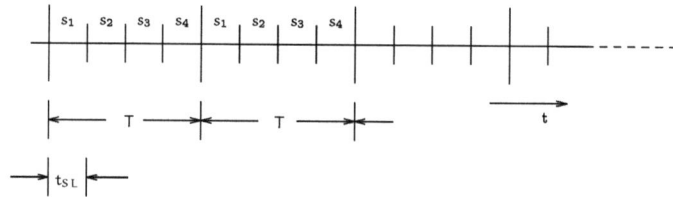

Zeitliche Organisation
mit den Epochen mit der Epochendauer T und den gleichlangen Zeitschlitzen
(t_{SL} = time slot)

Abbildung 5.11: zeitliche Organisation in einem Zeitmultiplexsystem

zeit- und wertkontinuierlichen Signalen wie auch zur Übertragung digitaler Daten einsetzen. Die Abb. 5.11 zeigt die zeitliche Organisation in einem Zeitmultiplexsystem.

5.2.4 Codemultiplex (Code Division Multiplexing/CDM)

Code Division Multiplexing beruht darauf, dass die einzelnen Kanäle über eindeutige Codewörter identifiziert werden. CDM wird zum Beispiel beim satellitengestützten Global Positioning System (GPS) und bei Mobilfunksystemen eingesetzt.

Das grundlegende Prinzip besteht darin, dass alle Kanäle zur gleichen Zeit dieselbe Frequenz nutzen, wie die folgende Abbildung zeigt.

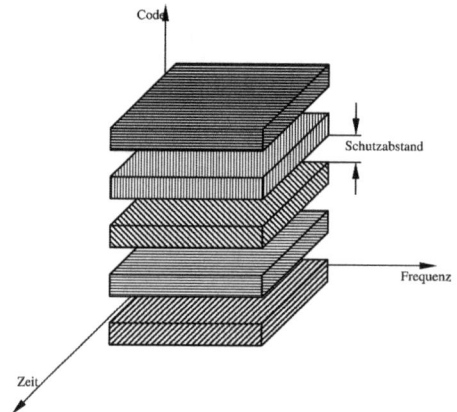

Abbildung 5.12: Codemultiplexsystem

Bei dem Codemultiplex-Verfahren werden die Signale mit individuellen Codesequenzen codiert. Zu diesem Zweck wird jedem Teilnehmer ein bestimmtes Codemuster zugewiesen. Mit diesem Muster können die unterschiedlich codierten Signale eindeutig den Kommunikationspartnern zugeordnet werden. Die verwendeten Codes müssen dabei unabhängig voneinander und orthogonal zueinander sein, damit sie sich nicht gegenseitig beeinträchtigen. Solche Codes bezeichnet man als orthogonale Codes. Hierbei gilt: Zwei Vektoren eines n-dimensionalen Raumes sind zueinander orthogonal, wenn ihr inneres Produkt (auch bezeichnet als Skalarprodukt) gleich null ist.

Das innere Produkt bzw. das Skalarprodukt wird für zwei dreidimensionale Vektoren wie folgt angegeben:

$$(x_a, y_a, z_a) \cdot (x_b, y_b, z_b) = (x_a x_b + y_a y_b + z_a z_b)$$

Als Beispiel für das innere Produkt zweier 3-dimensionaler Vektoren sei folgendes Beispiel gegeben. Gegeben seien zwei Vektoren wie folgt:
$(4, 5, 0) \cdot (0, 0, 8) = 0 + 0 + 0 = 0$ (zueinander orthogonale Vektoren)
bzw.
$(2, 2, 1) \cdot (-1, 3, 3) = -2 + 6 + 3 = 7$ (zueinander nicht-orthogonale Vektoren).

Die CDM-Technik erlaubt die gleichzeitige Kommunikation verschiedener Verbindungen über einen Übertragungskanal (leitungsgebundene Verbindung oder Funkverbindung). Mit diesem Verfahren können Signale von Übertragungskanälen unterschieden werden, die mehrere Sender im gleichen Frequenzband zeitgleich ausstrahlen. Die Teilnehmer senden gleichzeitig und im gleichen Frequenzband. Ihre Signale werden anhand individueller Code-Spreizungs-Sequenzen getrennt und erkannt.

Bandspreizung (Spread Spectrum)

CDM ist ein Verfahren, das mehreren Benutzern den Zugriff auf einen Übertragungskanal ermöglicht. Bei diesem Verfahren, das vor allem bei Mobilfunksystemen eingesetzt wird, belegen alle Benutzer denselben Frequenzbereich, jedoch wird das Nutzsignal für jeden Benutzer unterschiedlich codiert. Für die Übermittlung der Bits wird für den Nutzer A ein anderer Code verwendet als für den Benutzer B. Die Codierung basiert auf einer Spreizung des Nutzdatenkanals. Dabei werden die einzelnen Bits eines schmalbandigen Nutzsignals durch längere Bitkombinationen ersetzt. Ersetzt man ein Bit durch eine Bitkombination von beispielsweise zehn Bits, dann erreicht man eine Spreizung um Faktor 10. Dadurch benötigt man zwar eine höhere Übertragungsbandbreite, kann aber den Übertragungskanal gleichzeitig für mehrere Nutzkanäle verwenden. Die Daten der einzelnen Benutzer sind im Übertragungskanal klar voneinander unterscheidbar.

Bandspreizung erzeugt aus einem schmalbandigen Signal ein breitbandigeres Signal. Es verteilt dadurch die enthaltene Information auf einen größeren Frequenzbereich. Diese Maßnahme macht ein Signal weniger anfällig gegen schmalbandige Störungen. Für die Bandspreizung gibt es zwei Verfahren:

Direct Sequence Spread Spectrum (DSSS)
und
Frequency Hopping Spread Spectrum (FHSS).

Beide Verfahren spreizen frequenzmäßig das Originalsignal auf, indem sie das Originalsignal mit einem individuellen Code „vermengen". Wir wollen uns an dieser Stelle auf das DSSS-Verfahren beschränken und es wie folgt beschreiben:

DSSS-Verfahren

Bei diesem Verfahren werden die Nutzdaten mit einem individuellen Codewort (engl.: chipping sequence) durch die $\oplus$-Operation gemäß folgender Tabelle für zwei binäre Variablen e_1 und e_2 miteinander verknüpft.

e_1	e_2	$e_1 \oplus e_2$
0	0	0
0	1	1
1	0	1
1	1	0

Daraus entsteht das resultierende Signal nach Abb. 5.13.

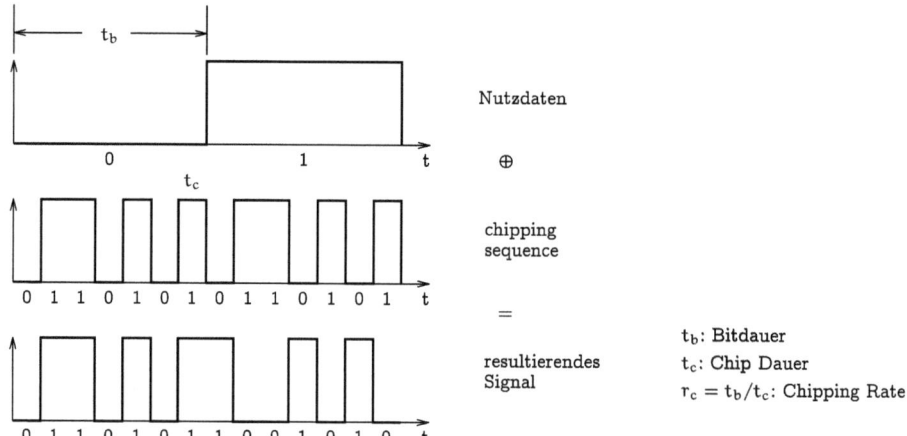

Abbildung 5.13: Nutzdaten durch $\oplus$ mit der Chipping Sequence verknüpft, resultierendes Signal (t_b = Bitzeitdauer, t_c = Chipdauer

Die Chipping Sequence besteht aus einer Anzahl von Chips (ähnlich den Bits). Die Länge der Chipping Sequence ist unterschiedlich; für zivile Anwendungen beträgt sie zwischen 10 und $2^{42} - 1$ Chips. Für militärische Anwendungen werden diese Werte noch weit überschritten, da mit dem Spread-Spectrum-Verfahren eine sehr gute Abhörsicherheit erreicht wird.

Die Entspreizung erfolgt wesentlich komplizierter als die Spreizung. Das empfangene Signal muss im Empfänger mit der ihm bekannten Chipping Sequence verknüpft werden. Im folgenden wird dargestellt, wie das empfangene Signal mit einem Chip aus der Chipping Sequence verknüpft wird.

Das Signal S_i sei z.B. null (Abb. 5.14). Der Durchschnittswert des Signalverlaufs $S_i(t)$ sei S_{avg} (der Index avg bedeutet average). Es wird nun die Differenz zwischen dem aktuellen Signalwert S_i und dem Durchschnitts-Signalwert S_{avg} als $D_i = S_i - S_{avg}$ gebildet. Dieser Wert für die Differenz D_i wird dann mit (-1) multipliziert, wenn der logische Wert des Chips $C_i = 1$ ist (das entspricht in etwa einer XOR-Verknüpfung) und mit $(+1)$, wenn $C_i = 0$ ist. Das Resultat R_i für den Chip C_i berechnet sich aus diesem Wert addiert zum mittleren Signalwert S_{avg}.

Für $R_i > 0$ wird ein Zähler (engl.: counter) gestartet, dessen Schrittweite dem Wert von R_i proportional ist; ist $R_i = 0$, so erhöht sich der Zählerstand nicht. Diese Integration erfolgt über die gesamte Länge der Chip-Sequenz (engl.: Chipping Sequence). Wird dabei ein vorgegebener Signal-Schwellwert S_{thr} (der Index thr steht für das englische Wort threshold = Schaltschwelle) überschritten, so entscheidet ein nachfolgender Komparator für das übertragene Bit auf logisch 1, sonst auf logisch 0.

Abb. 5.15 veranschaulicht die Arbeitsweise der Spreizung und Entspreizung für zwei Sender A und B.

Obwohl sich die Signale von A und B überlagern, kann ein Empfänger, der im Besitz des richtigen Codes für einen bestimmten Sender ist, dessen ursprüngliche Information decodieren.

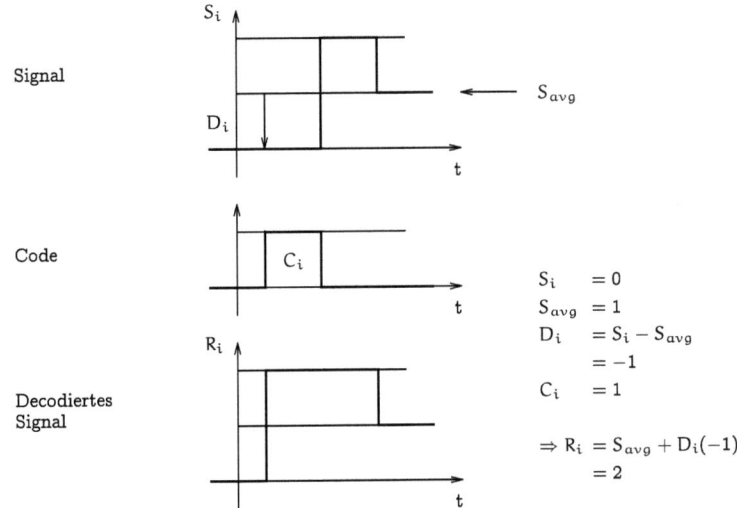

Abbildung 5.14: Decodierung des Signals mit dem Chip der Chipping Sequence

5.2.5 Vergleich der verschiedenen Multiplexverfahren

Abschließend soll in Tab. 5.1 noch ein Vergleich der vorgestellten Multiplexverfahren nach folgenden Kriterien Konzept, Funktionsweise und Signaltrennung vorgenommen werden.

Verfahren	SDM	FDM	TDM	CDM
Konzept	Unterteilung des Raumes in Zellen, Segmente oder Leitungen	Unterteilung des gesamten Frequenzbereiches in Teil-Frequenzbänder	Unterteilung von Epochen in Zeitschlitze (time slots)	Spreizung der Bandbreite des Codes
Funktionsweise	Nur ein Teilnehmer kann aus einer Zelle oder an einer Leitung senden	Jeder Teilnehmer kann auf einer eigenen Frequenz ununterbrochen senden	Alle Teilnehmer sind auf der gleichen Frequenz jeweils für eine gewisse Zeit aktiv	Alle Teilnehmer können ununterbrochen zur gleichen Zeit senden
Signaltrennung	durch Zellen- oder Leitungsstruktur	durch Filtern im Frequenzbereich	Synchronisation im Zeitbereich	Anwendung eines teilnehmerspezifischen Codes

Tabelle 5.1: Vergleich der verschiedenen Multiplexverfahren

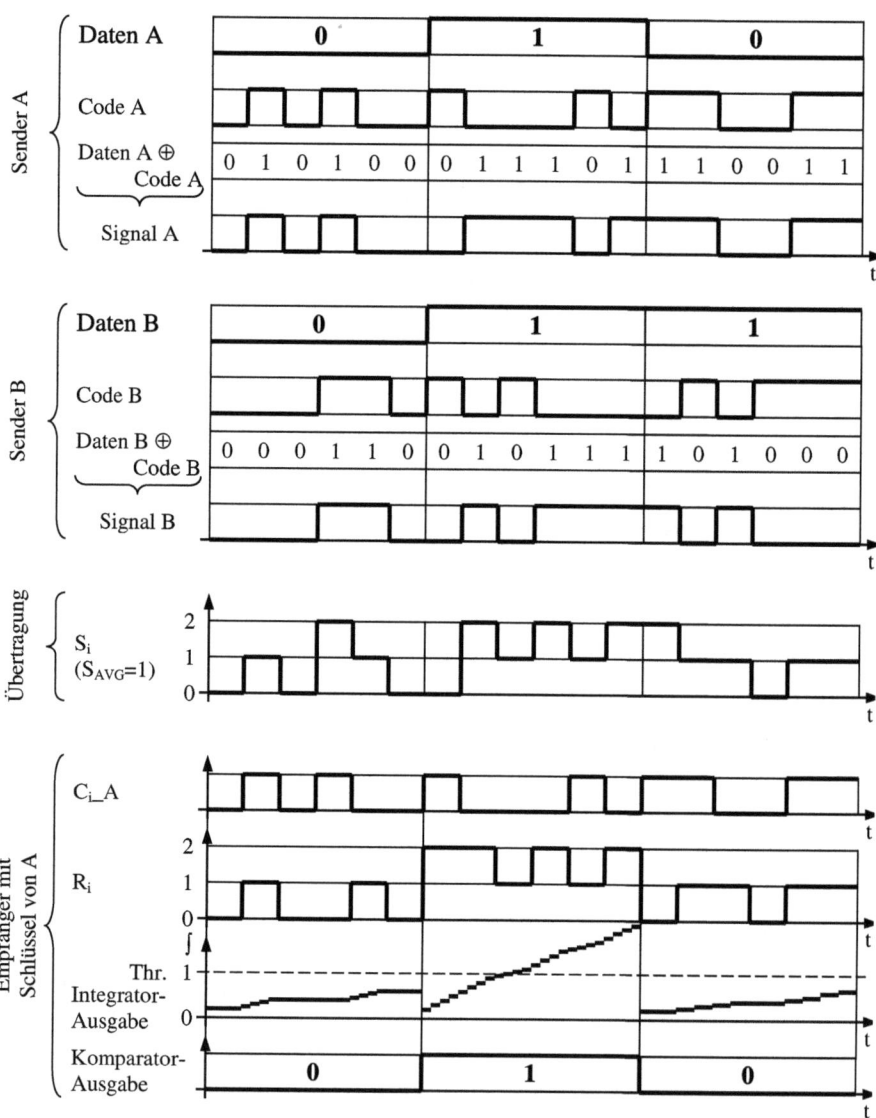

Abbildung 5.15: Direct Sequence Spread Spectrum mit den einzelnen Signalen

5.3 Kanalcodierung

Im Gegensatz zur Codierungstheorie nach Kapitel 4, wo es darum ging, z.B. Kompressionsalgorithmen anzuwenden oder Maßnahmen zu Datenschutz und Datensicherheit zu ergreifen, befasst man sich bei der Kanalcodierung mit solchen Codierungsmaßnahmen, die zu übertragende Information möglichst optimal an die Übertragungseigenschaften des Kanals anzupassen. Hier wurden insbesondere Codierungen gefunden, die das Problem der Bittaktsynchronisation zu lösen helfen.

Die Kanalcodierung geht auf eine Entwicklung zurück, die mit Aufgaben der Telemetrie zu tun hat. Damals wollte man erstmals Raketen mit digitalen Kommandotelegrammen fernsteuern. Alsbald stand man vor dem Problem, dass sich die Entfernung von der ortsfesten Sendeanlage zu der Rakete ständig vergrößerte bzw. veränderte, wobei das Bittaktraster im Empfänger in der Rakete dem Doppler-Effekt gehorchte, seine Periodizität verlor und sich mit zunehmender Entfernung von der Bodenstation die Bitzeiträume kontinuierlich vergrößerten. Man musste Codierungsformen finden, die bittaktstützend wirken. So entstand eine Forschungsgruppe, die solche Codierungsverfahren für mobile Datenübertragung entwickelte: die sog. Inter-range Instrumentation Group (IRIG). Diese Gruppe entwickelte die in folgender Abbildung dargestellten Codes (Abb. 5.16).

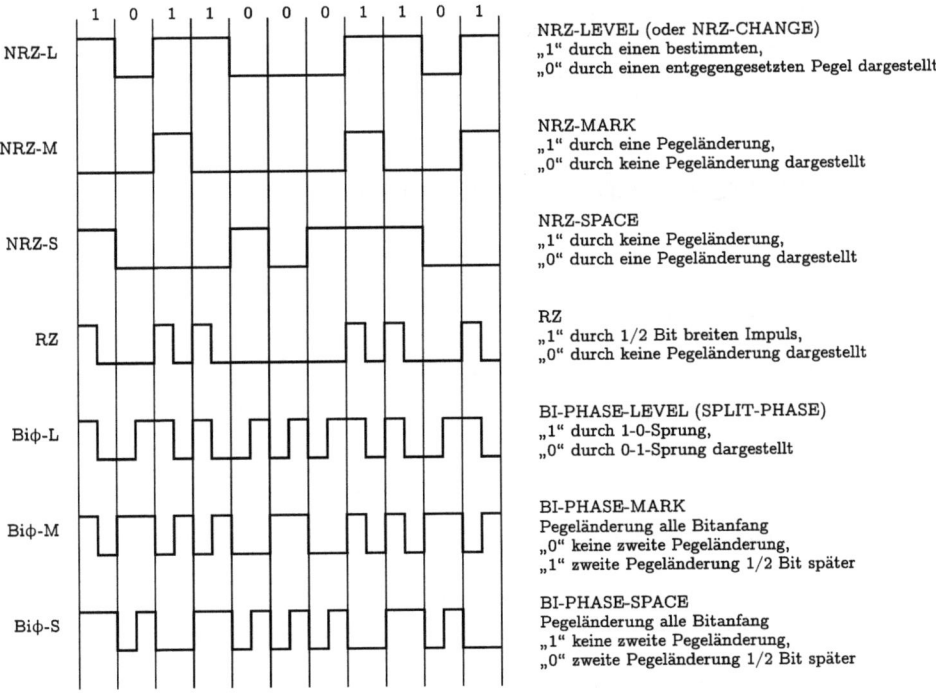

Abbildung 5.16: Kanalcodierungen

Die dargestellten Codierungen werden durch die nebenstehende Erläuterung einfach erklärt. Es sollen hier nur drei von diesen Codierungen besonders betrachtet werden: In der obersten Zeile findet man die NRZ-L-Codierung. Dabei steht NRZ für „non-return-to-zero" und L für „Level". Dabei handelt es sich um ein Signalformat, wie man es bei vielen Schaltkreisfamilien an Schnittstellen vorfindet. Stellen wir uns einmal vor, dass ein Sender eine lange 0-Folge sendet (es könnte sich genauso gut um eine lange 1-Folge handeln!), so verliert der Empfänger die Übersicht, ob es sich nun um 8 oder gar 9 Nullen bzw. Einsen gehandelt hat. Das könnte zur Folge haben, dass der Empfänger alle folgenden Bits im seriellen Datenstrom falsch zuordnet. Mithin liefert diese Form der Kanalcodierung praktisch keine Bittaktstützung.

Betrachten wir dagegen die 4. Zeile, so finden wir die RZ-Kanalcodierung vor. Sie ist dadurch gekennzeichnet, dass bei positiver Logik (log. 1 entspricht einem hohen Pegel, log. 0 einem niedrigeren Pegel) eine Null während des gesamten Bitzeitraumes als niedriger Pegel dargestellt wird, während eine Eins in der ersten Bitzeitraumhälfte als hoher Pegel und in der zweiten Hälfte als niedriger Pegel dargestellt wird. Die Folge ist, dass wenigstens bei Einsen jeweils in der Mitte des Bitzeitraumes eine Flanke von log. 1 nach log. 0 erzeugt wird, sodass ein freilaufender Taktoszillator damit wie ein Schwungrad angestoßen und damit auf die Taktfrequenz des Senders synchronisiert werden kann, sofern nicht allzu lange Nullfolgen im Datenstrom auftreten.

Die bittaktmäßige Beherrschung von langen Null- und langen Einsfolgen wird dagegen von der Bi-Phase-Codierung sichergestellt. Man erkennt aus dem Diagramm in der 5. Zeile, dass gleichgültig, ob eine Null oder eine Eins gesendet wurde, auf jeden Fall in der Mitte des Bitzeitraumes eine Flanke (entweder von 1 nach 0 oder von 0 nach 1) auftritt. Dieses Ereignis (Taktflanke in der Mitte des Bitzeitraumes) kann nun direkt dazu benutzt werden, den Takt im Bitstrom sofort zu rekonstruieren. Man hat hier zwei Informationen geschickt miteinander verknüpft: Zum einen das Bit als die zu übertragende Information und die Information über den Bittakt. Nun ist auch die Fernsteuerung von Raketen oder Nachrichtensatelliten mit digitalen Kommandotelegrammen als mobile Datenübertragung kein Problem mehr. Diese Kanalcodierungen haben sich im Bereich der Telemetrie durchgesetzt. Man muss allerdings beachten, dass der vermeintliche Gewinn in diesem Fall durch einen doppelt so großen Bandbreitenbedarf im Nachrichtenkanal erkauft werden muss.

5.4 Trennzeichenfreie Codierung

Das Prinzip der Entwicklung eines *trennzeichenfreien* Codes, auch *kommafreier* Code genannt, besteht darin, dass der Empfänger allein aufgrund der Wortstruktur die Lage der einzelnen Codewörter im Datenstrom erkennen kann. Haben Codewörter *Präfixeigenschaft*, so können sie ohne Trennzeichen allein aufgrund ihres Aufbaues in einem seriellen Bitstrom erkannt werden. Die Verwendung einer trennzeichenfreien Codierung wird in Abb. 5.17 schematisch dargestellt.

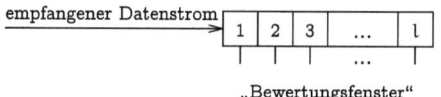

Abbildung 5.17: Kommafreie Decodierung mit Bewertungsfenster

Der empfangene serielle Bitstrom wird mit dem Bittakt seriell eingelesen. Dessen Stellenzahl entspricht der Wortlänge l des verwendeten Codes. An seinen Parallelausgängen steht jeweils ein Ausschnitt der Datenfolge der Länge l. Man lässt so die empfangenen Daten an einem „Bewertungsfenster" vorbeilaufen. Die Forderung für einen kommafreien Code ist nun, dass der Fensterinhalt, also die an den Parallelausgängen anstehenden Datenstellen nur dann als ein Codewort akzeptiert werden, wenn dieser Fensterinhalt einem vereinbarten Codewort entspricht. Haben Codewörter damit die sogenannte Präfixeigenschaft, so können sie ohne Trennzeichen allein aufgrund ihres Aufbaus in einem seriellen Bitstrom erkannt werden. Abb. 5.18 zeigt schematisch diese Bewertung einer kommafrei codierten Datenfolge, wobei die vereinbarten Codewörter $a_1 a_2 a_3 a_4$ und $b_1 b_2 b_3 b_4$ lauten.

Es sind Einschränkungen hinsichtlich der Kommafreiheit vorstellbar. Es kann z.B. zulässig sein, dass der Inhalt des Bewertungsfensters in bestimmten, zwei Wörter überschneidenden La-

5.4 Trennzeichenfreie Codierung

	1	2	3	4	Bewertungsfenster
$\cdots b_1 b_2 b_3 b_4 a_1 a_2 a_3 a_4$ →					
$\cdots b_1 b_2 b_3 b_4 a_1 a_2 a_3$	a_4				kein vereinbartes Codewort
$\cdots b_1 b_2 b_3 b_4 a_1 a_2$	a_3	a_4			kein vereinbartes Codewort
$\cdots b_1 b_2 b_3 b_4 a_1$	a_2	a_3	a_4		kein vereinbartes Codewort
$\cdots b_1 b_2 b_3 b_4$	a_1	a_2	a_3	a_4	vereinbartes Codewort
$\cdots b_1 b_2 b_3$	b_4	a_1	a_2	a_3	kein vereinbartes Codewort
$\cdots b_1 b_2$	b_3	b_4	a_1	a_2	kein vereinbartes Codewort
$\cdots b_1$	b_2	b_3	b_4	a_1	kein vereinbartes Codewort
$\cdots$	b_1	b_2	b_3	b_4	vereinbartes Codewort

Abbildung 5.18: Wirkung des Bewertungsfensters beim kommafreien Code

gen ein vereinbartes Codewort ist. In diesem Fall liegt ein nicht-vollständiger kommafreier Code vor. Von einem vollständigen kommafreien Code spricht man, wenn für jede Kombination von zwei aufeinander folgenden Codewörtern sich in den Zwischenpositionen des Bewertungsfensters kein vereinbartes Codewort ergibt. Eine solche kommafreie Codierung wird auch als *selbstsynchronisierend* bezeichnet.

Voraussetzung für das Erreichen der Synchronisation ist der Empfang eines vollständigen und richtigen Wortes im Empfänger. D.h., dass die Synchronisation nach dem Empfang jedes einzelnen Wortes hergestellt wird. Damit ist die Synchronisationsinformation kontinuierlich über den Datenstrom verteilt. Dies hat zur Folge, dass bei Störungen die Synchronisation beim Empfang des ersten richtigen Wortes sofort wieder erreicht ist.

5.4.1 Eigenschaften

Die Trennzeichenfreiheit bedingt folgende Anforderungen an die Struktur der Codewörter.

1. Forderung der *Nicht-Periodizität*. Unter einem periodischen binären Wort versteht man ein Wort, das aus gleichen Teilstrukturen besteht. Beispiele für periodische binäre Wörter sind

   $a = 1\ 0\ 0\ 1\ 0\ 0$ und $b = 1\ 0\ 1\ 0\ 1\ 0$.

   Dagegen sind nicht-periodische Wörter

   $c = 1\ 0\ 0\ 0\ 1\ 0$ und $d = 1\ 0\ 1\ 1\ 1\ 0$.

   Es wird ein Faktor q definiert, der die Periodizität der Codewörter beschreibt. Im ersten Beispiel ist q = 2, da zwei gleiche Unterstrukturen im Codewort a enthalten sind. Im zweiten periodischen Codewort b ist q = 3. Bei nicht-periodischen Codewörtern (im Beispiel oben c und d) ist q = 1. Für die einzelnen Codewörter eines kommafreien Codes muss immer q = 1 sein.

2. Beachtung der *Äquivalenzklassen*. Die zweite Forderung hinsichtlich der Struktur der kommafreien Codewörter ergibt sich aus der Betrachtung der Permutationen der Codewörter. In der Kombinatorik versteht man unter der Permutation von k Elementen deren in der Reihenfolge unterschiedliche Zusammenstellungen. In der Codierungstheorie sind diese Elemente die einzelnen Stellen der Codewörter. Hier sind nur die zyklischen Permutationen

interessant. Dabei nehmen die einzelnen Elemente die Plätze ihrer Nachbarelemente in einer vorgegebenen Richtung ein. Hinsichtlich einer kommafreien Codewortliste ergibt sich die Forderung, dass ein Codewort nicht zusammen mit einer seiner Permutationen in dieser enthalten sein darf.

Aus diesen Bedingungen ergibt sich eine rekursive Formel, um die Anzahl der möglichen Codewörter in einem trennzeichenfreien Code mit Wortlänge n nach oben abzuschranken:

$$\begin{aligned} p_1 &= 2 \\ p_n &= 2^n - \sum_{d|n,\ d<n} p_d. \end{aligned} \qquad (5.1)$$

Die Summe erstreckt sich dabei über alle Teiler d von n, die kleiner als n sind.

Eine Erklärung für diese Rekursion ist die folgende: Von den 2^n möglichen Bitfolgen der Länge n muss die Anzahl aller periodischen Bitfolgen abgezogen werden. Die Länge dieser periodischen Bitfolgen muss ein Teiler von n sein; n selbst wird dabei klarerweise nicht berücksichtigt. Um auf die endgültige Schranke zu kommen, muss man nur noch bedenken, dass man die zyklische Vertauschung in Betracht ziehen muss. Jedes Codewort der Länge n ist genau für n solche zyklisch vertauschte Wörter verantwortlich. Daher ergibt sich die Formel

$$p_n/n$$

für die obere Schranke der Anzahl von Codewörtern der Länge n.

Tabelle 5.2 gibt eine Liste der Werte von p_n/n für n = 1 bis 100.

Als Beispiel wollen wir p_{12} mittels obiger Rekursion berechnen. Wir bekommen $p_{12} = 4096 - p_1 - p_2 - p_3 - p_4 - p_6$. Der Wert von p_1 ist mit 2 gegeben. Wir erhalten daher $p_2 = 4 - p_1 = 4 - 2 = 2$, $p_3 = 8 - p_1 = 8 - 2 = 6$, $p_4 = 16 - p_1 - p_2 = 16 - 2 - 2 = 12$ und $p_6 = 64 - p_1 - p_2 - p_3 = 64 - 2 - 2 - 6 = 54$. Also ergibt sich insgesamt $p_{12} = 4096 - 2 - 2 - 6 - 12 - 54 = 4020$ und somit erhält man als obere Schranke für die Anzahl von Codewörtern eines kommafreien Codes der Länge 12 den Wert von $4020/12 = 335$.

Die praktische Aufstellung von kommafreien Codes zeigt, dass diese Schranke nicht scharf ist. Durch mathematisch nicht einfach zu modellierende Nebenbedingungen ist die tatsächliche Anzahl der erreichbaren Codewörter geringer als die oben hergeleitete Schranke.

Aus Tab. 5.2 kann man auch folgende interessante Werte ablesen: Will man $256 = 2^8$ verschiedene Codewörter haben (das entspricht im herkömmlichen, nicht-trennzeichenfreien Sinn einem Platzbedarf von 8 Bit), so muss man n = 12 wählen, also 4 zusätzliche Bits spendieren. Für $65536 = 2^{16}$ verschiedene Codewörter hat man n = 21, für 2^{32} Codewörter ist n = 38 zu wählen.

Die Anzahl der zusätzlichen Bits, die erforderlich sind, um die Trennzeichenfreiheit zu garantieren, entspricht in diesen Fällen exakt der Anzahl an erforderlichen Prüfbits für einen Hamming-Code (vgl. Abschnitt 4.3.3) entsprechender Größe. Im Unterschied zu einem trennzeichenfreien Code, der fehlererkennend ist, ist der Hamming-Code aber fehlerkorrigierend! Das mag einer der Gründe sein, warum trennzeichenfreie Codes keine weite Verbreitung gefunden haben.

Die Formel (5.1) lässt sich auch für nicht binäre Codes verallgemeinern. Sei a die Größe des zugrundeliegenden Alphabets, dann lautet die allgemeine Formel

$$\begin{aligned} p_1(a) &= a \\ p_n(a) &= a^n - \sum_{d|n,\ d<n} p_d(a). \end{aligned} \qquad (5.2)$$

Sei beispielsweise a = 4 und n = 3, dann berechnen wir für die obere Schranke der Anzahl der möglichen Codewörter

$$p_3(4)/3 = (4^3 - 4)/3 = 60/3 = 20.$$

5.4 Trennzeichenfreie Codierung

n	p_n/n	n	p_n/n
1	2	51	44152937520670
2	1	52	86607683851185
3	2	53	169947155749830
4	3	54	333599969907456
5	6	55	655069036708398
6	9	56	1286742745883790
7	18	57	2528336632900554
8	30	58	4969489234738635
9	56	59	9770521225481754
10	99	60	19215358392200893
11	186	61	37800705069076950
12	335	62	74382032520643617
13	630	63	146402730743693304
14	1161	64	288230376084602880
15	2182	65	567592125344909154
16	4080	66	1117984489185516357
17	7710	67	2202596307308603178
18	14532	68	4340410370031955245
19	27594	69	8555011744328945842
20	52377	70	16865594581186450683
21	99858	71	33256101992039755026
22	190557	72	65588423372234846720
23	364722	73	129379903640264252430
24	698870	74	255263053126231647315
25	1342176	75	503719091506095041632
26	2580795	76	994182417442624283055
27	4971008	77	1962541914958813595274
28	9586395	78	3874762242347531676435
29	18512790	79	7651429238067273257634
30	35790267	80	15111572745169120787664
31	69273666	81	29850020237398249570304
32	134215680	82	58971991200686800921575
33	260300986	83	116522970565265462622282
34	505286415	84	230271584688448434290055
35	981706806	85	455125014443154512829018
36	1908866960	86	899665726224738035908989
37	3714566310	87	1778649481731868204891030
38	7233615333	88	3516875111605994051576550
39	14096302710	89	6954719321827979072466990
40	27487764474	90	13754889325392723216145164
41	53634713550	91	27207473390887478569211430
42	104715342801	92	53823479968928812291873035
43	204560302842	93	106489465744978948355328066
44	399822314775	94	210713198176233443201038641
45	781874934568	95	416990329022443882071278430
46	1529755125849	96	825293359523583917857003520
47	2994414645858	97	1633570361118852321516370110
48	5864061663920	98	3233802551602620279839003712
49	11488774559616	99	6402275758728431320603653208
50	22517997465744	100	12676506002282282755967953152

Tabelle 5.2: Obere Schranke für die Anzahl von Codewörtern in Kommafreien Codes

Das entspricht in frappanter Weise der Anzahl der im genetischen Code codierten Aminosäuren (vgl. Abschnitt 3.3). Diese Beobachtung war in den 1950er Jahren die eigentliche Geburtsstunde der kommafreien Codes, da man annahm, dass der genetische Code ein trennzeichenfreier Code sei. Diese Annahme hat sich später jedoch als falsch erwiesen.

5.4.2 Fehlerverhalten

Ein Nachteil ist jedoch mit dieser Codierungsart verknüpft: Werden nämlich einzelne Binärzeichen bei der Übertragung verfälscht, so entstehen bei diesem Verfahren erhebliche Datenübertragungsfehler, da gegebenenfalls die Worterkennung mehrfach falsch bleibt. Bei Störungen im Nachrichtenkanal hat man zu unterscheiden zwischen reinen *Synchronisationsstörungen* und *additiven Störungen*. Unter additiven Störungen versteht man Bitverfälschungen, bei denen eine ursprünglich ausgesendete '1' in eine '0' oder umgekehrt umgewandelt wird. Kommafreie Codes haben ein recht gutes Synchronisationsverhalten. Der Empfänger erkennt allein aufgrund der Struktur der Datenwörter deren Anfang. Das bedeutet, dass die Wortsynchronisation zwischen Sender und Empfänger kontinuierlich durchgeführt wird, solange nur ein Datenstrom aus unverfälschten Codewörtern empfangen wird.

Tritt nun eine Synchronisationsstörung derart auf, dass der Datenfluss zwischen Sender und Empfänger für eine gewisse Zeit abreißt, so bereitet es dem Empfänger keine Schwierigkeit, die Synchronisation wiederherzustellen. Er benötigt dazu nur die Erkennung des ersten wieder empfangenen Codewortes.

Es kann jedoch nicht ausgeschlossen werden, dass durch additive Störungen ein vereinbartes Codewort erkannt wird, das nicht vom Sender gesendet wurde. Dieser Fehlerfall kann nur dadurch eliminiert werden, dass die erkannte Periodizität der Wortanfänge in diesem Fall nicht vorliegt.

Die mittlere Synchronisationszeit kann bei der Annahme eines beliebigen Einsetzzeitpunktes des Synchronisiervorgangs angegeben werden als

$$\overline{t_{sync}} = 0.5 \cdot t_{Wortlänge} \tag{5.3}$$

Es ist zu erkennen, dass sich Datenfehler zwangsläufig auf die Synchronisation auswirken. Außerdem ist diese Codierung im Gegensatz zur Blocksynchronisation erheblich redundanzbehaftet. Weitere Details dazu findet man u.a. in [9] und in [8].

Weiterführende Literatur

Golomb, Gordon, Welch: *Comma-Free Codes*, BiologiskeMeddelelser, Bd. 23, Nr. 9, Kopenhagen 1958

Graband, M.: *Sicherheitsrelevante Funkdatenübertragung mit selbstsynchronisierendem Code für Verkehrssysteme*, Schriftenreihe des Instituts für Verkehr, Eisenbahnwesen und Verkehrssicherung der Technischen Universität Braunschweig, 1982

IRIG *Inter-range Instrumentation Group Standard Document 200-95*, US Navy Standards Organization, 1995

K. Turowski, A. Eberhardt, B. Selk: *Seminar Mobile Commerce*, Uni Ausgburg, 2002

T. Eicher: *Physikalische Grundlagen der mobilen Kommunikation*, Seminar Mobile Communications, ETH Zürich, 2001

W. Kastner, G.H. Schildt: *Informatik – Aufgaben und Lösungen*, Springer-Verlag, ISBN 3-211-21136-5, 2005

6 Informationsreduzierende Codierungen

Während wir in den bisherigen Kapiteln nur Codierungen behandelt haben, wo die entsprechende Decodierung den ursprünglichen Zustand wieder exakt reproduziert, werden wir uns in diesem Kapitel Codierungen zuwenden, wo das nicht mehr der Fall ist.

Der Grund, warum solche Codierungen überhaupt sinnvoll sind, liegt darin, dass gewisse Arten von Information, wie zum Beispiel Musik, Bilder oder Filme, nicht exakt reproduziert werden müssen, um dennoch den Eindruck guter Qualität zu vermitteln. Die menschlichen Sinnesorgane sind nämlich einerseits so beschaffen, dass sie Eindrücke nur innerhalb eines bestimmten Frequenzbereiches wahrnehmen (beim Ohr liegt die obere Grenze etwa bei 20 kHz.). Andererseits sind die menschlichen Sinnesorgane in der Lage, Ungenauigkeiten zu tolerieren, wenn sie nicht das wesentliche Signal zu dominieren beginnen; so nimmt man etwa eine Kante auch als Kante wahr, wenn sie auf einem Foto etwas unscharf ist.

Im Grunde genommen ist es also möglich, informationsreduzierende Codierungen zu verwenden, weil die Evolution den Menschen mit sehr flexiblen Sinnesorganen ausgestattet hat. Für den Informatiker bedeutet dies, dass er durch diese informationsreduzierenden Codierungen in die Lage versetzt wird, mit relativ wenig Platz- und Zeitaufwand qualitativ hochwertige Sinneseindrücke zu erzielen. So kann etwa durch wenige KByte ein Bild wiedergegeben werden, dem man durchaus Fotoqualität zusprechen kann.

Ohne genauer darauf einzugehen, soll an dieser Stelle ein Theorem von Shannon [22] erwähnt werden, das die Grundlage der Digitalisierung von analogen Signalen bildet: Ein analoges Signal habe eine obere Grenzfrequenz von $\bar{f}$. Wenn dieses Signal mit einer Frequenz von $> 2 \cdot \bar{f}$ abgetastet wird, ist es möglich, das ursprüngliche, analoge Signal *exakt* wiederherzustellen.

Die Tatsache, dass sich dieses Kapitel im Teil *Theoretische Grundlagen* befindet, deutet an, dass wir uns hauptsächlich mit den theoretischen Fundamenten von informationsreduzierenden Codierungen beschäftigen werden. Wir werden zunächst kurz die *Matrizenrechnung* streifen, von der ein zumindest rudimentäres Verständnis vorhanden sein muss, um den nachfolgenden Abschnitt über die *diskrete Cosinus-Transformation* zu verstehen. Diese Transformation hat sich als sehr hilfreich zur Komprimierung von Ton- und Bildsignalen erwiesen. Abschließend wollen wir noch *Wavelet-Transformationen* und die *Fraktale Bildkompression* vorstellen.

6.1 Matrizen

Vektoren

Unter einem *Vektor* a der Dimension n verstehen wir ein n-Tupel von reellen Zahlen:

$$a = \begin{pmatrix} a_1 \\ a_2 \\ \cdot \\ \cdot \\ \cdot \\ a_n \end{pmatrix} = (a_1, a_2, \ldots, a_n)^T.$$

Die Darstellung mit dem hochgestellten T wird verwendet, um Platz zu sparen. Man spricht dann von einem *transponierten Vektor*. Wir wollen in diesem Kapitel annehmen, dass ein Vektor a immer in Spaltenform geschrieben ist, a^T steht dann für den Vektor in Zeilenform.

Operationen auf Vektoren

Auf Vektoren sind natürlich auch Operationen definiert. So ist es etwa möglich, zwei Vektoren gleicher Größe a und b zu addieren, indem sie komponentenweise addiert werden:

$$a + b = (a_1 + b_1, a_2 + b_2, \ldots, a_n + b_n)^T$$

Auch eine Multiplikation mit einem Skalar, das ist eine reelle Zahl λ, ist komponentenweise definiert:

$$\lambda \cdot a = (\lambda \cdot a_1, \ldots, \lambda \cdot a_n)^T$$

Uns interessiert vor allem das sogenannte *skalare Produkt* zweier Vektoren, das folgendermaßen definiert ist. Seien a und b n-dimensionale Vektoren. Dann ist

$$a^T \cdot b = (a_1, a_2, \ldots, a_n) \cdot (b_1, b_2, \ldots, b_n)^T = \sum_{i=1}^{n} a_i \cdot b_i = a_1 \cdot b_1 + a_2 \cdot b_2 + \ldots + a_n \cdot b_n.$$

Die Operation heißt skalares Produkt, weil ihr Ergebnis ein Skalar, d.h., eine reelle Zahl ist.

Matrizen

Eine quadratische Matrix M der Dimension n kann aufgefasst werden als n-dimensionaler Vektor von n transponierten Vektoren der Dimension n.

$$M = \begin{pmatrix} m_{1,1} & m_{1,2} & \ldots & m_{1,n} \\ m_{2,1} & m_{2,2} & \ldots & m_{2,n} \\ \vdots & \vdots & & \vdots \\ m_{n,1} & m_{n,2} & \ldots & m_{n,n} \end{pmatrix} = \begin{pmatrix} (m_{1,1}, m_{1,2}, \ldots, m_{1,n}) \\ (m_{2,1}, m_{2,2}, \ldots, m_{2,n}) \\ \vdots \\ (m_{n,1}, m_{n,2}, \ldots, m_{n,n}) \end{pmatrix}$$

Operationen auf Matrizen

Genauso wie Vektoren können auch Matrizen addiert werden, indem man sie komponentenweise addiert. In ähnlicher Weise wie bei den Vektoren kann auch eine Multiplikation mit einem Skalar definiert werden.

Aber Matrizen können nun etwa auch mit Vektoren multipliziert werden:

$$M \cdot a = \begin{pmatrix} m_{1,1} & m_{1,2} & \ldots & m_{1,n} \\ m_{2,1} & m_{2,2} & \ldots & m_{2,n} \\ \vdots & \vdots & & \vdots \\ m_{n,1} & m_{n,2} & \ldots & m_{n,n} \end{pmatrix} \cdot \begin{pmatrix} a_1 \\ a_2 \\ \vdots \\ a_n \end{pmatrix} = (e_1, e_2, \ldots, e_n)^T,$$

wobei

$$e_i = m_{i,1} \cdot a_1 + m_{i,2} \cdot a_2 + \ldots + m_{i,n} \cdot a_n.$$

Das heißt, dass jede Zeile der Matrix mit dem Vektor skalar multipliziert wird. Die Aneinanderreihung dieser skalaren Produkte ergibt dann den Ergebnisvektor.

6.1 Matrizen

Wir wollen in Anlehnung an die Notation für Vektoren auch *transponierte Matrizen* einführen. Sei M eine n-dimensionale quadratische Matrix der Gestalt

$$M = \begin{pmatrix} m_{1,1} & m_{1,2} & \ldots & m_{1,n} \\ m_{2,1} & m_{2,2} & \ldots & m_{2,n} \\ \cdot & \cdot & & \cdot \\ \cdot & \cdot & & \cdot \\ \cdot & \cdot & & \cdot \\ m_{n,1} & m_{n,2} & \ldots & m_{n,n} \end{pmatrix},$$

dann nennen wir

$$M^T = \begin{pmatrix} m_{1,1} & m_{2,1} & \ldots & m_{n,1} \\ m_{1,2} & m_{2,2} & \ldots & m_{n,2} \\ \cdot & \cdot & & \cdot \\ \cdot & \cdot & & \cdot \\ \cdot & \cdot & & \cdot \\ m_{1,n} & m_{2,n} & \ldots & m_{n,n} \end{pmatrix}$$

die transponierte Matrix von M.

Durch Verallgemeinerung der Multiplikation von Matrizen und Vektoren kann man nun aber auch zwei n-dimensionale quadratische Matrizen miteinander multiplizieren. Seien A und B zwei solche Matrizen. Dann ist

$$C = A \cdot B = \begin{pmatrix} a_{1,1} & a_{1,2} & \ldots & a_{1,n} \\ a_{2,1} & a_{2,2} & \ldots & a_{2,n} \\ \cdot & \cdot & & \cdot \\ \cdot & \cdot & & \cdot \\ \cdot & \cdot & & \cdot \\ a_{n,1} & a_{n,2} & \ldots & a_{n,n} \end{pmatrix} \cdot \begin{pmatrix} b_{1,1} & b_{1,2} & \ldots & b_{1,n} \\ b_{2,1} & b_{2,2} & \ldots & b_{2,n} \\ \cdot & \cdot & & \cdot \\ \cdot & \cdot & & \cdot \\ \cdot & \cdot & & \cdot \\ b_{n,1} & b_{n,2} & \ldots & b_{n,n} \end{pmatrix} = \begin{pmatrix} c_{1,1} & c_{1,2} & \ldots & c_{1,n} \\ c_{2,1} & c_{2,2} & \ldots & c_{2,n} \\ \cdot & \cdot & & \cdot \\ \cdot & \cdot & & \cdot \\ \cdot & \cdot & & \cdot \\ c_{n,1} & c_{n,2} & \ldots & c_{n,n} \end{pmatrix},$$

wobei

$$c_{i,j} = a_{i,1} \cdot b_{1,j} + a_{i,2} \cdot b_{2,j} + \ldots + a_{i,n} \cdot b_{n,j}$$

sich als skalare Multiplikation des i-ten Zeilenvektors von A mit dem j-ten Spaltenvektor von B ergibt.

Es stellt sich nun die Frage, ob etwa die Multiplikation einer Matrix mit einem Vektor auch umkehrbar ist, d.h., ob die Gleichung

$$M \cdot x = a$$

für eine n-dimensionale quadratische Matrix und den n-dimensionalen Vektor a eine Lösung besitzt (falls sie existiert, muss sie ebenfalls ein n-dimensionaler Vektor sein.).

Die Antwort ist, dass diese Lösung nicht immer existiert (wir wollen hier auf die genauen Bedingungen für ihre Existenz nicht eingehen). Wenn es sie aber gibt, so ist das gleichbedeutend mit der Existenz einer Matrix M^{-1}, für die gilt

$$x = M^{-1} \cdot (M \cdot x) = M^{-1} \cdot a \,.$$

Die Matrix M^{-1} wird zu M *inverse Matrix* genannt.

Abschließend wollen wir noch festhalten, dass mit Hilfe von Matrizen eine *lineare Abbildung* von n-dimensionalen Vektoren auf n-dimensionale Vektoren festgelegt ist. Mathematisch ausgedrückt, gilt für eine n-dimensionale quadratische Matrix M, für n-dimensionale Vektoren a und b sowie für Skalare λ und μ

$$M \cdot (\lambda \cdot a + \mu \cdot b) = \lambda \cdot M \cdot a + \mu \cdot M \cdot b.$$

Die durch M^{-1} festgelegte Abbildung nennt man übrigens *Umkehrabbildung*.

6.2 Diskrete Cosinus-Transformation

In diesem Abschnitt werden wir eine Abbildung kennenlernen, die mittels einer speziellen Art von Matrizen definiert werden kann, wir werden einige ihrer Eigenschaften studieren und uns Gedanken über einige ihrer möglichen Interpretationen machen.

Um genau zu sein, gibt es mehrere verschiedene *diskrete Cosinus-Transformationen* (vgl. [18]), wir werden uns jedoch auf die wichtigste beschränken. Die von uns betrachtete diskrete Cosinus-Transformation (DCT) ist definiert durch folgende N-dimensionale quadratische Matrix

$$C^{(N)} = \begin{pmatrix} c_{0,0}^{(N)} & c_{0,1}^{(N)} & \cdots & c_{0,N-1}^{(N)} \\ c_{1,0}^{(N)} & c_{1,1}^{(N)} & \cdots & c_{1,N-1}^{(N)} \\ \vdots & \vdots & & \vdots \\ c_{N-1,0}^{(N)} & c_{N-1,1}^{(N)} & \cdots & c_{N-1,N-1}^{(N)} \end{pmatrix},$$

wobei

$$c_{m,n}^{(N)} = \sqrt{\frac{2}{N}} \left[k_m \cos\left(\frac{m(2n+1)\pi}{2N}\right) \right]$$

für $m, n = 0, 1, \ldots, N-1$ und

$$k_m = \begin{cases} 1, & \text{falls } m \neq 0, \text{ und} \\ \frac{1}{\sqrt{2}}, & \text{falls } m = 0 \end{cases}$$

ist.

Als Beispiel sei die Matrix $C^{(4)}$ angegeben

$$C^{(4)} = \begin{pmatrix} \frac{1}{2} & \frac{1}{2} & \frac{1}{2} & \frac{1}{2} \\ \frac{\sqrt{2+\sqrt{2}}}{2\sqrt{2}} & \frac{\sqrt{2-\sqrt{2}}}{2\sqrt{2}} & -\frac{\sqrt{2-\sqrt{2}}}{2\sqrt{2}} & -\frac{\sqrt{2+\sqrt{2}}}{2\sqrt{2}} \\ \frac{1}{2} & -\frac{1}{2} & -\frac{1}{2} & \frac{1}{2} \\ \frac{\sqrt{2-\sqrt{2}}}{2\sqrt{2}} & -\frac{\sqrt{2+\sqrt{2}}}{2\sqrt{2}} & \frac{\sqrt{2+\sqrt{2}}}{2\sqrt{2}} & -\frac{\sqrt{2-\sqrt{2}}}{2\sqrt{2}} \end{pmatrix},$$

wobei etwa $\cos \frac{\pi}{8} = \sqrt{\frac{1+\cos \frac{\pi}{4}}{2}}$ und $\cos \frac{\pi}{4} = \frac{\sqrt{2}}{2}$.

6.2.1 Einige Eigenschaften der diskreten Cosinus-Transformation

Inverse DCT

Eine sehr interessante Eigenschaft der diskreten Cosinus-Transformation ist, dass sie

$$\left(C^{(N)}\right)^{-1} = \left(C^{(N)}\right)^T$$

erfüllt, d.h., dass die transponierte Matrix zugleich die inverse Matrix darstellt. Das bedeutet, dass die Umkehrabbildung der DCT sehr einfach berechnet werden kann, nämlich durch Transponieren der ursprünglichen Matrix. Der Vollständigkeit halber sei trotzdem eine Formel für die

6.2 Diskrete Cosinus-Transformation

Komponenten der inversen (transponierten) Matrix angegeben

$$\left(C^{(N)}\right)^{-1} = \left(C^{(N)}\right)^T = \begin{pmatrix} \overline{c}_{0,0}^{(N)} & \overline{c}_{0,1}^{(N)} & \cdots & \overline{c}_{0,N-1}^{(N)} \\ \overline{c}_{1,0}^{(N)} & \overline{c}_{1,1}^{(N)} & \cdots & \overline{c}_{1,N-1}^{(N)} \\ \vdots & \vdots & & \vdots \\ \overline{c}_{N-1,0}^{(N)} & \overline{c}_{N-1,1}^{(N)} & \cdots & \overline{c}_{N-1,N-1}^{(N)} \end{pmatrix},$$

wobei

$$\overline{c}_{m,n}^{(N)} = c_{n,m}^{(N)} = \sqrt{\frac{2}{N}} \left[k_n \cos\left(\frac{n(2m+1)\pi}{2N}\right) \right]$$

Die Basisfunktionen der DCT

Unter Basisfunktionen verstehen wir das Ergebnis der Abbildung $C^{(N)} \cdot \Delta_j$, wobei Δ_j ein N-dimensionaler Vektor ist, dessen Komponenten alle 0 sind mit Ausnahme der j-ten Komponente, die 1 ist. Abbildung 6.1 auf Seite 92 zeigt eine graphische Darstellung der Basisfunktionen von $C^{(16)}$.

Diese Abbildung ist so zu interpretieren: Der oberste Graph zeigt die Komponenten von $C^{(16)} \cdot \Delta_0$, der zweitoberste die von $C^{(16)} \cdot \Delta_1$, usw. Jeder Graph zeigt links die nullte Komponente, dann die erste, usw. und schließlich die 15-te Komponente rechts außen.

Eine nähere Betrachtung der 16 Graphen zeigt, dass offensichtlich jeder Graph eine Art „diskrete Schwingung" darstellt, was nicht weiter verwundert, wenn man bedenkt, dass die Komponenten der $C^{(N)}$-Matrizen einen Cosinus-Term beinhalten. Wichtig zu bemerken ist jedenfalls, dass die „Frequenz" der diskreten Schwingungen von oben nach unten zunimmt.

Durch Linearkombinationen der Basisfunktionen kann man nun viele diskrete Schwingungen erzeugen. Zum Beispiel betrachten wir

$$C^{(16)} \cdot (-0.5 \cdot \Delta_1 + 0.75 \cdot \Delta_4 + \Delta_9). \tag{6.1}$$

Wir erhalten den Vektor $(0.293347, -0.379497, -0.360008, -0.029779, -0.391781, -0.523136,$ $0.216823, 0.500954, -0.010992, -0.013874, 0.320188, -0.098181, -0.460182, 0.157060, 0.582445,$ $0.196614)^T$, ziehen ab jetzt aber eine graphische der numerischen Darstellung vor. Abbildung 6.2 zeigt den zugehörigen Graphen.

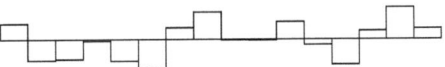

Abbildung 6.2: Eine diskrete Schwingung

Wendet man nun die inverse diskrete Cosinus-Transformation auf den in Abbildung 6.2 graphisch dargestellten Vektor an, so erhält man das in Abbildung 6.3 gezeigte Ergebnis.

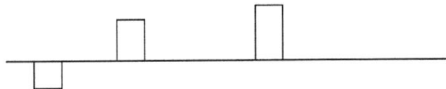

Abbildung 6.3: Die Umkehrabbildung der diskreten Schwingung

Abbildung 6.1: Die Basisfunktionen der diskreten Cosinus-Transformation

Die Vektor-Darstellung lautet $(0, -0.5, 0, 0, 0.75, 0, 0, 0, 0, 1.0, 0, 0, 0, 0, 0, 0)^T$. Ein Vergleich mit Formel (6.1) zeigt, dass die inverse diskrete Cosinus-Transformation also Auskunft darüber gibt, wieviele Anteile welcher Basisfunktionen in der transformierten Schwingung vorhanden sind. Da sich nun die DCT und die zugehörige inverse DCT kaum unterscheiden (Transponieren der Matrix!) gilt auch umgekehrt, dass die DCT Auskunft darüber gibt, wieviele Anteile welcher Basisfunktionen in der transformierten Schwingung vorhanden sind. Wenn man nun die waagerechte Achse als Zeitachse interpretiert, kann man sagen, dass die DCT eine Transformation vom *Zeitbereich* in den *Frequenzbereich* darstellt.

6.2.2 Algorithmische Durchführung der DCT

Die praktische, rechnerische Durchführung der diskreten Cosinus-Transformation kann natürlich über die Matrizendarstellung erfolgen. Allgemeine Matrizenoperationen sind bezogen auf den rechnerischen Aufwand allerdings aufwendig. Man benötigt für gewöhnlich ungefähr n^2 Multiplikationen, um eine n-dimensionale quadratische Matrix mit einem n-dimensionalen Vektor zu multiplizieren.

Da die DCT-Matrizen aber eine sehr spezielle Gestalt haben, ist es möglich, mit weniger Multiplikationen auszukommen. Es gibt unterschiedliche Algorithmen zur Berechnung der diskreten Cosinus-Transformation, aber die meisten benötigen etwa $\frac{1}{2} \cdot n \cdot \mathrm{ld}\, n$ Multiplikationen reeller Zahlen.

Ein weiterer Vorteil der DCT besteht darin, dass nur mit reellen Zahlen gerechnet werden muss. Bei anderen Transformationen, die ähnliches leisten, muss meist im Bereich der komplexen Zahlen gerechnet werden, was die rechnerische Komplexität passender Algorithmen erhöht.

Abschließend wollen wir den an Algorithmen zur Durchführung der DCT näher interessierten Leser auf [18] verweisen, wo er nicht nur unterschiedliche Algorithmen findet, sondern auch Implementierungen der DCT in der Programmiersprache FORTRAN.

6.3 Praktische Anwendungen der diskreten Cosinus-Transformation

Für praktische Anwendungen der DCT macht man sich nun genau die im letzten Abschnitt untersuchte Eigenschaft zunutze. Angenommen man hat ein beliebiges Signal (im Zeitbereich) gegeben. Man misst die Amplitude dieses Signals zu vorher bestimmten, diskreten Zeitpunkten. Wenn nun eine ebenfalls vorher festgelegte Anzahl von solchen Messwerten vorliegt, wendet man die DCT auf diese Werte an und erhält auf diese Weise eine Aussage darüber, welche Basisfunktionen wie stark gewichtet im Signal vorhanden sind.

Erst jetzt beginnt die eigentliche Informationsreduktion. Aufgrund der eingangs erwähnten flexiblen menschlichen Sinnesorgane kann man nämlich etwa auf höhere Frequenzen des Signales verzichten. Man wird daher nur die Gewichte der Basisfunktionen niedriger Frequenz übertragen.

6.3.1 Signale und Sprache

Die mittels DCT erhaltene Information über die im Signal vorkommenden Frequenzen kann man auch nutzen, um das Signal zu *filtern*. Den typischen Ablauf so eines Filtervorganges zeigt Abbildung 6.4. Dabei ist es möglich, je nach Anwendung unterschiedlichste Filter zu realisieren (vgl. [18]).

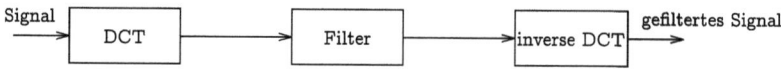

Abbildung 6.4: Typischer Aufbau eines DCT-Filters

Zur Codierung von *Sprache* wird DCT ebenfalls erfolgreich angewendet. Hier kann das Signal mittels eines DCT-Tiefpassfilters auf bis zu 4 kHz begrenzt werden, weil über herkömmliche Telefonleitungen normalerweise nur dieser Frequenzbereich übertragen wird. Aufgrund des zu Beginn dieses Kapitels erwähnten Shannonschen Theorems genügt es dabei, das Signal mit 8 kHz abzutasten, d.h., dass 8000-mal pro Sekunde die Amplitude des Signals gemessen wird. Bei höherwertiger Sprach- oder Musikkompression muss allerdings darauf Rücksicht genommen werden, dass das menschliche Ohr bis zu 20 kHz wahrnimmt, was eine Abtastung des Signals mit mindestens 40 kHz erforderlich macht.

6.3.2 Bilder

In diesem Abschnitt werden wir uns beispielhaft mit dem *JPEG-Standard* zur Bildkompression beschäftigen. JPEG ist eine Abkürzung und steht für *Joint Photographic Experts Group*. Diese Gruppe setzt sich aus Mitgliedern von CCITT und ISO zusammen.

Prinzipiell ist der JPEG-Standard dafür gedacht, Bilder zu komprimieren, deren Bildübergänge kontinuierlich verlaufen, also zum Beispiel Fotos und ähnliche Abbildungen; nicht aber technische Zeichnungen, Texte und dergleichen.

Die Vorgehensweise bei der JPEG-Codierung ist die folgende (vgl. Abbildung 6.5):

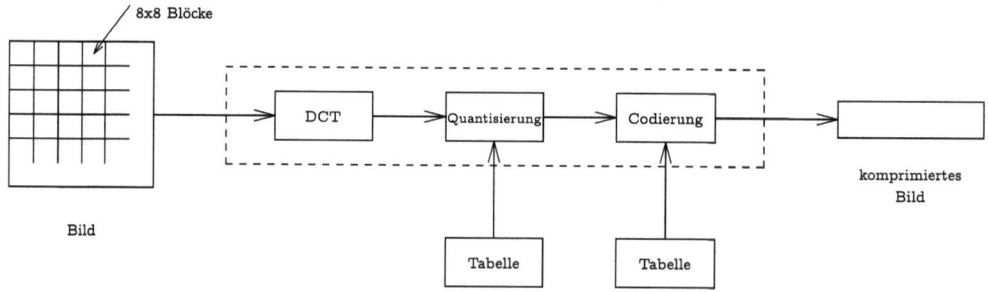

Abbildung 6.5: Vorgang der Komprimierung beim JPEG-Standard

1. Das zu komprimierende Bild wird in Blöcke der Größe 8x8 *Bildpunkte* (engl.: *Pixel*) unterteilt. Diese 64 Pixel werden in die Form eines Vektors der Dimension 64 gebracht und mit DCT in den Frequenzbereich transformiert.

2. Als nächstes folgt der Vorgang der *Quantisierung*, im Zuge dessen Information reduziert wird. Die 64 Einträge des DCT-Ergebnisvektors werden dabei in eine Zick-Zack-Linie (vgl. Abbildung 6.6) gebracht, deren Vorteil ist, dass ihr entlang die Frequenzbeiträge stetig abnehmen, sodass damit gerechnet werden kann, dass die weiter hinten befindlichen Komponenten des Vektors fast gleich 0 sein werden, wodurch eine bessere Komprimierung erreicht wird.

Wichtig ist nun, dass der Vorgang der Quantisierung parametrisierbar ist. Es gibt nämlich einen Vektor der Länge 64, der Gewichte enthält. Jeder „Frequenzwert" entlang der Zick-Zack-Linie wird ganzzahlig durch den entsprechenden Wert dieses Quantisierungsvektors dividiert. Die Gewichte können im Bereich 1 bis 255 liegen. Durch geeignete Wahl des Quantisierungsvektors kann man die Informationsreduktion steuern.

Auf der Empfängerseite (Dekomprimierungsseite) wird der erhaltene Wert dann mit dem entsprechenden Wert des Quantisierungsvektors multipliziert, d.h., der ursprüngliche Wert wird nicht, ja kann sogar nicht exakt reproduziert werden, da bei der ganzzahligen Division durch den Quantisierungsvektor Information (in Form des nichtberücksichtigen Divisionsrestes) verloren gegangen ist.

3. Der letzte Schritt besteht darin, den erhaltenen quantisierten Vektor der Dimension 64 zu codieren. Dazu ist beim JPEG-Standard sowohl ein Huffman-Code als auch arithmetisches Codieren erlaubt, wobei umfangreiche Versuche gezeigt haben, dass arithmetisches Codieren ca. 10% weniger Speicherplatz benötigt.

Interessant ist dabei, dass die erste Komponente des Vektors von den anderen abweichend behandelt wird. Da sie nämlich im Frequenzbereich eine Art „Mittelwert" des Bildes darstellt, der von Block zu Block ähnlich ist, wird nicht der Wert der ersten Komponente codiert, sondern die Differenz zum vorhergehenden Block (der erste Block enthält natürlich den wirklichen Wert der ersten Komponente).

Die Dekomprimierung erfolgt genau in umgekehrter Richtung, wobei die schon oben erwähnte nicht exakte Rekonstruktion bei der Quantisierung zu beachten ist. Allerdings kann durch Setzen des Quantisierungsvektors auf $(1, 1, \ldots, 1)^T$ eine umkehrbar eindeutige Abbildung herbeigeführt werden.

Bezüglich der Qualität der komprimierten Bilder ist zu sagen, dass bei einer Kompressionsrate von 1.5 bis 2 Bit pro Pixel normalerweise ein vom Original nicht mehr unterscheidbares Bild vorliegt (unter der Annahme, dass vor der Komprimierung 24 Bit pro Pixel vorhanden waren). Das entspricht bei einem Bild der Größe 1024×768 immerhin 1.5 MBit $\approx$ 200 KByte. Allerdings liegt auch schon bei einer Kompressionsrate von 0.75 Bit pro Pixel eine sehr gute Qualität vor. Das entspricht nun bei einem Bild der Größe 640×480 nur mehr ca. 225 KBit $\approx$ 28 KByte.

Auf andere interessante Eigenschaften der JPEG-Codierung, wie etwa den hierarchischen Modus, bei dem ein Bild sukzessive übertragen wird, sodass der Betrachter den Eindruck eines langsam schärfer werdenden Bildes hat, kann hier nicht eingegangen werden. Der Leser sei in diesem Zusammenhang auf [24] verwiesen.

Ein Beispiel

Abschließend wollen wir noch ein einfaches Beispiel studieren, das zeigt, wie die JPEG-Codierung abläuft. Der Einfachheit halber wollen wir statt Vektoren der Länge 64 wieder solche der Länge

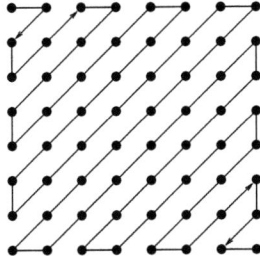

Abbildung 6.6: Zick-Zack-Folge bei der Quantisierung

16 annehmen. Die Abtastung unseres Signales ergeben den im folgenden gezeigten graphisch dargestellten Vektor. Es handelt sich dabei um linear ansteigende Werte, die mit kleinen Störungen versehen sind.

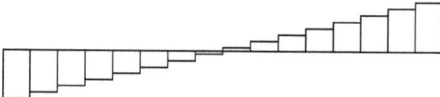

Die Anwendung der DCT auf diesen Vektor ergibt folgendes Ergebnis, wobei bis auf die erste Komponente (nicht die nullte) alle Werte mit dem Faktor 10 multipliziert wurden:

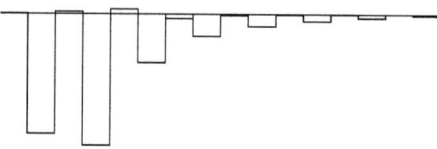

Im Zuge der Quantisierung wollen wir alle Werte des transformierten Vektors, deren Absolutbetrag kleiner als 0.01 ist, durch 0.0 ersetzen. Dadurch erhalten wir (teilweise Multiplikation mit 10 wie bei obiger Abbildung)

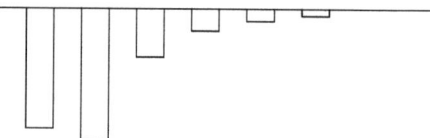

Die abschließend durchgeführte inverse DCT ergibt:

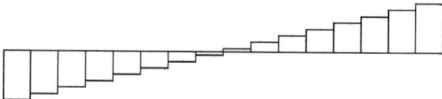

Die dadurch erhaltenen Werte unterscheiden sich erst an der dritten Stelle nach dem Komma von den ursprünglichen Werten.

6.3.3 Film und Video

In diesem Abschnitt werden wir kurz den *MPEG-Standard* zur Filmkompression beschreiben. MPEG ist eine Abkürzung und steht für *Moving Picture Experts Group*.

Man könnte natürlich die eine Film- oder Videosequenz bildenden Einzelbilder (engl.: *Frames*) getrennt etwa mittels JPEG komprimieren. Allerdings ist die dadurch erhaltene Kompressionsrate nicht berauschend und, was viel wichtiger ist, es wäre sehr viel Redundanz enthalten, da sich benachbarte Einzelbilder kaum voneinander unterscheiden. Ein ähnliches Phänomen wussten wir schon beim JPEG-Standard, nämlich bei den ersten Komponenten des Vektors, zu nutzen, und so codiert auch der MPEG-Standard „Differenzen" zwischen Einzelbildern.

Auf der anderen Seite soll es natürlich möglich sein, zu beliebigen Zeitpunkten in einen Film oder in ein Video einzusteigen. Dieser Wunsch steht aber im strikten Gegensatz zur möglichst hohen Kompressionsrate durch Nutzung von „Differenzen" zwischen aufeinanderfolgenden Frames.

Die Lösung besteht darin, verschiedene Typen von Frames zu unterscheiden. Es gibt sogenannte *Intraframes*, die den Einstieg zu jeder Zeit erlauben, sogenannte *vorhergesagte Frames*, die durch Bezug auf frühere Intraframes oder vorhergesagte Frames codiert werden und deren Sinn hauptsächlich darin besteht, Bezugspunkt für zukünftige vorhergesagte Frames zu sein, und schließlich sogenannte *interpolierte* oder *birektionale Frames*, welche die beste Kompression bieten, die aber sowohl einen Bezugspunkt in der Vergangenheit als auch einen in der Zukunft benötigen. Eine mögliche Folge von solchen Frames zeigt Abbildung 6.7.

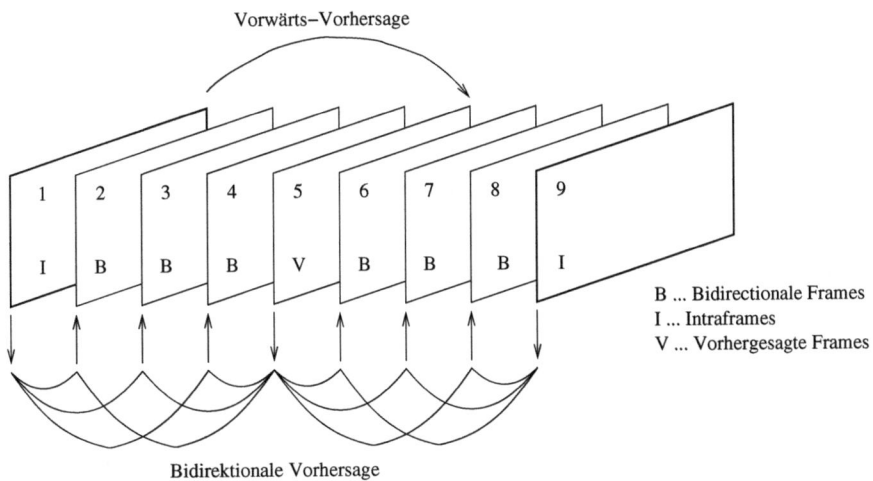

Abbildung 6.7: Folge von Frames im MPEG-Standard

Eine weitere Möglichkeit, die Redundanz zu vermindern, besteht darin, dass „Bewegung" erkannt wird und daher im nächsten Bild nur vermerkt werden muss, um wieviel und wohin ein Gegenstand bewegt wurde. Allerdings schweigt sich der MPEG-Standard darüber aus, wie diese Bewegung erkannt werden soll; diese „Details" werden dem Implementierer überlassen.

Die restlichen Schritte bei der Komprimierung sind denen beim JPEG-Standard sehr ähnlich. Wieder erfolgt eine Anwendung der DCT auf Blöcke der Größe 8×8, wieder erfolgt eine Quantisierung entlang einer Zick-Zack-Linie und wieder erfolgt die Codierung mittels eines Huffman-Codes.

Immerhin kann man mit dem MPEG-Standard einen Film so komprimieren, dass er nur mehr mit 1.5MBit/s übertragen werden muss. Da man aber bei hochauflösenden Fernsehübertragungen (HDTV ... High Definition TV) mit 20 bis 40MBit/s rechnet, ist hier noch einiges an Arbeit zu tun, sowohl bei den Standards als auch bei den Algorithmen wie etwa bei der Bewegungserkennung.

Der Artikel [5] geht gegenüber unserer Darstellung noch etwas mehr in die Tiefe und sei dem interessierten Leser als Einstieg empfohlen.

Abschließend sei noch angemerkt, dass auch die Videos auf DVDs in einem MPEG-Format abgespeichert sind.

6.4 Wavelet-Transformationen

Im Unterschied zur DCT ist die Wavelet-Transformation (WLT) eine parametrierbare Transformation. Dies wird dadurch erreicht, dass bei der WLT die bei der DCT vorkommenden Cosinus-Terme durch Terme der Gestalt

$$\Phi_{(s,l)} = 2^{\frac{-s}{2}} \Phi(2^{-s}x - l)$$

ersetzt werden. Dabei steht Φ für die Funktion, die den Cosinus ersetzt und die einer kleinen Welle (engl.: *wavelet*) sehr ähnlich ist. Interessant ist nun, dass es hier zwei Parameter gibt, nämlich s und l, wobei s für die Skalierung und l für die Verschiebung zuständig ist.

Der Vorteil gegenüber der DCT besteht nun darin, dass bei der DCT zwar das Vorhandensein einer Frequenz im Frequenzbereich erkannt wird, nicht jedoch, wann diese Frequenz zum ersten Mal auftritt. Diese Information erhält man bei der WLT nun durch den Verschiebungsparameter l.

Mit Hilfe der WLT kann man für bestimmte Anwendungen zugeschnittene Transformationen bilden, indem man die Parameter s und l richtig setzt. Zusätzlich kann man auch neue Φ-Funktionen erfinden und so zu gänzlich neuen Transformationsfamilien kommen. Wie man das tut, welche Heuristiken und mathematischen Grundlagen man dazu verwendet, würde jedoch den Rahmen dieses Buches sprengen; so müssen wir leider darauf verzichten.

6.5 Fraktale Bildkompression

Eine auf einer vollständig anderen Theorie beruhende Technik der Bildkompression soll in diesem Abschnitt kurz besprochen werden. *Fraktale* sind in den letzten Jahren sehr beliebte Spielzeuge für Informatiker gewesen, die sich gut für Bildschirmschoner und ähnliche Spielereien eignen. Im Grunde wurde aber die Theorie der fraktalen Geometrie von *Benoît B. Mandelbrot* als Beitrag zur Naturwissenschaft entwickelt (vgl. [14]). Die Basisidee ist, dass „gebrochene Dimensionen" häufig in der Natur vorkommen, zum Beispiel als Küstenlinie, als Form von Gebirgen oder Baumrinden.

Eine wichtige Rolle bei Fraktalen spielt die Rekursion ($z_n, \lambda \in \mathbb{C}$)

$$z_{n+1} = \lambda z_n (1 - z_n),$$

die, betrachtet man sie im komplexen Zahlenbereich, im wesentlichen eine Verkleinerung (Vergrößerung) und eine Drehung in der Ebene der komplexen Zahlen durchführt.

Die Idee der fraktalen Bildkompression besteht nun darin, ein Bild (Foto) zu nehmen und es auf Ähnlichkeiten zu untersuchen, die durch Verkleinerungen und Drehungen ineinander übergehen. Hat man Glück und findet einige solcher „Selbstähnlichkeiten", die einen Großteil des Bildes abdecken, so braucht man zur Wiederherstellung des Bildes im wesentlichen nur Formeln der obigen Gestalt an den Empfänger (Dekomprimierer) senden. Das Restbild kann man etwa auf herkömmliche Art und Weise komprimieren.

Diese Methode der Bildkomprimierung lässt einerseits durch hervorragende Kompression (ca. 10% einer JPEG-Codierung) aufhorchen, benötigt aber andererseits zur Komprimierung relativ viel Zeit, da das Finden der „Selbstähnlichkeiten" kein einfacher Vorgang ist. Der Dekomprimierungsvorgang allerdings geht viel schneller vonstatten; meist wird etwa ein Viertel der Zeit benötigt, welche die Dekomprimierung eines JPEG-Bildes verbraucht. Der wohl herausragendste Vorteil der fraktalen Bildkompression ist allerdings, dass sie es ermöglicht, ein Bild zu vergrößern, ohne die zugrundeliegende Pixelstruktur sofort in Erscheinung treten zu lassen. Dies geschieht einfach durch „Fortrechnen" der gefundenen Formeln in die Details hinein. Da die Geometrie der Natur fraktal ist oder zumindest zu sein scheint, bringt dieses „Fortrechnen" recht gute Ergebnisse. Damit kann man ein fraktal komprimiertes Bild auch unabhängig von der Auflösung des Bildschirmes darstellen.

Weiterführende Literatur

K.R. Rao und P. Yip. *Discrete Cosine Transform*. Academic Press, San Diego, CA, 1990.

Ian H. Witten, Alistair Moffat und Timothy C. Bell. *Managing Gigabytes*. Van Nostrand Reinhold, New York, 1994.

Claude Elwood Shannon. *Communication in the Presence of Noise*, Proceedings Institute of Radio Engineers, Vol. 37 (1949), S. 10-21. auch in: Proceedings of the IEEE, Vol. 86, No. 2, 1998.

7 Zahlendarstellungen

Sag, spielst du mit XVII und IV?

Apfelmus.
René Goscinny, Albert Uderzo,
„Asterix und der Arvernerschild".

7.1 Zahlensysteme

Die Art und Weise, wie wir Zahlen darstellen, ist eng gekoppelt damit, wie wir mit diesen Zahlen rechnen. Man versuche zum Beispiel, die beiden in römischen Zahlzeichen geschriebenen Zahlen MCDXCII und CDXCVII zu addieren, ohne sie zuerst in das uns geläufigere Zehnersystem umzurechnen.

Es ist äußerst interessant, die Entwicklung des Zahlbegriffs und der Zahlendarstellung über die letzten Jahrtausende zu verfolgen. Neuere Forschungen auf diesem Gebiet (vgl. [3]) haben zum Beispiel ergeben, dass die Sumerer um etwa 3200 v.Chr. noch keinen abstrakten Zahlbegriff kannten. Sie verwendeten auch gleiche Symbole mit völlig verschiedener arithmetischer Bedeutung. So wurde etwa das Symbol • im Zusammenhang mit einem Getreidemaß als 6 interpretiert, im Zusammenhang mit einer Maßeinheit für Bier aber als 10. Die dadurch entstandenen Inkonsistenzen bei Rechnungen wurden von früheren Historikern für Rechenfehler gehalten. Erst durch umfangreiche Computeranalysen des vorhandenen Materials gelang es, der Wahrheit auf die Spur zu kommen. Es wurde außerdem entdeckt, dass die Sumerer etwa 15 Zahlzeichensysteme mit verschiedenen Anwendungsbereichen verwendeten. Das Zwölfersystem und das Sechzigersystem haben ihre Aktualität bis heute beibehalten, wenn man etwa daran denkt, wie wir die Zeit oder wie wir Winkel messen.

Unser – heute eigentlich weltweit verbreitetes – dezimales Zahlensystem (Zehnersystem) ist ein sogenanntes Stellenwertsystem und wurde von den Indern entwickelt. Einen exakten Zeitpunkt anzugeben, wann diese Notation eingeführt wurde, ist so gut wie unmöglich. Man nimmt jedoch gemeinhin an, dass das Dezimalsystem etwa um 600 n.Chr. entstanden ist. Von Indien aus wurde diese Art der Zahlendarstellung um etwa 750 n.Chr. nach Persien gebracht und verbreitete sich dann im gesamten arabisch beeinflussten Raum, der damals von Indien über das Gebiet des südlichen Mittelmeeres bis zum Atlantischen Ozean nach Spanien reichte. So schrieb *Abu Ja'far Mohammed ibn Mûsâ al-Khwârizmî* ein Buch mit dem Titel *Kitab al jabr w'al-muqabala* über den Umgang mit dieser Zahlendarstellung. Der Name des Autors lebt übrigens fort im Ausdruck *Algorithmus (al-Khwârizmî)*, und ein anderer Begriff wurde abgeleitet vom Titel des Buches, nämlich *Algebra (al jabr)*. Dieses Buch wurde in die lateinische Sprache übersetzt und hatte großen Einfluss auf *Leonardo Pisano* (Fibonacci), der seinerseits um 1202 n.Chr. ein Buch über Arithmetik schrieb, das eine wesentliche Rolle bei der Verbreitung der „arabischen" Ziffern in Europa spielte. Interessant ist auch, dass die Schreibweise der Zahlen von links nach rechts bei diesem zweimaligen Überschreiten von Kulturgrenzen gleich geblieben ist, obwohl die Araber von rechts nach links und sowohl die Inder als auch die Europäer von links nach rechts zu schreiben pflegten.

Nach diesem kleinen historischen Exkurs wollen wir uns etwas eingehender mit Zahlensystemen verschiedener Basen beschäftigen. Eine Zahl wird dargestellt im Zahlensystem mit der Basis b (b-äres Zahlensystem) durch

$$(\ldots a_3 a_2 a_1 a_0 . a_{-1} a_{-2} \ldots)_b = \ldots + a_3 b^3 + a_2 b^2 + a_1 b_1 + a_0 b^0 + a_{-1} b_{-1} + a_{-2} b^{-2} + \ldots$$

Dabei ist b eine beliebige, positive Zahl größer 1, und die a_k sind **ganze Zahlen im Intervall 0 bis b − 1**, die Ziffern genannt werden. Als Beispiel für die obige Notation seien angeführt $(1234567890.1234)_{10}$, das identisch mit der gewohnten Notation 1234567890.1234 für das geläufige Zehnersystem ist, und $(520.3)_6 = 5 \cdot 6^2 + 2 \cdot 6^1 + 0 \cdot 6^0 + 3 \cdot 6^{-1} = (192.5)_{10}$. Wir werden ab nun, wenn wir Zahlen im Zehnersystem darstellen, die tiefgestellte 10 und die Klammern weglassen. Man beachte den Unterschied zwischen *Ziffer* und *Zahl*. Im Zehnersystem ist etwa 27 eine Zahl, die aus den Ziffern 2 und 7 besteht.

In der Informatik sind neben dem Zehnersystem zur Darstellung von Zahlen vor allem das *binäre Zahlensystem* (das Zahlensystem mit der Basis b = 2) und das *hexadezimale Zahlensystem* (das Zahlensystem mit der Basis b = 16) von Bedeutung. Obwohl der Ausdruck *hexadezimal* ein wunderliches Gemisch aus griechischen und lateinischen Sprachwurzeln ist, geben wir ihm doch den Vorzug, weil er sich mittlerweile so eingebürgert hat, dass er wohl kaum mehr durch andere – vielleicht bessere, wie etwa *sedezimal* – abgelöst werden wird. Wir werden die beiden oben genannten Zahlensysteme und vor allem die Darstellung der binären Zahlen in Computern eingehend behandeln.

Obwohl es schon früher Ansätze dazu gab, gilt trotzdem eine Arbeit aus dem Jahre 1703 von *G.W. Leibniz* als Geburtsstunde des binären Zahlensystems. In dieser Arbeit wurde bereits die Durchführung der vier Grundrechnungsarten im binären Zahlensystem ausführlich behandelt. Leibniz' Interesse galt vor allem zahlentheoretischen Untersuchungen. Die heutige Bedeutung des binären Zahlensystems erwächst hauptsächlich aus seiner Verwendung in digitalen Computern. Wie das genau vor sich geht, wie etwa der Computer in der Lage ist, die Grundrechnungsarten durchzuführen, werden wir noch detaillierter behandeln.

Das binäre Zahlensystem ist, wie bereits gesagt, das Zahlensystem mit der Basis 2. Einige Beispiele von binären Zahlen und ihrem dezimalen Äquivalent finden Sie in Tabelle 7.1. An Stelle

Binäre	Dezimale
Darstellung	
0	0
1	1
10	2
11	3
100	4
1001	9
1111	15
10001	17
10101	21

Tabelle 7.1: Beispiele von binären Zahlen und ihrem dezimalen Äquivalent

der Schreibweise $(\ldots)_2$ findet man auch häufig andere Darstellungen. Statt der Ziffern 0, 1 schreibt man auch L (Low), H (High).

Beim hexadezimalen Zahlensystem steht man vor dem Problem, dass es aus 16 Ziffern besteht, aber im geläufigen Zehnersystem nur die Ziffern 0 bis 9 existieren. Um eine kompakte Schreibweise beizubehalten, erweitert man daher die Dezimalziffern zu 0,1,2,...,8,9,A,B,C,D,E,F. Einige Beispiele hexadezimaler Zahlen finden Sie in Tabelle 7.2. In Tabelle 7.3 sind einige Zahlen in binärer und hexadezimaler Darstellung dargestellt. Die Bedeutung des hexadezimalen Zah-

Hexadezimale Darstellung	Dezimale
10	16
1A	26
1F	31
BF	191
FF	255
7FFF	32767

Tabelle 7.2: Beispiele von hexadezimalen Zahlen und ihrem dezimalen Äquivalent

Binäre	Hexadezimale Darstellung	Dezimale
0	0	0
1	1	1
10	2	2
11	3	3
100	4	4
101	5	5
110	6	6
111	7	7
1000	8	8
1001	9	9
1010	A	10
1011	B	11
1100	C	12
1101	D	13
1110	E	14
1111	F	15
10000	10	16
10001	11	17
10010	12	18

Tabelle 7.3: Beispiele von binären, hexadezimalen und dezimalen Zahlen

lensystems ergibt sich vor allem daraus, dass es relativ leicht ist, Zahlen aus dem binären ins hexadezimale System umzurechnen, und man so eine kompaktere Schreibweise als bei den binären Zahlen erhält.

7.2 Der ideelle Zahlenbegriff

> *Wer zuerst bis zwei zu zählen verstand, sah,*
> *wenn ihm auch selbst das Fortzählen noch schwer ward,*
> *doch die Möglichkeit einer unendlichen Fortzählung*
> *nach denselben Gesetzen.*
>
> Novalis.

Um verschiedene Verständnisschwierigkeiten abzubauen, soll, bevor wir uns detaillierter mit unserer Thematik befassen, kurz auf den Unterschied zwischen dem eigentlichen, ideellen Zahlenbegriff und der Darstellung einer Zahl eingegangen werden. Das scheint deswegen notwendig, weil es eine weit verbreitete Unart ist, *ideelle Zahlen* mit ihrer *Darstellung* gleichzusetzen. Versuchen

Sie, zur Verdeutlichung folgende Frage zu beantworten: Welches ist die „richtige" Zahl: 19 oder XIX?

Der Unterschied zwischen ideellen Zahlen und ihrer Darstellung lässt sich am einfachsten anhand einiger Eigenschaften illustrieren. Nehmen wir zum Beispiel die Eigenschaft: Eine Zahl $p > 1$ ist eine *Primzahl*, d.h., p ist nur durch 1 und p teilbar. Diese Eigenschaft ist unabhängig von der Darstellung und daher eine Eigenschaft der ideellen Zahl p.

Andererseits gibt es folgende leicht merkbare Regel im Dezimalsystem: Eine ganze Zahl ist durch 10 teilbar, wenn ihre Einerstelle gleich 0 ist. Diese Regel ist nun aber abhängig von der Darstellung der Zahl im Zahlensystem. Zur Erläuterung ziehen wir $(520)_6 = 5 \cdot 6^2 + 2 \cdot 6^1 + 0 \cdot 6^0 = (192)_{10}$ heran. Hier ist die Einerstelle der Zahl in der Darstellung mit der Basis 6 gleich 0, aber die Zahl $(192)_{10}$ ist natürlich nicht durch $(10)_{10}$ teilbar.

Wir wollen es dabei bewenden lassen, aber der Leser sei darauf hingewiesen, dass in den folgenden Abschnitten manchmal zwischen dem ideellen Zahlenbegriff und der Darstellung einer Zahl unterschieden wird, ohne explizit darauf hinzuweisen.

7.3 Zahlenumwandlungen

*In nova fert animus mutatas dicere formas
corpora: di, coeptis – nam vos mutastis et illas -
adspirate meis primaque ab origine mundi
ad mea perpetuum deducite tempora carmen!*

Publius Ovidius Naso, Vorwort zu den „Metamorphosen".

Die meisten Computer verwenden mittlerweile bei der Ein- und Ausgabe von Zahlen das Zehnersystem. Trotzdem kann es manchmal vorkommen, dass man in die Lage versetzt wird, eine hexadezimale Zahl in ihr dezimales Äquivalent umrechnen zu müssen. Wir wollen uns nun ansehen, wie diese Konversionen von Zahlendarstellungen im Computer realisiert sind, und wie man selbst solche Umrechnungsvorgänge durchführen kann.

Prinzipiell unterscheidet man zwischen

- Konversion von ganzen Zahlen und

- Konversion von Zahlen mit Nachkommastellen.

Da man jede reelle Zahl als Summe einer ganzen Zahl und einer Zahl, deren Vorkommateil gleich 0 ist, darstellen kann, können wir uns also darauf beschränken, solche Zahlen in ein anderes Zahlensystem umzurechnen, deren Vor- oder deren Nachkommateil Null ist.

Im folgenden werden wir Algorithmen angeben, welche die Darstellung einer Zahl in einem bestimmten Zahlensystem ermitteln, wobei die dabei notwendigen Berechnungen in einem anderen Zahlensystem ausgeführt werden. Um die nachfolgenden Ausführungen etwas einsichtiger zu gestalten, wollen wir nunächst ein einfaches Beispiel betrachten. Angenommen, wir wollen die Zahl $(6)_{10}$ in das binäre Zahlensystem umrechnen. Das Stellenwertsystem der binären Zahlendarstellung lautet

$$z = (\ldots a_3 a_2 a_1 a_0)_2 = \ldots + a_3 2^3 + a_2 2^2 + a_1 2^1 + a_0 2^0 = (((\ldots + a_3) \cdot 2 + a_2) \cdot 2 + a_1) \cdot 2 + a_0.$$

Man erkennt, dass $z - a_0$ durch 2 teilbar sein muss, d.h. also, dass a_0 als Rest bei der Division von z durch 2 auftritt. In unserem Beispiel errechnen wir also $a_0 = 0$. Definieren wir als nächstes $z_1 = (z - a_0)/2$, dann gilt analog zu vorher, dass a_1 als Rest bei der Division von z_1 durch 2 ermittelt werden kann. Unser Beispiel produziert die Werte $z_1 = 3$ und $a_1 = 1$ und die letzte

Stelle $a_2 = 1$, daher lautet das Ergebnis $(6)_{10} = (110)_2$. Diese Überlegungen lassen sich nun für das b-äre Zahlensystem verallgemeinern.

Bevor wir auf Details eingehen, soll noch darauf hingewiesen werden, dass wir uns leider bei den Beispielen etwas einschränken müssen, da wir vorläufig nur Berechnungen im Dezimalsystem durchführen können. Wie man im Binärsystem rechnet, werden wir erst im Kapitel 7.4 kennenlernen.

7.3.1 Konversion von ganzen Zahlen

Die ganzen Zahlen hat der liebe Gott gemacht,
alles andere ist Menschenwerk.

Leopold Kronecker.

1. Die Zahl u habe die b-äre Darstellung $(u_m \ldots u_1 u_0)_b$. In diesem Fall genügt es, folgende einfache Berechnungen im B-ären Zahlensystem durchzuführen, um die Darstellung von u im B-ären System zu erhalten. Man wertet dazu das Polynom $u_m b^m + \ldots + u_1 b + u_0 = u$ wie folgt aus:
$$((\ldots(u_m \cdot b + u_{m-1}) \cdot b + \ldots) \cdot b + u_1) \cdot b + u_0.$$
Dabei sind die u_i und die Zahl b in B-ärer Darstellung gegeben und die Berechnungen erfolgen daher auch im B-ären System.

Zur Übung wollen wir die in binärer Darstellung gegebene Zahl $(11001)_2$ ins dezimale Zahlensystem umrechnen.
$$(((1 \cdot 2 + 1) \cdot 2 + 0) \cdot 2 + 0) \cdot 2 + 1 = 25$$
Dieses Verfahren ist in der Mathematik auch als *Hornerschema* bekannt.

2. Gegeben sei eine ganze Zahl u im b-ären Zahlensystem. Wir suchen die Darstellung dieser Zahl im B-ären Zahlensystem, wobei die Rechnungen im b-ären Zahlensystem erfolgen sollen. Man kann die Darstellung im B-ären Zahlensystem $(U_M \ldots U_1 U_0)_B$ wie folgt ermitteln:

$$\begin{aligned} U_0 &= u \bmod B \\ U_1 &= \lfloor u/B \rfloor \bmod B \\ U_2 &= \lfloor \lfloor u/B \rfloor / B \rfloor \bmod B \\ &\ldots \end{aligned}$$

etc., wobei der Vorgang abzubrechen ist, wenn $\lfloor \ldots \lfloor \lfloor u/B \rfloor / B \rfloor \ldots / B \rfloor = 0$. Dabei bedeutet $a \bmod b$ den Rest der Division von a durch b und der Ausdruck $\lfloor x \rfloor$ steht für die größte ganze Zahl kleiner oder gleich x. Der Vollständigkeit halber wollen wir noch erwähnen, dass es auch noch die Notation $\lceil x \rceil$ gibt, die für die kleinste ganze Zahl größer oder gleich x steht. Man beachte zu den obigen Ausführungen, dass die Berechnungen im b-ären System auszuführen sind und dass die Ergebnisse (U_i) Darstellungen B-ärer Ziffern im b-ären Zahlensystem sind.

Als Beispiel wollen wir die Zahl $(29)_{10}$ ins binäre System umrechnen.

$$\begin{aligned} U_0 &= 29 \bmod 2 = 1 \\ U_1 &= 14 \bmod 2 = 0 \\ U_2 &= 7 \bmod 2 = 1 \\ U_3 &= 3 \bmod 2 = 1 \\ U_4 &= 1 \bmod 2 = 1 \end{aligned}$$

Daher lautet das Ergebnis $(29)_{10} = (11101)_2$. Zur Übung wollen wir dieselbe Zahl auch ins hexadezimale Zahlensystem konvertieren. Wir rechnen:

$$u_0 = 29 \bmod 16 = 13$$
$$u_1 = 1 \bmod 16 = 1$$

Da wir im Dezimalsystem gerechnet haben, sind, wie oben erwähnt, die Ergebnisse Ziffern im hexadezimalen Zahlensystem, die aber im Dezimalsystem dargestellt sind. Um die Darstellung im Hexadezimalsystem zu erhalten, müssen also die entsprechenden Ziffern erst bestimmt werden. Es gilt: $(13)_{10} = (D)_{16}$ und $(1)_{10} = (1)_{16}$, daher lautet unser Ergebnis $(29)_{10} = (1D)_{16}$.

7.3.2 Konversion von Zahlen mit Nachkommastellen

1. Die Zahl u habe die Darstellung $(0.u_{-1}u_{-2}\ldots u_{-m})_b$ im b-ären Zahlensystem. Wir können hier die folgenden Berechnungen im B-ären Zahlensystem durchführen, um die Zahl u im B-ären System darzustellen:

$$((\ldots(u_{-m}/b + u_{1-m})/b + \ldots + u_{-2})/b + u_{-1})/b.$$

Als Beispiel rechnen wir die Zahl $(0.11010)_2$ in ihr dezimales Äquivalent um:

$$((((0/2 + 1)/2 + 0)/2 + 1)/2 + 1)/2 = 0.8125$$

2. Sei u eine Zahl mit Nachkommastellen, deren Vorkommateil gleich 0 ist, und die im b-ären Zahlensystem gegeben ist. Die Darstellung der Zahl u im B-ären Zahlensystem $(0.U_{-1}U_{-2}\ldots)_B$ kann im b-ären Zahlensystem berechnet werden durch:

$$U_{-1} = \lfloor u \cdot B \rfloor$$
$$U_{-2} = \lfloor \{u \cdot B\} \cdot B \rfloor$$
$$U_{-3} = \lfloor \{\{u \cdot B\} \cdot B\} \cdot B \rfloor$$
$$\ldots,$$

wobei $\{x\} = x - \lfloor x \rfloor$ und $\lfloor x \rfloor$ definiert ist wie in 7.3.1. Wieder sind die U_{-i} Ziffern des B-ären Systems in b-ärer Darstellung.

Man beachte außerdem, dass es manchmal nicht möglich ist, für eine endliche Entwicklung im b-ären Zahlensystem eine endliche Entwicklung im B-ären System zu finden. So hat zum Beispiel die Zahl $(0.1)_{10}$ eine unendliche Entwicklung im binären Zahlensystem, nämlich $(0.0001100110011\ldots)_2$. Falls die Zahl nach M Stellen abgeschnitten werden soll, ist daher obige Berechnung zu stoppen, nachdem U_{-M} ermittelt worden ist.

Zur Verdeutlichung wollen wir die Zahl $(0.815)_{10}$ bis zur fünften Nachkommastelle in das binäre Zahlensystem umrechnen.

$$U_{-1} = \lfloor 0.815 \cdot 2 \rfloor = \lfloor 1.63 \rfloor = 1$$
$$U_{-2} = \lfloor 0.63 \cdot 2 \rfloor = \lfloor 1.26 \rfloor = 1$$
$$U_{-3} = \lfloor 0.26 \cdot 2 \rfloor = \lfloor 0.52 \rfloor = 0$$
$$U_{-4} = \lfloor 0.52 \cdot 2 \rfloor = \lfloor 1.04 \rfloor = 1$$
$$U_{-5} = \lfloor 0.04 \cdot 2 \rfloor = \lfloor 0.08 \rfloor = 0$$

Daher erhalten wir $(0.815)_{10} = (0.11010\ldots)_2$.

Beachten Sie auch den durch die Rechnung erhaltenen Fehler, wenn Sie die Ergebnisse der letzten beiden Beispiele vergleichen:

$$(0.815)_{10} \approx (0.11010)_2 = (0.8125)_{10}$$

7.3.3 Konversion zwischen Zahlen in binärer und hexadezimaler Darstellung

Zwar ist es leicht, doch ist das Leichte schwer.

Mephistopheles.
Johann Wolfgang von Goethe, „Faust".
Der Tragödie zweiter Teil.

Die Konversion zwischen binärer und hexadezimaler Darstellung kann leichter durchgeführt werden, als die oben angegebenen Algorithmen erwarten lassen. Man denkt sich nämlich die Ziffern der Zahl in ihrer binären Darstellung vom Dezimalpunkt weg – sowohl nach links, als auch nach rechts – in Vierergruppen aufgeteilt und konvertiert jede Gruppe für sich. Gegebenenfalls sind führende Nullen zu ergänzen oder Nullen am Ende der Zahl anzuhängen. Zum Beispiel

$$(10\ 1010\ 1110.1111\ 0001\ 1)_2 = (2AE.F18)_{16} \,.$$

Die Konversion in der umgekehrten Richtung ist genau so leicht zu realisieren.

Die Tatsache, dass die Konversion zwischen diesen beiden Zahlendarstellungen so leicht durchgeführt werden kann, und die kompakte Darstellung sind die Hauptgründe für die Verbreitung des hexadezimalen Zahlensystems innerhalb der Informatik.

7.4 Rechnen im binären System

„Kannst du zusammenzählen?" fragte die Weiße Königin.
„Wieviel gibt eins und eins und eins und eins und eins
und eins und eins und eins und eins?"
„Ich weiß nicht", sagte Alice. „Ich bin nicht mitgekommen."
„Zusammenzählen kann sie nicht", fiel die Schwarze Königin ein.
„Kannst du abziehen? Zieh neun ab von acht."
„Neun von acht kann ich doch gar nicht",
erwiderte Alice sogleich, „aber –"
„Abziehen kann sie auch nicht", sagte die Weiße Königin.

Lewis Carroll, „Alice hinter den Spiegeln".

In diesem Abschnitt wollen wir uns eingehender damit beschäftigen, wie die vier Grundrechnungsarten im binären Zahlensystem durchzuführen sind. Um einen allgemeineren Blickwinkel zu wahren, werden wir manchmal auch kurz die Probleme streifen, die im b-ären Zahlensystem auftreten.

7.4.1 Die Addition im binären Zahlensystem

Der wesentliche Unterschied zwischen dem binären und dem wohl vertrauten dezimalen Zahlensystem besteht vor allem darin, dass die Anzahl der Ziffern geringer ist. Das bedeutet, dass man beim Addieren zwar einerseits weniger Additionsregeln lernen muss, aber andererseits diese wenigen Regeln sehr gewöhnungsbedürftig sind. Unter Additionsregeln versteht man in diesem Zusammenhang Regeln der Form $2 + 2 = 4$ oder $3 + 5 = 8$; das heißt also, dass nur Additionen von Ziffern des entsprechenden Zahlensystems vorkommen. Diese Regeln werden normalerweise auswendig gelernt, schon aus dem Grund, um nicht ständig auf die bewährten zehn Finger zurückgreifen zu müssen.

Im binären Zahlensystem gibt es nur die Ziffern 0 und 1. Entsprechend einfach sind die Additionsregeln. Wir erhalten zunächst (alle Zahlen sind im binären System dargestellt):

$$\boxed{\begin{array}{l} 0 + 0 = 0 \\ 0 + 1 = 1 \\ 1 + 0 = 1 \end{array}}$$

Es bleibt nur mehr ein Fall zu behandeln, nämlich:

$$\boxed{1 + 1 = ?}$$

Im dezimalen System wäre das Ergebnis gleich 2. Hier aber gibt es diese Ziffer nicht. Wenn Sie sich an Ihre – mehr oder weniger weit zurückliegende – Schulzeit erinnern, wird Ihnen vielleicht einfallen, dass ein ähnliches Problem auftritt, wenn im dezimalen System Rechnungen wie etwa $5 + 5 = ?$ oder $7 + 8 = ?$ auszuführen sind. In diesem Fall tritt etwas in Erscheinung, das man gemeinhin *Übertrag* nennt.

Während der nachfolgenden Abhandlung ist es äußerst wichtig, zwischen der *Summe* zweier Zahlen und der *Darstellung der Summe* zweier Zahlen zu unterscheiden. Bei ersterer handelt es sich um einen ideellen Zahlenbegriff, während man zweiteres als die Darstellung einer ideellen Zahl in einem bestimmten Zahlensystem auffassen kann. Der geneigte Leser sei auf unser einleitendes Kapitel 7.2 verwiesen.

Das Problem tritt offenbar auf, wenn die Summe zweier Ziffern größer oder gleich der Basis der verwendeten Zahlendarstellung ist. Aufgrund unserer Zahlendarstellung sind wir nun gezwungen, die höherwertige – um eins weiter links von der „Einerstelle" stehende – Stelle für die Darstellung der Summe mitzuverwenden. Das heißt aber, dass die „Einerstelle" durch Abziehen der Basis von der eigentlichen Summe berechnet werden muss. Ziehen wir zur Verdeutlichung noch einmal das Zehnersystem heran. Die Summe von $(7)_{10}$ und $(8)_{10}$ ist offenbar größer als die Basis 10. Daher ist die „Zehnerstelle" gleich 1 zu setzen. Die „Einerstelle" ergibt sich als Differenz zwischen der Summe und der Basis. Also erhalten wir $(7)_{10} + (8)_{10} = (15)_{10}$.

Nun zurück zum eigentlichen Problem, nämlich dem der Berechnung der Summe von $(1)_2 + (1)_2$. Da die gerade angesprochene Summe gleich der Basis 2 ist, muss die „Zweierstelle" gleich 1 sein. Die „Einerstelle" ist die Differenz zwischen der Summe und der Basis, also gleich 0. Somit ist die Summe berechnet, und wir erhalten

$$\boxed{1 + 1 = 10}$$

Diese Erkenntnis können wir nun verwenden, um einfache Additionen durchzuführen, z.B.:

```
   1010100
 +  101001
   -------
   1111101
```

In diesem Fall ist noch kein Übertrag aufgetreten. Betrachten wir hingegen:

```
    10101
 +  11111
   ------
   110100
```

Hierbei tritt sogar ein Übertrag auf, der dadurch entsteht, dass $(1)_2 + (1)_2 + (1)_2 = (10)_2 + (1)_2 = (11)_2$ berechnet werden muss.

Zum Abschluss noch ein Ausblick auf das allgemeine b-äre Zahlensystem: Hier ist die Anzahl der Additionsregeln für $b > 2$ natürlich größer als die für das binäre Zahlensystem. Ein Übertrag tritt aber wieder nur dann auf, wenn die Summe zweier Ziffern größer oder gleich der Basis b ist.

7.4.2 Die Subtraktion im binären Zahlensystem

Die Probleme, die bei der Subtraktion von binären Zahlen auftreten, sind im wesentlichen die gleichen wie die bei der Subtraktion im Zehnersystem. Falls bei der Subtraktion zweier Ziffern die Ziffer des Minuenden kleiner ist als die des Subtrahenden, „borgt" man sich von der höherwertigen – um eins weiter links stehenden – Stelle eine Ziffer aus. Man vergleiche z.B. im Dezimalsystem

$$\begin{array}{r} 245 \\ -91 \\ \hline 154 \end{array}$$

Dabei treten bei der Subtraktion $5-1=4$ keine Probleme auf. Bei der nächsten Stelle ist $4-9=?$ nicht durchführbar. Daher „borgen" wir uns einen „Hunderter" aus und haben nun zu berechnen $14-9=5$. Als „Hunderterstelle" bleibt also nur noch 1.

Im Binärsystem sieht das sehr ähnlich aus, z.B.:

$$\begin{array}{r} 10001 \\ -111 \\ \hline 1010 \end{array}$$

Hierbei ist die Subtraktion $(1)_2 - (1)_2 = (0)_2$ problemlos. Bei der nächsten Stelle „borgen" wir uns eine Ziffer von der „Viererstelle" und berechnen $(10)_2 - (1)_2 = (1)_2$. Diese geborgte Stelle berücksichtigen wir nun bei der nächsten Stelle, indem wir $(1)_2$ zur entsprechenden Stelle des Subtrahenden addieren. Wir borgen uns diesmal eine Ziffer von der „Achterstelle" und erhalten daher $(10)_2 - (10)_2 = (0)_2$. Für die letzte Stelle „borgen" wir uns eine Ziffer von der „16er-Stelle" und berechnen $(10)_2 - (1)_2 = (1)_2$.

Auf das Problem, dass bei der Subtraktion auch negative Zahlen entstehen können, sind wir noch nicht eingegangen. Wir werden aber die Darstellung negativer Zahlen in Computern in Abschnitt 7.8 genauer behandeln.

7.4.3 Die Multiplikation im binären Zahlensystem

> Einsilbix: *„Da sind die zwei Wildschweine.*
> *Macht zweimal drei Handvoll (Sesterzen)!"*
> Überhauptnix: *„Genau! Du schuldest uns also ungefähr vier*
> *oder fünf Handvoll."*
>
> René Goscinny, Albert Uderzo, „Obelix GmbH & Co.KG".

Bei der in der Schule gelehrten Multiplikationsmethode für Dezimalzahlen wird zuerst der Multiplikand ziffernweise mit dem Multiplikator multipliziert und die Ergebnisse jeweils um eine Stelle nach rechts verschoben untereinander geschrieben. Anschließend werden diese Zwischenergebnisse addiert und ergeben das Produkt. Zum Beispiel:

$$\begin{array}{r} 145 \cdot 243 \\ \hline 290 \\ 580 \\ 435 \\ \hline 35235 \end{array}$$

Im Binärsystem sind die Multiplikationsregeln aufgrund der kleineren Anzahl von Ziffern bei weitem einfacher als im Dezimalsystem. Die Multiplikationsregeln lauten:

$$\begin{array}{rcl} 0 \cdot 0 & = & 0 \\ 0 \cdot 1 & = & 0 \\ 1 \cdot 0 & = & 0 \\ 1 \cdot 1 & = & 1 \end{array}$$

Man kann aber dieselbe Methode verwenden, um Zahlen im Binärsystem zu multiplizieren, z.B.:

$$\begin{array}{r} 1001 \cdot 1011 \\ \hline 1001 \\ 1001 \\ 1001 \\ \hline 1100011 \end{array}$$

Man beachte dabei, dass Zeilen, die durch Multiplikation mit 0 entstehen, wie im obigen Beispiel, weggelassen werden können.

Es erweist sich aber für die Implementierung in einem Rechner als günstiger, bei der ziffernweisen Multiplikation mit der am weitesten rechts stehenden Ziffer des Multiplikators zu beginnen, und die Teilergebnisse nach links zu verschieben:

$$\begin{array}{r} 1001 \cdot 1011 \\ \hline 1001 \\ 1001 \\ 1001 \\ \hline 1100011 \end{array}$$

Dabei müssen nicht alle Zwischenergebnisse gespeichert werden, sondern vielmehr kann jedes Teilergebnis sofort zum schließlichen Endergebnis addiert werden, was zu effizienterer Implementierung genutzt werden kann.

Wir wollen noch darauf hinweisen, dass bei der Multiplikation mit einer Zweierpotenz im Binärsystem derselbe Effekt auftritt wie bei der Multiplikation mit einer Zehnerpotenz im Dezimalsystem. Betrachten wir zum Beispiel die Multiplikation von $9 \cdot 8 = 72$

$$\begin{array}{r} 1001 \cdot 1000 \\ \hline 1001 \\ 0000 \\ 0000 \\ 0000 \\ \hline 1001000 \end{array}$$

Wir erhalten hier eigentlich eine Verschiebung des Multiplikanden um drei Stellen nach links. Die *drei* Stellen erklären sich daraus, dass $8 = 2^3$ ist. Allgemein gesprochen spiegelt sich eine Multiplikation mit 2^k in einer Verschiebung des Multiplikanden um k Stellen nach links wider. Diese Art der Verschiebung wird englisch mit *shift* bezeichnet.

Die von uns in diesem Abschnitt vorgestellten Multiplikationsmethoden sind leicht zu verstehen. Es stellt sich aber heraus, dass ihr zeitliches Verhalten nicht optimal ist, vor allem wenn sehr große Zahlen zu multiplizieren sind. Im Abschnitt 7.6 befassen wir uns daher mit anderen – wie wir sehen werden – schnelleren Multiplikationsalgorithmen.

7.4.4 Die Division im binären Zahlensystem

Die Division von Zahlen im Binärsystem ist um einiges einfacher als jene im Dezimalsystem. Im Dezimalsystem ist ein wesentlicher Bestandteil des Dividierens das Erraten einer Quotientenziffer. Betrachtet man zum Beispiel die Division

$$568 : 63 = ? \, ,$$

so sieht man zwar (möglicherweise) sofort, dass 63 nicht mehr als 9-mal in 568 enthalten ist; aber ob 63 nun genau 9-mal oder vielleicht nur 8-mal oder etwa noch weniger oft in 568 enthalten ist, bedarf eines geschulten Blickes (oder eines Taschenrechners).

Im Binärsystem kommen als mögliche Quotientenziffern nur 0 oder 1 in Frage. Daher genügt es, hier zu entscheiden, ob der Divisor kleiner ist als ein bestimmter Teil des Dividenden. In diesem Fall ist die Quotientenziffer gleich 1, anderenfalls ist sie gleich 0. Als Beispiel sei etwa folgende Division im Binärsystem angeführt:

$$\begin{array}{r} 110101 : 1010 = 101 \\ 1101 \\ 11 \end{array}$$

Wer an genaueren Einzelheiten oder an Verallgemeinerungen für das b-äre System interessiert ist, sei verwiesen auf [13].

7.5 Rechnen im hexadezimalen System

Arithmetik heißt, bis zwanzig zählen zu können,
ohne die Schuhe auszuziehen.

Mickey Mouse.

Um die vier Grundrechnungsarten im hexadezimalen Zahlensystem auszuführen, benötigt man keine wesentlich neuen Ideen.

Bei der Addition von hexadezimalen Zahlen ist zu beachten, dass ein Übertrag dann auftritt, wenn die Summe zweier hexadezimaler Ziffern größer ist als $(15)_{10}$. Als Beispiel sei etwa die folgende Addition angeführt:

$$\begin{array}{r} \text{AFFE} \\ + \text{B01} \\ \hline \text{BAFF} \end{array}$$

Bei der Subtraktion von hexadezimalen Zahlen muss man sich eine Ziffer von der nächsthöheren Stelle „borgen", wenn eine Subtraktion zweier hexadezimaler Ziffern nicht ausführbar ist, z.B.:

$$\begin{array}{r} 4711 \\ - \text{FEE} \\ \hline 3723 \end{array}$$

Auf die Multiplikation und die Division im hexadezimalen Zahlensystem gehen wir nicht näher ein, da sie im wesentlichen auf die Addition bzw. die Subtraktion zurückgeführt werden können.

7.6 Rechnen mit überlangen Zahlen

Nichts ist durchsichtiger als die Kompliziertheit.

Anton Kuh.

Für manche Anwendungen ist es erforderlich, mit extrem langen Zahlen zu rechnen. In diesem Fall werden Überlegungen in Richtung Rechenzeitabschätzung notwendig. Es ist etwa durchaus nicht gleichgültig, ob ein Programm 20 Minuten oder 400 Minuten läuft, besonders dann, wenn man die Rechenzeit teuer bezahlen muss.

Bei der Addition von Zahlen ist leicht einzusehen, dass die Zeit, die dazu gebraucht wird, direkt proportional zur Länge der Summanden ist. Wenn wir annehmen, dass die Länge der Summanden k ist, heißt das, dass die verbrauchte Zeit dargestellt werden kann durch den Ausdruck

$$C_1 \cdot k,$$

wobei C_1 eine nicht näher spezifizierte, rechnerabhängige Konstante ist.

Bei der von uns im Abschnitt 7.4.3 vorgestellten Multiplikationsmethode ist die Aufwandsabschätzung nicht mehr so leicht durchzuführen. Nehmen wir zunächst an, dass die Länge der beiden Faktoren gleich k ist. Da jede Ziffer des zweiten Faktors mit jeder Ziffer des ersten Faktors verknüpft werden muss, können wir hier die verbrauchte Zeit abschätzen durch

$$C_2 \cdot k^2,$$

wobei C_2 wieder eine Konstante bezeichnet, die vom verwendeten Rechner abhängt.

Wir wollen nun Multiplikationsalgorithmen vorstellen, die weniger Zeit verbrauchen als der in Abschnitt 7.4.3 angegebene. Diese Algorithmen werden aber unter Umständen erst dann schneller sein, wenn k relativ groß ist.

Nehmen wir an, wir können k-stellige Zahlen in unserem Rechner ohne Probleme darstellen, und nehmen wir weiters an, unser Rechner sei fähig, mit Dezimalzahlen zu rechnen. Wenn wir nun Zahlen mit der Länge 2k verwenden wollen, so können wir das tun, indem wir Paare von k-stelligen Zahlen bilden. Seien (a, b) und (c, d) solche Paare. Wir definieren also

$$u = (a, b) = a \cdot 10^k + b$$

und

$$v = (c, d) = c \cdot 10^k + d.$$

Wir wollen nun das Produkt von u und v bestimmen. Sei also $w = u \cdot v$, dann kann man etwa berechnen

$$w = u \cdot v = a \cdot c \cdot 10^{2k} + (a \cdot d + b \cdot c) \cdot 10^k + b \cdot d.$$

Dabei sind zur Ermittlung von w vier Multiplikationen von k-stelligen Zahlen erforderlich.

Durch eine trickreiche Umformung gelingt es jedoch, die Anzahl der notwendigen k-stelligen Multiplikationen zu verringern:

$$w = u \cdot v = a \cdot c \cdot (10^{2k} + 10^k) + (a - b) \cdot (d - c) \cdot 10^k + b \cdot d \cdot (10^k + 1).$$

Betrachtet man nun diese Formel, so erkennt man, dass man für die Berechnung des Produktes nur *drei* Multiplikationen zweier k-stelliger Zahlen benötigt.

Nimmt man nun an, dass k eine Zweierpotenz ist, d.h. $k = 2^t$, so kann man sich diese Idee auch auf die Multiplikation der k-stelligen Zahlen angewandt denken, dann ebenso für die (k/2)-stelligen, und so weiter (die Mathematiker nennen ein Vorgehen dieser Art *Rekursion*). Wenn

7.6 Rechnen mit überlangen Zahlen

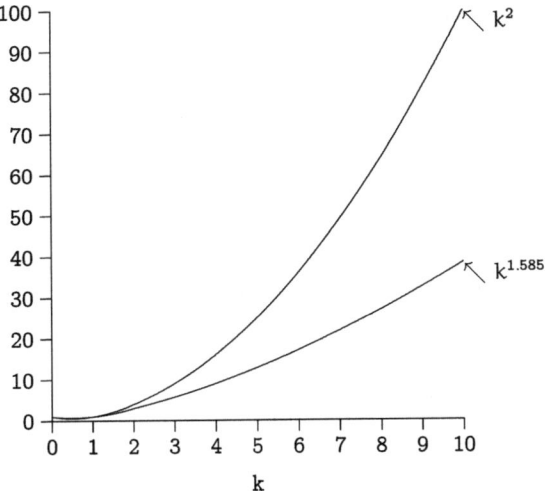

Abbildung 7.1: Vergleich von k^2 und $k^{1.585}$

wir mit $T(k)$ die Zeit bezeichnen, die benötigt wird, um zwei k-stellige Zahlen zu multiplizieren, gilt

$$T(2k) \leq 3 \cdot T(k) + c \cdot k,$$

wobei c eine Konstante ist, die wieder vom verwendeten Rechner abhängt, $3 \cdot T(k)$ den Aufwand für die benötigten 3 Multiplikationen der k-stelligen Zahlen und $c \cdot k$ den Aufwand für die notwendigen Additionen widerspiegelt.

Durch vollständige Induktion erhält man

$$T(2^i) \leq c' \cdot (3^i - 2^i), \quad \text{für } i \geq 1.$$

Dabei wählen wir c' so groß, dass die Ungleichung auch für $i = 1$ gilt und erhalten

$$T(k) = T(2^i) \leq c' \cdot (3^i - 2^i) < c' \cdot 3^i.$$

Da $i = \text{ld } k$, wobei ld den Logarithmus zur Basis 2 bezeichnet und $3^{(\text{ld } k)} = 2^{(\text{ld } 3)(\text{ld } k)} = k^{(\text{ld } 3)}$, gilt

$$T(k) < c' \cdot k^{(\text{ld } 3)} \approx c' \cdot k^{1.585}.$$

Zusammenfassend kann man also festhalten, dass wir durch unseren Ansatz eine wesentliche Verbesserung des Zeitverhaltens bewirkt haben, nämlich von k^2 zu $k^{1.585}$. Ein ungefähres Gefühl für den Gewinn an Laufzeit soll Abbildung 7.1 vermitteln. Man sieht etwa, dass schon für $k = 10$ eine Verbesserung um einen Faktor von mehr als 2 erfolgt ($10^{1.585} \approx 38.46$).

Abschließend sei aber noch einmal darauf hingewiesen, dass der Gewinn an Laufzeit durch die von uns nicht genau angegebene Konstante c' für kleine Werte von k verdeckt werden kann. Für große Werte von k jedoch beginnt sich früher oder später, das geringere Wachstum von $k^{1.585}$ positiv bemerkbar zu machen.

Die in diesem Abschnitt dargestellte Idee lässt sich noch weiter ausbauen. So haben etwa *Schönhage* und *Strassen* einen Multiplikationsalgorithmus geschaffen, dessen Zeitverhalten abgeschätzt werden kann durch

$$T(k) \leq c \cdot k \cdot \log k \cdot \log(\log k).$$

Genauere Informationen darüber finden sich zum Beispiel in [1].

7.7 Potenzieren

In diesem Abschnitt wollen wir uns mit dem Problem auseinandersetzen, x^n effizient zu berechnen. Angenommen wir wollen x^{16} berechnen. Eine Möglichkeit wäre, mit x zu beginnen und es 15-mal mit x zu multiplizieren. Eine andere, mit x beginnend, fortlaufend zu quadrieren und so x^2, x^4, x^8, x^{16} zu erhalten. Wir haben also das Ergebnis mit nur vier Multiplikationen berechnet.

Diese Idee lässt sich auch für allgemeines n anwenden. Sei n in Binärdarstellung gegeben (ohne führende Nullen). Dann ersetzen wir jede 1 durch die zwei Buchstaben QX und jede 0 durch Q. Bei der so erhaltenen Buchstabenfolge streichen wir das am weitesten links stehende QX-Paar. Die resultierende Buchstabenfolge kann jetzt als Anweisung zur Berechnung von x^n verwendet werden, indem Q als Quadrieroperation interpretiert wird, und X dahingehend, dass mit x multipliziert wird. Sei zum Beispiel $n = 23 = (10111)_2$ gegeben. Wir bekommen dann zuerst die Buchstabenfolge QX Q QX QX QX, entfernen das erste QX und erhalten die Anweisung QQXQXQX. Das bedeutet also, dass wir sukzessive x^2, x^4, x^5, x^{10}, x^{11}, x^{22}, x^{23} berechnen.

Diese Methode des Potenzierens wird bereits um 200 v.Chr. im indischen *Chanda-sutra* erwähnt und wurde später von den Arabern verfeinert. Wir wollen uns nun kurz anhand unseres obigen Beispiels überlegen, warum dieser Algorithmus überhaupt funktioniert. Wir schreiben

$$\begin{aligned}
x^{23} &= x^{2^4+2^2+2^1+2^0} \\
&= (x^{2^4} \cdot x^{2^2} \cdot x^{2^1}) \cdot x \\
&= (x^{2^3} \cdot x^{2^1} \cdot x^1)^2 \cdot x \\
&= ((x^{2^3} \cdot x^{2^1}) \cdot x)^2 \cdot x \\
&= ((x^{2^2} \cdot x^{2^0})^2 \cdot x)^2 \cdot x \\
&= (((x^{2^1})^2 \cdot x)^2 \cdot x)^2 \cdot x \\
&= ((((x)^2)^2 \cdot x)^2 \cdot x)^2 \cdot x
\end{aligned}$$

Vergleicht man diese Rechnung nun mit unserer Anweisung QQXQXQX, so sieht man, dass sie genau übereinstimmt. Aus diesem Beispiel ersieht man leicht, wie man allgemein die Gültigkeit unserer Potenziermethode zeigen kann. Dies sei jedoch dem Leser überlassen.

Obwohl diese Art des Potenzierens den Aufwand erheblich verringert, ist sie nicht optimal. So gibt es Beispiele, wo man mit weniger Multiplikationen auskommt. Die binäre Methode benötigt für $n = 15$ insgesamt sechs Multiplikationen. Es ist aber möglich, $y = x^3$ in zwei Multiplikationen und $x^{15} = y^5$ in drei weiteren zu berechnen.

Eine allgemeine Methode, die mit der minimalen Anzahl von Multiplikationen auskommt, ist noch nicht gefunden worden. Wer an Forschungen in dieser Richtung interessiert ist, sei auf [13] verwiesen.

7.8 Darstellung negativer Zahlen

Ich bin der Geist, der stets verneint!

Mephistopheles.
Johann Wolfgang von Goethe, „Faust".
Der Tragödie erster Teil.

Bisher waren unsere Betrachtungen unabhängig davon, ob die Zahlen in einem Computer gespeichert werden sollten oder nicht. Das ändert sich jetzt. In einem Computer besteht nämlich die

7.8 Darstellung negativer Zahlen

wesentliche Einschränkung, dass er nur Zahlen mit einer festen Länge darstellen kann. Außerdem ändert sich die Sprechweise etwas. So nennt man etwa jene Speicherzelle, in der genau eine binäre Ziffer abgespeichert werden kann, ein *Bit*. Dieser Name leitet sich her von der englischen Bezeichnung für binäre Ziffer, nämlich *binary digit*. Wir werden ab nun annehmen, dass dem von uns betrachteten Computer zur Speicherung von Zahlen die Bits $0, 1, \ldots, m$ zur Verfügung stehen.

7.8.1 Darstellung durch Vorzeichen und Betrag

Wenn man daran geht, negative Zahlen darzustellen, ist wohl der einfachste Gedanke der, das Vorzeichen getrennt von der Zahl zu halten. Man könnte etwa das m-te Bit dazu verwenden, das Vorzeichen (VZ) abzuspeichern, während die restlichen Bits dazu dienen, den Betrag der darzustellenden Zahl aufzunehmen. Wir definieren, dass ein positives Vorzeichen durch 0, ein negatives durch 1 dargestellt wird (man könnte natürlich auch positives Vorzeichen durch 1 und negatives durch 0 darstellen).

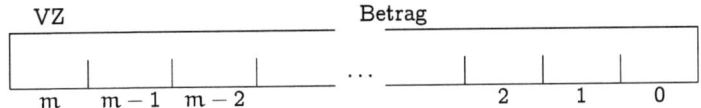

Bezeichnet man die gespeicherte Bitfolge mit w, so erhält man dadurch zum Beispiel folgende Zahlendarstellungen für die Zahlen z

z	w	
$+0$	0	$000 \ldots 00$
$+1$	1	$000 \ldots 01$
$\vdots$	$\vdots$	$\vdots$
$+2^m - 1$	$2^m - 1$	$011 \ldots 11$
-0	2^m	$100 \ldots 00$
-1	$2^m + 1$	$100 \ldots 01$
$\vdots$	$\vdots$	$\vdots$
$-2^m + 1$	$2^{m+1} - 1$	$111 \ldots 11$

Man sieht, dass die Zahl 0 sowohl mit positivem als auch mit negativem Vorzeichen dargestellt werden kann. Außerdem ist das Vorzeichen bei arithmetischen Operationen und bei Vergleichsoperationen getrennt zu behandeln.

7.8.2 Exzessdarstellung

Bei dieser Darstellung wird zur Zahl z ein so bemessener *Exzess* q addiert, dass das Ergebnis w nicht negativ ist. Der Exzess muss daher gleich dem Betrag der kleinsten negativen Zahl gewählt werden. Zum Beispiel sei $q = 2^m$:

z	w	
-2^m	0	000 ... 00
$-2^m + 1$	1	000 ... 01
⋮	⋮	⋮
-1	$2^m - 1$	011 ... 11
0	2^m	100 ... 00
$+1$	$2^m + 1$	100 ... 01
⋮	⋮	⋮
$+2^m - 1$	$2^{m+1} - 1$	111 ... 11

Hier besitzt die Zahl 0 eine einzige Darstellung. Die Abbildung ist ordnungserhaltend in dem Sinne, dass kleineren Zahlen auch in der Maschinendarstellung kleinere Zahlen entsprechen. Bei arithmetischen Operationen muss der Exzess jedoch berücksichtigt werden. So ist zum Beispiel bei Additionen der Exzess von der Summe zu subtrahieren.

7.8.3 Einerkomplementdarstellung

Bei der Einerkomplementdarstellung unterscheidet sich eine negative Zahl von der entsprechenden positiven Zahl mit demselben Betrag dadurch, dass Nullen und Einser vertauscht sind. Zum Beispiel

+ 21	00010101
- 21	11101010

Diese Darstellung kann auch dahingehend gedeutet werden, dass negative Zahlen durch Ergänzung auf $2^{m+1} - 1$ ermittelt werden.

z	w	
0	0	000 ... 00
1	1	000 ... 01
⋮	⋮	⋮
$2^m - 1$	$2^m - 1$	011 ... 11
$-2^m + 1$	2^m	100 ... 00
$-2^m + 2$	$2^m + 1$	100 ... 01
⋮	⋮	⋮
-1	$2^{m+1} - 2$	111 ... 10
-0	$2^{m+1} - 1$	111 ... 11

Wie man sieht, tritt die Zahl 0 sowohl mit positivem, als auch mit negativem Vorzeichen auf. Positive und negative Zahlen können am führenden Bit unterschieden werden. Die Ordnungsrelation innerhalb der positiven bzw. negativen Zahlen bleibt erhalten, negative Zahlen rangieren jedoch hinter den positiven.

Addition und Subtraktion können wie in den Abschnitten 7.4.1 und 7.4.2 beschrieben durchgeführt werden. Die Addition in der Einerkomplementdarstellung kann man sich vorstellen als

7.8 Darstellung negativer Zahlen

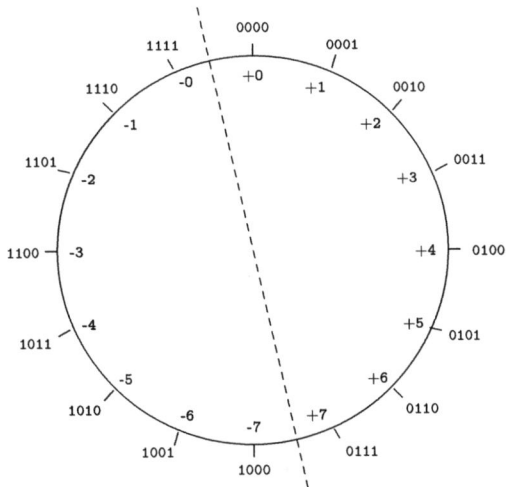

Abbildung 7.2: Einerkomplementdarstellung als Modulo-Rechnung

Rechnung *modulo* $2^{m+1} - 1$. Denkt man sich dementsprechend die Zahlen auf einem Kreis angeordnet (vgl. Abbildung 7.2), erkennt man, dass es auf Grund der zweifachen Darstellung der 0 bei einem Überlauf notwendig ist, 1 zum Ergebnis zu addieren, wobei ein Überlauf daran erkannt werden kann, dass nach Ausführung der Rechenoperation das Ergebnis mehr Stellen aufweist als für die Zahlendarstellung zur Verfügung stehen. Wir betrachten als einfache Beispiele ($m = 6$)

```
    011001   25              100110  - 25         111001  -  6
  + 101100 - 19            + 010011    19       + 101100  - 19
  ─────────────              ─────────────        ─────────────
  1 000101                    111001  -  6       1 100101
  +      1                                       +      1
  ─────────────                                   ─────────────
    000110    6                                    100110  - 25
```

Eine tatsächliche Überschreitung des Zahlenbereiches kann durch einen Plausibilitätstest des Vorzeichens erkannt werden, z.B.:

```
    100110  - 25
  + 101100  - 19
  ─────────────
  1 010010
  +      1
  ─────────────
    010011    19
  ─────────────
  1 010011  - 44
```

Da die Summe zweier negativer Zahlen nicht positiv sein kann, ist bei der Addition ein wirklicher Überlauf entstanden. Richtig ist also -44.

7.8.4 Zweierkomplementdarstellung

Negative Zahlen werden im Zweierkomplement durch Ergänzung auf 2^{m+1} dargestellt. Diese Darstellungsart kann auch ziffernweise ermittelt werden, indem man zuerst das Einerkomplement der positiven Zahl bildet und anschließend 1 dazuaddiert. Eine Alternative ist, die binären Ziffern der positiven Zahl von rechts nach links bis zur ersten 1 einschließlich zu kopieren und die restlichen Ziffern zu komplementieren.

z	w	
0	0	000 ... 00
1	1	000 ... 01
⋮	⋮	⋮
$2^m - 1$	$2^m - 1$	011 ... 11
-2^m	2^m	100 ... 00
$-2^m + 1$	$2^m + 1$	100 ... 01
⋮	⋮	⋮
-1	$2^{m+1} - 1$	111 ... 11

Die Zahl 0 besitzt hier eine eindeutige Darstellung. Positive und negative Zahlen können am führenden Bit unterschieden werden. Die Ordnungsrelation ist die gleiche wie beim Einerkomplement.

Die Addition, die Subtraktion und die Multiplikation können, wie in den Abschnitten 7.4.1, 7.4.2 und 7.4.3 beschrieben, durchgeführt werden. Auftretende Überläufe kann man ignorieren, da die 0 eine eindeutige Darstellung besitzt (eine tatsächliche Überschreitung des Zahlenbereiches kann ebenso wie beim Einerkomplement durch Überprüfen des Vorzeichens erkannt werden). Zum Beispiel ($m = 6$):

```
    011001   25          100111  -25          111010   -6
  + 101101  -19        + 010011   19        + 101101  -19
  ─────────────        ─────────────        ─────────────
  1 000110    6          111010   -6        1 100111  -25


    010011   19
  - 011001  -25          000110 · 111101  =  101110
  ─────────────
  1 111010   -6             6       -3        -18
```

Da die Multiplikation zweier m-stelliger Zahlen ein $2m$-stelliges Ergebnis produzieren kann, müssen, um die Korrektheit des angegebenen Multiplikationsalgorithmus zu wahren, die Faktoren vor Durchführung der Rechenoperation auf $2m$ Stellen erweitert werden. Dabei ist zu beachten, dass positive Zahlen mit Nullen, negative mit Einsern ergänzt werden müssen, um das Vorzeichen nicht zu zerstören. So müssen etwa bei der oben angeführten Multiplikation von $6 \cdot (-3)$ die beiden Faktoren auf die Gestalt $(000000000110)_2$ und $(111111111101)_2$ gebracht werden, bevor die Operation ausgeführt werden kann.

Weiterführende Literatur

A. Aho, J. Hopcroft, J. Ullman. *The Design and Analysis of Computer Algorithms.* Addison-Wesley, Reading, 1974.

H.-D. Ebbinghaus, H. Hermes, F. Hirzebruch, M. Koecher, K. Mainzer, A. Prestel, R. Remmert, Hrsg.: K. Lamotke. *Zahlen.* Springer-Verlag, Berlin, Heidelberg, 1983.

G. Ifrah. *Universalgeschichte der Zahlen.* Campus Verlag, Frankfurt, 1991.

D.E. Knuth. *The Art of Computer Programming, Vol. II: Seminumerical Algorithms, 3rd ed.* Addison-Wesley, Reading, 1998.

8 Numerik

Im vorangegangenen Kapitel wurde die Darstellung von ganzen Zahlen sowie die darauf definierten arithmetischen Operationen beschrieben. Viele in der Praxis auftretende Berechnungsprobleme, speziell solche unter Einbeziehung physikalischer Größen, setzen für ihre Lösung jedoch die Verwendung „nicht ganzer" (reeller) Zahlen voraus. Berechnungen unter Verwendung reeller Zahlen (oder deren Näherung) nennt man *numerische* Berechnungen, die zugehörige mathematische Disziplin wird als *numerische Mathematik* oder *Numerik* bezeichnet. Anwendung findet die Numerik unter anderem in Statistik, Computergraphik, Navigation, sowie bei der Simulation und Steuerung technischer Prozesse. Für die Realisierung all dieser Anwendungen ist die Darstellbarkeit von reellen Zahlen im Computer eine Grundvoraussetzung.

8.1 Festpunkt-Darstellung

Die naheliegendste Idee ist wohl jene, eine feste Anzahl von Nachkommastellen zu reservieren. Mit der im Abschnitt 7.8.1 vorgestellten Darstellung einer ganzen Zahl durch Vorzeichen und Betrag erhält man etwa die folgende Unterteilung:

v	d_{n+g-1}	d_{n+g-2}	$\cdots$	$\cdots$	d_n	d_{n-1}	$\cdots$	$\cdots$	d_1	d_0
VZ			g					n		

Der Betrag einer $N = n + g + 1$ Bit breiten ganzen Zahl Z wird dabei in g Vorkomma- und n Nachkommastellen unterteilt. Diese Unterteilung entspricht einer Skalierung von Z um den Faktor 2^{-n}, wodurch die Bitfolge $v d_{N-2} d_{N-3} \cdots d_1 d_0$ als vorzeichenbehaftete Binärzahl mit n Stellen nach dem Binärpunkt* interpretiert wird[†]:

$$v d_{N-2} d_{N-3} \cdots d_1 d_0 \doteq (-1)^v \cdot 2^{-n} \sum_{j=0}^{N-2} d_j \cdot 2^j \doteq \qquad (8.1)$$

$$\doteq (-1)^v \cdot d_{N-2} \cdots d_n . d_{n-1} \cdots d_1 d_0 \qquad (8.2)$$

Diese Art der Darstellung reeller Zahlen nennt man *Festpunkt-Darstellung* (engl.: *fixed point representation*[‡]). Die Menge der durch die feste Skalierung resultierenden Zahlen nennt man *Festpunkt-Zahlensystem*. Für das Festpunkt-Zahlensystem mit $N = 16$ Bit Breite und $n = 3$ Nachkommastellen ist diese Zahlenmenge durch

$$v d_{14} d_{13} \cdots d_1 d_0 \doteq (-1)^v \cdot 2^{-3} \sum_{j=0}^{14} d_j \cdot 2^j$$

beschrieben. Ein Beispiel einer Festpunktzahl aus diesem Festpunkt-Zahlensystem ist:

$$1000\ 0000\ 0000\ 1011 \doteq -(1.011)_2 = (-1)^1 \cdot 2^{-3} \cdot (2^3 + 2^1 + 2^0) = -(1.375)_{10}$$

---

*Binäres Äquivalent zum *Dezimalpunkt*.
[†] Das Symbol $\doteq$ wird hier im Sinne von 'entspricht' verwendet.
[‡] Die Übereinkunft, in diesem Zusammenhang von einem Fest*punkt* anstatt eines Festkommas zu sprechen, ist auf den in englischsprachigen Ländern üblichen Dezimal*punkt* zurückzuführen. Diese Konvention der Verwendung eines Dezimalpunkts anstatt eines Dezimalkommas wurde auch in den meisten Programmiersprachen beibehalten.

Die kleinste in diesem Festpunkt-Zahlensystem darstellbare Zahl lautet

$$1111\ 1111\ 1111\ 1111 \doteq -(1111\ 1111\ 1111.111)_2 =$$
$$= (-1)^1 \cdot 2^{-3} \cdot (2^{14} + 2^{13} + \cdots + 2^1 + 2^0) =$$
$$= -(4095.875)_{10}.$$

Durch Umkehrung des Vorzeichens erhält man $(4095.875)_{10}$ als größte in diesem Zahlensystem darstellbare Zahl, zwei aufeinanderfolgende Zahlen unterscheiden sich jeweils um den Betrag

$$0000\ 0000\ 0000\ 0001 \doteq (0.001)_2 = (-1)^0 \cdot 2^{-3} \cdot 2^0 = (0.125)_{10}.$$

Damit überdeckt dieses Festpunkt-Zahlensystem auf der reellen Zahlengeraden das Intervall $[-4095.875, +4095.875]$ gleichmäßig mit konstantem Abstand $2^{-n} = 0.125$ (siehe Abbildung 8.1). Da zwischen je zwei Zahlen aus einem Festpunkt-Zahlensystem beliebig viele weitere reelle Zahlen liegen, handelt es sich hierbei immer um eine Überdeckung mit „Zwischenräumen", und nicht um eine Überdeckung im Sinne des mathematischen Überdeckungsbegriffs, der die *vollständige* Überdeckung *aller* Punkte einer Menge vorsieht.

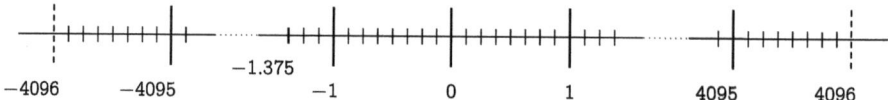

Abbildung 8.1: Festpunkt-Zahlensystem mit $n = 3$ Nachkommastellen

Additionen und Subtraktionen solcher Art dargestellter Zahlen sind wie gewohnt durchführbar, solange die Anzahl der Nachkommastellen der beiden Operanden gleich ist. Bei Multiplikationen und Divisionen muss ein entsprechender Skalierungsfaktor ($= 2^n$) berücksichtigt werden.

Bedingt durch die Reservierung von n Bit für Nachkommastellen ist das Intervall zwischen größter und kleinster darstellbarer Zahl bei Festpunkt-Zahlensystemen sehr klein. Will man nun Zahlen mit sehr großen Absolutbeträgen darstellen, so kann das bei gegebener Bit-Breite N nur über eine Reduktion der Nachkommastellen n zu Gunsten der Vorkommastellen g erfolgen. Der einhergehende Verlust an Genauigkeit ist für große Zahlen dabei meist vernachlässigbar, da mit steigenden Absolutbeträgen die Bedeutung der Nachkommastellen abnimmt. Andererseits erfordern wissenschaftliche Berechnungen oft die Verwendung von sehr kleinen von Null verschiedenen Zahlen, wodurch sich die Notwendigkeit einer Erhöhung der Anzahl der Nachkommastellen ergibt. Festpunkt-Zahlensysteme können nicht gleichzeitig beiden Forderungen genügen, da bei ihnen die Position des Binärpunkts über den gesamten darstellbaren Zahlenbereich hin fixiert („fest") ist (vgl. Abbildung 8.1). Besser geeignet für die Darstellung reeller Zahlen wäre daher ein Zahlensystem, bei dem die Position des Binärpunkts variieren (gleiten) kann. In einem solchen Zahlensystem ist es möglich, die Aufteilung in Vor- und Nachkommastellen abhängig von der Position auf der reellen Zahlengeraden zu treffen. Wählt man nun eine Aufteilung, bei der beginnend von Null in Richtung $\pm\infty$ die Nachkommastellen zu Gunsten der Vorkommastellen abnehmen, so können sowohl sehr große als auch sehr kleine von Null verschiedene reelle Zahlen mit einer vergleichsweise geringen Anzahl an Stellen dargestellt werden. Eine solche Darstellung ist Gegenstand des folgenden Abschnittes.

8.2 Gleitpunkt-Darstellung

Um den genannten Nachteil der Festpunkt-Darstellung zu vermeiden, liegt es nahe, den Skalierungsparameter nicht für das gesamte Zahlensystem zu fixieren, sondern ihn veränderlich zu halten und seine aktuelle Größe in der Codierung der jeweiligen Zahl mitanzugeben. Bei der

8.2 Gleitpunkt-Darstellung

Gleitpunkt-Darstellung (engl.: *floating point representation*) wird die Zahl selbst auf eine feste Anzahl p[§] signifikanter Stellen genau dargestellt, z.B. -0.0000123 als

$$-123 \cdot 10^{-7}.$$

Tatsächlich gespeichert werden die sogenannte *Mantisse* (-123, p $= 3$) und der *Exponent* (-7). Sowohl Mantisse als auch Exponent können negativ sein. Jedem Gleitpunkt-Zahlensystem liegt weiters eine Basis b zugrunde (b $= 10$ im obigen Beispiel). Der für Exponenten erlaubte Zahlenbereich eines Gleitpunkt-Zahlensystems wird mittels des kleinsten ($e_{\min}$) und größten ($e_{\max}$) dafür gültigen Wertes festgelegt.

8.2.1 Normalisierte und denormalisierte Gleitpunktzahlen

Unangenehmerweise ist es möglich, in einem Gleitpunkt-Zahlensystem dieselbe Zahl auf verschiedene Weise darzustellen, z.B.:

$$-123 \cdot 10^{-7} = -12.3 \cdot 10^{-6} = -1230 \cdot 10^{-8}.$$

Um Mehrdeutigkeiten zu vermeiden, versucht man, eine normalisierte Darstellung zu finden. Es gibt natürlich verschiedenste Möglichkeiten der Normalisierung; wir wollen uns hier darauf einigen, eine Zahl dann als normalisiert dargestellt zu betrachten, wenn ihre Mantisse über genau eine Vorkommastelle verfügt, und diese Vorkommastelle ungleich 0 ist ($-1.23 \cdot 10^{-5}$ im vorangegangenen Beispiel). Diese Art der Normalisierung ist insofern vorteilhaft, als man sich damit das Speichern von führenden Nullen (z.B. -0.0000123) in der Mantisse erspart. In einem normalisierten Gleitpunkt-Zahlensystem repräsentiert $\pm m_0.m_1 m_2 \cdots m_{p-1} \times b^e$ die Gleitpunktzahl

$$\pm(m_0 + m_1 b^{-1} + \cdots + m_{p-1} b^{-(p-1)}) \cdot b^e$$

Wegen der Normalisierungsbedingung $m_0 \neq 0$ lässt sich jedoch die Zahl Null nicht mehr darstellen. Gemäß Konvention weicht man daher bei der Zahl Null im Exponenten auf einen Wert außerhalb des Bereichs $[e_{\min}, e_{\max}]$ aus und stellt Null als $1.00 \times b^{e_{\min}-1}$ dar. In dieser Form erfüllt auch Null die Normalisierungsbedingung $m_0 \neq 0$. Die einhergehende Zuordnung der Zahl Null zur Menge der normalisierten Gleitpunktzahlen erweist sich als sinnvoll, da ein normalisiertes Gleitpunkt-Zahlensystem ohne die Zahl Null nur von geringer praktischer Relevanz ist. Rein rechnerisch ergibt diese Darstellung natürlich *nicht* den Wert Null, da dies aufgrund der gängigen Basen $b \geq 2$ gar nicht möglich ist. Diese Konvention bedeutet daher nur, dass eine Gleitpunktzahl der Gestalt $1.00 \times b^{e_{\min}-1}$ das mathematische Äquivalent zu Null repräsentiert und z.B. bei Berechnungen als solches zu verwenden ist.

Abbildung 8.2 zeigt die normalisierten Gleitpunktzahlen des Gleitpunkt-Zahlensystems mit $b = 2$, $p = 3$, $e_{\min} = -1$ und $e_{\max} = 2$. Aus Übersichtsgründen wurde auf die Darstellung der negativen Zahlen des Zahlensystems verzichtet, die langen vertikalen Markierungen repräsentieren Gleitpunktzahlen mit einer Mantisse von 1.00. Auffällig ist die Lücke zwischen Null

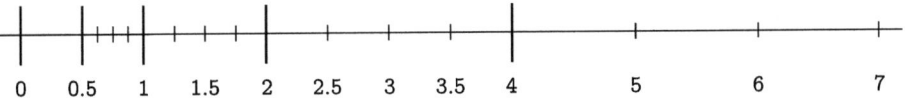

Abbildung 8.2: Gleitpunkt-Zahlensystem mit $b = 2$, $p = 3$, $e_{\min} = -1$, $e_{\max} = 2$

und der kleinsten positiven in diesem Gleitpunkt-Zahlensystem darstellbaren Gleitpunktzahl

---

[§]von engl. *precision*

$1.00 \times 2^{-1} = (0.5)_{10}$. Diese wiederum auf die Normalisierungsbedingung $m_0 \neq 0$ zurückzuführende Lücke birgt den Nachteil in sich, dass nun die Eigenschaft

$$x = y \Leftrightarrow x - y = 0 \tag{8.3}$$

nicht mehr gilt. Die Subtraktion der Zahl $y = 1.11 \times 2^{-1} = (0.875)_{10}$ von $x = 1.00 \times 2^0 = (1.00)_{10}$ veranschaulicht diesen Umstand: das exakte Ergebnis von $x - y$ lautet $0.01 \times 2^{-1} = (0.125)_{10}$ und ist zu klein, um im obigen Gleitpunkt-Zahlensystem als normalisierte Zahl dargestellt zu werden. Die nächstliegende Zahl zu $(0.125)_{10}$ ist Null selbst, wodurch das Ergebnis der Subtraktion auf Null abgerundet¶ wird. Dieser Effekt führt mitunter zu überraschenden Ergebnissen; im Code-Fragment

if (x != y) then z = 1/(x-y);

etwa zu einem Laufzeit-Fehler bedingt durch Division durch Null. Wie bei allen datenabhängigen Fehlern gestaltet sich die Auffindung derselben mitunter sehr zeitaufwendig!

Um die in Gleichung (8.3) dargestellte Eigenschaft zu garantieren, erweitert man daher normalisierte Gleitpunkt-Zahlensysteme um genau jene Zahlen, die betragsmäßig zu klein sind, um normalisiert dargestellt werden zu können. Diese durch die Normalisierungsbedingung $m_0 \neq 0$ weggefallenen Zahlen werden somit zurückgewonnen, indem man $m_0 = 0$ für $e = e_{\min}$ zulässt. Man nennt diese Zahlen *denormalisierte* oder *subnormale* Zahlen; sie liegen sämtlich im Intervall $(-b^{e_{\min}}, b^{e_{\min}})$. Abbildung 8.3 zeigt das Gleitpunkt-Zahlensystem aus Abbildung 8.2, erweitert um denormalisierte Zahlen. Entgegen Abbildung 8.2 ist auch der negative Teil des Zahlensystems dargestellt.

Abbildung 8.3: Gleitpunkt-Zahlensystem inklusive denormalisierter Gleitpunktzahlen

8.2.2 Normalisieren von Gleitpunktzahlen

Die Vorgehensweise beim Normalisieren einer Gleitpunktzahl ist die, den Exponenten solange zu vergrößern (bzw. zu verkleinern), bis die Mantisse die Normalisierungsbedingung erfüllt. Nehmen wir zum Beispiel die Zahl 0.10×2^2 aus dem vorherigen Gleitpunkt-Zahlensystem. Dann muss der Exponent um eins erniedrigt und die Mantisse um eins nach links verschoben werden, um das normalisierte Ergebnis 1.00×2^1 zu erhalten. Dies ist allerdings nur erlaubt, solange der Exponent innerhalb des festgelegten Intervalls $[e_{\min}, e_{\max}]$ bleibt. Die Zahl $(8)_{10} = (10.0)_2 \times 2^2$ ist beispielsweise zu groß, um im besagten Gleitpunkt-Zahlensystem normalisiert dargestellt zu werden, da mit 1.00×2^3 der Exponent größer als $e_{\max} = 2$ ist. Man spricht in diesem Fall von einem *Überlauf* (engl. *overflow*). Umgekehrt gibt es aber auch Zahlen, die zu klein sind, um mit dem kleinsten Exponenten $e_{\min}$ normalisiert bzw. denormalisiert dargestellt zu werden. Dieser Umstand wird als *Unterlauf* (engl. *underflow*) bezeichnet.

¶Rundung und die damit einhergehenden Rundungsfehler werden im Detail im Abschnitt 8.6 behandelt.

8.3 Struktur von Gleitpunkt-Zahlensystemen

8.3.1 Parameter eines Gleitpunkt-Zahlensystems

Jedes Gleitpunkt-Zahlensystem ist durch vier ganzzahlige Parameter und einen Wahrheitswert charakterisiert:

1. Basis (*base*, *radix*) $b \geq 2$,

2. Mantissenlänge (*precision*) $p \geq 2$,

3. kleinster Exponent $e_{\min} < 0$,

4. größter Exponent $e_{\max} > 0$ und

5. Normalisierungsindikator *denorm*.

Die Mantissenlänge p bezeichnet dabei Stellen im *b-ären* Zahlensystem. Der Normalisierungsindikator *denorm* ist ein Wahrheitswert, der die beiden Werte *true* und *false* annehmen kann. Er gibt an, ob das Gleitpunkt-Zahlensystem denormalisierte Zahlen enthält (*denorm = true*) oder nicht (*denorm = false*). Für Gleitpunkt-Zahlensysteme wird im Folgenden die Kurzbezeichnung

$$\mathbb{F}(b, p, e_{\min}, e_{\max}, denorm)$$

verwendet.

Die Basis b ist heute auf allen Computern 2, 10 oder 16, es werden also nur binäre, dezimale oder hexadezimale Gleitpunkt-Zahlensysteme eingesetzt. Beispielsweise verfügen Intel x86-Mikroprozessoren über die Zahlensysteme $\mathbb{F}(2, 24, -126, 127, true)$ und $\mathbb{F}(2, 53, -1022, 1023, true)$ für einfach bzw. doppelt genaue Gleitpunkt-Darstellung entsprechend der IEC/IEEE-Norm (siehe Abschnitt 8.5). Die System/390-Großrechner (*mainframes*) der Firma IBM bieten drei hexadezimale Gleitpunkt-Zahlensysteme: *short precision* $\mathbb{F}(16, 6, -64, 63, false)$, *long precision* $\mathbb{F}(16, 14, -64, 63, false)$, sowie *extended precision* $\mathbb{F}(16, 28, -64, 63, false)$. Neuere Generationen der S/390 unterstützen darüber hinaus auch schon die genannte IEC/IEEE-Norm. Technisch-naturwissenschaftliche Taschenrechner verfügen meist nur über das dezimale Gleitpunkt-Zahlensystem $\mathbb{F}(10, 10, -99, 99, false)$.

8.3.2 Anzahl der Gleitpunktzahlen

Die Anzahl der *normalisierten* Zahlen im Gleitpunkt-Zahlensystem $\mathbb{F}(b, p, e_{\min}, e_{\max}, denorm)$ ist

$$1 + 2 \cdot (b-1) \cdot b^{p-1} \cdot (e_{\max} - e_{\min} + 1)$$

und setzt sich zusammen aus der Anzahl der möglichen Exponenten $(e_{\max} - e_{\min} + 1)$ multipliziert mit der Anzahl der möglichen normalisierten Mantissen $((b-1) \cdot b^{p-1})$ multipliziert mit 2 für das Vorzeichen (zu jeder positiven Gleitpunktzahl x existiert *symmetrisch* zu Null eine Zahl $-x$) plus 1 für die Zahl Null selbst. Hinzu kommen die abhängig vom Parameter *denorm* gegebenenfalls vorhandenen *denormalisierten* Zahlen, deren Anzahl sich aus

$$2 \cdot (b^{p-1} - 1)$$

berechnet.

Die Überprüfung dieser beiden Formeln am Gleitpunkt-Zahlensystem aus Abbildung 8.3 obliege dem geneigten Leser, das IEC/IEEE Gleitpunkt-Zahlensystem $\mathbb{F}(2, 24, -126, 127, true)$ enthält beispielsweise $1 + 2^{24} \cdot 254 = 4261412865 \approx 4.26 \cdot 10^9$ normalisierte sowie $2 \cdot (2^{23} - 1) = 16777214$ denormalisierte Zahlen.

8.3.3 Größte und kleinste Gleitpunktzahl

Mit der Mantisse $M = M_{max} = b \cdot (1 - b^{-p})$ und $e = e_{max}$ erhält man die *größte* Gleitpunktzahl eines Gleitpunkt-Zahlensystems

$$x_{max} = M_{max} \cdot b^{e_{max}} = b \cdot (1 - b^{-p}) \cdot b^{e_{max}}.$$

Die *kleinste* positive normalisierte Gleitpunktzahl ergibt sich aus der kleinsten der Normalisierungsbedingung $m_0 \neq 0$ genügenden Mantisse $M = M_{min} = 1.0$ sowie dem kleinsten Exponenten e_{min}

$$x_{min} = M_{min} \cdot b^{e_{min}} = b^{e_{min}}.$$

Die kleinste sowie die größte positive normalisierte Gleitpunktzahl des IEC/IEEE Gleitpunkt-Zahlensystems $\mathbb{F}(2, 24, -126, 127, \textit{true})$ berechnet sich somit folgendermaßen:

$$x_{min} = 2^{-126} \approx 1.18 \cdot 10^{-38}$$
$$x_{max} = 2 \cdot (1 - 2^{-24}) \cdot 2^{127} \approx 3.40 \cdot 10^{38}$$

Die kleinste positive denormalisierte Zahl eines Gleitpunkt-Zahlensystems im Falle von *denorm = true* berechnet sich als

$$\bar{x}_{min} = b^{e_{min}-p+1}.$$

8.3.4 Absolute Abstände der Gleitpunktzahlen

Für eine normalisierte Gleitpunktzahl sind die kleinste und die größte Mantisse durch die Ziffern

$$m_0 = 1, m_1 = \cdots = m_{p-1} = 0 \quad \text{bzw.} \quad m_0 = m_1 = \cdots = m_{p-1} = \delta = b - 1$$

charakterisiert. Die Mantisse durchläuft somit Werte zwischen

$$M_{min} = (1.00 \cdots 00)_b \text{ und}$$
$$M_{max} = (\delta.\delta\delta \cdots \delta\delta)_b,$$

wobei sie mit einer konstanten Schrittweite von b^{-p+1} fortschreitet. Dieses Grundinkrement der Mantisse, das dem Wert einer Einheit der letzten Stelle entspricht, wird als ein *ulp* (*unit of last position*) bezeichnet. Benachbarte Zahlen aus $\mathbb{F}$ haben im Intervall $[b^e, b^{e+1}]$ *konstanten* Abstand

$$\triangle x = b^{e-p+1} = 1 \, ulp \cdot b^e. \tag{8.4}$$

Beim Übergang zum nächstkleineren Exponenten $e - 1$ verringert sich dieser konstante Abstand auf ein b–tel, beim Übergang zum nächstgrößeren Exponenten steigt er auf das b–fache.

Zur Illustration findet sich in Tabelle 8.1 eine Aufzählung der Gleitpunktzahlen des Gleitpunkt-Zahlensystems $\mathbb{F}(2, 3, -1, 2, \textit{true})$ aus Abbildung 8.3. So beträgt für den Exponenten $e = -1$ im zugehörigen Intervall $[2^{-1}, 2^0]$ der Abstand zweier Gleitpunktzahlen $\triangle x = (2^{-3})_{10} = (0.125)_{10} = (0.001)_2$. Beim Übergang auf den nächsthöheren Exponenten ($e = 0$) erhöht sich der Abstand um das $b = 2$–fache auf $\triangle x = (2^{-2})_{10} = (0.25)_{10} = (0.01)_2$ (vgl. zweite und sechste Spalte aus Tabelle 8.1). Diesem Umstand verdanken Gleitpunkt-Zahlensysteme ihren Namen: das Vergrößern des Abstandes zweier benachbarter Gleitpunktzahlen um das b–fache entspricht nämlich einem „Gleiten" des Binär-/Dezimal-/Hexadezimal-/Etc.-Punktes um eine Stelle nach rechts (vgl. zweite und dritte Spalte aus Tabelle 8.1). Allein beim Übergang von den denormalisierten zu den normalisierten Gleitpunktzahlen ändert sich der Abstand nicht, da hierbei auch der Exponent (-1) gleich bleibt.

8.3 Struktur von Gleitpunkt-Zahlensystemen

M	e	(Wert)$_2$	(Wert)$_{10}$	Intervall	$\triangle x$	denormalisiert
1.11	2	$(111)_2$	$(7)_{10}$	$[2^2, 2^3)$	$(1.0)_2$	nein
1.10		$(110)_2$	$(6)_{10}$			
1.01		$(101)_2$	$(5)_{10}$			
1.00		$(100)_2$	$(4)_{10}$			
1.11	1	$(11.1)_2$	$(3.5)_{10}$	$[2^1, 2^2)$	$(0.1)_2$	nein
1.10		$(11.0)_2$	$(3)_{10}$			
1.01		$(10.1)_2$	$(2.5)_{10}$			
1.00		$(10.0)_2$	$(2)_{10}$			
1.11	0	$(1.11)_2$	$(1.75)_{10}$	$[2^0, 2^1)$	$(0.01)_2$	nein
1.10		$(1.10)_2$	$(1.5)_{10}$			
1.01		$(1.01)_2$	$(1.25)_{10}$			
1.00		$(1.00)_2$	$(1.0)_{10}$			
1.11	-1	$(0.111)_2$	$(0.875)_{10}$	$[2^{-1}, 2^0)$	$(0.001)_2$	nein
1.10		$(0.110)_2$	$(0.75)_{10}$			
1.01		$(0.101)_2$	$(0.625)_{10}$			
1.00		$(0.100)_2$	$(0.5)_{10}$			
0.11	-1	$(0.011)_2$	$(0.375)_{10}$	$(0, 2^{-1})$	$(0.001)_2$	ja
0.10		$(0.010)_2$	$(0.250)_{10}$			
0.01		$(0.001)_2$	$(0.125)_{10}$			
1.00	-2	0	0	—	—	nein

Tabelle 8.1: Zahlen aus dem Gleitpunkt-Zahlensystem $\mathbb{F}(2, 3, -1, 2, \text{true})$

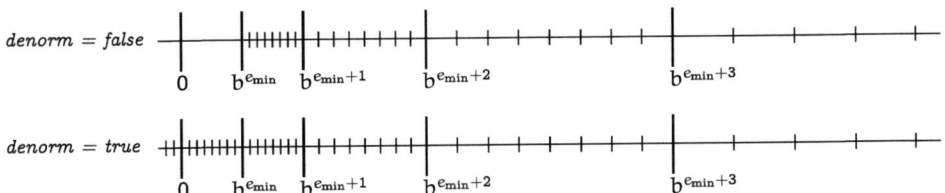

Abbildung 8.4: Struktur eines Gleitpunkt-Zahlensystems mit normalisierten und denormalisierten Gleitpunktzahlen

Abbildung 8.4 demonstriert nochmals die Struktur eines Gleitpunkt-Zahlensystems auf der reellen Zahlengeraden. Im Falle von *denorm* = *true* wird die Lücke um die Zahl Null im Intervall $[-b^{e_{min}}, b^{e_{min}}]$ durch die denormalisierten Zahlen im Abstand $1 ulp \cdot b^{e_{min}}$ geschlossen.

Durch die vom jeweiligen Exponenten und damit von der Position auf der reellen Zahlengeraden abhängigen Abstände zwischen benachbarten Gleitpunktzahlen können Gleitpunkt-Zahlensysteme beiden im Abschnitt 8.1 aufgestellten Forderungen genügen: einerseits sind in diesem Format sehr kleine von Null verschiedene Zahlen darstellbar, andererseits nimmt mit dem Fortschreiten auf der reellen Zahlengeraden in Richtung $\pm\infty$ der Abstand zwischen benachbarten Zahlen allmählich zu, wodurch auch noch Zahlen mit großen Absolutbeträgen mit einer vergleichsweise geringen Anzahl an Stellen dargestellt werden können. In gleichem Maße, wie der Abstand zwischen benachbarten Zahlen zunimmt, reduziert sich jedoch auch die Genauigkeit der Darstellung. Da mit steigenden Absolutbeträgen die niederwertigeren Stellen einer Zahl (Nachkommastellen, Einer, Zehner, usw.) an Bedeutung verlieren, wird dieser Nachteil der Gleitpunkt-Zahlensysteme meist in Kauf genommen.

Bei der Überdeckung der reellen Zahlengeraden durch die Gleitpunktzahlen eines Gleitpunkt-Zahlensystems handelt es sich wie schon bei den Festpunkt-Zahlensystemen nicht um den Überdeckungsbegriff der Mathematik, der eine vollständige Überdeckung *aller* Punkte einer Menge vorsieht, sondern wiederum um eine Überdeckung mit „Zwischenräumen". In Anlehnung an die Aufteilung der Gleitpunktzahlen eines Gleitpunkt-Zahlensystems $\mathbb{F}(b, p, e_{min}, e_{max}, true)$ in normalisierte und denormalisierte Zahlen trifft man die Unterteilung der reellen Zahlengeraden in die folgenden drei Bereiche:

$$\mathbb{R}_N = [-x_{max}, -x_{min}] \cup [x_{min}, x_{max}]$$
$$\mathbb{R}_D = (-x_{min}, x_{min})$$
$$\mathbb{R}_{overflow} = (-\infty, -x_{max}) \cup (x_{max}, \infty)$$

Obwohl Null als normalisierte Zahl gilt, wird sie bei dieser Unterscheidung der Menge $\mathbb{R}_D$ zugeordnet.

8.4 Codierung von Gleitpunktzahlen

In den vorangegangenen Kapiteln wurde die Struktur von Gleitpunkt-Zahlensystemen vorgestellt, die Codierung einer Gleitpunktzahl im Computer blieb aber bisher unbehandelt. Diese erfolgt meist in der Reihenfolge abnehmender Signifikanz, d.h., es folgen Vorzeichenbit der Mantisse (VZ), Exponent und zuletzt die Mantisse selbst.

VZ	Exponent			Mantisse			
v	E_{N-p-2}	$\cdots$	E_0	m_0	$\cdots$		m_{p-1}	Indizierung
d_{N-1}	d_{N-2}	d_{N-3}	$\cdots$	$\cdots$	d_n	d_{n-1}	$\cdots$	$\cdots$	d_1	d_0	Bitnummer
msb								lsb

Abbildung 8.5: Codierung einer Gleitpunktzahl

Die Anordnung in dieser Reihenfolge zielt darauf ab, für ganze Zahlen definierte Operationen auch auf Gleitpunktzahlen anzuwenden. So stellt die Anordnung des Exponenten vor der Mantisse sicher, dass zwei Gleitpunktzahlen desselben Formats verglichen werden können, als ob es nach Vorzeichen und Betrag codierte *ganze* Binärzahlen wären. Da Operationen auf ganzen Zahlen weniger aufwendig als Gleitpunktoperationen sind, können auf diese Weise Gleitpunktzahlen effizienter verglichen werden. Allein die Codierung negativer Exponenten bedarf diesbezüglich noch weiterer Beachtung: würde man analog zur Mantisse dafür etwa die Darstellung durch Vorzeichen und Betrag wählen, so erschienen Gleitpunktzahlen mit negativem Exponenten wegen des führenden Vorzeichenbits im Exponenten bei der Interpretation als ganze Zahl plötzlich größer als Gleitpunktzahlen mit positivem Exponenten. Beispielsweise wird die Zahl $(1.0)_2 \times 2^{-1}$ auf diese Art im Gleitpunkt-Zahlensystem $\mathbb{F}(2, 23, -126, 126, \textit{true})$ als

0	1	0	0	0	0	0	0	1	0	0	0	0	0	0	0	0	0	0	0	0	0	0	0	0	0	0	0	0	0	0	0
31	30	29	28	27	26	25	24	23	22	21	20	19	18	17	16	15	14	13	12	11	10	9	8	7	6	5	4	3	2	1	0

dargestellt, während die Gleitpunktzahl $(1.0)_2 \times 2^1$ in der Darstellung als

0	0	0	0	0	0	0	0	1	0	0	0	0	0	0	0	0	0	0	0	0	0	0	0	0	0	0	0	0	0	0	0
31	30	29	28	27	26	25	24	23	22	21	20	19	18	17	16	15	14	13	12	11	10	9	8	7	6	5	4	3	2	1	0

der kleineren *binären* Zahl entspricht. Dasselbe Problem ergibt sich auch bei der Darstellung des Exponenten in Einer- oder Zweierkomplementdarstellung, einzig die Exzessdarstellung (vgl. Abschnitt 7.8.2) garantiert durch ihre ordnungserhaltende Abbildung der Zahlen aus $[-x, y]$ auf das Intervall $[0, x + y]$ die gewünschte Eigenschaft.

Im gerade betrachteten Gleitpunkt-Zahlensystem $\mathbb{F}(2, 23, -126, 126, \textit{true})$ beispielsweise beträgt der Wert des kleinsten negativen Exponenten $e_{\min} = -126$. Wegen der Darstellung der Zahl Null durch den Exponenten $e_{\min}-1$ (vgl. Abschnitt 8.2.1) ergibt sich jedoch die Notwendigkeit des zusätzlichen Exponentenwerts -127. Die Exzessdarstellung erfordert zur Darstellung von -127 als kleinste negative Zahl einen Exzess von 127. Damit werden die Exponenten -1 und 1 aus dem vorhergegangenen Beispiel als $(-1 + 127)_{10} = (0111\,1110)_2$ sowie $(1 + 127)_{10} = (1000\,0000)_2$ dargestellt. Somit entspricht die Gleitpunktzahl $(1.0)_2 \times 2^{-1}$ folgender Darstellung:

0	0	1	1	1	1	1	1	0	1	0	0	0	0	0	0	0	0	0	0	0	0	0	0	0	0	0	0	0	0	0	0
31	30	29	28	27	26	25	24	23	22	21	20	19	18	17	16	15	14	13	12	11	10	9	8	7	6	5	4	3	2	1	0

Bei der Interpretation als ganze Zahl ist sie kleiner als die Darstellung von $(1.0)_2 \times 2^1$:

0	1	0	0	0	0	0	0	0	1	0	0	0	0	0	0	0	0	0	0	0	0	0	0	0	0	0	0	0	0	0	0
31	30	29	28	27	26	25	24	23	22	21	20	19	18	17	16	15	14	13	12	11	10	9	8	7	6	5	4	3	2	1	0

Bei der beschriebenen Codierung des Exponenten in Exzessdarstellung muss natürlich für den tatsächlichen Wert einer Gleitpunktzahl der Exzess vom Exponenten subtrahiert werden, die Darstellung $\pm m_0.m_1 m_2 \cdots m_{p-1} \times b^e$ repräsentiert somit die Gleitpunkt-Zahl

$$\pm(m_0 + m_1 b^{-1} + \cdots + m_{p-1} b^{-(p-1)}) \cdot b^{(e-exzess)}. \tag{8.5}$$

Die Indizierung der *Mantissenstellen* erfolgt bei der Codierung von Gleitpunktzahlen in umgekehrter Reihenfolge der Bitnummerierung, d.h., die Mantissenstelle mit der größten Signifikanz (Bitnummer d_{n-1}) erhält den Index Null, während die Stelle kleinster Signifikanz (Bitnummer d_0) den größten Index $(p-1)$ erhält (vgl. Abbildung 8.5). Diese Konvention basiert auf der Norm IEEE-754 (siehe Abschnitt 8.5), sie widerspricht jedoch der allgemein verwendeten Indizierung bei Festpunkt-Zahlensystemen.

8.5 IEEE-Normen für Gleitpunkt-Zahlensysteme

> *"There is, of course, no denying the fact that human time is consumed in arranging for the introduction of suitable scale factors. We only argue that the time consumed is a very small percentage of the total time we will spend in preparing an interesting problem for our machine. The first advantage of the floating point is, we feel, somewhat illusory. In order to have such a floating point, one must waste memory capacity which could otherwise be used for carrying more digits per word. It would therefore seem to us not at all clear whether the modest advantages of a floating binary point offset the loss of memory capacity and the increased complexity of the arithmetic and control circuits."*
>
> Arthur W. Burks, Herman H. Goldstine und John von Neumann,
> „Preliminary discussion of the logical design of an electronic computing instrument".

Mit obiger Begründung verzichtete John von Neumann 1946 auf die Einführung von Gleitpunkt-Zahlensystemen in einem von ihm zu entwickelnden Computer. Im ersten Argument führt von Neumann dabei an, dass das manuelle Skalieren von (Zwischen-)Ergebnissen numerischer Berechnungen innerhalb der Wortbreiten des verwendeten Computers nur einen Bruchteil der Zeit beansprucht, den die Gesamtentwicklung einer numerischen Anwendung erfordert. Das zweite Argument adressiert sodann den erhöhten Hardware-Aufwand, der zur Speicherung von Gleitpunktzahlen (im Besonderen deren Exponenten) und zur Durchführung von arithmetischen Operationen auf Gleitpunktzahlen notwendig ist.

Diese Entscheidung ist heute im Lichte jener Zeit zu sehen, in der die Speicherkapazität der existierenden auf Röhren basierenden Rechner in Bit, ihre Größe in *Kubikfuß*[1] und ihr Gewicht in Tonnen angegeben wurde. Die Realisierung von Programmen erfolgte dabei noch über Steckverbindungen und mechanische Schalter. Die Existenz der Aussage von Neumanns deutet jedoch darauf hin, dass Gleitpunkt-Zahlensysteme schon *vor* ihrer Einführung zu Kontroversen geführt hatten.

Die bis heute anhaltenden Trends der fortschreitenden Leistungssteigerung bei Computer-Hardware einerseits sowie der steigenden Komplexität von Software andererseits nahmen jedoch der Argumentation von Neumanns schon bald ihre Stichhaltigkeit.

Im Handel tauchte die maschinelle Gleitpunktverarbeitung erstmals 1953 mit der IBM 704 auf, 1957 war ihr praktischer Nutzen schon so weit anerkannt, dass sie in fast allen größeren Rechnern ihren Niederschlag fand. Allerdings gab es zu dieser Zeit keinen wie immer gearteten Konsens bezüglich der Parametrisierung von Gleitpunkt-Zahlensystemen. Die Folge war eine Inhomogenität der unterschiedlichen Implementierungen, die sich unter anderem bezüglich der verwendeten Basis b, der Anzahl signifikanter Mantissenstellen p sowie in der (Nicht-)Existenz denormalisierter Gleitpunktzahlen voneinander unterschieden.

Bedingt durch diese Unterschiede war es in der Regel sehr aufwendig, Programme und Daten von einem Computer auf einen anderen zu übertragen. Durch die vorhin angesprochene Komplexitätssteigerung von Software entwickelte sich jedoch auch die Portierung derselben immer mehr zu einem Kostenfaktor, was schließlich in den Siebzigerjahren in Standardisierungsbestrebungen mündete.

Intel entwickelte 1976 einen eigenen Gleitpunktstandard, der die Kompatibilität zwischen den Arithmetikprozessoren der kommenden Intel-Prozessorfamilien sicherstellen sollte. Der Intel-Standard wurde im folgenden Jahr durch John Palmer nach Rücksprache mit Professor W. Kahan von der University of California in Berkley veröffentlicht. Anfang 1978 richtete das IEEE einen Ausschuss zur Entwicklung eines industriellen Gleitpunktstandards für Mikroprozessoren ein, um eine Wiederholung der chaotischen Situation, die bei den damals vorherrschenden Großrechnern

---

[1] 1 Fuß = 0.3048 Meter

bestand, zu vermeiden. Professor Kahan schlug dem Ausschuss die Annahme einer erweiterten Version des Intel-Standards vor.

Die Verhandlungen des IEEE Ausschusses zogen sich bis 1985 hin, sie resultierten schließlich im IEEE Standard 754-1985**, dem „*IEEE Standard for Binary Floating-Point Arithmetic*". Dieser Standard stellt im Wesentlichen eine vereinfachte, leicht revidierte Version des Intel-Standards dar, der Folgendes festlegt:

- Format und Codierung zweier Gruppen von Gleitpunkt-Zahlensystemen auf Basis $b = 2$,

- Verfügbare Grundoperationen und Rundungsvorschriften,

- Konvertierung zwischen verschiedenen Zahlenformaten und zwischen Dezimal- und Binärzahlen

- Behandlung der Ausnahmefälle wie z.B. Exponentenüberlauf und Division durch Null.

Intel, des Wartens auf die Verabschiedung des Standards müde, hatte in der Zwischenzeit schon einen Arithmetik-Prozessor (8087) für ihren in IBM PCs verwendeten 8086 Mikroprozessor herausgebracht, womit IEEE 754 schon vor seiner Verabschiedung den Status eines de-facto-Standards erreichte. Allerdings war es Intel 1980 noch nicht möglich gewesen, alle ausständigen Entscheidungen des IEEE Ausschusses vorherzusehen, womit der 8087 letztendlich nicht ganz standard-konform war (was mit dem 80387 jedoch nachgeholt wurde). Beim nachfolgenden i486 wurde schließlich die Aufteilung in Hauptprozessor und Arithmetik-(Co)prozessor aufgegeben und die Gleitpunkt-Verarbeitungseinheit direkt im Hauptprozessor integriert.

Zwei Jahre nach IEEE 754 wurde mit dem IEEE-Standard 854-1987 namens „*A Radix Independent Standard for Floating-Point Arithmetic*" noch eine Spezifikation von Gleitpunkt-Zahlensystemen $\mathbb{F}(b, p, e_{min}, e_{max}, denorm)$ ohne Einschränkung auf den binären Fall $b = 2$ veröffentlicht. 1989 schließlich wurde IEEE 754 als amerikanische Norm durch die IEC zur *internationalen* Norm IEC 559:1989 erhoben.

Damit kommt heute praktisch kein Hardware-Hersteller mehr um die Normen IEEE 754/854 herum, der Grad der Konformität ist aber mitunter unterschiedlich. Bedingt durch die allgegenwärtige Vernetzung von Computern und den damit einhergehenden Austausch von Anwendungen und Daten ist die Bedeutung eines Gleitpunktstandards heutzutage höher als je zuvor. Der im Sinne der Parallelverarbeitung oftmals praktizierte Zusammenschluss vieler einzelner Computer oftmals unterschiedlicher Hardware-Architekturen zu sogenannten Clustern verdeutlicht diesen Umstand. Seit der Einführung der Programmiersprache Java ist die Hardware mitunter a-priori gar nicht mehr bekannt, auf der ein gegebenes Programm einmal zum Ablauf gelangen wird. Die Spezifikation der virtuellen Maschine von Java (JVM) bietet daher auch für das Rechnen mit Gleitpunktzahlen eine standardisierte Schnittstelle, die eine Untermenge der Norm IEEE 754 umfasst.

Schließen wollen wir diesen historischen Abriss mit einem Hinweis auf den deutschen Computer-Pionier Konrad Zuse, der schon 1936, also 10 Jahre vor der eingangs erwähnten Absage von Neumanns, ein "Gleitpunkt-Rechenwerk" für sein noch mechanisch arbeitendes Computer-Versuchsmodell Z1 konzipiert hatte. Die weltweit erste voll funktionsfähige maschinelle Implementierung von Gleitpunkt-Zahlensystemen verwirklichte Zuse schließlich in einer Maschine namens Z3, die er 1941 in Berlin-Kreuzberg entwickelte. Viele Konzepte aus dem heutigen IEEE-Gleitpunktstandard können auf Zuses Arbeit zurückverfolgt werden. So verwendete er beispielsweise 1936 beim Versuch einer Patentanmeldung in der Patentschrift die sogenannte "Halblogarithmische Darstellung" von Zahlen in der Form $y = B^a \cdot b$, was der Codierung von Gleitpunktzahlen in Vorzeichen, Exponent und Mantisse gleichkommt.

**Informell hat sich für diesen Standard die Kurzform *IEEE 754* eingebürgert.

8.5.1 Formate der IEEE 754 Gleitpunkt-Zahlensysteme

IEEE 754 spezifiziert zunächst einmal die Gleitpunkt-Zahlensysteme $\mathbb{F}(2, 24, -126, +127, true)$ und $\mathbb{F}(2, 53, -1022, +1023, true)$. Da Gleitpunktzahlen im ersten Format mit 32 Bit, im zweiten aber mit 64 Bit codiert werden, spricht man in diesem Zusammenhang auch von *einfacher* bzw. *doppelter* Genauigkeit (engl. *single* bzw. *double precision*), die beiden Zahlenformate werden auch als die *Grundformate* bezeichnet. Zu jedem der genannten Grundformate sieht der Standard ein sogenanntes *erweitertes* (engl. *extended*) Format vor. Wie in Tabelle 8.2 ersichtlich,

Parameter	Format			
	Single	Single Extended	Double	Double Extended
b	2	2	2	2
p	24	≥ 32	53	≥ 64
e_{min}	-126	≤ -1022	-1022	≤ -16382
e_{max}	$+127$	$\geq +1023$	$+1023$	$\geq +16383$
denorm	true	true	true	true
Exzess des Exponenten	$+127$	unspezifiziert	$+1023$	unspezifiziert
Bitbreite des Exponenten	8	≥ 11	11	≥ 15
Bitbreite des Formats	32	≥ 43	64	≥ 79

Tabelle 8.2: Parameter der IEEE 754 Gleitpunkt-Zahlensysteme

werden für die Parameter p, e_{max} sowie für die Bitbreiten der erweiterten Formate nur untere Schranken (Mindestwerte) angegeben. Damit steht es einer Implementierung des IEEE 754 Standards frei, diese Parameter innerhalb des durch die untere Schranke definierten Wertebereichs beliebig zu wählen. Analog sieht der Standard eine obere Schranke für den Parameter e_{min} vor.

Es ist für eine Implementierung des IEEE 754 Standards nicht notwendig, alle spezifizierten Formate zu unterstützen. Zwingend erforderlich ist vielmehr nur das Grundformat einfacher Genauigkeit sowie jenes erweiterte Format, das dem unterstützten Grundformat mit der höchsten Genauigkeit entspricht.

Als Beispiel betrachten wir die x86-Prozessoren der Firma Intel, die sowohl das Grundformat einfacher als auch doppelter Genauigkeit unterstützen, womit sie gemäß Standard auch das erweiterte Format doppelter Genauigkeit zu unterstützen haben. Dieses ist bei dieser Prozessorfamilie als $\mathbb{F}(2, 64, -16382, +16383, true)$ ausgeführt.

8.5.2 Codierung von Gleitpunktzahlen der IEEE 754 Gleitpunkt-Zahlensysteme

Wie schon bei der Spezifikation von Grundformaten und erweiterten Formaten geht der Standard auch im Hinblick auf die Codierung derselben unterschiedliche Wege: während die Details der Codierung bei den erweiterten Formaten großteils der Implementierung überlassen werden, spezifiziert der Standard die Codierung von Gleitpunktzahlen der beiden Grundformate überaus exakt. Basierend auf den Ausführungen aus Abschnitt 8.4 über die Codierung von Gleitpunktzahlen kommen dabei einige zusätzliche Konzepte zur Anwendung, die im Folgenden vorgestellt werden.

Implizites erstes Bit

Abbildung 8.6 zeigt die Codierung einer IEEE 754 Gleitpunktzahl im Grundformat einfacher Genauigkeit. Vergleicht man diese Darstellung mit der Spezifikation des entsprechenden Gleitpunkt-Zahlensystems in Tabelle 8.2, so fällt der Unterschied in der Anzahl der Mantissenstellen p auf.

Während in Tabelle 8.2 dafür 24 Bit vorgesehen sind, kommt die Codierung aus Abbildung 8.6 mit nur 23 Bit aus. Der Grund für diese Abweichung beruht auf der Überlegung, dass die Vor-

VZ	Exponent			Mantisse			Indizierung
v	E_7	$\cdots$	E_0	m_1	$\cdots$	m_{23}	
d_{31}	d_{30} d_{29}	$\cdots$ $\cdots$	d_{23}	d_{22}	$\cdots$ $\cdots$	d_1 d_0	Bitnummer
msb						lsb	

Abbildung 8.6: Codierung im Grundformat einfacher Genauigkeit nach IEEE 754

kommastelle m_0 der Mantisse einer normalisierten Gleitpunktzahl auf Basis $b = 2$ aufgrund der Normalisierungsbedingung $m_0 \neq 0$ immer 1 sein muss (vgl. Abschnitt 8.2.1). Daher ist es nicht notwendig, diese Stelle explizit zu codieren, solange sie bei jeder Verwendung einer derart codierten Zahl (z.B. bei Berechnungen) berücksichtigt wird. Wegen dem Verzicht auf die Vorkommastelle m_0 spricht man bei dieser Codierung von einem sogenannten *impliziten ersten Bit* der Mantisse. Der Vorteil dieser Codierung liegt in der Einsparung einer Mantissenstelle, die sodann zur Erhöhung der Genauigkeit als *zusätzliche* Mantissenstelle verwendet werden kann. Die Mantisse aus Abbildung 8.6 verfügt daher über $p = 24$ signifikante Stellen und setzt sich aus *einer* implizit codierten Vorkommastelle $m_0 = 1$ sowie 23 explizit codierten Nachkommastellen $m_1 \cdots m_{23}$ zusammen, womit die Übereinstimmung mit Tabelle 8.2 gegeben ist.

Allerdings ist dieser Kniff nur auf Gleitpunkt-Zahlensysteme der Basis $b = 2$ anzuwenden, da bei einer höheren Basis mehrere der Normalisierungsbedingung $m_0 \neq 0$ genügende Werte existieren, womit der Wert der impliziten ersten Stelle nicht mehr eindeutig ist (für $b = 16$ zum Beispiel alle Werte im Intervall $[1, 15]$).

Denormalisierte Gleitpunktzahlen

Des weiteren verliert man mit dem Verzicht auf die explizite Codierung der Vorkommastelle m_0 auch die Möglichkeit, zwischen normalisierten und denormalisierten Gleitpunktzahlen zu unterscheiden. Zur Wiedererlangung dieser Unterscheidbarkeit weicht man wie schon bei der Darstellung der Zahl Null auf den speziellen Exponentenwert $e_{\min} - 1$ aus, der in diesem Fall ein implizites erstes Bit $m_0 = 0$ anzeigt. Der Exponentenwert $e_{\min} - 1$ dient in diesem Fall nur zur Codierung der Information $m_0 = 0$, der eigentliche Wert des Exponenten einer solchen denormalisierten Gleitpunktzahl beträgt natürlich weiterhin $e_{\min}$.

Zur Veranschaulichung wollen wir den Wert der Gleitpunktzahl bestimmen, die der folgenden Codierung im Grundformat einfacher Genauigkeit entspricht:

0	0 0 0 0 0 0 0	1 0 0 0 0 0 0 0 0 0 0 0 0 0 0 0 0 0 0 0 0 0 0
31	30 29 28 27 26 25 24	23 22 21 20 19 18 17 16 15 14 13 12 11 10 9 8 7 6 5 4 3 2 1 0

Dazu bestimmen wir zunächst den Wert des in Exzessdarstellung codierten Exponenten. Gemäß Tabelle 8.2 beträgt der Exzess im Grundformat einfacher Genauigkeit $+127$, womit sich der Wert des uncodierten Exponenten aus $(00000000)_2 - (127)_{10} = (0)_{10} - (127)_{10} = -(127)_{10}$ errechnet. Da im betrachteten Gleitpunkt-Zahlenformat der kleinste gültige Exponent mit $e_{\min} = -(126)_{10}$ festgelegt ist (vgl. abermals Tabelle 8.2), bezeichnet -127 den speziellen Exponenten $e_{\min} - 1$. Damit handelt es sich bei der vorliegenden Codierung entweder um eine denormalisierte Gleitpunktzahl oder um die Zahl Null selbst. Zur Klärung dieser Frage betrachten wir die Mantisse, die wir aufgrund der uns unbekannten impliziten ersten Stelle m_0 als x.10000000000000000000000 anschreiben. Da der Wert der Mantissenstelle $m_1 = 1$ der Darstellung von Null als $1.00 \cdots 00 \times b^{e_{\min}-1}$ (vgl. Abschnitt 8.2.1) widerspricht, haben wir es im vorliegenden Fall mit einer denormalisierten Gleitpunktzahl zu tun. Damit ergibt sich als implizite erste Stelle der Wert $m_0 = 0$, die Mantisse beträgt somit 0.10000000000000000000000, womit sich als Wert der betrachteten Gleitpunktzahl $(0.1)_2 \times 2^{e_{\min}} = (0.1)_2 \times 2^{-126}$ ergibt.

Die Zahl Null

0	0 0 0 0 0 0 0	0 0 0 0 0 0 0 0 0 0 0 0 0 0 0 0 0 0 0 0 0 0 0
31	30 29 28 27 26 25 24	23 22 21 20 19 18 17 16 15 14 13 12 11 10 9 8 7 6 5 4 3 2 1 0

Betrachten wir in diesem Zusammenhang noch die Codierung der Zahl Null selbst. Die Exzessdarstellung des speziellen Exponenten $e_{\min} - 1$ lautet wie im vorangegangenen Beispiel 00000000, die Codierung der Mantisse 0.0 als 1.00000000000000000000000 (vgl. Abschnitt 8.2.1) besteht wegen dem Verzicht auf das implizite erste Bit nur aus Nullen. Damit ergibt sich für die Codierung der Zahl Null eine Darstellung aus lauter Nullen, was zum einen eine intuitive Handhabbarkeit, zum anderen aber die Verwendbarkeit von auf ganzen Zahlen definierten Operatoren zum Vergleich von Gleitpunktzahlen auf *kleiner*, *gleich*, oder *größer* Null eröffnet. Da Operationen auf ganzen Zahlen weniger aufwendig als Gleitpunktoperationen sind, kommt dies wiederum einer Effizienzsteigerung gleich.

Allerdings bedingt das Vorzeichenbit der Mantisse zwei verschiedene Darstellungen für Null, nämlich $+0$ und -0. Unterscheidet man zwischen diesen beiden Darstellungen, so könnte mitunter schon eine so einfache Abfrage wie if $(x = 0)$ zu unvorhergesehenem Verhalten führen, abhängig vom Vorzeichen von x. Aus diesem Grund legt IEEE 754 fest, dass für *Vergleiche* die Eigenschaft

$$+0 = -0$$

gilt. Obwohl es für den IEEE Standard prinzipiell möglich gewesen wäre, das Vorzeichen von Null komplett zu ignorieren, so wurde die Unterscheidung von ± 0 für verschiedene numerische Anwendungen doch als notwendig erachtet. Die Konsequenzen dieser Entscheidung treffen den Programmierer numerischer Anwendungen mitunter unerwartet, z.B. gilt aufgrund der besagten Unterscheidung die Relation $x = y \Leftrightarrow 1/x = 1/y$ nicht mehr, falls $x = +0$ und $y = -0$ ist (IEEE 754 unterscheidet auch zwischen $+\infty$ und $-\infty$, wie wir im nächsten Abschnitt sehen werden). Für das Vorzeichen des Ergebnisses einer Multiplikation oder Division gelten bezüglich ± 0 die üblichen Regeln: $(+) \cdot (+) = (+)$, $(-) \cdot (+) = (-)$, $(-) \cdot (-) = (+)$. So ergibt $3 \cdot (+0) = +0$, $+0/-3 = -0$, $-3 \cdot (-0) = +0$.

Unendlich

Zur Codierung von ∞ sieht IEEE 754 den speziellen Exponentenwert $e_{\max} + 1$ vor, die Nachkommastellen der Mantisse bestehen analog zur Zahl Null aus Nullen, das Vorzeichenbit der Mantisse dient zur Unterscheidung von $\pm \infty$. Ist das Ergebnis einer Berechnung zu groß/klein, um im betreffenden Gleitpunkt-Zahlenformat dargestellt zu werden, wird auf $+\infty$ bzw. $-\infty$ als Rückgabewert zurückgegriffen. Dies ist im Allgemeinen sicherer, als einen solchen *Überlauf* durch die größte/kleinste darstellbare Zahl anzunähern und mit diesem fragwürdigen Ergebnis weiterzurechnen. Darüber hinaus sind auf ∞ arithmetische Operationen definiert. Die Regel zur Bestimmung des Ergebnisses einer Operation mit ∞ als Operand ist dabei denkbar einfach: man ersetzt ∞ durch eine endliche Zahl x und bestimmt den Grenzwert für $x \to \infty$. Damit ist $\sqrt{+\infty} = +\infty$, da $\lim_{x \to +\infty} \sqrt{x} = +\infty$. Analog ergibt $1/+\infty = +0$, $1/-\infty = -0$, $4 - \infty = -\infty$. Falls der Grenzwert nicht existiert, ist das Ergebnis NaN (siehe nächsten Abschnitt). Die Division durch Null hat ebenfalls ∞ mit korrektem Vorzeichen als Ergebnis: $1/+0 = +\infty$, $1/-0 = -\infty$.

Not a Number (NaN)

Traditionellerweise führte der Versuch einer Berechnung von 0/0 oder $\sqrt{-1}$ in einer numerischen Anwendung zu einem sofortigen Programmabbruch, was den Programmierer von jeglicher Möglichkeit enthob, auf diese Ausnahmesituation *innerhalb* der Software zu reagieren. Dies erwies sich mitunter als störend, da die einzige Gegenmaßnahme im Überprüfen der Operatoren *vor* dem Ausführen der jeweiligen Operation bestand. Die Sinnhaftigkeit solcher Sicherheitsabfragen war aber nicht unumstritten, da sie die Komplexität der Programme unnötig erhöhten und darüber hinaus Raum für weitere Fehler boten.

Als wesentlich praktikabler erwies sich die Methode, die Anwendung in einer Ausnahmesituation wie der Division 0/0 nicht zu terminieren, sondern einen als Gleitpunktzahl codierten symbolischen Sonderwert zu retournieren, der diesen Umstand anzeigt. Da diese Sonderwerte keinem numerischen Wert entsprechen, hat sich für sie der englische Ausdruck *Not a Number* (abgekürzt *NaN*) eingebürgert. Damit nicht nach jeder Gleitpunktoperation das Ergebnis auf Gleichheit mit NaN überprüft werden muss, definiert IEEE 754, dass eine beliebige Gleitpunktoperation mit mindestens einem NaN-Operanden wieder NaN ergibt. Die Zuweisung der Gestalt y = (-b + Math.sqrt (x)) / (2*a); verdeutlicht diesen Umstand: für x < 0 liefert sqrt (x) als Ergebnis NaN, wodurch der Gesamtausdruck auf der rechten Seite der Zuweisung und in der Folge die Variable y selbst zu NaN evaluieren. Auf diese Weise ist sichergestellt, dass eine einmal aufgetretene Ausnahme bis an das Ende der Berechnung weiterpropagiert wird, anstatt fälschlicherweise während der Berechnung „verlorenzugehen".

Codiert werden NaNs im IEEE 754 Standard wiederum durch den speziellen Exponentenwert $e_{max}+1$, wobei zur Unterscheidung von $\pm\infty$ die Nachkommastellen der Mantisse ungleich 00 $\cdots$ 00 sein müssen.

Abschließend sei auf den Umstand hingewiesen, dass IEEE 754 auch die Signalisierung einer Ausnahmesituation vorsieht. Allerdings resultiert diese nicht in einem Programmabbruch, da dem Programmierer die Möglichkeit geboten wird, in einem eigens von ihm dafür zur Verfügung gestellten Programmteil (dem sogenannten Traphandler) auf die Ausnahmesituation zu reagieren.

Die Grundformate einfacher und doppelter Genauigkeit

In Abbildung 8.6 wurde bereits die Codierung des IEEE 754 Grundformats einfacher Genauigkeit vorgestellt. Die Codierung des Grundformats doppelter Genauigkeit erfolgt nach demselben

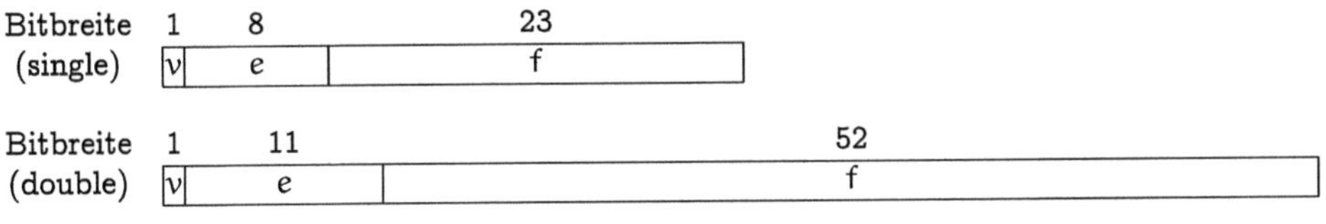

```
Bitbreite    1   8        23
(single)    |v|  e  |     f     |

Bitbreite    1   11             52
(double)    |v|  e   |          f          |
```

Abbildung 8.7: Codierung der Grundformate nach IEEE 754

Schema, allein die Bitbreiten für Exponent und Mantisse sind unterschiedlich. Abbildung 8.7 fasst diesen Umstand nochmals zusammen.

Die in beiden Fällen mit implizitem ersten Bit codierte Mantisse wurde dabei mit f bezeichnet. Diese Bezeichnung ist auf das englische Wort *fraction* zurückzuführen und bezieht sich auf die Tatsache, dass aufgrund des impliziten ersten Bits nur mehr die Nachkommastellen der Mantisse gespeichert werden. Wie die einzelnen Felder bei der Codierung der Grundformate zu interpretieren sind, wird in Tabelle 8.3 nochmals verdeutlicht. Zur Illustration wollen wir die Zahl $(0.875)_{10}$ in das Grundformat einfacher Genauigkeit umwandeln. $(0.875)_{10}$ entspricht binär

Format		Exponent allgemein	Exponent dezimal	Nachkommastellen f der Mantisse	Wert der Gleitpunktzahl
single	1	$e_{\max}+1$	255	$f \neq 0$	NaN
	2	$e_{\max}+1$	255	$f = 0$	$(-1)^v \cdot \infty$
	3	$e_{\min} \leq e \leq e_{\max}$	$1 \leq e \leq 254$	beliebig	$(-1)^v \cdot 1.f \cdot 2^{(e-127)}$
	4	$e_{\min}-1$	0	$f \neq 0$	$(-1)^v \cdot 0.f \cdot 2^{-126}$
	5	$e_{\min}-1$	0	$f = 0$	$(-1)^v \cdot 0$
double	1	$e_{\max}+1$	2047	$f \neq 0$	NaN
	2	$e_{\max}+1$	2047	$f = 0$	$(-1)^v \cdot \infty$
	3	$e_{\min} \leq e \leq e_{\max}$	$1 \leq e \leq 2046$	beliebig	$(-1)^v \cdot 1.f \cdot 2^{(e-1023)}$
	4	$e_{\min}-1$	0	$f \neq 0$	$(-1)^v \cdot 0.f \cdot 2^{-1022}$
	5	$e_{\min}-1$	0	$f = 0$	$(-1)^v \cdot 0$

Tabelle 8.3: IEEE 754 Grundformat einfacher und doppelter Genauigkeit

0.111×2^0, was normalisiert 1.11×2^{-1} ergibt. Betrachten wir zuerst die Mantisse 1.11, deren Nachkommaanteil $f = 110\cdots00$ lautet. Das Vorzeichenbit v der Mantisse einer positiven Zahl ist natürlich 0. Der Exponent unserer Gleitpunktzahl lautet -1, hinzu kommt der Exzess von 127, womit der Exponent $(126)_{10}$ oder binär $(01111110)_2$ beträgt, was uns zur folgenden Darstellung besagter Gleitpunktzahl führt:

```
 v              e                                    f
┌─┬─┬─┬─┬─┬─┬─┬─┬─┬─┬─┬─┬─┬─┬─┬─┬─┬─┬─┬─┬─┬─┬─┬─┬─┬─┬─┬─┬─┬─┬─┬─┐
│0│0│1│1│1│1│1│1│0│1│1│0│0│0│0│0│0│0│0│0│0│0│0│0│0│0│0│0│0│0│0│0│
├─┼─┼─┼─┼─┼─┼─┼─┼─┼─┼─┼─┼─┼─┼─┼─┼─┼─┼─┼─┼─┼─┼─┼─┼─┼─┼─┼─┼─┼─┼─┼─┤
│31│30│29│28│27│26│25│24│23│22│21│20│19│18│17│16│15│14│13│12│11│10│9│8│7│6│5│4│3│2│1│0│
```

Setzen wir nun umgekehrt die Werte für v, e und f aus dieser Darstellung in die Formel aus Tabelle 8.3 (3. Zeile, 4. Spalte des Formats "*single*") ein, so erhalten wir wiederum

$$(-1)^0 \times 1.11000000000000000000000 \times 2^{126-127} = 1.11 \times 2^{-1}$$

als Wert der ursprünglichen Gleitpunktzahl. Abschließend betrachten wir noch die Darstellung dieser Gleitpunktzahl im IEEE 754 Grundformat doppelter Genauigkeit:

```
┌─┬─┬─┬─┬─┬─┬─┬─┬─┬─┬─┬─┬─┬─┬─┬─┬─┬─┬─┬─┬─┬─┬─┬─┬─┬─┬─┬─┬─┬─┬─┬─┐
│0│0│1│1│1│1│1│1│1│1│1│0│1│1│0│0│0│0│0│0│0│0│0│0│0│0│0│0│0│0│0│0│
├─┼─┼─┼─┼─┼─┼─┼─┼─┼─┼─┼─┼─┼─┼─┼─┼─┼─┼─┼─┼─┼─┼─┼─┼─┼─┼─┼─┼─┼─┼─┼─┤
│63│62│61│60│59│58│57│56│55│54│53│52│51│50│49│48│47│46│45│44│43│42│41│40│39│38│37│36│35│34│33│32│
└─┴─┴─┴─┴─┴─┴─┴─┴─┴─┴─┴─┴─┴─┴─┴─┴─┴─┴─┴─┴─┴─┴─┴─┴─┴─┴─┴─┴─┴─┴─┴─┘

┌─┬─┬─┬─┬─┬─┬─┬─┬─┬─┬─┬─┬─┬─┬─┬─┬─┬─┬─┬─┬─┬─┬─┬─┬─┬─┬─┬─┬─┬─┬─┬─┐
│0│0│0│0│0│0│0│0│0│0│0│0│0│0│0│0│0│0│0│0│0│0│0│0│0│0│0│0│0│0│0│0│
├─┼─┼─┼─┼─┼─┼─┼─┼─┼─┼─┼─┼─┼─┼─┼─┼─┼─┼─┼─┼─┼─┼─┼─┼─┼─┼─┼─┼─┼─┼─┼─┤
│31│30│29│28│27│26│25│24│23│22│21│20│19│18│17│16│15│14│13│12│11│10│9│8│7│6│5│4│3│2│1│0│
└─┴─┴─┴─┴─┴─┴─┴─┴─┴─┴─┴─┴─┴─┴─┴─┴─┴─┴─┴─┴─┴─┴─┴─┴─┴─┴─┴─┴─┴─┴─┴─┘
```

Die Kontrolle dieser Darstellung anhand der entsprechenden Formel aus Tabelle 8.3 (3. Zeile, 4. Spalte des Formats „*double*") sei dem geneigten Leser nun als einfache Übungsaufgabe überlassen.

Die erweiterten Formate

Es wurde schon eingangs dieses Abschnitts erwähnt, dass IEEE 754 für die Codierung der erweiterten Gleitpunkt-Zahlensysteme praktisch keine Einschränkungen trifft. Eine Implementierung muss nur alle numerischen Werte eines in Tabelle 8.2 spezifizierten erweiterten Gleitpunkt-Zahlensystems sowie Sonderwerte für NaN und $\pm\infty$ zur Verfügung stellen, um dem Standard zu genügen. Dabei ist es sogar ausdrücklich erlaubt, Gleitpunktzahlen $x \neq 0$ *redundant* (also auf verschiedene Arten) zu codieren, solange dies für den Anwender transparent geschieht.

Man ist bei den erweiterten Formaten daher gut beraten, die diesbezüglichen herstellerspezifischen Informationen zu beachten. So verwendet das eingangs angeführte erweiterte Format doppelter Genauigkeit $\mathbb{F}(2, 64, -16382, +16383, \textit{true})$ der Intel x86-Prozessoren für die Codierung der Mantisse 64 Bit, womit das erste Bit *explizit* codiert ist.

8.5.3 Arithmetik der IEEE 754 Gleitpunkt-Zahlensysteme

Um die Portabilität numerischer Programme zu gewährleisten, definiert IEEE 754 auch die Funktionsweise der arithmetischen Operationen wie Addition, Subtraktion, Multiplikation und Division auf Gleitpunkt-Zahlen. Dies erscheint zunächst ungewöhnlich, da diese Operationen von den ganzen Zahlen her intuitiv verstanden werden und dort kein Spielraum für unterschiedliche Interpretationen besteht. Programmierer numerischer Anwendungen mussten hingegen schon vom Anfang an die Auswirkungen der Auffassungsunterschiede zwischen den Hardware-Herstellern im Hinblick auf die jeweilige als „korrekt" angesehene Gleitpunkt-Arithmetik an der Funktionsweise ihrer eigenen Programme miterleben. Abhängig von der Hardware, auf der eine Anwendung zum Ablauf gelangte, waren die berechneten Ergebnisse sehr oft unterschiedlich, mitunter sogar gegensätzlich. Interessierte seien in diesem Zusammenhang auf [17] verwiesen, das einige lesenswerte Histörchen zu diesem Thema beinhaltet. So soll Prof. Kahan aufgrund zweifelhafter Berechnungsergebnisse sogar einmal darum ersucht haben, die Gleitpunkt-Einheit einer IBM 7090 mit dem Lötkolben in Ordnung bringen zu dürfen.

Die Hintergründe für die Variationsmöglichkeiten beim Rechnen mit Gleitpunktzahlen werden im folgenden Abschnitt behandelt, die Festlegung der Gleitpunkt-Arithmetik durch den IEEE 754 Standard hatte die Ausräumung der angesprochenen Unterschiede zum Zweck.

It was the gist of the notice. It said
„The Guide is definitive. Reality is frequently inaccurate."

Douglas Adams, „The Restaurant at the End of the Universe".

8.6 Arithmetik auf Gleitpunkt-Zahlensystemen

Im Unterschied zur Mathematik im herkömmlichen Sinn kann sich die Computer-Numerik nur jener reellen Zahlen bedienen, die im jeweils verwendeten Zahlensystem $\mathbb{F}(b, p, e_{min}, e_{max}, \textit{denorm})$ vorhanden sind. Den endlich vielen Zahlen aus $\mathbb{F}^{\dagger\dagger}$ stehen dabei unendlich viele reelle Zahlen aus der Menge $\mathbb{R}$ der reellen Zahlen gegenüber, es gilt $\mathbb{F} \subset \mathbb{R}$. Diese prinzipielle Einschränkung stellt das grundlegende Problem der Computer-Numerik dar. Es bedeutet, dass Zahlen, die zu ihrer Darstellung mehr als p Mantissenstellen oder einen Exponenten außerhalb von $[e_{min}, e_{max}]$ benötigen, durch einen Wert aus $\mathbb{F}$ repräsentiert werden müssen. Da das Ergebnis arithmetischer Operationen mit Operanden aus der Zahlenmenge $\mathbb{F}$ im Allgemeinen keine Zahl aus $\mathbb{F}$ ist, ergibt sich die Notwendigkeit zur *Rundung* des *exakten* Ergebnisses auf eine Zahl aus $\mathbb{F}$ praktisch bei jeder Rechenoperation. Zur Veranschaulichung wollen wir noch einmal das Gleitpunkt-Zahlensystem $\mathbb{F}(2, 3, -1, 2, \textit{true})$ bemühen, um darin die Zahl $(0.875)_{10}$ von $(2.5)_{10}$ zu subtrahieren (eine Aufzählung der Zahlen aus $\mathbb{F}(2, 3, -1, 2, \textit{true})$ findet sich in Tabelle 8.1 auf Seite 125). Das exakte Ergebnis von $(2.5)_{10} - (0.875)_{10}$ lautet $(1.625)_{10}$ und liegt damit genau zwischen den Gleitpunktzahlen $(1.5)_{10}$ und $(1.75)_{10}$ aus $\mathbb{F}(2, 3, -1, 2, \textit{true})$. Wir benötigen daher ein *Rundungsverfahren*, um eine der beiden Gleitpunktzahlen als Ergebnis unserer Berechnung auszuwählen.

---

††Den Betrachtungen dieses Abschnitts genügt es, von der Existenz eines einzigen allgemeinen Gleitpunkt-Zahlensystems $\mathbb{F}(b, p, e_{min}, e_{max}, \textit{denorm})$ auszugehen. Für die Menge der Zahlen dieses Gleitpunkt-Zahlensystems verwenden wir dir Kurzschreibweise $\mathbb{F}$.

8.6.1 Rundung

ein bisschen geht hödlmoser schon aus seinem eigenen wald, aber nicht viel...

..."gottseidank hat der alte steinhauser vergessen, dass ich meinen jagdschein noch nicht hab", denkt hödlmoser.
"was hast denn da?" sagt steinhauser und zeigt auf den kapitalen bockskopf.
"ein böckerl", muss hödlmoser jetzt zugeben.
"oha", sagt steinhauser, "waidmannsheil!"
"waidmannsdank!" sagt hödlmoser stolz.

Reinhard P. Gruber, „Aus dem Leben Hödlmosers".

Unter einer *Rundungsfunktion* versteht man eine Abbildung

$$\Box : \mathbb{R} \to \mathbb{F},$$

die jeder reellen Zahl $x \in \mathbb{R}$ eine bestimmte, in einem noch zu präzisierenden Sinn „benachbarte" Zahl $\Box x \in \mathbb{F}$ zuordnet. Durch die Verwendung der Rundungsfunktion $\Box$ kann man nun die arithmetischen Operationen, die im Sinne der herkömmlichen Mathematik auf $\mathbb{R}$ definiert sind, auch auf $\mathbb{F}$ definieren: zu jeder zweistelligen arithmetischen Operation

$$\circ : \mathbb{R} \times \mathbb{R} \to \mathbb{R}$$

auf $\mathbb{R}$ definiert man die *analoge* Operation

$$\boxed{\circ} : \mathbb{F} \times \mathbb{F} \to \mathbb{F}$$

auf $\mathbb{F}$ durch

$$x \boxed{\circ} y = \Box(x \circ y). \tag{8.6}$$

Definition (8.6) entspricht dabei einer zweistufigen Vorgangsweise: zunächst wird das *exakte* Ergebnis $x \circ y$ der Operation $\circ$ ermittelt, um es anschließend durch eine Rundungsfunktion $\Box$ auf ein Ergebnis aus $\mathbb{F}$ abzubilden. Analog dazu können Operationen mit nur *einem* Operanden in $\mathbb{F}$ definiert werden. Die Subtraktion $(2.5)_{10} - (0.875)_{10}$ im vorangegangenen Beispiel entsprach genau dieser Vorgehensweise: im ersten Schritt wurde das exakte Ergebnis der Subtraktion in $\mathbb{R}$ berechnet:

$$x \circ y = x - y = (2.5)_{10} - (0.875)_{10} = (1.625)_{10} \in \mathbb{R}$$

Bevor wir nun die im zweiten Schritt benötigte Rundungsfunktion definieren, führen wir noch zwei Eigenschaften an, die für die praktische Verwendbarkeit einer solchen Funktion unumgänglich sind:

$$\Box x = x \quad \text{für} \quad x \in \mathbb{F} \tag{8.7}$$

Diese auch *Projektivität* genannte Eigenschaft legt fest, dass eine Gleitpunktzahl aus dem Gleitpunkt-Zahlensystem $\mathbb{F}$ auf sich selbst gerundet wird. Damit wird verhindert, dass sukzessives Anwenden der Rundungsfunktion auf eine in $\mathbb{F}$ existierende Gleitpunktzahl x ein „Verrunden" auf eine andere Zahl $y \neq x$ bewirkt.

Durch die Eigenschaft der *Monotonie*

$$x \leq y \implies \Box x \leq \Box y \quad \text{für} \quad x, y \in \mathbb{R} \tag{8.8}$$

wird sichergestellt, dass die Relation $x \leq y$ auch nach der Anwendung der Rundungsfunktion $\Box$ auf die Zahlen $x, y \in \mathbb{R}$ erhalten bleibt.

Die prinzipielle Darstellung einer Rundungsfunktion mit den genannten Eigenschaften findet sich in Abbildung 8.8. Zwischen zwei benachbarten Gleitpunktzahlen x_1 und x_2 aus dem

8.6 Arithmetik auf Gleitpunkt-Zahlensystemen

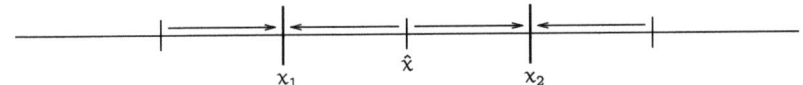

Abbildung 8.8: Rundungsfunktion mit Grenzpunkt $\hat{x}$

Gleitpunkt-Zahlensystem $\mathbb{F}$ wird dabei ein Grenzpunkt $\hat{x}$ festgelegt. Alle reellen Zahlen im Intervall $[x_1, x_2]$, die sich unterhalb dieses Grenzpunktes befinden, werden dabei auf x_1 abgerundet, alle reellen Zahlen oberhalb des Grenzpunktes auf x_2 aufgerundet. Für den Grenzpunkt selbst ist gesondert festzulegen, ob er auf x_1 oder x_2 gerundet werden soll, ob also $\Box \hat{x} = x_1$ oder $\Box \hat{x} = x_2$ gelten soll. Falls der Grenzpunkt jedoch mit x_1 oder x_2 übereinstimmt, folgt dies schon aus der Projektivität (vgl. Gleichung (8.7)).

Eine Rundungsfunktion $\Box$ mit den Eigenschaften aus (8.7) und (8.8) wird damit auf dem Intervall $[x_1, x_2]$ durch die Angabe des Grenzpunktes $\hat{x}$ sowie im Fall $x \notin \{x_1, x_2\}$ durch eine zusätzliche Rundungsvorschrift für $x = \hat{x}$ eindeutig festgelegt. Diese Rundungsfunktion ist damit auf alle Paare benachbarter Gleitpunktzahlen aus dem Gleitpunkt-Zahlensystem $\mathbb{F}$ anwendbar, was in Abbildung 8.8 durch die zusätzlichen Grenzpunkte links von x_1 und rechts von x_2 angedeutet ist. Die gebräuchlichsten Rundungsfunktionen werden im Folgenden angeführt.

Rundung auf den nächstgelegenen Wert (round to nearest)

Bei dieser Rundungsfunktion liegt der Grenzpunkt genau in der Mitte zwischen x_1 und x_2,

$$\hat{x} = \frac{x_1 + x_2}{2}$$

womit x immer auf die *nächstgelegene* Gleitpunktzahl aus $\mathbb{F}$ gerundet wird, was dieser Rundungsfunktion auch die Bezeichnung *optimale Rundung* eingetragen hat. Für den Fall $x = \hat{x}$ existieren zwei verschiedene Rundungsvorschriften.

Round away from zero: Hierbei wird diejenige der beiden Nachbarzahlen gewählt, die weiter von *Null* entfernt ist. Im einführenden Beispiel dieses Abschnitts mit dem Intervall $[(1.5)_{10}, (1.75)_{10}]$ und der zu rundenden Zahl $x = \hat{x} = (1.625)_{10}$ wäre damit $\Box x = (1.75)_{10}$.

Round to even: In diesem Fall wird für $x = \hat{x}$ als Ergebnis der Rundungsfunktion die Nachbarzahl gewählt, deren letzte Mantissenstelle gerade ist. Diese Art der Rundung ist natürlich nur möglich, wenn die Basis b des zugrundeliegenden Gleitpunkt-Zahlensystems gerade ist. Für Gleitpunkt-Zahlensystem mit ungerader Basis ist es nämlich denkbar, dass beide Nachbarn über eine gerade letzte Mantissenstelle verfügen. Zur Behandlung des laufenden Beispiels mittels dieser Rundungsfunktion betrachten wir die Nachbarzahlen x_1 und x_2 in der Darstellung der zugrundeliegenden Basis $b = 2$: $x_1 = (1.10)_2 \times 2^0$ und $x_2 = (1.11)_2 \times 2^0$. Aufgrund der letzten Mantissenstelle $m_2 = 0$ der Zahl x_1 ergibt $\Box x$ in diesem Fall $(1.5)_{10}$.

Abschneiden (truncate)

Beim Runden durch Abschneiden werden die „überzähligen" Mantissenstellen m_n für $n \geq p$ von der Mantisse von x abgeschnitten, wodurch man wieder eine Gleitpunktzahl aus $\mathbb{F}$ erhält. Dieser Vorgang entspricht der Rundung auf die vom Absolutbetrag her kleinere Nachbarzahl von x, also auf die in Richtung des Nullpunktes nächstgelegene Zahl aus $\mathbb{F}$. Aus diesem Grund wird diese Rundungsfunktion auch als *round toward zero* bezeichnet. Formal ist der Grenzpunkt dieser Rundungsfunktion definiert als

$$\hat{x} = \text{sign}(x) \cdot \max(|x_1|, |x_2|), \tag{8.9}$$

wobei sign(x) die Funktion

$$\text{sign}(x) = \begin{cases} -1 & \text{für } x < 0 \\ 1 & \text{für } x \geq 0 \end{cases}$$

bezeichnet. Für die Behandlung des laufenden Beispiels wandeln wir zuerst die zu rundende Zahl $x = (1.625)_{10}$ in die normalisierte Darstellung der zugrundeliegenden Basis $b = 2$ um. In dieser Darstellung wird ersichtlich, dass $x = (1.101)_2 \times 2^0$ über eine vierstellige Mantisse verfügt, während das zugrundeliegende Gleitpunkt-Zahlensystem $\mathbb{F}(2, 3, -1, 2, \textit{true})$ nur $p = 3$ Mantissenstellen unterstützt. Durch Abschneiden der letzten Mantissenstelle $m_3 = 1$ erhalten wir $\square(x) = (1.10)_2 \times 2^0 = (1.5)_{10} \in \mathbb{F}$. Nach der formalen Definition aus Gleichung (8.9) berechnet sich der Grenzpunkt des Intervalls $[(1.5)_{10}, (1.75)_{10}]$ als

$$\begin{aligned} \hat{x} &= \text{sign}((1.625)_{10}) \cdot \max(|(1.5)_{10}|, |(1.75)_{10}|) \\ &= 1 \cdot (1.75)_{10}, \end{aligned}$$

womit sich die Zahl $(1.625)_{10}$ unterhalb von $\hat{x}$ befindet und somit, wie zu erwarten, wiederum auf $(1.5)_{10}$ gerundet wird.

Gerichtetes Runden (directed rounding)

Beim *Aufrunden* (round toward plus infinity) bzw. *Abrunden* (round toward minus infinity) wird der Grenzpunkt durch

$$\hat{x} = \min(x_1, x_2) \quad \textit{bzw.} \quad \hat{x} = \max(x_1, x_2)$$

festgelegt. Damit ist beim gerichteten Runden unabhängig vom Vorzeichen stets die kleinere bzw. die größere der beiden Nachbarzahlen x_1 und x_2 das Ergebnis.

Überlauf

Wir sind bisher bei der Beschreibung der verschiedenen Rundungsfunktionen implizit davon ausgegangen, dass $-x_{\max} \leq x \leq +x_{\max}$, d.h., dass x innerhalb des von der kleinsten negativen und größten positiven Gleitpunktzahl $\pm x_{\max}$ erzeugten Intervalls $[-x_{\max}, +x_{\max}]$ liegt. Ist dies nicht der Fall, so liegt ein Überlauf vor. IEEE 754-konforme Implementierungen liefern in diesem Fall $\pm\infty$ (vgl. dazu die IEEE 754 Codierung von ∞ auf Seite 132).

8.6.2 Rundungsfehler

> *„so ein schöner hase"*, sagt hödlmoser, *„waidmannsheil!"*
> *„waidmannsdank!"* sagt steinhauser leise.
> *auch hödlmoser weiß, dass hier nicht das revier vom alten steinhauser ist.*
> *„er ist nur ein stückerl im anderen revier gewesen"*, sagt steinhauser entschuldigend. *„ist ja gar keine abschusszeit für hasen"*, mahnt hödlmoser jetzt.
> *„das schon"*, meint der alte steinhauser leise, *„aber in der dämmerung hat der bursche ausgesehen wie ein fuchs, ich leg an, na, und dann wars ein hase"*.
>
> Reinhard P. Gruber, „Aus dem Leben Hödlmosers".

Im gleichen Maße, wie die Repräsentation unendlich vieler reeller Zahlen durch endlich viele Gleitpunktzahlen im Computer das Grundproblem der Numerik darstellt, repräsentieren Rundungsfehler das charakteristische Merkmal aller Berechnungen auf Gleitpunkt-Zahlensystemen. Durch die Immanenz von Rundungsfehlern bei Berechnungen auf Gleitpunktzahlen ist es notwendig, über ein Maß für die auftretende Abweichung vom exakten Ergebnis zu verfügen. Konkret

8.6 Arithmetik auf Gleitpunkt-Zahlensystemen

ergibt sich diese Abweichung jeweils beim Runden des exakten Ergebnisses $x \in \mathbb{R}$ auf eine Zahl $\Box x \in \mathbb{F}$, womit der Betrachtung der Rundungsfunktion $\Box$ in diesem Zusammenhang zentrale Bedeutung zukommt.

Für jedes Ergebnis $x \notin \mathbb{F}$ generiert die Rundungsfunktion $\Box$ einen *absoluten Rundungsfehler*

$$\varepsilon(x) = \varepsilon_\Box(x) = \Box x - x.$$

Dieser entspricht für das laufende Beispiel bei Rundung durch Abschneiden

$$\varepsilon(x) = (1.5)_{10} - (1.625)_{10} = -(0.125)_{10}.$$

Da die zu rundende Zahl $x = (1.625)_{10}$ exakt in der Mitte der beiden benachbarten Gleitpunktzahlen $(1.75)_{10}$ und $(1.5)_{10}$ liegt, ist die Wahl der Rundungsfunktion im Hinblick auf den Betrag $|\varepsilon(x)|$ des generierten Rundungsfehlers in diesem speziellen Fall bedeutungslos. Dass dem im Allgemeinen nicht so ist, zeigt Abbildung 8.9. Beim dargestellten *Abrunden* deckt sich der

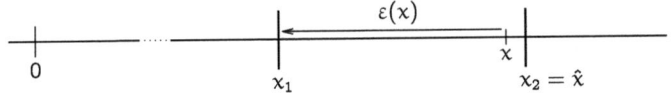

Abbildung 8.9: Absoluter Rundungsfehler beim Abrunden

Grenzpunkt $\hat{x}$ mit der größeren der beiden Nachbarzahlen, konkret also mit x_2. Damit entspricht der Betrag des absoluten Rundungsfehlers $|\varepsilon(x)|$ für Zahlen, die nahe am Grenzpunkt liegen, beinahe der gesamten Länge des Intervalls $[x_1, x_2]$, da x jeweils auf x_1 abgerundet wird. Somit stellt die Länge des Intervalls $[x_1, x_2]$ eine obere Schranke für den beim Abrunden auftretenden Betrag des absoluten Rundungsfehler dar. Da die Länge dieses Intervalls dem in Gleichung (8.4) auf Seite 124 spezifizierten Abstand der beiden Gleitpunktzahlen x_1 und x_2 entspricht, ist dieser Rundungsfehler durch

$$\triangle x = b^{e(x)-p+1} = 1\,ulp \cdot b^{e(x)}$$

begrenzt (hier bezeichnet $e(x)$ den Exponenten der Zahl x). Dieselben Schranken sind beim

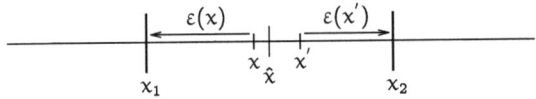

Abbildung 8.10: Absoluter Rundungsfehler bei optimaler Rundung

Aufrunden und beim Runden durch *Abschneiden* zu erwarten, da die Grenzpunkte dieser Rundungsfunktionen ebenfalls auf den Intervallgrenzen liegen. Einzig die *optimale* Rundung (vgl. Abbildung 8.10) führt zu einem genaueren Ergebnis, da hier der Grenzpunkt $\hat{x}$ in der Mitte des Intervalls liegt, was den Rundungsfehler auf die Hälfte der Länge des Intervalls begrenzt.

Zusammenfassend ergeben sich für den absoluten Rundungsfehler die folgenden Schranken, wobei im Falle einer denormalisierten Zahl $\Box x$ im Sinne von IEEE 754 hierbei $e(x)$ durch $e_{\min}$ zu ersetzen ist:

$$|\varepsilon(x)| \begin{cases} < ulp \cdot b^{e(x)} & \text{für gerichtete Rundung und Rundung durch Abschneiden} \\ \leq \frac{ulp}{2} \cdot b^{e(x)} & \text{bei optimaler Rundung.} \end{cases} \quad (8.10)$$

Mit diesen Schranken hat man nun ein Werkzeug zur Hand, das zur Abschätzung des zu erwartenden Rundungsfehlers bei numerischen Berechnungen geeignet ist. Zur Veranschaulichung betrachten wir den absoluten Rundungsfehler, den die Anweisung

$$x = a \;/\; 2.0;$$

im Gleitpunkt-Zahlensystem $\mathbb{F}(10, 3, -9, 10, \mathit{false})$ generiert. In Tabelle 8.4 ist der absolute Rundungsfehler $\varepsilon(x)$ in Abhängigkeit von verschiedenen Werten der Variablen a dargestellt. Dabei ist in der mit „x" betitelten Spalte das exakte Ergebnis der Operation a / 2.0 angeführt, während die Spalte „□x" das im besagten Gleitpunkt-Zahlensystem durch *optimale Rundung/round to even* gerundete Ergebnis der Variablen x beinhaltet[‡‡]. Wegen des Faktors $b^{e(x)}$ der Schranke (8.10)

a	x	□x	$\varepsilon(x)$	$|\varepsilon(x)|$	$\rho(x)$	$|\rho(x)|$
2.01×10^0	1.005×10^0	1.00×10^0	-0.005	0.005	-0.00498	0.00498
2.03×10^1	1.015×10^1	1.02×10^1	$+0.05$	0.05	$+0.00493$	0.00493
2.05×10^2	1.025×10^2	1.02×10^2	-0.5	0.5	-0.00488	0.00488
4.45×10^3	2.225×10^3	2.22×10^3	-5.0	5.0	-0.00225	0.00225
4.65×10^4	2.325×10^4	2.32×10^4	-50.0	50.0	-0.00215	0.00215
9.99×10^5	4.995×10^5	5.00×10^5	$+500.0$	500.0	$+0.001$	0.001

Tabelle 8.4: Rundungsfehler der Anweisung $x = a / 2.0$; in $\mathbb{F}(10, 3, -9, 10, \mathit{false})$

hängt die Größenordnung des Betrags des absoluten Rundungsfehlers direkt vom Exponenten der Zahl x und damit indirekt vom Exponenten der Variablen a ab. Damit ist der absolute Rundungsfehler dieser Anweisung aber von der Größenordnung des konkreten Werts der Variablen a abhängig. Da es in den meisten Fällen sehr schwierig ist, vor der Ausführung eines Programms Aussagen über die zu erwartenden Werte einer bestimmten Variablen zu treffen, und da diese Werte weiters einer großen Streuung unterliegen können, ist der absolute Fehler als Maß für die Genauigkeit einer Berechnung schwer objektivierbar, der tatsächlich auftretende Rundungsfehler schwer abschrankbar.

Leichter handhabbar wäre daher ein Fehlermaß, dessen obere Schranke unabhängig von der Größe einer zu rundenden Zahl im gesamten Gleitpunkt-Zahlensystem gültig ist. Der *relative Rundungsfehler*

$$\rho(x) = \frac{\Box x - x}{x} = \frac{\varepsilon(x)}{x} \qquad (8.11)$$

erfüllt dieses Kriterium. Aus Gleichung (8.11) und der Schranke (8.10) lässt sich die kleinste obere Schranke für den Betrag des relativen Rundungsfehlers bei optimaler Rundung herleiten:

$$|\rho(x)| = \frac{|\varepsilon(x)|}{x} \leq \frac{\frac{ulp}{2} \cdot b^{e(x)}}{x} = \frac{1}{2} \cdot \frac{ulp \cdot b^{e(x)}}{|M(x)| \cdot b^{e(x)}} \leq \frac{1}{2} \cdot \frac{ulp \cdot b^{e(x)}}{1.00 \cdots 00 \cdot b^{e(x)}} = \frac{ulp}{2} \qquad (8.12)$$

$M(x)$ bezeichnet dabei die Mantisse der zu rundenden Zahl x, für die Bestimmung der oberen Schranke wird für sie $1.00 \cdots 00$ angenommen, da dies den kleinsten möglichen Mantissenwert einer normalisierten Gleitpunktzahl repräsentiert. Als Faktor im *Nenner* ergibt sich damit der größtmögliche Wert für den Gesamtausdruck

$$\frac{ulp \cdot b^{e(x)}}{1.00 \cdots 00 \cdot b^{e(x)}},$$

womit man die kleinstmögliche allgemeingültige obere Schranke für $|\rho(x)|$ erhält. Die Herleitung der kleinsten oberen Schranke für $|\rho(x)|$ bei gerichteter Rundung und Rundung durch Abschneiden erfolgt analog zu (8.12). Diese Schranken gelten für den gesamten Wertebereich $\mathbb{R}_N$, nicht jedoch für *denormalisierte* Zahlen mit ihren Mantissen $M(x) < 1.00 \cdots 00$.

Tabelle 8.4 stellt den relativen Rundungsfehler der Anweisung $x = a / 2.0$; dem absoluten Rundungsfehler $\varepsilon(x)$ gegenüber. Gemäß Gleichung (8.12) gilt für die kleinste obere Schranke von $|\rho(x)|$ im gesamten Gleitpunkt-Zahlensystem $\mathbb{F}(10, 3, -9, 10, \mathit{false})$

$$|\rho(x)| \leq \frac{ulp}{2} = \frac{10^{1-p}}{2} = \frac{1}{200} = 0.005,$$

[‡‡] Die mit ρ betitelten Spalten sind erst bei der nachfolgenden Betrachtung des relativen Rundungsfehlers relevant.

8.6 Arithmetik auf Gleitpunkt-Zahlensystemen

was mit den Ergebnissen aus der mit „$|\rho(x)|$" betitelten Spalte aus Tabelle 8.4 übereinstimmt. Weiters ist aus Tabelle 8.4 ablesbar, dass der Betrag des relativen Rundungsfehlers $|\rho(x)|$ mit der Größe der Mantisse der zu rundenden Zahl x abnimmt. Dies folgt aus der Tatsache, dass große Werte für $M(x)$ zu kleineren Werten des Gesamtausdrucks

$$\frac{ulp \cdot b^{e(x)}}{|M(x)| \cdot b^{e(x)}}$$

aus Gleichung (8.12) führen. So beträgt für $x = 4.995$ der Betrag des relativen Rundungsfehlers bei einer oberen Schranke von 0.005 nur 0.001. Diese Abweichung ist klarerweise durch den größtmöglichen Mantissenwert M_{max} nach unten begrenzt (vgl. Abschnitt 8.3), für große Mantissenwerte ist die Schranke für den Betrag des relativen Rundungsfehlers damit aber etwas pessimistischer als der tatsächlich auftretende Fehler. Da der relative Rundungsfehler zwar von der Mantisse, nicht aber vom Exponenten der zu rundenden Zahl abhängt, weist er dafür nicht die für den absoluten Rundungsfehler schon erwähnten charakteristischen Unterschiede in der Größenordnung des Exponenten auf.

Die kleinste obere Schranke für den Betrag des relativen Rundungsfehlers $|\rho(x)|$ wird als *relative Maschinengenauigkeit (machine epsilon)* bezeichnet und mit *eps* abgekürzt. Heutzutage mutet diese Bezeichnung allerdings schon beinahe als Anachronismus an, da Gleitpunkt-Zahlensysteme längst nicht mehr alleinige Domäne von Hardware-Umgebungen sind. Die Java Virtual Machine sowie die Floating-Point Emulation des 80387 im Linux-Kernel sind nur zwei der prominenteren Beispiele für eine Implementierung von Gleitpunkt-Zahlensystemen in Software[*].

Zusammenfassend gilt für die relative Maschinengenauigkeit

$$eps = \begin{cases} ulp = b^{1-p} & \text{für gerichtete Rundung und Rundung durch Abschneiden} \\ \dfrac{ulp}{2} = \dfrac{1}{2} \cdot b^{1-p} & \text{bei optimaler Rundung.} \end{cases} \quad (8.13)$$

Nun kann man die Rundungsfunktion $\square$ für jedes $x \in \mathbb{R}_N$ und $\rho \in \mathbb{R}$ anschreiben als

$$\square x = x \cdot (1 + \rho) \quad \text{und} \quad |\rho| \leq eps. \quad (8.14)$$

Für die arithmetischen Operationen aus Gleichung (8.6) auf Seite 136 erhält man dann

$$x \boxdot y = (x \circ y) \cdot (1 + \rho) \quad \text{und} \quad |\rho| \leq eps. \quad (8.15)$$

Voraussetzung dafür ist natürlich, dass das exakte Ergebnis $x \circ y$ in $\mathbb{R}_N$ liegt. Die Division $a\,/\,2.0$ der Anweisung $x = a\,/\,2.0$; lässt sich damit als

$$\square x = a \boxdot 2.0 = a \boxslash 2.0 = (a\,/\,2.0) \cdot (1 + \rho) \quad \text{und} \quad |\rho| \leq eps = 0.005 \quad (8.16)$$

abschranken. Für die Überprüfung dieses Ergebnisses anhand der konkreten Werte für a und den bei der Division resultierenden relativen Rundungsfehler $\rho(x)$ aus Tabelle 8.4 sei der geneigte Leser darauf hingewiesen, dass $\rho(x)$ aus Platzgründen in der Tabelle auf fünf Dezimalstellen genau mittels *optimaler Rundung/round to even* angegeben ist, womit bei der Berechnung von $\square x$ der dabei verursachte Rundungsfehler zu berücksichtigen ist.

Mit der Darstellung aus (8.16) lässt sich auch eine obere Schranke für den relativen Rundungsfehler mehrerer hintereinander ausgeführter Operationen finden. Die Anweisung

$$x = a + b + c;$$

---

[*] Der Vollständigkeit halber sei allerdings erwähnt, dass mittlerweile auch schon Hardware-Implementierungen der Java Virtual Machine existieren.

setzt sich beispielsweise aus zwei Additionen zusammen. Bei einer Auswertungsreihenfolge von links nach rechts entspricht dies der Klammerung

$$x = (a + b) + c;$$

Falls das Ergebnis von $a + b, a + b + c \in \mathbb{R}_N$, tritt bei jeder der beiden Additionen ein Rundungsfehler ρ auf. Damit ist

$$\begin{aligned}(a \boxplus b) \boxplus c &= (a + b) \cdot (1 + \rho_1) \boxplus c = \\ &= [(a + b) \cdot (1 + \rho_1) + c] \cdot (1 + \rho_2) = \\ &= a + b + c + (a + b) \cdot (\rho_1 + \rho_2 + \rho_1 \cdot \rho_2) + c \cdot \rho_2.\end{aligned}$$

Klammert man hingegen obige Anweisung in der Form

$$x = a + (b + c);$$

so erhält man

$$\begin{aligned}a \boxplus (b \boxplus c) &= a \boxplus (b + c) \cdot (1 + \rho_3) = \\ &= [a + (b + c) \cdot (1 + \rho_3)] \cdot (1 + \rho_4) = \\ &= a + b + c + a \cdot \rho_4 + (b + c) \cdot (\rho_3 + \rho_4 + \rho_3 \cdot \rho_4).\end{aligned}$$

Die Rundungsfehler ρ_3 und ρ_4 treten auf, falls $b + c, a + b + c \in \mathbb{R}_N$. Für die relativen Rundungsfehler dieser Anweisung gilt die Abschätzung aus Gleichung (8.14):

$$|\rho_i| \leq eps, \quad i = 1, 2, 3, 4.$$

Subtrahiert man nun in beiden Fällen das exakte Ergebnis vom errechneten Ergebnis, so kommt man zur Fehlerabschätzung

$$\begin{aligned}|(a \boxplus b) \boxplus c - (a + b + c)| &\leq |a + b| \cdot (2 \cdot eps + eps^2) + |c| \cdot eps \\ |a \boxplus (b \boxplus c) - (a + b + c)| &\leq |a| \cdot eps + |b + c| \cdot (2 \cdot eps + eps^2).\end{aligned}$$

Vernachlässigt man die von der Größenordnung her sehr viel kleineren Terme eps^2 gegenüber jenen der Größenordnung eps, so vereinfacht sich die Fehlerabschätzung zu

$$\begin{aligned}|(a \boxplus b) \boxplus c - (a + b + c)| &\leq (2 \cdot |a + b| + |c|) \cdot eps \quad \text{bzw.} \\ |a \boxplus (b \boxplus c) - (a + b + c)| &\leq (|a| + 2 \cdot |b + c|) \cdot eps.\end{aligned} \quad (8.17)$$

Für $|a| \gg |b|, |c|$[†] ist die Schranke im zweiten Fall kleiner, die zweite Berechnungsart liefert dann in vielen Fällen tatsächlich einen kleineren Fehler als die erste. Zur Demonstration dieses Umstandes bemühen wir wiederum das Gleitpunkt-Zahlensystem $\mathbb{F}(10, 3, -9, 10, \textit{false})$, die Werte der Variablen seien $a = 1.05 \times 10^3$, $b = c = 4.55 \times 10^0$, als Rundungsfunktion kommt wiederum *optimale Rundung* zur Anwendung. Zur Ausführung der Additionen verwenden wir die Notation aus Gleichung (8.6) auf Seite 136. Im ersten Fall erhalten wir

$$\begin{aligned}(a \boxplus b) \boxplus c &= \Box(a + b) \boxplus c = \Box(\Box(a + b) + c) = \\ &= \Box(\Box(1.05 \times 10^3 + 4.55 \times 10^0) + 4.55 \times 10^0) = \\ &= \Box(\Box(1.05455 \times 10^3) + 4.55 \times 10^0) = \\ &= \Box(1.05 \times 10^3 + 4.55 \times 10^0) = \\ &= \Box(1.05455 \times 10^3) = \\ &= 1.05 \times 10^3,\end{aligned} \quad (8.18)$$

[†]Die Notation $x \gg y$ bedeutet „x ist *sehr viel* größer als y".

im zweiten Fall lautet die Berechnung

$$\begin{aligned}
a \boxplus (b \boxplus c) &= a \boxplus (\Box(b+c)) = \Box(a + (\Box(b+c))) = \\
&= \Box(1.05 \times 10^3 + (\Box(4.55 \times 10^0 + 4.55 \times 10^0))) = \\
&= \Box(1.05 \times 10^3 + (\Box(9.10 \times 10^0))) = \\
&= \Box(1.05 \times 10^3 + 9.10 \times 10^0) = \\
&= \Box(1.0591 \times 10^3) = \\
&= 1.06 \times 10^3.
\end{aligned}$$ (8.19)

Das exakte Ergebnis von $a + b + c$ beträgt 1.0591×10^3, womit im zweiten Fall das genauere Ergebnis berechnet wurde. Klarerweise liegt der Fehler in beiden Fällen innerhalb der Schranken (8.17):

$$\begin{aligned}
|(a \boxplus b) \boxplus c - (a+b+c)| &= 9.1 \leq (2 \cdot |a+b| + |c|) \cdot eps \approx 10.6 \quad \text{bzw.} \\
|a \boxplus (b \boxplus c) - (a+b+c)| &= 0.9 \leq (|a| + 2 \cdot |b+c|) \cdot eps \approx 5.3.
\end{aligned}$$

8.6.3 Rundung und arithmetische Operationen

Numbers written on restaurant checks within the confines of restaurants do not follow the same mathematical laws as numbers written on any other pieces of paper in any other parts of the Universe.

Douglas Adams, „Life, the Universe and Everything".

Der menschliche Begriff von Zahlen und der auf ihnen definierten Operationen ist eng verknüpft mit bestimmten Eigenschaften oder Gesetzen, die diese Operationen erfüllen. Beim Übergang in den Bereich der in Computern dargestellten Zahlen ist die Gültigkeit mancher dieser Gesetze nicht mehr gegeben. Wir werden das an einigen Beispielen veranschaulichen und Tips geben, wie in bestimmten Situationen bessere Resultate erzielt werden können.

Pseudo-Arithmetik

Wie schon bei der Anweisung $x = a + b + c$; aus dem vorhergehenden Abschnitt beobachtet kann bei Gleitpunkt-Zahlensystemen nicht von der Gültigkeit der *Assoziativität* von Addition und Multiplikation ausgegangen werden. Im Allgemeinen ist daher

$$a \boxplus (b \boxplus c) \neq (a \boxplus b) \boxplus c \qquad (8.20)$$

und analog für die Multiplikation

$$a \boxtimes (b \boxtimes c) \neq (a \boxtimes b) \boxtimes c. \qquad (8.21)$$

Verloren geht auch die *Distributivität* zwischen Addition und Multiplikation:

$$a \boxtimes (b \boxplus c) \neq (a \boxtimes b) \boxplus (a \boxtimes c).$$

Wegen

$$a \boxplus b = \Box(a+b) = \Box(b+a) = b \boxplus a$$

und

$$a \boxtimes b = \Box(a \cdot b) = \Box(b \cdot a) = b \boxtimes a$$

bleibt jedoch die *Kommutativität* bei Addition und Multiplikation erhalten.

Da wegen der Ungültigkeit von Assoziativ- und Distributivgesetz algebraisch äquivalente Formen eines zusammengesetzten arithmetischen Ausdrucks bei der Übertragung nach $\mathbb{F}$ numerisch *nicht* äquivalent sind (vgl. dazu Gleichung (8.20) sowie die Berechnungen (8.18) und (8.19)), spricht man von einer *Pseudo-Arithmetik* der Gleitpunktzahlen eines Gleitpunkt-Zahlensystems.

Nullstellen

Ein weiteres Problem, das bei der Verwendung von Gleitpunkt-Arithmetik auftritt, ist folgendes: Man will eine Nullstelle einer Funktion f(x) finden. Eine einfache, aber irreführende Idee wäre zum Beispiel, zwei Zahlen a und b zu finden, für die $f(a) > 0$ und $f(b) < 0$ gilt. Falls f(x) stetig ist, kann daher angenommen werden, dass zwischen a und b (mindestens) eine Nullstelle liegt. Man berechnet also mit $c = (a + b)/2$ den Mittelpunkt des Intervalles und testet, ob f(c) gleich 0 ist. Sollte man die Lösung dadurch noch nicht gefunden haben und falls $f(c) > 0$ ist, ersetzt man a durch c, sonst ersetzt man b durch c. Diese Berechnung setzt man fort, bis $f(c) = 0$ ist. Da es im jeweils verwendeten Gleitpunkt-Zahlensystem $\mathbb{F}(b, p, e_{min}, e_{max}, denorm)$ nur endlich viele Gleitpunktzahlen gibt (vgl. Abschnitt 8.3), könnte man annehmen, dass die Berechnung irgendwann zu einem Ende kommen wird. Es stellt sich aber heraus, dass die Berechnung häufig nicht endet. Vereinfacht gesprochen liegt der Grund darin, dass es — bedingt durch die endliche Anzahl der Gleitpunktzahlen — gar keine Zahl geben muss, die $f(c) = 0$ erfüllt. Betrachten wir zum Beispiel die in Abbildung 8.11 dargestellte Funktion. Dabei sollen die auf der reellen Achse

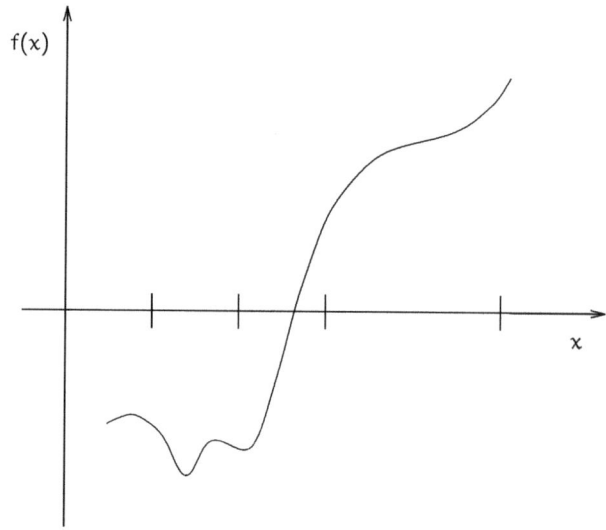

Abbildung 8.11: Eine Funktion

eingezeichneten senkrechten Striche wiederum die im Computer darstellbaren Gleitpunktzahlen aus $\mathbb{F}$ widerspiegeln. Obiges Verfahren (die Mathematiker nennen es übrigens *Regula falsi*) kann hier zu einer Endlosschleife führen, da keine exakte Lösung gefunden werden kann.

Rundung und Vergleich

Da verschiedene reelle Zahlen bei der Rundung nach $\mathbb{F}$ in dieselbe Gleitpunktzahl übergehen können, ist es im Allgemeinen keine gute Idee, Gleitpunktzahlen auf $= 0$ abzufragen. Um etwa festzustellen, ob der zugrundeliegende exakte Wert eines arithmetischen Ausdrucks positiv ist, muss man verlangen, dass seine Auswertung in $\mathbb{F}$ weit genug von Null entfernt ist:

$$Ausdruck \geq \alpha > 0.$$

α ist dabei eine Schranke für den Fehler bei der Auswertung von *Ausdruck* in $\mathbb{F}$, die man, etwa wie in Abschnitt 8.6.2 gezeigt, erhalten kann.

Iterative Summation

Ein weiteres, häufig auftretendes Problem besteht in der iterativen Berechnung von Summen. Wenn man etwa eine Näherung der unendlichen Summe

$$\sum_{i \geq 1} \frac{1}{i^2}$$

berechnen will, indem man die Summanden für $i = 1, 2, 3, \ldots$ aufaddiert, so beobachtet man folgendes Phänomen: Dadurch, dass die Zwischensummen immer größer und die Summanden immer kleiner werden, gelangt man schließlich zu einem bestimmten N, ab dem

$$\sum_{i=1}^{N} \frac{1}{i^2} \boxplus \frac{1}{(N+1)^2} = \sum_{i=1}^{N} \frac{1}{i^2},$$

d.h., dass die Summe ihren Wert nicht mehr ändert.

Berechnet man dieselbe Summe — aber jetzt beginnend mit $i = N, N-1, N-2, \ldots$, so erhält man nicht nur einen anderen, sondern sogar einen genaueren Näherungswert für die unendliche Summe, deren Wert übrigens $\pi^2/6$ ist. Es ist daher empfehlenswert, Summen positiver Summanden beginnend mit den kleineren Summanden zu bilden. Dadurch gehen bei der Addition nicht so viele Stellen verloren, wie wenn eine relativ große und eine relativ kleine Zahl addiert werden.

Diesem Phänomen begegneten wir bereits bei der Summation der drei Zahlen $a \boxplus b \boxplus c$ im Abschnitt 8.6.2. In der Auswertung (8.18) auf Seite 142 ergab im Falle von $|a| \gg |b|, |c|$ die Summation der drei Zahlen $(a \boxplus b) \boxplus c$ die Zahl a selbst. Die Klammerung als $a \boxplus (b \boxplus c)$ in Auswertung (8.19) entsprach sodann der angesprochenen Umordnung der Summanden.

Wir werden darüber hinaus in Abschnitt 8.7.3 noch weitere Möglichkeiten der Fehlerreduktion bei der Summation von Gleitpunktzahlen sowie die jeweils erzielbaren Fehlerschranken kennenlernen.

8.6.4 Implementierung einer IEEE 754 Gleitpunkt-Arithmetik

Mathematics written in sand.

Prof. W. Kahan in Anspielung auf Silizium
und die Notwendigkeit einer genauen Gleitpunkt-Arithmetik.

Wir sind bei der Verwendung arithmetischer Operationen auf Gleitpunktzahlen bisher entsprechend Definition (8.6) auf Seite 136 vorgegangen, womit wir zuerst jeweils das exakte Ergebnis $x \circ y$ berechnet haben, um auf dieses dann die Rundungsfunktion $\square$ anzuwenden. Die diesbezüglichen Beispiele waren grundlegend, sodass wir mit einem intuitiven Verständnis dieser Operationen (bzw. mit einem Taschenrechner) das Auslangen gefunden haben. Detailprobleme wie unterschiedliche Exponenten in den Operanden wurden bisher geflissentlich ausgespart. Wir wollen nun auf den verbleibenden Seiten dieses Abschnitts die gängigsten arithmetischen Operationen anhand ihrer Hardware-Implementierung erläutern, um auf diese Weise die exakten „Rechenregeln" im Umgang mit Gleitpunktzahlen zu vermitteln. IEEE 754 beruft sich bei der Definition der arithmetischen Operationen ebenfalls auf Definition (8.6). Ein standardkonformer Mikroprozessor muss daher als Ergebnis einer arithmetischen Operation stets das durch Definition (8.6) festgelegte Ergebnis liefern, solange kein Überlauf auftritt. Dabei muss als Voreinstellung (*default*) optimale Rundung verwendet werden. Als aktivierbare Optionen müssen aber auch Rundung durch Abschneiden sowie die beiden gerichteten Rundungsarten implementiert sein.

Wenn nicht anders angegeben sind die Beispiele in diesem Abschnitt aus Gründen der besseren Verständlichkeit zur Basis 10 im Gleitpunkt-Zahlensystem $\mathbb{F}(10, 3, -99, 100, \mathit{true})$ verfasst; sie sind aber prinzipiell auf jedes Gleitpunkt-Zahlensystem übertragbar. Aus demselben Grund wurden die Exponenten der Gleitpunktzahlen *nicht* in Exzessdarstellung angegeben, für die Funktionsweise der vorgestellten Verfahren ergibt sich daraus aber, so nicht anders angegeben, kein Unterschied. Wo es der besseren Übersicht diente, wurde auch auf die normalisierte Darstellung der Gleitpunktzahlen verzichtet.

Addition/Subtraktion

Mikroprozessoren stehen für gewöhnlich schon bei der Ermittlung des *exakten* Ergebnisses von Addition und Subtraktion vor einem Problem, welches einfach in der Tatsache begründet liegt, dass ihnen von ihren Designern aus Kostengründen nicht genügend breite Rechenwerke mitgegeben wurden, um eine Operation mit den dafür notwendigen Stellen exakt auszuführen. Die Subtraktion $2.15 \times 10^{12} - 1.25 \times 10^{-5}$ verdeutlicht diesen Sachverhalt:

$$\begin{array}{r} 2.15 \times 10^{12} \\ - \; 0.0000000000000000125 \times 10^{12} \\ \hline 2.1499999999999999875 \times 10^{12} \end{array}$$

Um die Mantissen zu subtrahieren, müssen zuerst die Exponenten angeglichen werden. Dies funktioniert analog dem Normalisieren von Gleitpunktzahlen (vgl. Abschnitt 8.2.2), indem der Exponent der kleineren Zahl unter gleichzeitigem Rechts-Schieben der Mantisse sukzessive erhöht wird. Durch 17-malige Anwendung dieses Schrittes wird die Gleitpunktzahl 1.25×10^{-5} zur äquivalenten Gleitpunktzahl $0.0000000000000000125 \times 10^{12}$ umgeformt, womit zur Speicherung der Mantisse nun immerhin 20 Stellen notwendig sind. Das Ergebnis bei optimaler Rundung lautet 2.15×10^{12}, und es stellt sich die Frage, ob zu seiner Berechnung wirklich alle 20 Mantissenstellen notwendig gewesen wären. Im einfachsten Fall könnte man ausschließlich p Stellen speichern, und beim Rechts-Schieben die überzähligen Stellen einfach abschneiden:

$$\begin{array}{r} 2.15 \times 10^{12} \\ - \; 0.00 \times 10^{12} \\ \hline 2.15 \times 10^{12} \end{array}$$

In diesem Beispiel ist das errechnete Ergebnis identisch mit dem gerundeten exakten Ergebnis. Dass dies jedoch nicht immer der Fall sein muss, zeigt die Subtraktion $10.1 - 9.93$:

$$\begin{array}{r} 1.01 \times 10^{1} \\ - \; 0.99 \times 10^{1} \\ \hline 0.02 \times 10^{1} \end{array}$$

Das exakte Ergebnis dieser Subtraktion ist 0.17, womit das errechnete Ergebnis 0.2 in jeder Stelle falsch ist. p Stellen sind also nicht genug, um Definition (8.6) zu gewährleisten.

Es war lange Zeit nicht klar, wieviele zusätzliche Mantissenstellen man benötigt, um Definition (8.6) zu gewährleisten (vgl. dazu auch die Schilderung der Umstände vor der Verabschiedung von IEEE 754 im Abschnitt 8.5.3). Anfangs spendierten die Hersteller nur eine zusätzliche Stelle, für die sich der Name *Guard Digit* eingebürgert hat. Bei Verwendung dieser zusätzlichen Stelle ist das errechnete Ergebnis obiger Subtraktion gleich dem (gerundeten) exakten Ergebnis (der Buchstabe „g" bezeichnet hierbei die Position des Guard Digits):

$$\begin{array}{r} 1.01 \times 10^{1} \\ -0.993 \times 10^{1} \\ \hline 0.017 \times 10^{1} \\ \text{g} \end{array}$$

8.6 Arithmetik auf Gleitpunkt-Zahlensystemen

Diese Stelle reicht aber nicht in allen Fällen aus, um Definition (8.6) zu gewährleisten, wie die Subtraktion $1.01 \times 10^2 - 3.76 \times 10^0$ zeigt:

$$\begin{array}{r} 1.01 \times 10^2 \\ -0.037 \times 10^2 \\ \hline 0.973 \times 10^2 \\ g \end{array} \approx 0.973 \times 10^2$$

Das gerundete exakte Ergebnis lautet hier $1.01 \times 10^2 \boxminus 3.76 \times 10^0 = \square 97.24 = 97.2$, während das errechnete Ergebnis 97.3 beträgt. Eine weitere zusätzliche Stelle namens *Round Digit* löst dieses Problem (die Position des Round Digits wird durch den Buchstaben „r" gekennzeichnet):

$$\begin{array}{r} 1.01 \times 10^2 \\ -0.0376 \times 10^2 \\ \hline 0.9724 \times 10^2 \\ gr \end{array} \approx 0.972 \times 10^2$$

Ein letztes Problem kann sich bei der Rundung des errechneten Ergebnisses ergeben. Zur Illustration verwenden wir diesmal ein Gleitpunkt-Zahlensystem mit $p = 5$ Mantissenstellen und berechnen darauf die Addition $4.5674 \times 10^0 + 2.5003 \times 10^{-4}$.

$$\begin{array}{r} 4.5674 \times 10^0 \\ +0.00025003 \times 10^0 \\ \hline 4.56765003 \times 10^0 \\ gr \end{array} \approx 4.5677 \times 10^0 \qquad (8.22)$$

Zur *optimalen Rundung/round to even* benötigt man in diesem Fall tatsächlich die *letzte* Stelle des Ergebnisses, um zu entscheiden, ob 4.56765003 auf 4.5676 oder 4.5677 rundet. Dies folgt aus der Tatsache, dass 4.56765 bei optimaler Rundung den Grenzpunkt $\hat{x}$ zwischen den besagten Gleitpunktzahlen 4.5676 und 4.5677 darstellt. Ohne die letzte Stelle liegt die zu rundende Zahl genau auf dem Grenzpunkt, wofür *Round to even* die Rundung auf die Nachbarzahl, deren letzte Mantissenstelle gerade ist, verlangt (4.5676). Inklusive der letzten Stelle ist die zu rundende Zahl jedoch größer als der Grenzpunkt, womit zu 4.5677 aufgerundet wird.

Wie man sich leicht überlegen kann, ist es zur korrekten Rundung des vorangegangenen Beispiels nicht notwendig, alle Stellen rechts des Guard- und Round Digits zu speichern. Es genügt vielmehr das Wissen, ob rechts dieser beiden Stellen noch eine Stelle > 0 vorkommt. Diese Information kann in einem einzigen Bit gespeichert werden, das für gewöhnlich *Sticky Bit* genannt wird. Beim Rechts-Schieben von Mantissenstellen über das Round Digit hinaus wird das Sticky Bit auf 1 gesetzt, sobald eine dieser „hinausgeschobenen" Mantissenstellen > 0 ist. Seinen Namen verdankt das Sticky Bit der Tatsache, dass es beim Rechts-Schieben den Wert 1 behält, sobald es einmal auf 1 gesetzt wurde. Es ist an dieser Stelle wichtig zu verstehen, dass das Sticky Bit als *Bit* nur die Werte 0 und 1 annehmen kann, während Guard- und Round Digit als Mantissenstellen einer Gleitpunktzahl alle ganzzahligen Werte im Intervall $[0, b-1]$ annehmen können. Einzig bei Gleitpunkt-Zahlensystemen der Basis $b = 2$ deckt sich der Wertebereich des Sticky Bits mit dem Wertebereich von Guard- und Round Digit.

Mit Guard- und Round Digit sowie dem Sticky Bit verfügen wir nun über das notwendige Rüstzeug, um den Additionsalgorithmus im Sinne von Definition (8.6) zu formulieren und den Mikroprozessoren die von IEEE 754 verlangte Genauigkeit zu verleihen. Um die Beschreibung des Algorithmus kompakt zu halten, beschränken wir uns bezüglich der Rundungsfunktion auf *optimale Rundung/round to even*, mit geringen Modifikationen sind natürlich alle in Abschnitt 8.6.1 vorgestellten Rundungsfunktionen anwendbar.

Additions/Subtraktionsalgorithmus

Die Addition/Subtraktion der beiden *normalisierten* Gleitpunktzahlen x_1 und x_2 erfolgt in sechs Schritten. Zur Bezeichnung der Vorzeichen, Mantissen und Exponenten der Zahlen x_i verwenden wir VZ_i, M_i und E_i. Falls die Mantissen M_i mit implizitem ersten Bit codiert sind, müssen diese zuerst *explizit* gemacht werden. Für weite Teile des vorgestellten Algorithmus ist es unerheblich, ob es sich konkret um eine Addition oder Subtraktion handelt. Diesbezügliche notwendige Unterscheidungen sind daher direkt an den jeweiligen Stellen im Algorithmus angeführt.

1. Falls $E_1 < E_2$ ist, werden die beiden Operanden vertauscht, damit für die Differenz d der Exponenten gilt: $d = E_1 - E_2 \geq 0$. Der vorläufige Wert des Exponenten E_S des Ergebnisses lautet danach $E_S = E_1$.

2. Im zweiten Schritt erfolgt das Verschieben der Mantisse M_2 um d Stellen nach rechts. Analog der Nummerierung der Mantissenstellen aus Abbildung 8.5 auf Seite 126 sowie der Notation der vorangegangenen Beispiele wird M_2 zuvor an den Stellen m_p und m_{p+1} um Guard- und Round Digit erweitert. Wenn beim Rechts-Schieben Mantissenstellen über das Round Digit hinausgeschoben werden, so fließen diese in die Berechnung des Sticky Bits ein, bevor sie verworfen werden: sobald eine dieser Stellen > 0 ist, wird das Sticky Bit auf 1 gesetzt, ansonsten bleibt es 0.

   Falls beim Rechts-Schieben aufgrund einer zu kleinen Differenz d das Guard- oder Round Digit „leer" bleiben, kann man für sie sowie für das Sticky Bit für den weiteren Verlauf der Addition 0 annehmen.

3. Nun wird die Summe M_S der beiden Mantissen M_1 und M_2 berechnet, wobei die Vorzeichen VZ_1 und VZ_2 zu beachten sind. Im Falle gleicher Vorzeichen handelt es sich hierbei tatsächlich um eine Addition, ansonsten um eine Subtraktion. Das im Schritt (2) berechnete Sticky Bit der Mantisse M_2 wird zusammen mit M_S für den Rundungsschritt (6) aufbewahrt.

4. Falls im vorhergehenden Schritt bei der Addition an der höchstwertigen Stelle m_0 ein Übertrag entstanden ist, wird M_S um eine Stelle nach rechts geschoben und der Exponent E_S des Ergebnisses um 1 erhöht. Wenn bei dieser Operation der Wert der über das Round Digit hinausgeschobenen Stelle > 0 ist, so hat dieser Umstand in die Berechnung des Sticky Bits einzufließen: falls das Sticky Bit bisher 0 war, so wird es auf 1 gesetzt, ansonsten bleibt es auf 1.

   Falls im vorhergehenden Schritt bei der Addition an der höchstwertigen Stelle m_0 kein Übertrag entstanden ist, wird M_S um so viele Stellen nach links verschoben, dass es die Normalisierungsbedingung $m_0 \neq 0$ erfüllt. Von rechts werden in M_S dabei Nullen nachgeschoben, d.h., die Inhalte der Mantissenstellen m_i sowie die Inhalte des Guard- und Round Digits wandern bei jedem Schritt um eine Stelle nach links, wobei auf die freiwerdende Position des Round Digits eine Null nachgeschoben wird. Das Sticky Bit bleibt bei diesem Vorgang unangetastet, der Exponent E_S des Ergebnisses wird bei jedem Schritt um 1 reduziert.

5. Das Vorzeichen VZ_S des Ergebnisses ergibt sich aus den Vorzeichen VZ_1 und VZ_2 sowie den Mantissen M_1 und M_2. Falls VZ_1 und VZ_2 dasselbe Vorzeichen repräsentieren, so gilt dieses Vorzeichen auch für VZ_S. Ansonsten entspricht VZ_S bei unterschiedlichen Mantissen dem der größeren Mantisse zugehörigen Vorzeichen, bei gleichen Mantissen verlangt der Standard IEEE 754 bei *optimaler Rundung/round to even* für das Ergebnis ein positives Vorzeichen (+0). Tabelle 8.5 fasst die Vorzeichenbestimmung für Summanden unterschiedlichen Vorzeichens zusammen.

6. Das Ergebnis ist nun noch anhand der jeweils verwendeten Rundungsfunktion zu runden, also $\Box((-1)^{VZ_S} \times M_S \times b^{E_S})$ zu berechnen. Falls dadurch an der höchstwertigen

8.6 Arithmetik auf Gleitpunkt-Zahlensystemen

M_i	VZ_1	VZ_2	VZ_S
$M_1 \geq M_2$	+	−	+
$M_1 < M_2$	+	−	−
$M_1 \leq M_2$	−	+	+
$M_1 > M_2$	−	+	−

Tabelle 8.5: VZ_S für Summanden unterschiedlichen Vorzeichens

Mantissenstelle m_0 ein Übertrag entsteht, wird M_S um eine Stelle nach rechts geschoben und der Exponent E_S des Ergebnisses um 1 erhöht.

Falls bei *optimaler Rundung* M_S genau der Mantisse des Grenzpunkts $\hat{x}$ zweier benachbarter Gleitpunktzahlen x_j und x_k entspricht, so fließt das Sticky Bit in den Rundungsvorgang mit ein. Die verbleibenden Ausführungen über Schritt (6) sind allein diesem Sonderfall gewidmet (vgl. dazu auch die nachfolgenden Beispiele ab Seite 152).

Da der Grenzpunkt zwischen den beiden Gleitpunktzahlen x_j und x_k bei optimaler Rundung als

$$\hat{x} = \frac{x_j + x_k}{2}$$

definiert ist, hat die Mantisse M_S in diesem Fall die Gestalt

m_0	$\cdots$		m_{p-1}	$\frac{1}{2} \cdot b$	0	Wert
D_{p-1}	$\cdots$	$\cdots$	D_1	D_0	g	r	Digit.

(8.23)

Abhängig vom Wert des Sticky Bits unterscheiden wir nun zwei Fälle[‡]:

(a) $s = 0$: Ein nicht gesetztes Sticky Bit bedeutet, dass beim Rechts-Schieben von M_2 im Schritt (2) bzw. beim Rechts-Schieben von M_S im Schritt (4) keine Stellen > 0 abgeschnitten wurden. Aus diesem Grund gibt es auch bei M_S rechts des Guard- und Round Digits keine fehlenden Stellen zu beachten. Damit liegt M_S *exakt* am Grenzpunkt $\hat{x}$, womit gemäß der Rundungsvorschrift *round to even* der Wert der Mantissenstelle D_0 aus Darstellung (8.23) über den Rundungsvorgang entscheidet: falls $m_{p-1} \bmod 2 = 0$ (d.h., m_{p-1} ist gerade), so wird die Mantisse M_S auf die nächstkleinere p-stellige Mantisse $m_0.m_1m_2\cdots m_{p-1}$ abgerundet, was einem Abschneiden des Guard- und Round Digits gleichkommt. Im Falle von $m_{p-1} \bmod 2 = 1$ (d.h., m_{p-1} ist ungerade) ist M_S auf die nächstgrößere p-stellige Mantisse aufzurunden. Dies entspricht der folgenden Addition von $1 ulp$ zu den p signifikanten Stellen $m_0 \cdots m_{p-1}$ von M_S.

$$\begin{array}{r} m_0 \,.\, m_1\, m_2 \,\cdots\, m_{p-2}\, m_{p-1} \\ +\ 0 \,.\, 0\ \ 0 \,\cdots\, \ \ 0 \ \ \ \ \ 1 \\ \hline \end{array}$$

(8.24)

(b) $s = 1$: Im Falle eines gesetzten Sticky Bits ist beim Rechts-Schieben von M_2 im Schritt (2) bzw. beim Rechts-Schieben von M_S im Schritt (4) rechts des Guard- und Round Digits zumindest eine Stelle > 0 abgeschnitten worden. Daher entspricht M_S *nicht* der Mantisse des exakten Ergebnisses $x_1 + x_2$. Weiters liegt damit das exakte Ergebnis auch *nicht* genau auf dem Grenzpunkt $\hat{x}$, obwohl die Mantisse (8.23) dies suggeriert. Für ein korrekt gerechnetes Ergebnis $x_1 \boxplus x_2$ ist also abzuschätzen, wie die von M_2 bzw. M_S abgeschnittenen Mantissenstellen

---

[‡]Bei den im Folgenden beschriebenen Rundungsvorgängen ist zu beachten, dass sie ohne Einbeziehung des Vorzeichens VZ_S der Mantisse M_S erfolgen, womit es sich also um eine *betragsmäßige* Rundung handelt.

den Rundungsvorgang beeinflussen. Sei M'_S die Mantisse jenes Ergebnisses, das man erhält, wenn man beim Rechts-Schieben in Schritt (2) und Schritt (4) die überzähligen Mantissenstellen jeweils behält, anstatt sie abzuschneiden. Sieht man einmal von einem Links-Schieben von M_S im Schritt (4) ab, so kann der bei der Berechnung von M_S aufgetretene Fehler durch

$$|M_S - M'_S| \;<\; 1\,ulp \cdot b^{-2} \qquad (8.25)$$

abgeschrankt werden. Dies folgt aus der Tatsache, dass der Anteil der beim Rechts-Schieben abgeschnittenen Stellen nicht größer als

0	...	0	0	0	$b-1$	...	$b-1$	Wert
D_{d+p-1}	...	...	D_d	g	r	D_{d-3}	...	...	D_0	Digit

(8.26)

sein kann, was durch die Mantisse

0	...	0	0	1	0	...	0	Wert
D_{d+p-1}	...	...	D_d	g	r	D_{d-3}	...	...	D_0	Digit

(8.27)

abschrankbar ist. Eine Einheit der Stelle D_d dieser Mantisse entspricht dabei $1\,ulp$, eine Einheit der Stelle des Guard Digits g entspricht $1\,ulp \cdot b^{-1}$, eine Einheit der Stelle des Round Digits r entspricht $1\,ulp \cdot b^{-2}$, was auf die Schranke (8.25) führt. Zur korrekten Rundung ist nun, basierend auf den Vorzeichen VZ_1 und VZ_2, zwischen Addition und Subtraktion zu unterscheiden. (M'_2 sei dabei jene Mantisse, die man erhält, wenn man beim Rechts-Schieben in Schritt (2) die überzähligen Mantissenstellen behält, anstatt sie abzuschneiden.)

Addition: Bei gleichen Vorzeichen VZ_1 und VZ_2 werden die Mantissen M_i in Schritt (3) zur Berechnung von M_S addiert. Wir behandeln zunächst den Fall, in dem bei der Addition an der höchstwertigen Stelle von M_S kein Übertrag entsteht. Wegen der bei M_2 abgeschnittenen Mantissenstellen ist das Ergebnis der Addition $M_S = M_1 + M_2$ in diesem Fall *kleiner* als das exakte Ergebnis $M'_S = M_1 + M'_2$. Unter Verwendung der Schranke (8.25) können wir nun das Intervall angeben, in dem das zur optimalen Rundung notwendige exakte Ergebnis $M_1 + M'_2$ liegen muss:

$$M_1 + M_2 \;<\; M_1 + M'_2 \;<\; M_1 + M_2 + 1\,ulp \cdot b^{-2}. \qquad (8.28)$$

Da M_S der auf Seite 149 dargestellten Mantisse (8.23) entspricht, folgt aus der Ungleichung (8.28), dass M_S auf die nächstgrößere p-stellige Mantisse aufzurunden ist, wofür wiederum Addition (8.24) durchzuführen ist.

Falls bei der Addition der Mantissen M_1 und M_2 in Schritt (3) an der höchstwertigen Stelle von M_S ein Übertrag entsteht, kann dieser in der Folge beim Normalisieren in Schritt (4) zum Abschneiden einer Mantissenstelle > 0 führen. Aufgrund der Addition von M_1 und M_2 ist M_S auch in diesem Fall *kleiner* als das exakte Ergebnis M'_S, womit M_S wegen der Schranke (8.25) ebenfalls auf die nächstgrößere p-stellige Mantisse aufzurunden ist. Wegen der Schranke (8.25) deckt diese Rundungsvorschrift auch jenen Fall ab, bei dem sowohl in Schritt (3) als auch in Schritt (4) jeweils (zumindest) eine Mantissenstelle > 0 abgeschnitten wurde.

Subtraktion: Sind die Vorzeichen VZ_1 und VZ_2 unterschiedlich, so führt im Schritt (3) die Berechnung von M_S auf eine Subtraktion. Wegen $s = 1$ gilt

$$M_1 - M_2 > 0. \qquad (8.29)$$

8.6 Arithmetik auf Gleitpunkt-Zahlensystemen

Die Mantisse M_1 ist in diesem Fall also größer als die Mantisse M_2, der Beweis dazu folgt aus dem Beweis der Ungleichung (8.32). Weiters ist das Ergebnis der resultierenden Subtraktion $M_S = M_1 - M_2$ wegen der bei M_2 abgeschnittenen Mantissenstellen *größer* als das *exakte* Ergebnis $M_S' = M_1 - M_2'$. Wir behandeln zuerst den Fall, bei dem M_S die Normalisierungsbedingung $m_0 \neq 0$ erfüllt, d.h., es ist kein Links-Schieben von M_S (vgl. Schritt (4)) notwendig. Unter Verwendung der Schranke (8.25) können wir für diesen Fall wiederum das Intervall angeben, in dem das zur optimalen Rundung notwendige exakte Ergebnis der Subtraktion $M_1 - M_2'$ liegen muss:

$$M_1 - M_2 \; > \; M_1 - M_2' \; > \; M_1 - M_2 - 1ulp \cdot b^{-2}. \tag{8.30}$$

Da M_S abermals der auf Seite 149 dargestellten Mantisse (8.23) entspricht, folgt aus Gleichung (8.30), dass M_S auf die nächstkleinere p-stellige Mantisse abzurunden ist, was einem Abschneiden des Guard- und Round Digits gleichkommt.

Falls nach der Subtraktion $M_S = M_1 - M_2$ die Mantisse M_S die Normalisierungsbedingung $m_0 \neq 0$ nicht erfüllt, so folgt für $s = 1$ aus der Ungleichung (8.32), dass M_S zur Herstellung der Normalisierungsbedingung um genau eine Stelle nach Links zu verschieben ist (von Rechts wird dabei gemäß Schritt (4) eine Null nachgeschoben). Damit muss auch die Abschätzung für den bei der Berechnung von M_S aufgetretenen Fehler um den Faktor b skaliert werden, was uns, ausgehend von Gleichung (8.25), für diese Art der Subtraktion auf die Schranke

$$M_S - M_S' \; < \; 1ulp \cdot b^{-1} \tag{8.31}$$

führt. Da M_S abermals der auf Seite 149 dargestellten Mantisse (8.23) entspricht und weiters wegen der bei M_2 abgeschnittenen Mantissenstellen größer als das exakte Ergebnis M_S' ist, folgt aus der Schranke (8.31), dass M_S auch in diesem Fall auf die nächstkleinere p-stellige Mantisse abzurunden ist. Dies kommt wiederum einem Abschneiden des Guard- und Round Digits gleich.

Der geneigte Leser mag sich schon gefragt haben, warum im Schritt (4) des beschriebenen Algorithmus beim Normalisieren der Mantisse M_S trotz der Existenz der durch das Sticky Bit abstrahierten Stellen beim Links-Schieben von rechts Nullen nachgeschoben werden. Der Beweis hierfür erfolgt abhängig vom Parameter d (vgl. Schritt (1)) in zwei Schritten. Da besagtes Links-Schieben nur bei einer Subtraktion auftreten kann[§], können Aspekte der Addition, wie z.B. ein Übertrag an der höchstwertigen Stelle m_0 von M_S, für diesen Beweis außer Acht gelassen werden.

  I. Für $0 \leq d \leq 2$ wird die Mantisse M_2 um höchstens 2 Stellen nach rechts geschoben. Damit sind rechts des Round Digits keine Stellen betroffen, womit auch das Sticky Bit 0 bleibt. Als Konsequenz verfügt auch die Mantisse M_S rechts des Round Digits über keine Stellen > 0, womit beim Links-Schieben in Schritt (4) ausschließlich Nullen nachgeschoben werden.

  II. Für $d > 2$ folgt wegen

$$M_1 - M_2 \; \geq \; b^0 - [b \cdot (1 - b^{-p})] \cdot b^{-3} \; > \; 1 - b^{-1} \; \geq \; b^{-1}, \tag{8.32}$$

dass die erste Stelle > 0 der Mantisse M_S höchstens eine Stelle rechts vom Binär-/Dezimal-/Hexadezimal-/Etc.-Punkt liegt. Somit muss M_S um höchstens eine Stelle nach links verschoben werden, um die Normalisierungsbedingung $m_0 \neq 0$ zu erfüllen.

[§]Der zugrundeliegende Effekt, gemeinhin als *Auslöschung* höherwertiger Mantissenstellen bezeichnet, wird uns noch in Abschnitt 8.7.1 beschäftigen.

Die untere Schranke für die Subtraktion $M_1 - M_2$ aus Gleichung (8.32) leitet sich dabei her, indem man von $b^0 = 1.0 \cdots 0$ als der kleinsten der Normalisierungsbedingung $m_0 \neq 0$ gehorchenden Mantisse den Term

$$[b \cdot (1 - b^{-p})] \cdot b^{-3}$$

abzieht. Dieser Term entspricht der größtmöglichen Mantisse $b \cdot (1 - b^{-p})$ (vgl. Abschnitt 8.3.3 auf Seite 124), die wegen $d > 2$ um $d = 3$ Stellen nach rechts verschoben wird. Eine Verschiebung um $d > 3$ Stellen würde klarerweise kein kleineres Ergebnis mehr erzielen, womit das Ergebnis der beschriebenen Subtraktion die kleinste untere Schranke für $M_1 - M_2$ darstellt. Die Ungleichung $1 - b^{-1} \geq b^{-1}$ gilt nur für $b \geq 2$, was aber praktisch keine Einschränkung bedeutet.

Bei der Verschiebung von M_S um eine Stelle nach links verschiebt man das Round Digit an die Stelle des Guard Digits. An die Stelle des Round Digits kann dabei getrost eine Null nachgeschoben werden, da diese Null für einen etwaigen Rundungsvorgang unter Berücksichtigung des Sticky Bits unerheblich ist.

Zur Veranschaulichung wollen wir nun anhand dieses Verfahrens nochmals die Addition $4.5674 \times 10^0 \boxplus 2.5003 \times 10^{-4}$ durchführen.

1. $E_1 = 0 > E_2 = -4$, es ist bei diesem Beispiel daher kein Vertauschen der Operanden notwendig. $d = 0 - (-4) = 4$. Der vorläufige Wert des Exponenten E_S des Ergebnisses lautet $E_S = 0$.

2. Nach dem Erweitern um Guard- und Round Digit sowie dem Rechts-Schieben um $d = 4$ Stellen präsentiert sich die Mantisse M_2 wie folgt:

    $$0.000250 \quad \underbrace{03}_{s=1}.$$
    $$\,\mathrm{gr}$$

    Die über das Round Digit hinausgeschobenen Stellen wurden dabei rechterhand dargestellt, sie wurden zur Berechnung des Sticky Bits s verwendet.

3. Die Addition von M_1 und M_2 lautet

    $$\begin{array}{r} 4.5674 \\ +0.000250 \\ \hline 4.567650 = M_S \\ \mathrm{gr} \quad\quad s=1 \end{array}$$

4. Da bei obiger Addition an der Stelle m_0 kein Übertrag entstanden ist, und M_S normalisiert ist, verbleibt in diesem Schritt nichts weiter zu tun; der Exponent E_S des Ergebnisses ist somit weiterhin 0.

5. Da sowohl VZ_1 als auch VZ_2 das Vorzeichen (+) repräsentieren, gilt auch für das Vorzeichen des Ergebnisses $VZ_S = (+)$.

6. Die Mantisse $M_S = 4.567650$ liegt im verwendeten Gleitpunkt-Zahlensystem genau auf dem Grenzpunkt $\hat{x}$ zwischen den beiden Gleitpunktzahlen 4.5676 und 4.5677, sie entspricht damit exakt der Darstellung (8.23). Gemäß Schritt (6) hat daher bei *optimaler Rundung* das Sticky Bit in den Rundungsvorgang einzufließen. Aufgrund von $s=1$ runden wir entsprechend Schritt (6b), wegen

    $$VZ_1 = VZ_2$$

    handelt es sich um den Unterpunkt *Addition* dieser Rundungsvorschrift. Wegen der beim Rechts-Schieben von M_2 abgeschnittenen Mantissenstellen ist das Ergebnis der Addition $M_S = M_1 + M_2 = 4.567650$ *kleiner* als das exakte Ergebnis $M'_S = M_1 + M'_2$, welches uns aufgrund der Einsparung von Mantissenstellen und der einhergehenden

Verwendung des Sticky Bits natürlich *nicht* zur Verfügung steht. Unter Verwendung der Schranke (8.28) können wir aber das Intervall angeben, in dem das zur optimalen Rundung notwendige exakte Ergebnis M'_S liegen muss:

$$4.567650 \;<\; M_1 + M'_2 \;<\; M_S + 1ulp \cdot b^{-2} = 4.567650 + 0.000001 = 4.567651.$$

Aus dem obigen Intervall folgt, dass die Mantisse M'_S größer als das berechnete Ergebnis M_S sein muss. Da aber M_S der Mantisse des Grenzpunkts $\hat{x}$ entspricht, ist das exakte Ergebnis somit *größer* als $\hat{x}$, womit M_S auf die nächstgrößere 5-stellige Mantisse aufzurunden ist. Analog zu Addition (8.24) entspricht dies der Addition von $1ulp$ zu den p signifikanten Stellen $m_0 \cdots m_{p-1}$ von M_S:

$$\begin{array}{r} 4.5676 \\ +\,0.0001 \\ \hline 4.5677 \end{array}$$

Damit lautet das Ergebnis der Addition $4.5674 \times 10^0 \boxplus 2.5003 \times 10^{-4}$ unter Verwendung von Guard- und Round Digit sowie dem Sticky Bit 4.5677×10^0, was wie erwartet dem unter Verwendung aller notwendigen Mantissenstellen gerundeten exakten Ergebnis der Addition (8.22) von Seite 147 entspricht.

Als weiteres Beispiel zur Basis $b = 10$ betrachten wir nun die Subtraktion $2.5003 \times 10^{-4} \boxminus 4.5674 \times 10^0$. Zu Vergleichszwecken berechnen wir zuerst wiederum das gerundete exakte Ergebnis unter Verwendung *aller* dafür notwendigen Dezimalstellen:

$$\begin{array}{r} 0.00025003 \times 10^0 \\ -4.56740000 \times 10^0 \\ \hline -4.56714997 \times 10^0 \quad \approx -4.5671 \times 10^0 \end{array} \qquad (8.33)$$

Dazu ist zu sagen, dass bei der Subtraktion (8.33) der Betrag der betragsmäßig kleineren Mantisse 0.00025003 vom Betrag der betragsmäßig größeren abgezogen wird, wobei das Ergebnis wegen $-4.5674 < 0.00025003$ natürlich negativ ist. Gedanklich entspricht dies einer zweistufigen Vorgangsweise, bei der nach der Subtraktion der Beträge das Vorzeichen des Ergebnisses entsprechend gesetzt wird:

$$\begin{array}{r} 4.56740000 \\ -0.00025003 \\ \hline 4.56714997 \times (-1) = -4.56714997 \end{array} \qquad (8.34)$$

Nachdem wir nun die obige Subtraktion unter Verwendung aller notwendigen (9) Dezimalstellen durchgeführt haben, wenden wir unser Verfahren an, das mit nur $p = 5$ Stellen sowie Guard- und Round Digit plus dem Sticky Bit auskommt.

1. Wegen $E_1 = -4 < E_2 = 0$ sind die beiden Operanden der Subtraktion zu vertauschen, wir haben somit $x_1 = -4.5674 \times 10^0$ und $x_2 = 2.5003 \times 10^{-4}$. Dies bedeutet natürlich nicht, dass wir anstatt $2.5003 \times 10^{-4} \boxminus 4.5674 \times 10^0$ die Subtraktion $-4.5674 \times 10^0 \boxminus 2.5003 \times 10^{-4}$ berechnen — die Notwendigkeit zum Vertauschen der Operanden wird nur durch die interne Funktionsweise unseres Verfahrens zur Addition/Subtraktion von Gleitpunktzahlen bedingt. Nach der Vertauschung haben wir $d = 0 - (-4) = 4$, der vorläufige Wert des Exponenten E_S des Ergebnisses lautet $E_S = 0$.

2. Nach dem Erweitern um Guard- und Round Digit sowie dem Rechts-Schieben um $d = 4$ Stellen präsentiert sich die Mantisse M_2 wie folgt:

$$0.000250 \underbrace{03}_{s=1.}$$
$$gr$$

Die über das Round Digit hinausgeschobenen Stellen wurden dabei rechterhand dargestellt, sie wurden wiederum zur Berechnung des Sticky Bits s verwendet.

3. Wegen

$$VZ_1 = (-) \neq VZ_2 = (+)$$

müssen wir nun die Mantissen der Operanden *subtrahieren*, um M_S zu berechnen. Analog zur Vorgangsweise in Subtraktion (8.34) subtrahieren wir dazu die kleinere Mantisse von der größeren:

$$\begin{array}{r} 4.567400 \\ -0.000250 \\ \hline 4.567150 = M_S \end{array}$$
$$gr \quad\quad s=1.$$

4. Da M_S normalisiert ist, verbleibt in diesem Schritt nichts weiter zu tun; der Exponent E_S des Ergebnisses ist somit weiterhin 0.

5. Aufgrund der unterschiedlichen Vorzeichen VZ_1 und VZ_2 ermitteln wir das Vorzeichen VZ_S des Ergebnisses mittels Tabelle 8.5 von Seite 149. Wegen

$$M_1 = 4.467400 > M_2 = 0.000250 \text{ sowie}$$
$$VZ_1 = (-) \text{ und}$$
$$VZ_2 = (+)$$

folgt aus dem vierten Eintrag dieser Tabelle, dass das Vorzeichen VZ_S des Ergebnisses negativ ist.

6. Die Mantisse $M_S = 4.567150$ liegt im verwendeten Gleitpunkt-Zahlensystem genau auf dem Grenzpunkt $\hat{x}$ zwischen den beiden Gleitpunktzahlen 4.5671 und 4.5672, sie entspricht damit exakt der Darstellung (8.23). Gemäß Schritt (6) hat daher bei *optimaler Rundung* wiederum das Sticky Bit in den Rundungsvorgang einzufließen. Aufgrund von $s = 1$ runden wir wiederum entsprechend Schritt (6b), wegen

$$VZ_1 \neq VZ_2$$

handelt es sich jedoch um den Unterpunkt *Subtraktion* dieser Rundungsvorschrift. Unter Verwendung der Schranke (8.30) können wir wieder das Intervall angeben, in dem das zur optimalen Rundung notwendige exakte Ergebnis $M_1 - M_2'$ liegen muss:

$$4.567150 > M_1 - M_2' > 4.567150 - 1ulp \cdot b^{-2} = 4.567149. \quad (8.35)$$

Ein Blick auf den *Betrag* des exakten Ergebnisses aus Subtraktion (8.34) bestätigt diese Abschätzung. Nun folgt aus Intervall (8.35), dass M_S größer als das exakte Ergebnis $M_1 - M_2'$ ist, womit M_S auf die nächstkleinere 5-stellige Mantisse 4.5671 abzurunden ist, was dem Abschneiden von Guard- und Round Digit von M_S gleichkommt. An dieser Stelle sei nochmals darauf hingewiesen, dass wir bei den Rundungsvorgängen in Schritt (6) unseres Algorithmus zur Addition/Subtraktion von Gleitpunktzahlen ohne das Vorzeichen VZ_S des Ergebnisses auskommen, wodurch es sich um eine *betragsmäßige* Rundung handelt. Für das Ergebnis ist das Vorzeichen VZ_S natürlich zu berücksichtigen, womit die Subtraktion $2.5003 \times 10^{-4} \boxminus 4.5674 \times 10^0$ letztlich -4.5671×10^0 liefert, was wiederum dem gerundeten exakten Ergebnis der Subtraktion (8.33) von Seite 153 entspricht.

8.6 Arithmetik auf Gleitpunkt-Zahlensystemen

Am Ende unserer Betrachtungen zur Addition bzw. Subtraktion von Gleitpunktzahlen wollen wir noch gesondert auf Gleitpunkt-Zahlensysteme zur Basis $b = 2$ eingehen. Tabelle 8.6 fasst das Rundungsverfahren für optimale Rundung/Round to Even zur Basis $b = 2$ zusammen, was einer kompakten Darstellung von Schritt (6) unseres Additions/Subtraktions-Algorithmus für $b = 2$ gleichkommt. In Tabelle 8.6 (a) wird zu diesem Zweck nochmals der Aufbau der zu rundenden Mantisse M_S dargestellt. Die p signifikanten Stellen $m_0 \cdots m_{p-1}$ von M_S wurden für die nachfolgenden Ausführungen dabei mit M bezeichnet. Wegen $b = 2$ ist der Wertebereich der Mantissenstellen von M_S auf $\{0, 1\}$ beschränkt, womit wir in diesem Fall also von Bits, insbesondere dem Guard- und Round *Bit*, sprechen.

			M_S			
		M				
m_0	$\cdots$	$\cdots$	m_{p-1}	g	r	s

(a) Zusammensetzung von M_S

VZ_i	m_{p-1}	g	r	s	Rundungsergebnis
x	x	0	x	x	M
x	0	1	0	0	M
x	1	1	0	0	$M + 1\,ulp$
$VZ_1 \neq VZ_2$	x	1	0	1	M
$VZ_1 = VZ_2$	x	1	0	1	$M + 1\,ulp$
x	x	1	1	x	$M + 1\,ulp$

(b) Rundungsanweisung für M_S

Tabelle 8.6: Optimale Rundung/Round to Even zur Basis $b = 2$

Abhängig von den Vorzeichen VZ_i, dem niederwertigsten Bit m_{p-1} von M_S, sowie dem Guard- Round- und Sticky Bit liefert Tabelle 8.6 (b) den Wert, auf den M_S zu runden ist. Tabelleneinträge der Gestalt „x" sind dabei dahingehend zu interpretieren, dass der Wert dieser Größe für den jeweiligen Rundungsschritt unerheblich ist. Ein Rundungsergebnis von M kommt dabei dem Abschneiden des Guard- und Round Bits von M_S gleich, während ein Rundungsergebnis von $M + 1\,ulp$ dem betragsmäßigen Aufrunden von M_S auf die nächstgrößere p-stellige Mantisse entspricht.

Zur Illustration berechnen wir nun noch das Ergebnis der Subtraktion $1.11 \times 2^0 \boxminus 1.01 \times 2^{-3}$ in einem Gleitpunkt-Zahlensystem zur Basis $b = 2$ mit $p = 3$ Mantissenstellen.

1. $E_1 = 0 > E_2 = -3$, es ist somit kein Vertauschen der beiden Operanden notwendig. $d = 0 - (-3) = 3$. Der vorläufige Wert des Exponenten E_S des Ergebnisses lautet somit $E_S = 0$.

2. Nach dem Erweitern um Guard- und Round Bit sowie dem Rechts-Schieben um $d = 3$ Stellen erhalten wir $M_2 = 0.0010$, mit dem Sticky Bit $s = 1$.

3. Die Subtraktion $1.11 \times 2^0 \boxminus 1.01 \times 2^{-3}$ entspricht der Addition $1.11 \times 2^0 \boxplus (-1.01 \times 2^{-3})$, was uns auf die Vorzeichen $VZ_1 = (+)$ und $VZ_2 = (-)$ führt. Wegen $VZ_1 \neq VZ_2$ subtrahieren wir die Mantissen der Operanden, um M_S zu berechnen.

$$1.1100$$
$$-0.0010$$
$$\overline{1.1010} = M_S$$
$$\text{gr} \qquad s=1.$$

Mit dem Ergebnis dieser Subtraktion im Binärsystem wird für die Rundung wiederum das im vorherigen Schritt berechnete Sticky Bit der Mantisse M_2 aufbewahrt.

4. Da M_S normalisiert ist, verbleibt in diesem Schritt nichts weiter zu tun; der Exponent E_S des Ergebnisses lautet somit weiterhin 0.

5. Aufgrund der unterschiedlichen Vorzeichen VZ_1 und VZ_2 haben wir das Vorzeichen VZ_S des Ergebnisses wiederum mittels Tabelle 8.5 von Seite 149 zu ermitteln. Wegen

$$M_1 = 1.1100 \; > \; M_2 = 0.0010 \quad \text{sowie}$$
$$VZ_1 = (+) \quad \text{und}$$
$$VZ_2 = (-)$$

folgt aus dem ersten Eintrag dieser Tabelle, dass das Vorzeichen VZ_S des Ergebnisses positiv ist.

6. Zur Rundung greifen wir nun auf Tabelle 8.6 zurück. Die aus den $p = 3$ signifikanten Stellen von $M_S = 1.1010$ bestehende Mantisse M hat dabei die Gestalt $M = 1.10$. Wegen

$$VZ_1 \neq VZ_2 \quad \text{sowie} \quad g = 1 \quad \text{und} \quad r = 0 \quad \text{und} \quad s = 1$$

ist die vierte Zeile von Tabelle 8.6 (b) anzuwenden, womit das Rundungsergebnis M lautet. Somit ergibt sich die Gleitpunktzahl 1.10×2^0 als Ergebnis der Subtraktion $1.11 \times 2^0 \boxminus 1.01 \times 2^{-3}$.

Mit diesem Ergebnis schließen wir unsere Betrachtungen zur Addition und Subtraktion von Gleitpunktzahlen ab. Das in diesem Abschnitt vorgestellte Verfahren ist in der Lage, Gleitpunktzahlen aus einem gegebenen Gleitpunkt-Zahlensystem mit p Mantissenstellen unter Verwendung von maximal zwei zusätzlichen Mantissenstellen (Guard- und Round Digit) sowie einem zusätzlichen Bit (Sticky Bit) zu addieren bzw. subtrahieren. Dies bedeutet in der Regel eine Einsparung gegenüber jenem Verfahren, bei dem nach dem Angleichen des kleineren an den größeren Exponenten mit der vollen Anzahl an Mantissenstellen gerechnet wird.

Die Erweiterung dieses Verfahrens auf denormalisierter Zahlen stellt kein großes Problem dar, der interessierte Leser sei in diesem Zusammenhang auf die weiterführende Literatur am Ende dieses Abschnitts verwiesen.

Multiplikation

Die Multiplikation von Gleitpunktzahlen ist wesentlich einfacher als die Addition, sie umfasst vier Schritte:

1. die Multiplikation der Mantissen,

2. die Addition der Exponenten,

3. die Normalisierung und Rundung des Ergebnisses,

4. sowie das Setzen des Vorzeichenbits der Mantisse.

8.6 Arithmetik auf Gleitpunkt-Zahlensystemen

Zur Veranschaulichung führen wir die Multiplikation $(-8.13 \times 10^0) \boxtimes (2.49 \times 10^1)$ durch.

1. Für die Multiplikation der Mantissen betrachten wir diese als vorzeichenlose ganze Zahlen, der Dezimalpunkt ist im Folgenden nur zur Orientierung eingezeichnet.

$$
\begin{array}{r}
8.1\ 3 \ \times\ 2.4\ 9 \\
\hline
1\ 6\ 2\ 6 \\
3\ 2\ 5\ 2 \\
+\quad 7\ 3\ 1\ 7 \\
\hline
2\ 0.2\ 4\ 3\ 7
\end{array}
$$

Die Position des Dezimalpunkts in der Mantisse des Ergebnisses erhält man, indem man die Anzahl der Nachkommastellen von M_1 und M_2 addiert, die Mantisse des Ergebnisses enthält $M_1 + M_2$ Nachkommastellen. Im vorliegenden Beispiel verfügen beide Mantissen über zwei Nachkommastellen, womit das Ergebnis vier Nachkommastellen enthält.

2. Der Exponent E des Ergebnisses ergibt sich zu $0 + 1 = 1$. Falls die Exponenten in Exzessdarstellung gegeben sind, muss der Exzess wie folgt subtrahiert werden:

$$E = E_1 + E_2 - \text{Exzess}.$$

3. Das vorläufige Ergebnis lautet somit 20.2437×10^1. Durch Normalisieren erhält man 2.02437×10^2, nach der optimalen Rundung auf $p = 3$ Stellen lautet das Ergebnis 2.02×10^2.

4. Das Vorzeichen der Mantisse des Ergebnisses wird entsprechend der Vorzeichenregeln der Multiplikation gesetzt, in diesem Fall auf $(-) \cdot (+) = (-)$. Das endgültige Ergebnis der Multiplikation lautet somit -2.02×10^2.

Wir haben die Multiplikation mit der vollen Anzahl der für ein gerundetes exaktes Ergebnis notwendigen Stellen vorgeführt. Selbstverständlich gibt es analog zur Addition auch hier den Ansatz, durch Verwendung von Guard- und Round Digit sowie eines Sticky Bits die für die Berechnung notwendigen Stellen zu reduzieren.

Division

Die Division von Gleitpunktzahlen unterscheidet sich nur unwesentlich von der Multiplikation. Anstatt die Mantissen zu multiplizieren, werden diese dividiert. Die Exponenten werden bei der Division voneinander subtrahiert. Falls die Exponenten in Exzessdarstellung vorliegen, so ergibt sich der Exponent E des Ergebnisses zu

$$E = E_1 - E_2 + \text{Exzess}.$$

8.7 Genauigkeitsbetrachtungen von Numerik-Software

8.7.1 Fehlerfortpflanzung

Wie schon bei der Abschrankung des relativen Rundungsfehlers der Anweisung x = a + b + c; in Abschnitt 8.6.2 dargestellt, hat man im Allgemeinen bei jeder arithmetischen Operation eines numerischen Programms damit zu rechnen, dass die implementierte Operation $\boxdot$ geringfügig von der exakten arithmetischen Operation $\circ$ abweicht. Ein numerisches Programm mit insgesamt N *Einzeloperationen* enthält damit potentiell N Rechenfehler, deren relative Größe in jeder Gleitpunktoperation gemäß Gleichung (8.15) auf Seite 141 mit *eps* beschränkt ist:

$$x \boxdot y = (x \circ y) \cdot (1 + \rho) \quad \text{und} \quad |\rho| \leq eps.$$

Aufgrund dieser Rechenfehler weichen sämtliche Zwischenergebnisse (etwa a + b im obigen Beispiel) vom exakten Ergebnis ab. Da diese Zwischenergebnisse aber als Operanden für nachfolgende Rechenschritte auftreten (im obigen Beispiel zur Addition des Ergebnisses von a + b zu c), haben all diese nachfolgenden Rechenschritte *verfälschte* Argumente. Selbst wenn die nachfolgenden Rechenschritte keine *neuen* Rechenfehler generieren sollten, so wirken sich die Fehler der Argumente doch auf das Ergebnis dieser Operationen aus. Schon ein einziger Rechenfehler kann daher die Ergebnisse vieler nachfolgender Rechenschritte und letztendlich das Endergebnis verfälschen — man bezeichnet diesen Effekt als *Fehlerfortpflanzung*.

Auslöschung

Besonders gravierend wirkt sich die Fehlerfortpflanzung bei der Addition oder Subtraktion zweier dem Betrag nach annähernd gleich großer Zahlen aus: bei der Addition solcher Zahlen mit verschiedenem Vorzeichen bzw. der Subtraktion solcher Zahlen mit gleichem Vorzeichen heben die vorderen übereinstimmenden Mantissenstellen der beiden Operanden einander auf. Man spricht in diesem Zusammenhang von *Auslöschung* der vorderen Mantissenstellen. Durch Auslöschung werden Ungenauigkeiten an einer hinteren (weniger wichtigen) Stelle im Ergebnis zu einer Ungenauigkeit an einer vorderen (wichtigen) Stelle. Dieser Umstand ist für die erzielte Genauigkeit einer numerische Berechnung äußerst unangenehm, da die hinteren Stellen von Gleitpunktzahlen traditionell jene sind, die aufgrund von Rundungsfehlern mehr oder weniger stark verfälscht sind.

Bei der Berechnung des Ausdrucks $b^2 - 4ac$ etwa sind b^2 und $4ac$ als Ergebnis von Gleitpunkt-Multiplikationen durch Rundungsfehler verfälscht. Ist nun $b^2 \approx 4ac$, so kommt es bei der Subtraktion zur Auslöschung der vorderen (genauen) Stellen. Für b = 3.34, a = 1.22 und c = 2.28 beträgt im Gleitpunkt-Zahlensystem $\mathbb{F}(10, 3, -9, 10, \textit{false})$ das exakte Ergebnis von $b^2 - 4ac = 0.0292 = 2.92 \times 10^{-2}$. Wegen $\square(b^2) = \square 11.1556 = 1.12 \times 10^1$ und $\square(4ac) = \square 11.1264 = 1.11 \times 10^1$ ergibt $1.12 \times 10^1 \boxminus 1.11 \times 10^1 = 1.00 \times 10^{-1}$. Verglichen mit dem exakten Ergebnis ist diese Mantisse in jeder Stelle falsch! Beachtenswert in diesem Zusammenhang ist die Tatsache, dass die Subtraktion selbst gar keinen Rundungsfehler mehr generiert hat, sondern nur mehr die Rundungsfehler der vorangegangenen Multiplikationen durch Auslöschung zum Vorschein gebracht hat.

Manchmal besteht die Möglichkeit, eine Formel umzuformen und so den Effekt der Auslöschung zu vermeiden bzw. zu minimieren. $x^2 - y^2$ beispielsweise führt zur Auslöschung, falls $|x| \approx |y|$. Durch Umformung auf $(x - y) \cdot (x + y)$ enthält der Ausdruck zwar noch immer eine Subtraktion bzw. Addition, doch der Rundungsfehler der Berechnungen von x^2 und y^2 wird auf diese Weise vermieden. Als Konsequenz werden Addition und Subtraktion mit den exakten Operanden x und y und nicht mit den mit Rundungsfehlern behafteten Operanden x^2 und y^2 durchgeführt. Der Effekt der Auslöschung ist beim Rechnen mit exakten Werten natürlich weniger schwerwiegend, da die nach der Auslöschung im Ergebnis verbleibenden hinteren Stellen unverfälscht sind. Man spricht in diesem Fall daher von *gutartiger* Auslöschung (engl. *benign cancellation*), bei der Auslöschung an gerundeten Operanden von *katastrophaler* Auslöschung (engl. *catastrophic cancellation*). Bei der Gegenüberstellung dieser beiden Fälle von Auslöschung anhand der Formeln $(x-y) \cdot (x+y)$ und $x^2 - y^2$ im Gleitpunkt-Zahlensystem $\mathbb{F}(10, 3, -9, 10, \text{false})$ wird aus Übersichtsgründen auf die normalisierte Darstellung der Gleitpunktzahlen verzichtet. Weiters wird mit $x = 10.1$, $y = 9.99$ ein konkreter Fall vorgeführt, die Herleitung der allgemeinen Schranken unter Berücksichtigung von $x^2 \approx y^2$ verbleibe als Herausforderung für den ambitionierten Leser. Als Rundungsfunktion dieses konkreten Beispiels kommt wieder optimale Rundung zum Einsatz. Das exakte Ergebnis von $x^2 - y^2$ lautet $102.01 - 99.8001 = 2.2099$, bei gutartiger Auslöschung erhalten wir

$$(x \boxminus y) \boxtimes (x \boxplus y) = (\square(0.11)) \boxtimes (\square(20.09)) = 0.11 \boxtimes 20.1 = \square(2.211) = 2.21.$$

Der Betrag des relativen Rundungsfehlers bei gutartiger Auslöschung beträgt somit

$$|\rho(2.21)| = \frac{2.21 - 2.2099}{2.2099} \approx 4 \times 10^{-5}.$$

Bei katastrophaler Auslöschung lautet das Ergebnis

$$(x^{\boxed{2}} \boxminus y^{\boxed{2}}) = (\square(102.01)) \boxminus (\square(99.8001)) = 102 \boxminus 99.8 = 2.2,$$

der relative Rundungsfehler beträgt hier

$$|\rho(2.2)| = \frac{2.2 - 2.2099}{2.2099} \approx 4 \times 10^{-3} \gg 4 \times 10^{-5},$$

womit gutartige Auslöschung wie erwartet einen deutlich kleineren Fehler verursacht.

8.7.2 Gesamtanalyse eines numerischen Programms

Zur Ermittlung des Rundungsfehlers ist prinzipiell jede einzelne Rechenoperation des jeweiligen numerischen Programms zu berücksichtigen. Dabei ergibt sich bei jeder Rechenoperation die folgende Situation:

1. Die Operanden der durchzuführenden Operation sind bereits Zwischenergebnisse vorangegangener Berechnungen. Damit sind diese Operanden bereits durch Rundungsfehler verfälscht.

2. Das Ergebnis der Operation liegt nicht in $\mathbb{F}$, es muss also gerundet werden, was einen weiteren Rundungsfehler verursacht.

Schon bei der detaillierten Analyse von Programmen mit mehreren hundert Statements gelangt man hierbei schnell an die Grenze des Machbaren, die Analyse der Überlagerung aller Einzeleffekte bei größeren Programmen ist in der Praxis völlig unmöglich. Erschwerend wirkt sich hierbei der Umstand aus, dass die zu analysierenden Programme meist über komplexe Kontrollstrukturen (Schleifen, if-Anweisungen, etc.) verfügen, die bei einer Analyse ebenfalls zu berücksichtigen sind.

Vereinfachend trifft man daher oft die Annahme, dass sich die einzelnen Rundungsfehler *unabhängig* voneinander fortpflanzen. Der Gesamtfehler im Ergebnis des Programms besteht dann im Wesentlichen aus der Summe der Effekte der Rundungsfehler der Einzelschritte.

8.7.3 Summation von Gleitpunktzahlen

Die Summation von n Gleitpunktzahlen ist ein Grundbaustein vieler numerischer Anwendungen. Innere Produkte, Mittelwerte, numerische Integration sowie die numerische Lösung von Differentialgleichungen sind nur einige der Problemstellungen, zu deren Lösung es der Berechnung von Summen vieler einzelner Terme bedarf. Abhängig von der verwendeten Rundungsfunktion generiert dabei jede einzelne Addition potentiell einen relativen Rundungsfehler von bis zu $1\,ulp$. Diese akkumulieren natürlich mit der Anzahl der Terme, womit sich in diesem Zusammenhang unmittelbar die Notwendigkeit von Genauigkeitsbetrachtungen ergibt. Eine Möglichkeit der Berechnung der Summe

$$s_n = x_1 + x_2 + x_3 + \cdots + x_n$$

ist die in Abbildung 8.12 dargestellten Methode der *naiven* Summation. Die zu summierenden Gleitpunktzahlen befinden sich hierbei im Array float[] X, mit den in der verwendeten Programmiersprache üblichen Array-Grenzen von $[0..\text{length} - 1]$ entspricht die Berechnung der naiven Summation der Summe

$$\sum_{0 \leq j < X.\text{length}} X[j].$$

Aufgrund der Besonderheiten der Gleitpunkt-Arithmetik, insbesondere der Nicht-Assoziativität der Gleitpunktaddition, führt diese Vorgangsweise jedoch mitunter zu unbefriedigenden Ergebnissen.

Eine einfache Möglichkeit zur Reduktion des Rundungsfehlers besteht jedoch darin, die Anzahl der Mantissenstellen p zu erhöhen und die Additionen mit dieser erhöhten Genauigkeit zu rechnen. Im Programmbeispiel aus Abbildung 8.12 lässt sich dies durch eine geringfügige Modifikation bewerkstelligen, da die Summanden bloß in einfacher Genauigkeit (Typ float) vorliegen. Durch Abänderung der Deklaration der Variable S (Zeile 3) vom Typ float auf Typ double erfolgen die Additionen im Grundformat doppelter anstatt einfacher Genauigkeit. Die dabei erzielbare Genauigkeit wird im nachfolgenden Abschnitt hergeleitet.

Falls eine Erhöhung der Mantissenstellen nicht mehr möglich ist (weil z.B. schon die Summanden in der höchstmöglichen Genauigkeit vorliegen bzw. eine Implementierung einer Gleitpunkt-Arithmetik intern ohnehin mit der höchstmöglichen Genauigkeit rechnet), kann man durch Umordnung der Summanden und Summation vom kleinsten bis zum größten Summanden die erzielte Genauigkeit trotzdem noch erhöhen (vgl. dazu auch Abschnitt 8.6.3 auf Seite 145).

Eine der Umordnung der Summanden überlegene Methode ist die sogenannte *fehlerkompensierte* Summation. Diese nach Prof. Kahan auch "*Kahan*-Summation" genannte Methode wird in dem an die naive Summation folgenden Abschnitt behandelt.

Naive Summation

Um zu einer allgemeinen Fehlerabschätzung der naiven Summation zu kommen, geht man davon aus, dass für alle Summanden gilt: $x_1, \cdots, x_n \in \mathbb{F}$. Weiters setzt man voraus, dass bei der Summation kein Überlauf auftritt, sondern alle Zwischensummen in dem von $\mathbb{F}$ überdeckten Bereich der reellen Zahlen liegen:

$$x_1 + x_2, x_1 + x_2 + x_3, \cdots, x_1 + \cdots + x_n \in \mathbb{R}_N.$$

8.7 Genauigkeitsbetrachtungen von Numerik-Software

```
1    public static float NaiveSummation (float[] X)
2    {
3        float S = 0;
4        for (int j = 0; j < X.length; j++)
5        {
6            S = S + X[j];
7        }
8        return S;
9    }
```

Abbildung 8.12: Naive Summation

Für die Summen s_i ergibt sich die folgenden Entwicklung:

$$
\begin{aligned}
s_1 &= x_1 \\
s_2 &= s_1 \boxplus x_2 = (s_1 + x_2) \cdot (1 + \rho_2) = x_1 + x_2 + x_1\rho_2 + x_2\rho_2 \\
s_3 &= s_2 \boxplus x_3 = (s_2 + x_3) \cdot (1 + \rho_3) \approx x_1 + x_1\rho_2 + x_1\rho_3 + x_2 + x_2\rho_2 + x_2\rho_3 + x_3 + x_3\rho_3 \\
s_4 &= s_3 \boxplus x_4 = (s_3 + x_4) \cdot (1 + \rho_4) \approx x_1 + x_1\rho_2 + x_1\rho_3 + x_1\rho_4 + x_2 + x_2\rho_2 + x_2\rho_3 + \\
& \qquad\qquad\qquad\qquad\qquad\qquad + x_2\rho_4 + x_3 + x_3\rho_3 + x_3\rho_4 + x_4 + x_4\rho_4 \\
&\vdots \\
s_n &= s_{n-1} \boxplus x_n = (s_{n-1} + x_n)(1 + \rho_n).
\end{aligned}
$$

Terme zweiter Ordnung in ρ_i (jene mit mehr als einem ρ_i als Faktor wie z.B. $x_1\rho_2\rho_3$, $x_2\rho_2\rho_3$) wurden in der rechten Spalte weggelassen, da sie *sehr* viel kleiner als Terme mit nur einem ρ_i als Faktor sind und daher für die Abschätzung vernachlässigt werden können. Aufgrund der rechten Spalte der obigen Entwicklung ist erkennbar, dass s_n auch als Summe

$$
s_n = x_1\left(1 + \sum_{j=2}^{n} \rho_j\right) + \sum_{j=2}^{n} x_j\left(1 + \sum_{k=j}^{n} \rho_k\right)
$$

angeschrieben werden kann. Spendiert man nun den zusätzlichen Term $x_1\rho_1$, so wird die Schranke für s_n nur unmerklich ungenauer, kann dafür aber wie folgt vereinfacht werden:

$$
s_n = x_1\rho_1 + x_1\left(1 + \sum_{j=2}^{n} \rho_j\right) + \sum_{j=2}^{n} x_j\left(1 + \sum_{k=j}^{n} \rho_k\right) \tag{8.36}
$$

$$
= x_1\left(1 + \rho_1 + \sum_{j=2}^{n} \rho_j\right) + \sum_{j=2}^{n} x_j\left(1 + \sum_{k=j}^{n} \rho_k\right) \tag{8.37}
$$

$$
= x_1\left(1 + \sum_{j=1}^{n} \rho_j\right) + \sum_{j=2}^{n} x_j\left(1 + \sum_{k=j}^{n} \rho_k\right) \tag{8.38}
$$

$$
= \sum_{j=1}^{n} x_j\left(1 + \sum_{k=j}^{n} \rho_k\right) \tag{8.39}
$$

$$
= \sum_{j=1}^{n} x_j + \sum_{j=1}^{n} x_j\left(\sum_{k=j}^{n} \rho_k\right). \tag{8.40}
$$

Aus Gleichung (8.39) geht hervor, dass der für s_n berechnete Wert $\sum x_j$ einer *exakten* Summation von „*ungenauen*" Werten von x_j entspricht. Diese Betrachtungsweise geht daraus hervor, dass

s_n in Gleichung (8.39) aus einer Summe von Termen der Gestalt

$$x_j \left(1 + \sum_{k=j}^{n} \rho_k \right)$$

besteht. Schrankt man nun den Betrag des relativen Rundungsfehlers ρ_i wiederum mit $|\rho_i| \leq eps$ ab, so erkennt man, dass der Term für den ersten Summanden x_1 um maximal $n \cdot eps \cdot x_1$ ungenau ist:

$$x_1 \left(1 + \sum_{k=1}^{n} \rho_k \right) \leq x_1 \left(1 + \sum_{k=1}^{n} eps \right) = x_1(1 + n \cdot eps) = x_1 + n \cdot eps \cdot x_1.$$

Analog kann man die Abweichung für die Terme der restlichen Summanden $x_2 \cdots x_n$ bestimmen. Die Abweichung nimmt dabei für jeden Summanden um eps ab, womit x_n schließlich nur mehr um maximal $eps \cdot x_n$ ungenau ist:

$$x_n \left(1 + \sum_{k=n}^{n} \rho_k \right) \leq x_n \left(1 + \sum_{k=n}^{n} eps \right) = x_n(1 + eps) = x_n + eps \cdot x_n.$$

Hiermit ist auch klar ersichtlich, warum ein Sortieren der Summanden und die Summation beginnend mit dem kleinsten Summanden eine Erhöhung der Genauigkeit bewirkt: abhängig von der Reihung bei der Summation generiert der Summand x_i eine Abweichung zwischen $n \cdot eps \cdot x_i$ (1. Position) und $eps \cdot x_i$ (n-te Position). Es ist somit wesentlich vorteilhafter, den kleinsten Summanden an die erste Stelle zu setzen, da n multipliziert mit einem kleinen Summanden eine wesentlich kleinere Abweichung als n multipliziert mit einem großen Summanden ergibt. Dies gilt natürlich auch für die Reihung der restlichen Summanden x_i.

Wir wollen nun noch eine obere Schranke für den Gesamtfehler bei der naiven Summation herleiten. Setzen wir das Ergebnis der Abschrankung

$$\sum_{k=j}^{n} \rho_k \leq \sum_{k=j}^{n} eps \leq \sum_{k=1}^{n} eps = n \cdot eps$$

in Gleichung (8.40) ein, so erhalten wir

$$\sum_{j=1}^{n} x_j + \sum_{j=1}^{n} x_j \left(\sum_{k=j}^{n} \rho_k \right) \leq \sum_{j=1}^{n} x_j + \sum_{j=1}^{n} |x_j| \cdot n \cdot eps = \sum_{j=1}^{n} x_j + n \cdot eps \cdot \sum_{j=1}^{n} |x_j| \qquad (8.41)$$

als Ergebnis der berechneten Summe. Durch Subtraktion des exakten Ergebnisses $s_n = \sum_{j=1}^{n} x_j$ erhalten wir somit

$$|\hat{s}_n - s_n| \leq n \cdot eps \cdot \sum_{j=1}^{n} |x_j| \qquad (8.42)$$

als obere Schranke für den auftretenden Rechenfehler der naiven Summation ($\hat{s}$ bezeichnet dabei die in Gleichung (8.41) dargestellte *berechnete* Summe).

Abschließend wollen wir uns noch den Effekt der Verdoppelung der Mantissenstellen p auf die Genauigkeit der Summation überlegen. Unter der Voraussetzung von optimaler Rundung und einem Gleitpunkt-Zahlensystem zur Basis 2 entspricht die Verdoppelung der Genauigkeit dem Quadrieren von *eps*. Für das IEEE 754-Format doppelter Genauigkeit entspricht $eps \approx 10^{-16}$, womit $n \cdot eps$ für die meisten in der Praxis zu erwartenden Werte von n sehr viel kleiner als 1 sein wird. Damit wird die maximale Abweichung $n \cdot eps$ auf $n \cdot eps^2 \ll eps$ erniedrigt. Wir werden dieses Ergebnis im nachfolgenden Abschnitt mit dem bei der Kahan-Summation erzielten Genauigkeitsgewinn vergleichen.

8.7 Genauigkeitsbetrachtungen von Numerik-Software

```
1    public static float KahanSummation (float[] X)
2    {
3        float C,S,Y,T;

4        S = X[0];
5        C = 0;
6        for (int j = 1; j < X.length; j++)
7        {
8            Y = X[j] - C;
9            T = S + Y;
10           C = (T - S) - Y;
11           S = T;
12       }
13       return S;
14   }
```

Abbildung 8.13: Kahan-Summation

Kahan-Summation

Die Kahan-Summation folgt vom zugrundeliegenden Prinzip her der naiven Summation, allerdings wird für jede einzelne Addition der entstandene Rundungsfehler abgeschätzt und zu kompensieren versucht.

Abbildung 8.13 enthält den Quell-Code dieser Summationsmethode. Für jede Addition eines Summanden wird ein Korrekturfaktor C berechnet (Zeile 10), der in der nächsten Schleifeniteration zur Korrektur verwendet wird. Bei dieser Korrektur wird zunächst der Korrekturfaktor C vom neuen Summanden X[j] subtrahiert (Zeile 8), was den korrigierten Summanden Y ergibt. Dieser korrigierte Summand wird sodann zur laufenden Summe S addiert (Zeile 9). Aufgrund des unvermeidbaren Rundungsfehlers gehen bei dieser Addition einige der niederwertigen Mantissenstellen von Y verloren. Abbildung 8.14 veranschaulicht diesen Umstand graphisch, die verlorenen Stellen wurden dabei mit Y_l bezeichnet. Die Variable T enthält damit nur den höherwertigen Teil von Y ($=Y_h$) plus die laufende Summe S. Zur Ermittlung des bei der Addition verlorengegangenen Anteils Y_l von Y wird gemäß Abbildung 8.14 vorgegangen: zunächst wird S von T subtrahiert, was Y_h zum Ergebnis hat. Durch die Subtraktion $Y_h \boxminus Y$ erhält man schließlich $-Y_l = C$ als Korrekturfaktor für die nächste Schleifeniteration.

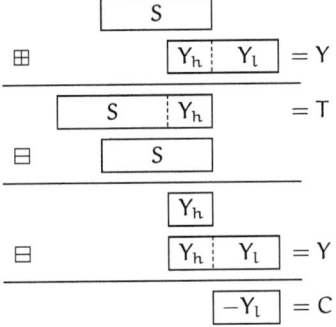

Abbildung 8.14: Berechnung des Korrekturfaktors C bei der Kahan-Summation

Der Rechenfehler bei der Kahan-Summation kann mit

$$|\hat{s}_n - s_n| \leq (2 \cdot eps + (4 \cdot n + 2) \cdot eps^2) \cdot \sum_{j=1}^{n} |x_j| \qquad (8.43)$$

abgeschätzt werden, den entsprechenden Beweis findet der interessierte Leser in [7]. Wegen $eps^2 \ll eps$ wollen wir den zweiten Term in Gleichung (8.43) wiederum vernachlässigen und sodann den Rechenfehler der Kahan-Summation mit dem der naiven Summation vergleichen. Wie in Gleichung (8.42) dargestellt beträgt bei der naiven Summation die maximale Abweichung pro Summand höchstens $n \cdot eps$, was der Abweichung $2 \cdot eps$ der Kahan-Summation deutlich unterlegen ist. Die Verdoppelung der Genauigkeit schlägt sich bei der naiven Summation in einer Reduktion der maximalen Abweichung pro Summand auf $n \cdot eps^2$ nieder, was deutlich genauer ist als das Ergebnis der Kahan-Summation bei *einfacher* Genauigkeit.

Weiterführende Literatur

D. Goldberg. Computer Arithmetic. In *Computer Architecture: A Quantitative Approach*. D. A. Patterson, J. L. Hennessy. Morgan Kaufmann, San Mateo, CA, 1990/1996, Appendix A.

D. Goldberg. Computer Arithmetic. In *Computer Architecture: A Quantitative Approach*. D. A. Patterson, J. L. Hennessy. Morgan Kaufmann, San Mateo, CA, 2003, Appendix H.

D. Goldberg. *What Every Computer Scientist Should Know About Floating-Point Arithmetic*. ACM Computing Surveys, (23)1:5-48, 1991.

IEC. *Binary Floating-Point Arithmetic for Microprocessor Systems*. IEC 559:1989 edition, IEC, 1989.

IEEE. *Standard 754-1985 for Binary Floating-Point Arithmetic*. Institute of Electrical and Electronic Engineers, Inc., 1985.

IEEE. *Standard 854-1987 for Radix-Independent Floating-Point Arithmetic*. Institute of Electrical and Electronic Engineers, Inc., 1987.

T. Lindholm, F. Yellin. *The Java Virtual Machine Specification*. 2nd edition, Addison-Wesley Publishing Co., Inc., Reading, MA, 1999.

J. F. Palmer, S. P. Morse. *Die mathematischen Grundlagen der Numerik-Prozessoren 8087/80287*. te-wi Verlag, München 1985.

C.W. Überhuber. *Computer-Numerik 1*. Springer-Verlag, Berlin Heidelberg, 1995.

C.W. Ueberhuber. *Numerical Computation 1*. Springer-Verlag, Berlin Heidelberg, 1997.

9 Algorithmen

> *Du musst verstehn!*
> *Aus Eins mach Zehn,*
> *Und Zwei lass gehn,*
> *Und Drei mach gleich,*
> *So bist du reich.*
> *Verlier die Vier!*
> *Aus Fünf und Sechs,*
> *So sagt die Hex,*
> *Mach Sieben und Acht,*
> *So ist's vollbracht:*
> *Und Neun ist Eins,*
> *Und Zehn ist keins.*
> *Das ist das Hexen-Einmaleins!*
>
> Die Hexe.
> Johann Wolfgang von Goethe, „Faust". Der Tragödie erster Teil.

In diesem Kapitel werden wir uns mit dem in der Informatik so zentralen Begriff des *Algorithmus* befassen. Konkret soll es dabei um die Untersuchung gewisser Eigenschaften von Algorithmen gehen.

Der Begriff Algorithmus ist schwer zu definieren. Historisch gesehen leitet sich das Wort selbst vom Namen eines berühmten persischen Autors, *Abu Ja'far Moḥammed ibn Mûsâ al-Khwârizmî* her. In seiner veralteten Bedeutung bezeichnete der Ausdruck Algorithmus die „Rechenart mit arabischen (das heißt, dezimalen) Zahlen". Moderne Fremdwörterlexika bieten dafür Definitionen an wie etwa „Rechenvorgang, der nach einem bestimmten Schema abläuft".

Wir verstehen unter einem *Algorithmus* die mehr oder weniger ideellen Vorschriften zur Lösung einer bestimmten Aufgabe. In gewissem Sinne ist diese Definition abstrakt, da sie an keine Darstellung gebunden ist. Die Formulierung eines Algorithmus erfolgt durch Programme; ein *Programm* kann daher als *eine* konkrete Darstellung eines Algorithmus aufgefasst werden. Den Vorgang der Formulierung eines Algorithmus zur Ausführung auf einem Computer wollen wir *Implementierung* nennen.

In den folgenden Abschnitten wollen wir uns den Eigenheiten und Eigenschaften von Algorithmen widmen, die durch eine Implementierung nur „quantitativ", nicht aber „qualitativ" verändert werden. Für den Rest dieses Kapitels werden wir die Begriffe Algorithmus und Programm austauschbar benutzen. Im Gegensatz zu unseren sonstigen Gewohnheiten werden wir auch gelegentlich (leicht verständliche) *Java*-Formulierungen angeben.

9.1 Analyse von Algorithmen

> *Indeed, I believe that virtually every important aspect of programming arises somewhere in the context of sorting or searching!*
>
> Donald E. Knuth, „The Art of Computer Programming".

Die *Analyse von Algorithmen* beschäftigt sich mit nicht-experimentellen Untersuchungen gewisser Eigenschaften von Algorithmen. In der Praxis sind vor allem Aussagen betreffend das *Zeitverhalten* (die *Performance*) und den *Speicherplatzbedarf* von wesentlicher Bedeutung.

```java
public static int search(int a[], int s)
    throws IllegalArgumentException
{
    int i;

    for (i=0; i<a.length; i++)
    {
        if ( a[i] == s )
            return i;
    }
    throw new IllegalArgumentException("Not Found");
}
```

Abbildung 9.1: Suchen in einer nicht sortierten Liste von Zahlen

Um derartige Kenngrößen eines Algorithmus zu quantifizieren, werden nun mathematische Methoden eingesetzt. Im Gegensatz zu experimentellen Verfahren, die sozusagen am „lebenden Objekt", das heißt, an einem fix und fertig implementierten Programm Messungen anzustellen, genügt bei der mathematischen Analyse eine „ungenauere" Formulierung. Erinnern Sie sich etwa an den Abschnitt 7.6; wir haben dort die Laufzeit eines Algorithmus zur Multiplikation zweier k-stelliger Zahlen abgeschätzt, ohne ihn genau zu kennen! Das bedeutet also, dass die Untersuchung noch vor einer Implementierung stattfinden kann; ein in punkto Performance unzureichender Algorithmus kann so bereits in einer frühen Phase verworfen werden. Einige Ziele der Analyse von Algorithmen sind also:

- Die Untersuchung der prinzipiellen Eignung eines Algorithmus für die Lösung eines Problems in Hinblick auf die geforderte Performance.

- Die Lokalisierung der „kritischen" Abschnitte eines Algorithmus, die sich logischerweise als „Kandidaten" für eine besonders effiziente Implementierung anbieten.

Betrachten wir zum Beispiel einen der einfachsten Algorithmen zum Suchen einer bestimmten Zahl in einer nicht-sortierten Liste von n unterschiedlichen Zahlen (vgl. Abb.9.1).

Die Funktion search bekommt ein Feld (Array) a übergeben, das eine Liste unsortierter Zahlen beinhaltet. Außerdem wird eine Zahl s übergeben. Nach dieser Zahl wird in dem Feld a gesucht. Wenn sie gefunden wird, wird die Stelle (der Index), an der sich die Zahl s befindet als Resultat zurückgegeben. Falls die Zahl s im Feld a nicht vorkommt, wird die Exception IllegalArgumentException ausgelöst. Wir werden in Folge die Länge des Feldes a mit n bezeichnen.

Zunächst einmal ist an diesem Beispiel ein allgemeines „Charakteristikum" von Algorithmen zu beobachten: *Eingangsdaten* werden im Zuge der Ausführung dazu verwendet, *Ausgangsdaten* zu erzeugen. In unserem Falle bestehen die Eingangsdaten aus der unsortierten Folge a und der zu suchenden Zahl s. Als Ausgangsdatum fungiert jener Index, unter dem die Zahl gefunden wurde. Im allgemeinen Fall müssen derartige Daten selbstverständlich nicht immer Variablenwerte sein; darüber hinaus benötigen manche Algorithmen überhaupt keine (expliziten) Eingangs- respektive Ausgangsdaten.

Wir wenden uns nun der Frage zu, wie das Laufzeitverhalten unseres einfachen Suchalgorithmus aussieht. Die Laufzeit wird wohl davon abhängen, wie die Eingangsdaten aussehen. Zunächst einmal wird n, die Anzahl der zu sortierenden Zahlen, von entscheidender Bedeutung sein.

Unserem Wunsch nach allgemeinen Aussagen über die Laufzeit des Algorithmus stellen sich also zwei Hauptschwierigkeiten entgegen:

Abhängigkeit von den Eingangsdaten: Nehmen wir zum Beispiel an, dass lediglich beliebige Umordnungen (*Permutationen*) der Zahlen $1, \ldots, n$ als Eingangsdaten auftreten können, so gibt es dafür $n! = n \cdot (n-1) \cdot \ldots \cdot 2 \cdot 1$ verschiedene Möglichkeiten. Bei $n = 8$ sind das ca. 40000, bei $n = 10$ bereits rund 3600000 Fälle, die es zu untersuchen gilt. Normalerweise wird es daher nicht möglich sein, alle vorkommenden Kombinationen von Eingangsdaten getrennt zu betrachten. Um doch gewisse Aussagen treffen zu können, ist es nötig, ein *Wahrscheinlichkeitsmodell* für die Eingangsdaten zu finden und sich etwa mit Mittelwerten der Laufzeit zufrieden zu geben. Wir könnten zum Beispiel annehmen, dass alle $n!$ Permutationen mit der gleichen Wahrscheinlichkeit $1/(n!)$ auftreten.

Abhängigkeit von der Implementierung: Klarerweise hängt die tatsächliche Laufzeit eines Programmes von Details der Implementierung ab. Vor allem die Ausführungszeit der Befehle (also die Geschwindigkeit eines Rechners) wird relativ große Auswirkungen haben. Programmtechnische Kleinigkeiten (etwa einzelne Befehle, die für den prinzipiellen Ablauf selbst nicht wichtig sind) werden hingegen eine eher kleine Rolle spielen.

Diese Probleme vor Augen können wir eine Art Zielkatalog betreffend die Resultate unserer Analyse von Algorithmen formulieren. Wir hätten zunächst einmal gerne möglichst einfache, aber allgemein gültige Ergebnisse. Aus diesem Grunde sind Mittelwerte sehr beliebt. Außerdem sollten unsere Resultate möglichst unabhängig von „unwichtigen" Implementierungsdetails sein. Die Geschwindigkeit des Rechners sollte zum Beispiel höchstens als konstanter Faktor eingehen; unwichtige Kleinigkeiten am besten gar nicht aufscheinen.

Betrachten wir nun die `for`-Schleife in der Funktion `search` im Fall, dass s nicht in a enthalten ist. Laut Schleifenkopf bekommt i zunächst den Wert 0. Mit jeden Schleifendurchlauf wird i um 1 erhöht (i++). Das geschieht, solange i<a.length ist. Da a.length in unserer Schreibweise gleich n ist, durchläuft i den Wertebereich $0, 1, \ldots, n-1$. Das bedeutet, dass der Schleifenrumpf (die if-Anweisung) genau n-mal exekutiert. Anschließend wird die Exception IllegalArgumentException ausgelöst.

Falls die gesuchte Zahl gefunden wird, wird die Anweisung return i ausgeführt, was bewirkt, dass die Ausführung der for-Schleife abgebrochen wird und die Funktion search durch Rückgabe des Index i beendet wird. In diesem Fall wird also die for-Schleife nicht genau n-mal exekutiert, sondern, sobald die Zahl gefunden wurde, abgebrochen.

Wenn wir nun eine mathematische Formel aufstellen wollen, die eine obere Schranke des Laufzeitverhaltens unseres einfachen Suchalgorithmus beschreibt, so erhalten wir

$$l_n = K_1 + K_2 \cdot n + K_3.$$

Dabei steht K_1 für jene Zeit, die benötigt wird, bevor die for-Schleife exekutiert wird (etwa das Reservieren des Speicherplatzes für die Variable i), $K_2 \cdot n$ steht für den Zeitverbrauch der Schleife (als obere Schranke) und K_3 steht für die Zeit die nach der Schleife benötigt wird, um etwa i zurückzugeben oder die Exception auszulösen.

Das ist zwar schon ganz hübsch, aber immer noch von zu vielen Parametern abhängig. Wenn wir an sehr große n denken, wird der Hauptbeitrag zur Laufzeit wohl von dem Term $K_2 \cdot n$ stammen; alles andere ist von geringerer Ordnung. Um solche Sachverhalte auszudrücken, gibt es eine in der Praxis sehr häufig verwendete Darstellungsform, die von *Paul Bachmann* in seiner 1892 erschienenen „*Analytischen Zahlentheorie*" eingeführte *O-Notation*. Diese erlaubt die Darstellung von *Größen-* beziehungsweise *Wachstumsordnungen* beliebiger (Un-)Genauigkeit. Wir könnten damit zum Beispiel $l_n = O(n)$ schreiben, um das im wesentlichen lineare Verhalten zu charakterisieren. Eine genauere Darstellung wäre $l_n = K_2 \cdot n + O(1)$, womit die (höchstens) konstante Größenordnung des Restterms ausgedrückt werden kann. Es ist in diesem Zusammenhang üblich, von *asymptotischen Ergebnissen* zu sprechen; das sind Resultate, die nur für genügend große Werte von n eine recht gute Approximation der exakten Resultate liefern.

Mathematisch formuliert bedeutet die Schreibweise $g(n) = O(f(n))$ für $n \to \infty$ (sprich: $g(n)$ ist ein groß O von $f(n)$), dass die Größe $g(n)$ die Bedingung $|g(n)| \leq K \cdot |f(n)|$ für alle $n > n_0$ erfüllt. Die positiven Konstanten K und n_0 sind hierbei nicht näher spezifiziert; es muss nur sichergestellt sein, dass sie existieren. Über eine durch $O(f(n))$ repräsentierte Funktion $g(n)$ kann daher nichts anderes ausgesagt werden, als dass sie (im obigen Sinne) „nicht zu groß" ist. Wie ohne Schwierigkeiten gezeigt werden kann, gilt zum Beispiel für jedes Polynom $P(n)$ mit einem Grad kleiner oder gleich m die Beziehung $P(n) = O(n^m)$, wodurch unsere asymptotischen Formeln für l_n gerechtfertigt sind.

Die O-Notation ist mit den meisten algebraischen Umformungen verträglich, allerdings muss auf die übliche Symmetrie des Zeichens „=" verzichtet werden. Wir können zum Beispiel schreiben: $n^2 + n = O(n^2)$, niemals aber $O(n^2) = n^2 + n$. Als Faustregel kann gelten, dass die rechte Seite einer Gleichung nicht „mehr" Informationen als die linke bieten darf, demzufolge nur eine „Vergröberung" darstellen kann. Es gibt eine ganze Reihe von einfachen Rechenregeln; so gilt etwa

1. $f(n) = O(f(n))$
2. $c \cdot O(f(n)) = O(f(n))$ für eine beliebige Konstante c
3. $O(f(n)) + O(f(n)) = O(f(n))$
4. $O(O(f(n))) = O(f(n))$
5. $O(f(n)) \cdot O(g(n)) = O(f(n) \cdot g(n))$
6. $O(f(n) \cdot g(n)) = f(n) \cdot O(g(n))$
7. $f(n) \cdot O(g(n)) = O(f(n) \cdot g(n))$

Diese Regeln zeigen vor allem, dass die Multiplikation beliebig in O-Terme hinein- und herausgezogen werden kann, sofern dabei nicht O's gänzlich „verschwinden".

Wir werden diesen Exkurs damit abschließen, unser Ergebnis für die obere Schranke der Laufzeit des *Suchens in einer unsortierten Liste* noch einmal anzuschreiben:

$$l_n = O(n).$$

Im besten Fall werden wir das gesuchte Element sofort finden ($l_n = O(1)$) und der Erwartungswert wird bei $l_n = n/2 + O(1)$ liegen.

9.2 Binäres Suchen

Als nächstes betrachten wir das Problem des Suchens einer bestimmten Zahl in einer *sortierten* Liste von Zahlen und wollen das Laufzeitverhalten des in Abb. 9.2 dargestellten Algorithmus bestimmen. Der Algorithmus wird gewöhnlich *binäres Suchen* genannt.

Die Analyse dieses Algorithmus gestaltet sich nun schon etwas schwieriger. Die Variablen lower und upper zeigen zu Beginn an den Anfang respektive an den Schluss des Feldes a. Die Variable m zeigt immer auf das Element in der Mitte zwischen lower und upper. Mit jeder Iteration der for-Schleife engt sich der Bereich, der von lower und upper aufgespannt wird, ein, indem, abhängig davon in welcher Hälfte sich das gesuchte Element befindet, lower auf das Element rechts von m oder upper auf das Element links von m gesetzt wird. Dies geschieht solange,

9.2 Binäres Suchen

```
public static int binSearch(int a[], int s)
    throws IllegalArgumentException
{
    int lower = 0;
    int upper = a.length-1;
    int m = (lower+upper)/2;

    for ( ; a[m] != s; m = (lower+upper)/2 )
    {
        if ( lower == upper )
            throw new IllegalArgumentException("Not Found");

        if ( a[m] < s )
            lower = m+1;
        else
            upper = m-1;
    }
    return m;
}
```

Abbildung 9.2: Binäres Suchen

bis entweder das Element gefunden wurde oder lower gleich upper ist, was bedeutet, dass das Element nicht in der Liste ist. Daher wird die Exception IllegalArgumentException ausgelöst.

Kritisch für das Laufzeitverhalten ist nun, wie oft die for-Schleife exekutiert wird. Eine kleine Überlegung zeigt, dass jede Ausführung des Schleifenrumpfes die Länge des von lower und upper aufgespannten Bereiches halbiert. Genauer gesagt, wenn die Länge vorher ℓ war, ist sie nachher höchstens $\lfloor \frac{\ell}{2} \rfloor$, wobei $\lfloor x \rfloor$ für die größte ganze Zahl steht, die kleiner oder gleich x ist.

Das heißt, dass die Schleife spätestens beendet wird, wenn

$$\left\lfloor \frac{n}{2^\omega} \right\rfloor = 1$$

ist, wobei ω für die Anzahl der Schleifendurchläufe steht.

Das ist aber genau dann der Fall, wenn

$$2^{\omega-1} < n \leq 2^\omega,$$

also wenn

$$\omega = O(\operatorname{ld} n) = O(\log n),$$

da sich Logarithmen verschiedener Basis nur um einen konstanten Faktor unterscheiden.

Alle sonstigen Anweisungen außerhalb der Schleife benötigen nur $O(1)$ Zeit, sodass wir als Ergebnis für das Laufzeitverhalten des binären Suchens erhalten

$$l_n = O(\log n).$$

Etwas genauer könnte man auch zu einer Abschätzung

$$l_n = K_1 \cdot \operatorname{ld} n + O(1)$$

kommen.

Es stellt sich nun die Frage, welchen der beiden Algorithmen man in der Praxis verwenden soll. Die Suche in einer unsortierten Liste hat im schlechtesten Fall $O(n)$ Aufwand; im besten

Fall findet man das gesuchte Element aber sofort. Im Mittel wird man aber mit $n/2$ Iterationen rechnen müssen. Binäres Suchen benötigt im schlechtesten Fall $O(\log n)$ Iterationen, allerdings muss man, wenn neue Elemente zur Liste hinzugefügt werden, dieses so tun, dass die erweiterte Liste wieder sortiert ist. Die Entscheidung wird also davon abhängen, ob und wenn, wie oft, neue Elemente zur Liste hinzugefügt werden.

Abschließend sei noch gesagt, dass „intelligentere" Algorithmen existieren als die hier vorgestellten, sodass mit $O(\log n)$ Aufwand gesucht werden kann, aber auch Elemente mit demselben Aufwand eingefügt und gelöscht werden können.

Im allgemeinen ist die Auswahl geeigneter Algorithmen keine leichte Aufgabe, da sie naturgemäß von den Operationen abhängt, die man benötigt, und von der Performance, welche die gestellte Aufgabe für jede Operation gerade noch tolerierbar macht.

Als nächstes wollen wir eine etwas komplexere Analyse von Algorithmen am Beispiel eines Sortieralgorithmus demonstrieren. Es handelt sich hierbei um ein „klassisches" Beispiel eines *rekursiven Algorithmus*, um das von *C.A.R. Hoare* entwickelte *Quicksort*.

9.3 Präludium und Fuge über ein Thema von Hoare

> *Der seelige* (J.S. Bach) *war,*
> *wie ich u. alle eigentlichen Musici,*
> *kein Liebhaber, von trocknem mathematischen Zeuge.*
>
> Carl Philipp Emanuel Bach,
> Brief an Johann Nikolaus Forkel.

Versetzen wir uns in die Lage eines Studenten der Informatik, dem in der Lotterie „6 aus 45" wider alle Wahrscheinlichkeitsrechnung ein Haupttreffer gelungen ist. Zur Erinnerung an dieses Ereignis lässt er sich ein samtbezogenes Brett mit 6 Ausnehmungen anfertigen, auf welches er seine Erfolgskugeln, natürlich in der Reihenfolge ihrer Ziehung (12, 3, 21, 41, 8, 7), legt. Da er die Konstruktion an einer Wand seines Schlafzimmers montiert, bietet sich beim Einschlafen folgendes Bild (auf die Darstellung des übrigen Mobilars wurde verzichtet):

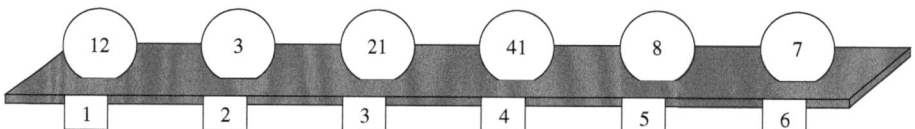

Mit der Zeit stellen sich jedoch Alpträume ein, die ein rasch herbeigeeilter Psychiater (seit dem Lottogewinn entfällt der lästige Besuch einer Ordination) auf die Unordnung der Zahlen auf den Kugeln zurückführt. Unser durch den Schlafmangel schon recht angegriffene Student beschließt daher, die Kugeln auf dem Brett von links nach rechts aufsteigend zu sortieren; auf den niederen Platznummern sollten also die Kugeln mit den kleinen Nummern zu liegen kommen.

Die zentrale Idee, die der von ihm verwendeten Sortiermethode Quicksort zugrundeliegt, ist die *Partitionierung* der Menge der Kugeln in zwei Hälften. Abhängig von einer willkürlich gewählten Kugel wird dabei je eine Teilmenge von Kugeln mit kleinerer Nummer in der linken Hälfte, und eine Teilmenge mit solchen größerer Nummer in der rechten Hälfte gebildet; die Vergleichskugel wird dazwischen, bereits auf den ihr *in der vollständig sortierten Folge zustehenden Platz*(!) gesetzt. Die so erreichte teilweise Ordnung kann durch die Anwendung *desselben Prinzips* auf die beiden Hälften sukzessive vervollständigt werden. Quicksort kann also in folgende drei Schritte gegliedert werden:

1. Partitionierung der Menge der Kugeln in zwei Hälften.

2. Sortieren der linken Hälfte *mittels Quicksort*(!), sofern sie nicht leer ist.

3. Sortieren der rechten Hälfte *mittels Quicksort*(!), sofern sie nicht leer ist.

Beachten Sie, dass auf diese Weise der Algorithmus durch sich selbst definiert wird; derartige Praktiken werden *rekursiv* genannt. Da bei jedem Rekursionsschritt die Anzahl der zu sortierenden Kugeln kleiner wird, ist die Termination des Verfahrens sichergestellt. Wir werden dessen Ablauf nun an Hand unseres „Kugelbrettes" Schritt für Schritt verfolgen.

Zuerst wird zufällig eine der Kugeln ausgewählt; da unserem Patienten nichts Besseres einfällt, entscheidet er sich gleich für die am ersten Platz liegende Kugel mit der Nummer 12. Dann beginnt eine Inspektion der restlichen Kugeln von links. Hat die betrachtete Kugel eine Nummer kleiner als 12, wird sie übersprungen; demzufolge überspringt er die Kugel 3. Hat die Kugel aber eine Nummer größer oder gleich 12, so wird sie mit der linken Hand herausgenommen; die aktuelle Kugel hat die Nummer 21, er nimmt sie daher in seine Linke. Nun beginnt ein analoger Vorgang von rechts außen, bei dem eine Kugel übersprungen wird, wenn ihre Nummer größer als 12 ist, und mit der rechten Hand herausgenommen wird, wenn sie kleiner (oder gleich) 12 ist. Diesem Prozess folgend, nimmt unser Student die Kugel 7 in die Rechte. Als letzter Schritt erfolgt der Austausch; er legt die Kugel in der rechten Hand auf den (linken) Platz 3, und die Kugel in der linken Hand auf den (rechten) Platz 6. Danach ergibt sich folgende Situation:

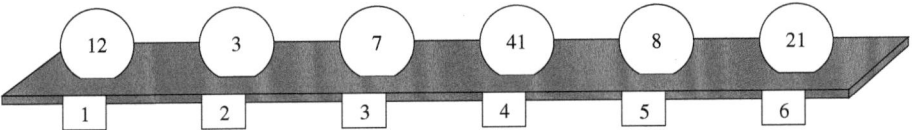

Nun beginnt wieder die oben beschriebene Inspektion von links, wobei mit dem Platz (4) begonnen wird, der im vorigen (linken) Durchlauf noch nicht betrachtet wurde. Nachdem er also die Kugel mit der Nummer 41 in die linke Hand genommen hat, beginnt er mit dem analogen Vorgang von rechts. Auch hier muss mit dem Platz (5) begonnen werden, der vorher noch nicht inspiziert wurde. Demzufolge ist es die Kugel Nummer 8, die er in die rechte Hand nimmt. Nach dem Austausch liegt folgendes Bild vor:

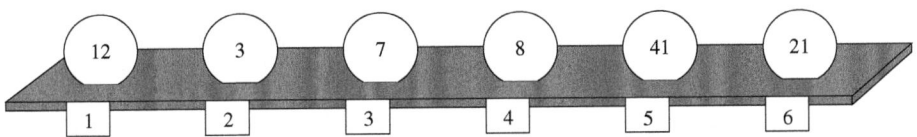

Dieser Prozess wird solange fortgesetzt, bis sich die Inspektion von links und von rechts kreuzt; in diesem Falle wird die in der linken Hand befindliche Kugel wieder zurückgelegt (es gibt Fälle, bei denen keine derartige Kugel gefunden werden konnte, hier muss auch nichts zurückgelegt werden). Die zuletzt mit der Rechten genommene Kugel wird jedoch noch mit der zu Beginn gewählten (auf Platz 1) ausgetauscht. Unser Student erhält damit die Reihenfolge

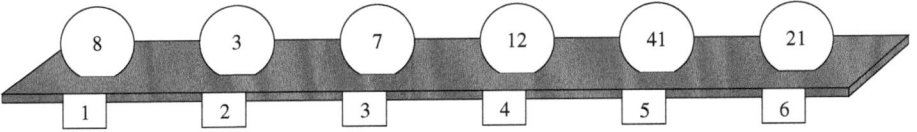

Er betrachtet zufrieden das sich ihm bietende Szenarium und stellt fest, dass er die Kugeln schon teilweise sortiert hat: Auf den Plätzen 1 bis 3 befinden sich nur mehr solche mit Nummern kleiner als 12, rechts davon sind lediglich solche mit Nummern größer als 12 zu finden. Die Kugel 12 *ist bereits auf jenem Platz, auf dem sie in der vollständig sortierten Folge hingehört!* Nun kommt die Rekursion: Das soeben besprochene Verfahren kann jetzt (nacheinander) auf die beiden Hälften angewendet werden. Wir stellen diese Schritte in den folgenden Bildern nebeneinander dar; die bereits positionierte Kugel 12 wird dunkel eingefärbt dargestellt.

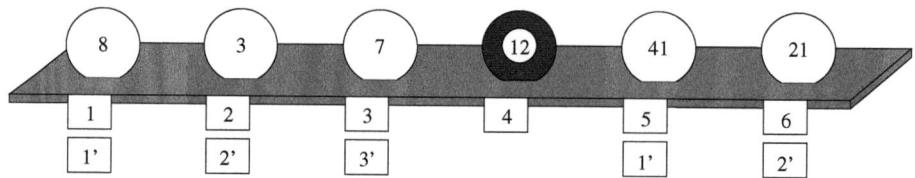

Unser Student beginnt mit der linken Hälfte und wählt wieder (zufällig) die Kugel auf Platz 1', also Nummer 8 als Ausgang. Bei der rechten Hälfte sucht er die Kugel Nummer 41 auf Platz 1'' aus. Die Anwendung der vorher beschriebenen Regeln auf jede Hälfte ergibt

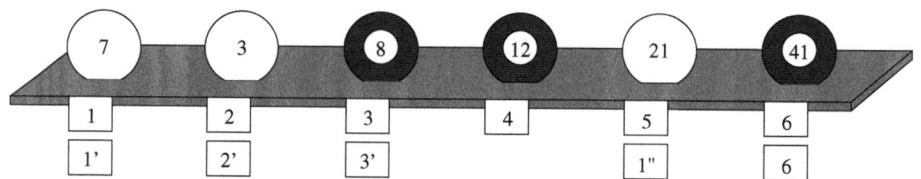

Die rechte Hälfte ist damit vollständig sortiert, da links neben der Kugel Nummer 41 nur eine weitere Kugel (21) liegt. Betreffend die andere Hälfte ist rechts von dem Platz 3', auf dem die Kugel Nummer 8 liegt, natürlich nichts mehr zu tun, die zwei Kugeln links davon (7, 3) machen jedoch noch einen Durchgang (Rekursionsschritt) notwendig. Dieser ergibt schließlich

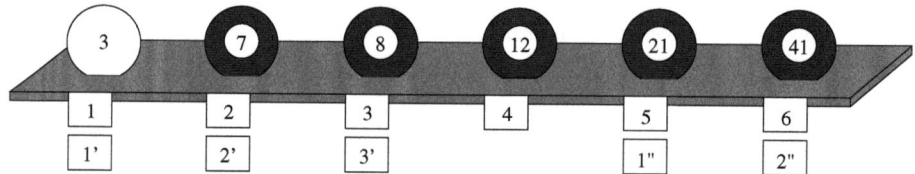

Mit dieser Maßnahme ist die diagnostizierte Ursache der Schlafstörungen beseitigt und unser Student (hoffentlich!?) von seinen Alpträumen befreit. Um eventuelle Unklarheiten auszuräumen, geben wir in Abbildung 9.3 noch eine Java-Formulierung von Quicksort an. Beachten Sie, dass diese Methode auch für Zahlenfolgen mit gleichen Elementen funktioniert.

Wir werden wieder versuchen, die mittlere Laufzeit dieses Algorithmus abzuschätzen. Dazu legen wir jenes Wahrscheinlichkeits-Modell für die Eingangsdaten zugrunde, das uns schon bei der Analyse der Such-Algorithmen gute Dienste geleistet hat. Es ist daher eine Menge von n Kugeln, nummeriert von $1 \ldots n$ zu sortieren, wobei alle Permutationen der n Kugeln gleich wahrscheinlich sind.

Nihil enim est sine (...) numero sonoro.

Martin Luther, „Encomion musices".

9.3 Präludium und Fuge über ein Thema von Hoare

```java
public class Quicksort
{
  public static void Sort(int board[], int lm, int rm)
  {
    int lefthand, righthand;
    int initialdraw, w;
    boolean stop;

    initialdraw = board[lm];                    // Zufallszug, hier erste Kugel
    lefthand = lm;
    righthand = rm+1;
    do
    {
      do                                        // Nummerninspektion von links
      {
        lefthand++;
        stop = true;                            // Default Abbruch der inneren Schleife
        if ( lefthand <= rm )
        {
          if ( board[lefthand] < initialdraw )
            stop = false;
        }
      }
      while ( !stop );
      do                                        // Nummerninspektion von rechts
      {
        righthand--;
      }
      while ( initialdraw < board[righthand] );
      if ( lefthand < righthand )
      {
        w = board[lefthand];                    // Austausch
        board[lefthand] = board[righthand];
        board[righthand] = w;
      }
    }
    while ( lefthand < righthand );             // Kreuzung ?
    board[lm] = board[righthand];               // letzter Austausch
    board[righthand] = initialdraw;
    if ( righthand > lm+1 )
      Sort( board, lm, righthand-1 );           // Rekursion linke Hälfte
    if ( rm > righthand+1 )
      Sort( board, righthand+1, rm );           // Rekursion rechte Hälfte
  }

  public static void main(String[] args)
  {
    int N = args.length;
    int board[] = new int[N];
    int i;

    for (i=0; i<N; i++)
    {
      board[i] = Integer.parseInt(args[i]);
    }
    Sort( board, 0, N-1 );
    for (i=0; i<N; i++)
    {
      System.out.println(board[i]);
    }
  }
}
```

Abbildung 9.3: Implementierung von Quicksort in Java

Die „zufällige" Wahl der ersten Kugel wird bei dieser (von R. *Sedgewick* stammenden) Formulierung des Algorithmus durch die Auswahl der Kugel am ersten Platz des jeweiligen Brett(ausschnitt)es realisiert. Da jede der n Kugeln auf diesem Platz liegen kann, ist die Wahrscheinlichkeit (engl.: *probability*), irgendeine Kugel x als initialdraw zu erhalten, gleich

$$\text{Prob}\{\text{initialdraw} = x\} = \frac{1}{n}.$$

Eine kurze Untersuchung des Verfahrens der Partitionierung zeigt, dass bei der (in den REPEAT-Schleifen stattfindenden) „Nummerninspektion" eines Brettes mit n Kugeln insgesamt $n+1$ Vergleiche der Kugelnummern mit dem initialdraw notwendig sind (nur wenn zufällig die größte Kugel als initialdraw gezogen wurde, sind es lediglich n Vergleiche). Auch unser Student musste ja vorhin jede der $(n-1)$ Kugeln einmal mit der zuerst gewählten vergleichen; die zwei zusätzlichen Inspektionen resultieren aus dem „Überkreuzen" der Untersuchung von links und von rechts. Die mittlere Anzahl der Austauschoperationen ist klarerweise durch $n/2$ (im schlechtesten Fall) beschränkt. Die (mittlere) Laufzeit bei der Partitionierung einer Menge von n Kugeln kann daher recht gut durch eine obere Schranke $c_1 \cdot n + c_2$ mit maschinenabhängigen (Zeit-)Konstanten c_1 und c_2 abgeschätzt werden. Für unsere Zwecke reicht eine noch gröbere Schranke aus; wir begnügen uns damit, die mittlere Laufzeit bei der Partitionierung von n Kugeln durch

$$C_1 \cdot n$$

mit passend gewähltem C_1 anzusetzen. Dies werden wir der Berechnung der mittleren Laufzeit der gesamten Sortierung zugrundelegen.

Natürlich beeinflusst die (zufällige) Wahl der ersten Kugel die Aufteilung in zwei Hälften ganz entscheidend. Sehr günstig (wie man zeigen könnte, optimal) wäre die Wahl einer Kugel, die eine Partitionierung in zwei möglichst gleich große Hälften bewirkt. Eine solche Kugel befindet sich in der Mitte der vollständig geordneten Folge, sie kann aber unglücklicherweise nur durch deren vollständiges Sortieren(!) bestimmt werden. Mit einem im Kapitel *Zahlendarstellungen* geübten Auge könnten Sie nun auf den Gedanken kommen, dass die Laufzeit beim „optimalen" Sortieren der n Kugeln (wenn bei jeder Partitionierung tatsächlich eine Aufteilung in zwei gleichgroße Hälften erfolgen würde) etwa

$$s_n^{\text{opt}} \approx C_1 \cdot n \cdot \text{ld } n = \frac{C_1}{1.44} \cdot n \cdot \log n$$

sein könnte. Sollten Sie nicht auf diesen Gedanken gekommen sein, denken Sie doch einmal an das Sortieren einer beliebigen Permutation von $n = 2^k$ natürlichen Zahlen (Kugeln). Jede der n Platznummern $0, 1, 2, \ldots, n-1$ kann durch eine Binärzahl mit $k = \text{ld } n$ Bit dargestellt werden. Die höchstwertige Stelle partitioniert die verfügbaren Platznummern in zwei Hälften („Brettausschnitte"), die weiteren die jeweilige Hälfte in zwei Hälften, ... Dies lässt sich in einem *binären Baum* (einem speziellen *Graphen*, bei dem jeder (innere) Knoten genau 2 direkte Nachfolger hat) mit k Ebenen darstellen. Das folgende Bild zeigt diesen Baum für $n = 4$. Die in der Ebene i ($0 \leq i \leq k$) befindlichen Knoten (es sind 2^i) repräsentieren die 2^i „Brettausschnitte" mit je 2^{k-i} Plätzen. Die Gesamtanzahl der Plätze in einer Ebene ist natürlich n; die Laufzeit der „optimalen Sortierung" ist daher etwa $C_1 \cdot n \cdot k = C_1 \cdot n \cdot \text{ld } n$ (in Wirklichkeit sogar etwas kleiner).

Bei einer schlechten Wahl der ersten Kugel (der kleinsten oder größten, wie man zeigen könnte, ist das tatsächlich der schlechteste Fall) würde sich eine Aufteilung der n Kugeln in eine Hälfte mit $n-1$ und eine mit gar keiner Kugel ergeben. Selbst dem mathematisch Ungeübten sollte mit dem Hinweis auf

$$\sum_{k=1}^{n} k = \frac{n \cdot (n+1)}{2}$$

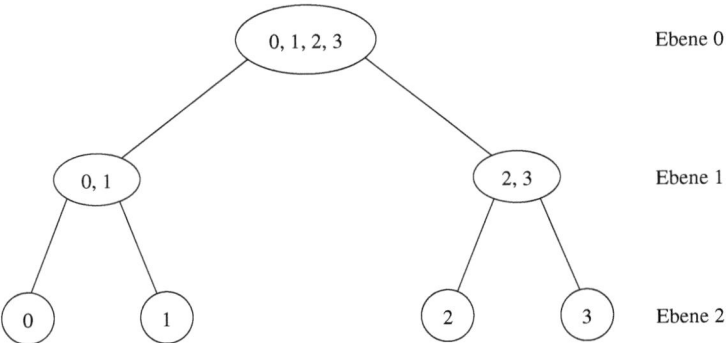

Abbildung 9.4: Binärer Baum für $n = 4$

die Abschätzung der (katastrophal ungünstigen) Laufzeit beim „Worst-Case"-Sortieren

$$s_n^{\text{worst}} \approx \frac{C_1}{2} \cdot n^2$$

einleuchten.

Soviel zum besten und schlechtesten Fall; die (praktisch relevante) mittlere Laufzeit s_n beim Sortieren von n Kugeln berechnet sich nun folgendermaßen: Angenommen, wir haben als initialdraw die Kugel x gezogen. Nach der Abarbeitung der REPEAT-Schleife haben wir die n Kugeln in zwei Teilmengen zerlegt, in die $x - 1$ Kugeln mit Nummern kleiner als x (links von x), und die $n - x$ Exemplare mit Nummern größer als x (rechts von x). Um die Kugeln in der linken Hälfte zu sortieren, sind aber im Mittel s_{x-1} Sekunden an Laufzeit nötig, die rechte Hälfte benötigt s_{n-x}. Für $n \geq 2$ ergibt sich der gesuchte Mittelwert daher zu

$$\begin{aligned} s_n &= C_1 \cdot n + \sum_{x=1}^{n} \text{Prob}\{\text{initialdraw} = x\} \cdot (s_{x-1} + s_{n-x}) \\ &= C_1 \cdot n + \frac{1}{n} \cdot \sum_{x=1}^{n} s_{x-1} + \frac{1}{n} \cdot \sum_{x=1}^{n} s_{n-x} \\ &= C_1 \cdot n + \frac{2}{n} \cdot \sum_{k=0}^{n-1} s_k, \end{aligned}$$

wobei wir die Substitution $k = x - 1$ benutzt haben. Um eine oder „gar keine" Kugel zu sortieren, ist der Aufwand klarerweise

$$s_0 = s_1 = 0.$$

Aus der obigen *Rekursionsformel* lassen sich sukzessive die Werte s_n für alle n berechnen; so erhalten wir zum Beispiel $s_2 = 2C_1$. Wir werden aber noch eine einfachere (asymptotische) Formel ableiten. Für $n \geq 2$ gilt zunächst einmal

$$n \cdot s_n = C_1 \cdot n^2 + 2 \cdot \sum_{k=0}^{n-1} s_k.$$

Die Summe können wir durch eine einfache Subtraktion loswerden:

$$(n+1) \cdot s_{n+1} - n \cdot s_n = C_1 \cdot \left((n+1)^2 - n^2\right) + 2 \cdot s_n.$$

Aufgrund einer algebraischen Umformung erhalten wir

$$(n+1) \cdot s_{n+1} - (n+2) \cdot s_n = C_1 \cdot (2n+1),$$

durch die Multiplikation mit $\frac{1}{(n+1)\cdot(n+2)}$ folgt dann

$$\frac{s_{n+1}}{n+2} - \frac{s_n}{n+1} = \frac{C_1 \cdot (2n+1)}{(n+1) \cdot (n+2)}.$$

Mit der Einführung der Abkürzungen

$$b_n = \frac{s_n}{n+1}$$

und

$$f(n) = \frac{C_1 \cdot (2n-1)}{n \cdot (n+1)} = \frac{3C_1}{n+1} - \frac{C_1}{n}$$

können wir die obige Formel umschreiben:

$$b_{n+1} - b_n = f(n+1).$$

Diese triviale *lineare Rekursionsformel* für die b_n, $n \geq 2$ kann durch deren Expansion gelöst werden:

$$\begin{aligned} b_n &= b_{n-1} + f(n) = b_{n-2} + f(n-1) + f(n) = \ldots = b_2 + \sum_{j=3}^{n} f(j) \\ &= \frac{2C_1}{3} + \sum_{j=3}^{n} f(j) \end{aligned}$$

Unter Berücksichtigung der Definition der sogenannten *harmonischen Zahlen*

$$H_n = \sum_{i=1}^{n} \frac{1}{i}$$

erhalten wir schließlich

$$\begin{aligned} s_n &= (n+1) \cdot b_n \\ &= (n+1) \cdot \left(\frac{2C_1}{3} + 3C_1 \cdot \left(H_{n+1} - 1 - \frac{1}{2} - \frac{1}{3} \right) - C_1 \cdot \left(H_n - 1 - \frac{1}{2} \right) \right) \\ &= 2C_1 \cdot (n+1) \cdot H_{n+1} - \frac{10}{3} C_1 \cdot (n+1) + C_1 \\ &= 2C_1 \cdot n \cdot H_n - \frac{10}{3} C_1 \cdot n + 2C_1 \cdot H_n - \frac{C_1}{3}. \end{aligned}$$

Bei diesen Umformungen haben wir die Beziehung $H_{n+1} = H_n + \frac{1}{n+1}$ verwendet. Jetzt folgt noch ein klassisches, aus dem Bereich der Asymptotik von Reihen stammendes Ergebnis betreffend die harmonischen Zahlen, welches wir hiermit vom Himmel fallen lassen:

$$H_n = \log n + \gamma + \frac{1}{2n} + O\left(\frac{1}{n^2}\right) \qquad \text{für } n \to \infty.$$

Die hierbei auftretende Zahl γ wird als *Eulersche Konstante* bezeichnet und hat den Wert $0.57721\ldots$. Wenn wir nun die obige asymptotische Entwicklung in unsere Formel für s_n einsetzen, erhalten wir unter Berücksichtigung der Rechenregeln für die O-Notation

$$s_n = 2C_1 \cdot n \cdot \log n + \left(2\gamma - \frac{10}{3}\right) \cdot C_1 \cdot n + 2C_1 \cdot \log n + \left(2\gamma + \frac{2}{3}\right) \cdot C_1 + O\left(\frac{1}{n}\right).$$

Die Überraschung ist perfekt: unsere Implementierung verhält sich im Mittel beinahe wie im optimalen Fall, nur die Konstante im $n \cdot \log n$-Term ist größer. Beachten Sie, dass der Restterm $O(1/n)$ für $n \to \infty$ sogar gegen 0 geht. Vernachlässigen wir alle Terme kleinerer Ordnung,

so können wir die mittlere Laufzeit unseres Quicksorts beim Sortieren von n Kugeln wie folgt angeben:
$$s_n = O(n \cdot \log n).$$

Zuletzt wollen wir noch eine parallele Version von Quicksort betrachten, die aber (leider) nur von theoretischem Interesse ist. Während in der zuvor betrachteten Implementierung die nach einer Partitionierung vorliegenden Teilmengen durch die nacheinander erfolgende rekursive Anwendung von Quicksort sortiert wurden, sollen diese rekursiven Aufrufe jetzt gleichzeitig (also parallel) zur Ausführung gelangen. Im Gegensatz zu vorher wird also die Laufzeit des Algorithmus nicht mehr von der Summe der Ausführungszeiten der Sortierung der beiden Hälften, sondern von deren Maximum bestimmt. Ein sehr geübtes Auge (don't worry ...) könnte bei der optimalen Aufteilung (dem „optimalen" Sortieren) eine Laufzeit der Gestalt
$$p_n^{opt} \approx 2C_1 \cdot n$$
erwarten. Wir wollen versuchen, eine qualitativ ähnliche Behauptung auch für den allgemeinen Fall herzuleiten.

> *„Wie wär's mit einem Ausschuss, der sich mit dem Problem befasst?"*
> *„Nicht übel. Dann bilden wir noch Unterausschüsse mit exakt umrissenem Aufgabengebiet..."*
> *„Könnten wir darüber nicht zu Tische liegen?"*
>
> Römische Senatoren.
> René Goscinny, Albert Uderzo, „Obelix GmbH & Co. KG".

Mit den vorigen Ausführungen im Hinterkopf sind die Gleichungen für die mittlere Laufzeit p_n unseres parallelen Quicksorts einfach anzuschreiben. Für $n \geq 2$ gilt
$$p_n = C_1 \cdot n + \frac{1}{n} \cdot \sum_{k=0}^{n-1} \max(p_k, p_{n-k-1}),$$
als Startwerte haben wir wieder
$$p_0 = p_1 = 0.$$

Die direkte Berechnung einer Lösung der obigen Rekursion erscheint unangenehm kompliziert zu sein, wir geben uns daher mit einer oberen Schranke für die p_n zufrieden. Mittels vollständiger Induktion nach n werden wir zeigen, dass
$$p_n \leq A \cdot n$$
für eine passend gewählte positive Konstante A gilt. Für $n = 1$ stimmt die Behauptung trivialerweise, also wenden wir uns dem Induktionsschritt zu. Nehmen wir an, dass die Aussage $p_k \leq A \cdot k$ bereits für alle $k = 1, 2, \ldots, n-1$ gilt (wobei natürlich $n \geq 2$ vorausgesetzt wird) und betrachten wir zunächst für gerades $n = 2m$, $m \geq 1$ die Summe
$$\begin{aligned}
\frac{1}{n} \cdot \sum_{k=0}^{n-1} \max(p_k, p_{n-k-1}) &\leq \frac{2A}{n} \cdot \sum_{k=n/2}^{n-1} k \\
&= \frac{2A}{n} \cdot \left(\frac{(n-1) \cdot n}{2} - \left(\frac{n}{2} - 1\right) \cdot \frac{n}{4} \right) \\
&= \frac{A \cdot (3n - 2)}{4}.
\end{aligned}$$

Eine analoge Berechnung zeigt für die bei ungeradem $n = 2m + 1$, $m \geq 1$ relevante Summe eine ähnliche Abschätzung:

$$\frac{1}{n} \cdot \sum_{k=0}^{n-1} \max(p_k, p_{n-k-1}) \leq \frac{2A}{n} \cdot \left(\sum_{k=(n+1)/2}^{n-1} k + \frac{n-1}{4} \right)$$
$$= \frac{2A}{n} \cdot \left(\frac{(n-1) \cdot n}{2} - \left(\frac{n+1}{2} - 1 \right) \cdot \frac{n+1}{4} + \frac{n-1}{4} \right)$$
$$= \frac{A \cdot (n-1) \cdot (3n+1)}{4n}$$
$$\leq \frac{A \cdot (3n+1)}{4}$$

Für alle $n \geq 2$ gilt daher schlussendlich

$$p_n \leq C_1 \cdot n + \frac{A \cdot (3n+1)}{4} \leq A \cdot n.$$

Die letzte Ungleichung ist natürlich nur dann richtig, wenn A genügend groß angesetzt wird. Es ist leicht zu verifizieren, dass $A = 8C_1$ diese Bedingung erfüllt. Wir können daher die mittlere Laufzeit unserer parallelen Quicksort-Implementierung beim Sortieren von n Kugeln mit

$$p_n = O(n)$$

angeben. Abgesehen vom konstanten Faktor haben wir so eine ganz wesentliche Verbesserung gegenüber der sequentiellen Version erreicht. Allerdings ist unser Algorithmus im ungünstigsten Fall („Worst-Case"-Sortierung) genauso schlecht wie das nicht-parallele Quicksort. Der praktischen Verwendbarkeit steht aber hauptsächlich die riesige Anzahl der parallelen Ausführungen entgegen, die (schlimmstenfalls) von der Ordnung $O(n)$ ist.

Weiterführende Literatur

D.E. Knuth. *The Art of Computer Programming* (3 Bände). Addison-Wesley, Reading, 1997.

R.L. Graham, D.E. Knuth, O. Patashnik. *Concrete Mathematics*. Addison-Wesley, Reading, 1989.

10 Graphen und Automaten

*Punkti Punkti Strichi Strichi
fertig ist das Mondgesichti.*

Kinderreim

Dieses Kapitel soll dazu dienen, die weiter vorne in diesem Buch bereits intuitiv verwendeten Darstellungen von gerichteten azyklischen Graphen (vgl. Kapitel 2) und Bäumen (vgl. Kapitel 3 und 4) in einen einheitlichen Kontext zusammenzuführen. Darüber hinaus werden wir auch noch in die Thematik unterschiedlicher Automaten einführen.

10.1 Gerichtete und ungerichtete Graphen

Ein *ungerichteter Graph* $G = (N, E)$ besteht aus einer nicht-leeren Menge von *Knoten* N (engl. *nodes*) und einer Menge von ungeordneten Paaren von Knoten, den *Kanten* (engl. *edges*).

Zur Visualisierung werden solche Graphen für gewöhnlich folgendermaßen dargestellt: Die Knoten werden als Kreise gezeichnet und die Bezeichnung des Knotens in den Kreis hineingeschrieben. Die Kanten werden visualisiert, indem das zugehörige Paar von Knoten mit einer Linie verbunden wird.

Als Beispiel sei der Graph $G = (N, E)$ gegeben. Dabei seien $N = \{1, 2, 3, 4, 5\}$ und $E = \{(1, 2), (2, 3), (2, 4), (3, 4), (3, 5), (4, 5)\}$. Eine dazu passende Visualisierung findet sich in Abb. 10.1.

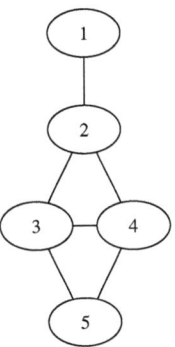

Abbildung 10.1: Ein ungerichteter Graph

Im Unterschied dazu besteht ein *gerichteter Graph* $G = (N, E)$ aus einer nicht-leeren Menge von Knoten N und einer Menge von *geordneten* Paaren von Knoten. Hier wird also eine Richtung der Kanten festgelegt. Das bedeutet, dass das geordnete Paar (a, b) einer Kante entspricht, die von a nach b führt. Man schreibt daher auch $a \to b$ für so eine Kante. Bei der Visualisierung wird die Richtung der Kanten durch Pfeile angezeigt.

Sei beispielsweise der gerichtete Graph $G = (N, E)$ gegeben durch $N = \{1, 2, 3, 4, 5\}$ und $E = \{(1, 2), (2, 3), (2, 4), (3, 4), (4, 3), (3, 5), (4, 5)\}$. Eine dazu passende Visualisierung findet sich in Abb. 10.2.

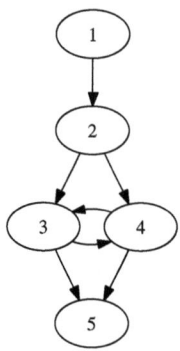

Abbildung 10.2: Ein gerichteter Graph

Sei $a \rightarrow b \in E$ eine Kante e eines gerichteten Graphen. Dann nennt man $h(e) = a$ die *Quelle* (engl. *head*) von e und $t(e) = b$ das *Ziel* (engl. *target*) von e.

Wenn man die Richtungsinformation bei einem gerichteten Graphen weglässt, erhält man einen ungerichteten Graphen. Führt im gerichteten Graphen eine Kante von a nach b *und* eine Kante von b nach a, so hat der zugehörige ungerichtete Graph nur eine Kante (a, b). Der ungerichtete Graph, der auf diese Art und Weise aus dem gerichteten Graphen G entsteht, wird *Schatten* von G genannt. Beispielsweise ist der in Abb. 10.1 dargestellte Graph der Schatten des Graphen in Abb. 10.2.

Sei d die Anzahl von Kanten, die zu einem Knoten n eines ungerichteten Graphen G führen. Dann nennt man d den *Knotengrad* oder nur *Grad* von n.

Bei gerichteten Graphen unterscheidet man analog zwischen *eingehendem* und *ausgehendem* Knotengrad.

10.2 Pfade

Ein *Pfad* der Länge $n > 1$ von u nach v in einem gerichteten Graphen ist eine Folge von Kanten $e_1, e_2, \ldots, e_n$ des Graphen, wobei $h(e_1) = u$, $t(e_1) = h(e_2)$, $t(e_2) = h(e_3)$, $\ldots$, $t(e_n) = v$.

Der Graph in Abb. 10.2 beinhaltet den Pfad $1 \rightarrow 2, 2 \rightarrow 3, 3 \rightarrow 4, 4 \rightarrow 3, 3 \rightarrow 4, 4 \rightarrow 5$. Man schreibt auch $\pi = 1 \rightarrow 2 \rightarrow 3 \rightarrow 4 \rightarrow 3 \rightarrow 4 \rightarrow 5$.

Wenn ein Pfad dieselbe Kante mehrfach beinhaltet, sagt man, er beinhaltet eine *Schleife*. Der Pfad π beinhaltet also eine Schleife, da die Kante $3 \rightarrow 4$ zweimal vorkommt.

Pfade in ungerichteten Graphen werden analog definiert.

Gibt es mindestens einen Pfad in einem Graph G, der eine Schleife beinhaltet, so sagt man, G beinhalte einen *Kreis*.

Ein gerichteter kreisloser Graph wird auch *gerichteter azyklischer Graph* (GAG) (engl. *directed acyclic graph (DAG)*) genannt (vgl. dazu auch Kapitel 2).

Topologische Ordnung

Eine *topologische Ordnung* eines gerichteten Graphen $G = (N, E)$ ist eine Abbildung ord : $N \to \{1, \ldots, n\}$, sodass für alle Kanten $v \to w \in E$ gilt $\text{ord}(v) < \text{ord}(w)$, wobei $|N| = n$. In Kapitel 2 wurde eine solche topologische Ordnung verwendet, um die Abhängigkeiten innerhalb dieses Buches so darzustellen, dass es ohne Vorwärtsreferenzen gelesen werden kann.

Wenn ein gerichteter Graph eine topologische Ordnung besitzt, so ist er klarerweise azyklisch. Die Umkehrung gilt ebenfalls, wie wir gleich beweisen werden.

Der Beweis erfolgt per Induktion nach der Anzahl der Knoten des Graphen, also nach n. Wir nehmen also an, dass G azyklisch ist. Wenn $n = 1$, so hat G eine topologische Ordnung. Das erlaubt den Start der Induktion.

Unsere Induktionsannahme lautet, dass alle azyklischen Graphen mit $n - 1$ Knoten eine topologische Ordnung haben.

Wenn nun $n > 1$, so besitzt G einen Knoten v mit eingehendem Knotengrad 0.

So ein Knoten kann gefunden werden, indem man bei einem beliebigen Knoten startet und gegen die Kantenrichtung zurück geht. Da der Graph azyklisch ist, wird dabei kein Knoten zweimal berührt. Daher terminiert dieser Prozess. Außerdem terminiert er bei einem Knoten mit eingehendem Knotengrad 0.

Indem wir den Knoten v (mit allen von ihm ausgehenden Kanten) aus dem Graphen G löschen, erhalten wir einen azyklischen Graphen G' mit $n - 1$ Knoten. Aus der Induktionsannahme folgt, dass G' eine topologische Ordnung besitzt. Damit hat aber auch G eine topologische Ordnung, die wir erhalten, indem wir den Knoten v vor die topologische Ordnung von G' setzen.

Die Überlegungen im Zuge dieses Beweises lassen sich auch gleich nutzen, um die topologische Ordnung eines azyklischen Graphen algorithmisch zu formulieren. Dies sei dem Leser als Übung überlassen.

10.3 Zusammenhängende Graphen

Ein ungerichteter Graph G heißt *zusammenhängend*, wenn es einen Pfad zwischen allen Paaren von unterschiedlichen Knoten des Graphen gibt.

Ein gerichteter Graph G heißt *stark zusammenhängend*, wenn es einen Pfad von a nach b und einen Pfad von b nach a in G gibt, wobei a und b beliebige Knoten in G sind.

Ein gerichteter Graph G heißt *schwach zusammenhängend*, wenn sein Schatten zusammenhängend ist.

Abb. 10.3 zeigt einen schwach zusammenhängenden Graphen. Da es beispielsweise keinen Pfad von 6 nach 2 gibt, ist der Graph nicht stark zusammenhängend. Würde man allerdings etwa die Kante $6 \to 2$ hinzufügen, so wäre der resultierende Graph stark zusammenhängend.

Ein nicht-leerer unzusammenhängender ungerichteter Graph besteht aus zusammenhängenden Teilgraphen, seinen *Komponenten*.

Wenn man aus einem ungerichteten Graphen G eine Kante e entfernt und der dadurch entstehende Restgraph mehr Komponenten besitzt als G, so nennt man e *Brücke*.

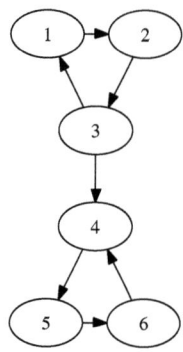

Abbildung 10.3: Ein schwach zusammenhängender gerichteter Graph

10.4 Bäume

Ein *Baum* ist ein zusammenhängender, kreisloser, ungerichteter Graph.

Ein unzusammenhängender, kreisloser, ungerichteter Graph, dessen Komponenten Bäume sind, heißt *Wald*. Abb. 10.4 zeigt einen Wald, der aus drei Bäumen besteht.

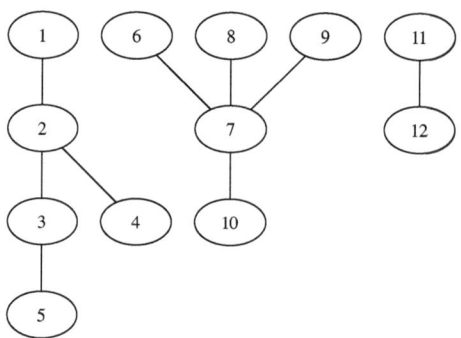

Abbildung 10.4: Ein Wald bestehend aus drei Bäumen

Um zu sehen, wie einfach oft Ergebnisse der Graphentheorie zu beweisen sind, wollen wir folgenden Satz zeigen.

Satz: *In einem Wald ist jede Kante Brücke.*

Beweis: Der Beweis erfolgt indirekt, das heißt, wir nehmen zunächst das Gegenteil an und konstruieren einen Widerspruch. Sei also $e = (u, v)$ eine Kante eines Waldes, deren Entfernung nicht zum Entstehen zusätzlicher Komponenten führt. Das bedeutet aber, dass es einen Pfad π von u nach v geben muss. Daher besaß aber der ursprüngliche Graph einen Pfad π', der durch Anhängen der Kante e an den Pfad π entsteht. Der Pfad π' beinhaltet daher einen Kreis. Also war der ursprüngliche Graph kein Wald.

Wir haben also einen Widerspruch erhalten. Das bedeutet, dass das Gegenteil wahr sein muss, und unser Satz ist damit bewiesen.

10.4 Bäume

Häufig deklariert man einen Knoten eines Baumes als *Wurzel*. Damit verbunden, können wir den Kanten eines solchen *Wurzelbaumes* eine Richtung zuweisen. Wir definieren die Richtung der Kanten eines Wurzelbaumes so, dass die Kanten immer von der Wurzel weg zeigen.

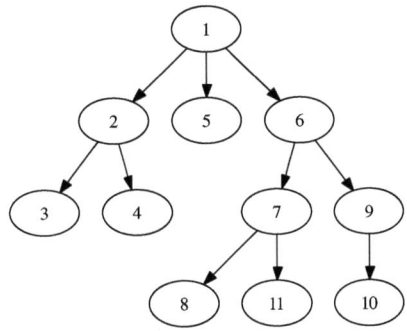

Abbildung 10.5: Ein Wurzelbaum

Abb. 10.5 zeigt einen Wurzelbaum. Knoten 1 ist die Wurzel des Baumes.

Andere wichtige Bezeichnungen sind wie folgt:

Kinder: Alle Knoten, die von einem bestimmten Knoten n direkt erreicht werden können, nennt man *Kinder* von n. In Abb. 10.5 sind etwa die Koten 2, 5 und 6 Kinder des Knotens 1 sowie die Knoten 7 und 9 Kinder von 6.

Eine andere gebräuchliche Bezeichnung für Kinder ist *Nachfolger*.

Vater: Existiert in einem Baum eine Kante $n \to m$ so nennt man n *Vater* von m. In Abb. 10.5 ist etwa der Knoten 7 Vater von 11.

Eine andere Bezeichnung für Vater ist *Vorgänger*.

Geschwister: Hat eine Menge von Knoten denselben Vater, so nennt man diese Knoten *Geschwister*.

Blätter: Hat ein Knoten eines Baumes keinen Nachfolger, so nennt man ihn *Blatt*.

Innere Knoten: Ist ein Knoten kein Blatt, so heißt er *innerer Knoten*.

Sehr oft ist die Ordnung der Nachfolger eines Knotens im Baum relevant, das heißt, dass die Unterbäume nicht vertauscht werden können, ohne einen unterschiedlichen Baum zu erhalten. In einem solchen Fall spricht man von *geordneten Wurzelbäumen*. Abb. 10.6 zeigt zwei unterschiedliche geordnete Wurzelbäume. Würde man annehmen, es handelt sich bei diesen Bäumen um gewöhnliche Wurzelbäume, so wären sie identisch, da sie durch Vertauschen der Unterbäume mit den Wurzeln 3 und 4 ineinander übergehen.

Hat jeder innere Knoten eines Wurzelbaumes genau zwei Kinder, so nennt man so einen Baum *Binärbaum* oder *binären Baum*. Wer an Anzahlbestimmungen interessiert ist, dem sei gesagt, dass man die Anzahl von binären geordneten Wurzelbäumen mit n inneren Knoten exakt bestimmen kann. Es gibt genau

$$\frac{(2n)!}{(n+1)!n!}$$

unterschiedliche binäre geordnete Wurzelbäume.

Abschließend sei darauf hingewiesen, dass Bäume viele Anwendungen in der Informatik haben. Zu den von uns in Kapiteln 3 und 4 gezeigten Code-Bäumen gesellt sich etwa auch noch die Darstellung der Verzeichnisstruktur von File-Systemen.

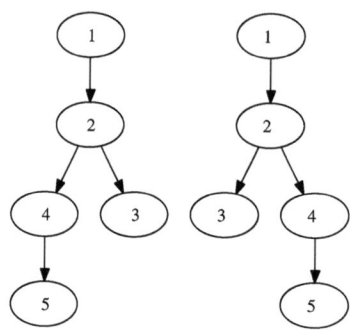

Abbildung 10.6: Zwei unterschiedliche geordnete Wurzelbäume

10.5 Flussgraphen

In der Informatik haben Flussgraphen unterschiedliche Anwendungen gefunden:

1. Vor dem Aufkommen der strukturierten Programmierung waren Flussdiagramme ein beliebtes Mittel, sich vor dem eigentlichen Programmieren Gedanken über das zu erstellende Programm zu machen.

2. Zum Entwurf von Programmen oder größeren Software-Projekten sind Flussdiagramme auch heute noch in der Entwurfssprache UML (Unified Modelling Language) enthalten.

3. Für diverse Optimierungsaufgaben im Zuge des Compilierens werden Darstellungen des Programmes in Form von Flussgraphen herangezogen.

Die graphentheoretische Definition von Flussgraphen lautet nun folgendermaßen: Ein *Flussgraph* $G(N, E, r)$ ist ein gerichteter, geordneter Graph, der aus einer Menge von Knoten N und einer Menge von gerichteten Kanten E besteht. Einer der Knoten (r) wird als Wurzel deklariert und für jeden Knoten $n \in N$ muss gelten, dass es einen Pfad von r nach n gibt.

Diese Definition sichert also unter anderem, dass ein Flussgraph immer schwach zusammenhängend ist. Beachten Sie außerdem, dass der Graph als geordnet definiert ist, was bedeutet, dass die Links-Rechts-Eigenschaft der Nachfolger eines Knotens relevant ist.

Die Abb. 10.2 und 10.5 mit dem jeweiligen Wurzelknoten 1 können als Flussgraphen aufgefasst werden.

Hat ein Knoten mehr als einen Nachfolger, so kann dieser Knoten als eine Verzeigung (If-Anweisung, Switch-Anweisung, „computed goto", ...) im Programm interpretiert werden. Wenn der Graph einen gerichteten Zyklus aufweist oder – anders gesprochen – wenn es einen Pfad gibt, der eine Schleife beinhaltet, dann wird auch das Programm eine Schleife besitzen.

Als Beispielprogramm diene Abb. 9.2. Dieses Programm kann durch den Flussgraphen in Abb. 10.7 dargestellt werden. Dabei bildet Knoten 1 die Initialisierungen ab, Knoten 2 sowohl den Schleifenkopf als auch den Kopf (Bedingung) der ersten If-Anweisung, Knoten 3 den Then-Zweig der ersten If-Anweisung. Knoten 4 steht für den Kopf der zweiten If-Anweisung. Wegen der Schleife gibt es Kanten $5 \to 2$ und $6 \to 2$, da sowohl am Ende des Then-Zweiges als auch am Ende des Else-Zweiges der Schleifenrumpf endet. Schließlich gibt es vom Schleifenkopf zur letzten Anweisung des Programmes (Knoten 7) eine Kante, welcher der Kontrollfluss folgt, wenn die Schleife terminiert. Der Kante $3 \to 8$ folgt der Kontrollfluss, falls die entsprechende Exception ausgelöst wird.

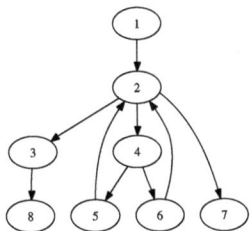

Abbildung 10.7: Flussgraph für „Binäres Suchen"

Auf den Knoten eines Flussgraphen ist eine wichtige Relation, die sogenannte *Dominanz-Relation* definiert. Ein Knoten $u \in G(N, E, r)$ dominiert einen Knoten v genau dann, wenn alle Pfade von r nach v den Knoten u beinhalten. Man schreibt dann u dom v.

Eine wichtige Eigenschaft von Schleifen partitioniert die Menge aller Flussgraphen in zwei disjunkte Teilmengen. Kann man nämlich ein und dieselbe Schleife über mehrere unterschiedliche Kanten betreten, so nennt man sie „Schleife mit mehreren Eingängen". Ein Flussgraph, der keine Schleifen mit mehreren Eingängen besitzt, wird *reduzierbar* genannt. Alle Flussgraphen, die mindestens eine solche Schleife besitzen, nennt man *irreduzierbar*.

Als Beispiel für einen irreduzierbaren Flussgraphen kann Abb. 10.2 dienen. Die aus den Knoten 3 und 4 sowie den Kanten $3 \to 4$ und $4 \to 3$ bestehende Schleife kann nämlich sowohl über die Kante $2 \to 3$ als auch über die Kante $2 \to 4$ betreten werden.

Mit modernen Programmiersprachen – wie etwa Ada, MODULA oder Java – können keine Programme geschrieben werden, die irreduzierbare Flussgraphen haben. Programme älterer Sprachen – wie etwa FORTRAN und BASIC – oder in Assembler geschriebene Programme können irreduzierbare Flussgraphen enthalten.

Im Allgemeinen kann man festhalten, dass Algorithmen, die auf reduzierbaren Flussgraphen basieren, wesentlich einfacher sind als solche für allgemeine Flussgraphen.

10.6 Endliche Automaten mit Ausgabe

Endliche Automaten werden meist mittels gerichteter Graphen dargestellt. Auch das Verhalten von endlichen Automaten kann mit Graphen gut visualisiert werden.

Ein *endlicher Automat* $M = (S, I, O, f, g, s_0)$ besteht aus einer endlichen Menge von Zuständen S, einem endlichen Eingabealphabet I, einem endlichen Ausgabealphabet O, einer Übergangsfunktion f, die jedem Paar von Zustand und Eingabezeichen einen neuen Zustand zuweist, einer Ausgabefunktion g, die jedem Paar von Zustand und Eingabezeichen ein Ausgabezeichen zuordnet, und einem Anfangszustand s_0.

Die Übergangsfunktion und die Ausgabefunktion können als Zustandstabellen dargestellt werden.

Als Beispiel sei ein endlicher Automat gegeben mit $S = \{s_0, s_1, s_2, s_3\}$, $I = \{0, 1\}$ und $O = \{0, 1\}$. Die Übergangs- und Ausgabefunktion sind in Tabelle 10.1 gegeben.

Die Darstellung eines endlichen Automaten mittels eines Graphen ergibt ein sogenanntes *Zustandsdiagramm*.

Das Zustandsdiagramm des Beispieles aus Tab. 10.1 findet sich in Abb. 10.8.

Die Knoten des Zustandsdiagrammes entsprechen den Zuständen des Automaten. Wenn die Übergangsfunktion einen Übergang von Zustand s nach Zustand t kennt, existiert eine Kante

	f		g	
	Eingabe		Eingabe	
Zustand	0	1	0	1
s_0	s_1	s_0	1	0
s_1	s_3	s_0	1	1
s_2	s_1	s_2	0	1
s_3	s_2	s_1	0	0

Tabelle 10.1: Beispiel: Übergangs- und Ausgabefunktion eines endlichen Automaten

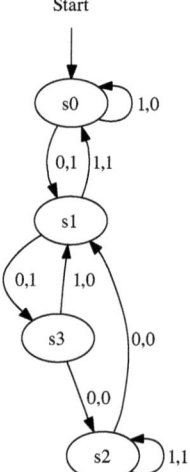

Abbildung 10.8: Beispiel: Zustandsdiagramm

10.6 Endliche Automaten mit Ausgabe

$s \to t$ im Zustandsdiagramm. Die Beschriftung dieser Kante besteht aus einem Paar von Zeichen. Das erste Zeichen des Paares ist ein Zeichen des Eingabealphabetes, das zweite ein Zeichen des Ausgabealphabetes.

Um zu sehen, wie so ein Automat arbeitet, benötigen wir eine Folge von Eingabezeichen. Der Automat liest nun die Eingabe Zeichen für Zeichen. Abhängig von seinem Zustand und dem gelesenen Zeichen entscheidet er, in welchen Folgezustand er übergeht und welches Zeichen des Ausgabealphabetes er ausgibt.

Angenommen, wir hätten für unser Beispiel die Eingabe 1100100110. Dann würde der Beispiel-Automat folgende Zustandsübergänge durchführen:

$$\text{Start} \xrightarrow{1} s_0 \xrightarrow{1} s_0 \xrightarrow{0} s_1 \xrightarrow{0} s_3 \xrightarrow{1} s_1 \xrightarrow{0} s_3 \xrightarrow{0} s_2 \xrightarrow{1} s_2 \xrightarrow{1} s_2 \xrightarrow{0} s_1$$

Dabei stehen gelesene Zeichen über den Pfeilen.

Gleichzeitig werden Zeichen ausgegeben; diese stehen nun ähnlich wie oben über den Pfeilen.

$$\text{Start} \xrightarrow{0} s_0 \xrightarrow{0} s_0 \xrightarrow{1} s_1 \xrightarrow{1} s_3 \xrightarrow{0} s_1 \xrightarrow{1} s_3 \xrightarrow{0} s_2 \xrightarrow{1} s_2 \xrightarrow{1} s_2 \xrightarrow{0} s_1$$

Die Ausgabe des Beispielautomaten ist also 0011010110.

Die bis jetzt behandelten endlichen Automaten, bei denen die Ausgabe bei einem Zustandswechsel erfolgt, nennt man auch *Mealy-Automaten*. Diese Automaten sind nach *George H. Mealy* benannt, der im Jahre 1955 eine Veröffentlichung über diese Art von Automaten geschrieben hat [15].

Eine andere wichtige Art von Automaten sind die 1956 eingeführten *Moore-Automaten* [16], die nach *Edward F. Moore* benannt sind. Bei diesen Automaten wird die Ausgabe nur von den Zuständen bestimmt.

Da es bei einem Mealy-Automaten $|S| \cdot |I|$ mögliche verschiedene Ausgaben gibt, muss ein zu diesem äquivalenter Moore-Automat natürlich viel mehr Zustände haben als der Mealy-Automat selbst.

Als abschließendes Beispiel wollen wir einen Mealy-Automaten konstruieren, der zwei in Binärdarstellung gegebene Zahlen $x = (x_n \ldots x_1 x_0)$ und $y = (y_n \ldots y_1 y_0)$ addiert*. Dazu überlegen wir uns, dass bei der Addition zweier Bits ein Ergebnis-Bit und ein Übertrag-Bit entstehen. Dieser Übertrag muss bei der Addition der nächsten Bits berücksichtigt werden. Es ist nun möglich, einen Mealy-Automaten für diese Addition zu konstruieren, der nur aus zwei Zuständen besteht. Die Bezeichnung der Kanten ist dabei so zu interpretieren, dass die zwei Bits vor dem Komma den zwei zu addierenden Bits entsprechen und das Bit nach dem Komma das Ergebnis-Bit darstellt. Das Übertrag-Bit wird in den Zuständen wiedergegeben. Das Zustandsdiagramm des Additions-Automaten findet sich in Abb. 10.9.

Ein ungleich komplizierterer Moore-Automat zur Addition zweier Binärzahlen ist in Abb. 10.10 dargestellt. Wir haben dabei in den Knoten durch Strichpunkt getrennt den Knotennamen und das Ausgabezeichen geschrieben. Die Kantenbeschriftung entspricht den zwei gelesenen Zeichen der zu addierenden Binärzahlen.

Obwohl ersichtlich ist, dass Mealy-Automaten viel einfacher sind als Moore-Automaten, haben diese dennoch ihre Existenzberechtigung. Das resultiert vor allem aus ihrer einfacheren hardwaretechnischen Realisierungsmöglichkeit.

---
*Gegebenenfalls sind führende Nullen zu ergänzen.

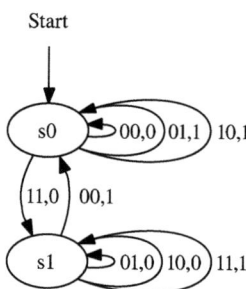

Abbildung 10.9: Zustandsdiagramm eines Mealy-Automaten zur Addition zweier Binärzahlen

10.7 Petri-Netze

Im Unterschied zu den bisher betrachteten Graphen und Automaten bestehen Petri-Netze aus zwei unterschiedlichen Arten von Knoten. Die eine Knoten-Art wird als Kreis dargestellt und *Stelle* genannt. Die andere Knoten-Art heißt *Transition* und wird als längliches schwarzes Rechteck gezeichnet. Gerichtete Kanten sind nur zwischen jeweils unterschiedlichen Knoten-Arten erlaubt, d.h., Kanten, die von Stellen wegführen, gehen zu Transitionen und Kanten, die von Transitionen wegführen, gehen zu Stellen.

Formal ist ein Petri-Netz N definiert als ein Vier-Tupel $N = (P, T, I, O)$:

- $P = \{p_1, p_2, \ldots, p_n\}, n > 0$ ist eine endliche Menge von Stellen,

- $T = \{t_1, t_2, \ldots, t_m\}, m > 0$ ist eine endliche Menge von Transitionen.

- I ist die Input-funktion, eine Abbildung ($I : T \to P^*$) von Transitionen auf Multimengen von Stellen (Zuordnung der Eingangsstellen).

- O ist die Output-Funktion, eine Abbildung ($O : T \to P^*$) von Transitionen auf Multimengen von Stellen (Zuordnung der Ausgangsstellen).

Die Menge der Stellen und Transitionen sind disjunkt, $P \cap T = \emptyset$.

Jede Stelle hat eine bestimmte *Stellen-Kapazität*. Diese gibt an, wieviele sogenannte *Marken* eine Stelle höchstens aufnehmen kann. Diese Marken sind ebenfalls ein grundlegender Bestandteil von Petri-Netzen.

Der Anfangszustand eines Petri-Netzes besteht also aus einem aus Stellen und Transitionen bestehendem Netz und einer *Markierung*. Diese Markierung stellt eine Zuteilung von Marken auf die Stellen dar. Man schreibt

$$\mu(s) = n,$$

wenn sich auf der Stelle s n Marken befinden.

Mit $\#(s, I(t))$ bezeichnet man die Anzahl von Kanten, die von der Stelle s zur Transition t, und mit $\#(s, O(t))$ die Anzahl von Kanten, die von der Transition t zur Stelle s führen.

Gibt es zwischen s und t n Kanten, so kann man diese durch eine Kante mit sogenanntem *Kantengewicht* n zusammenfassen. Ähnliches gilt für mehrfache Kanten, die von einer Transition zu einer Stelle führen.

10.7 Petri-Netze

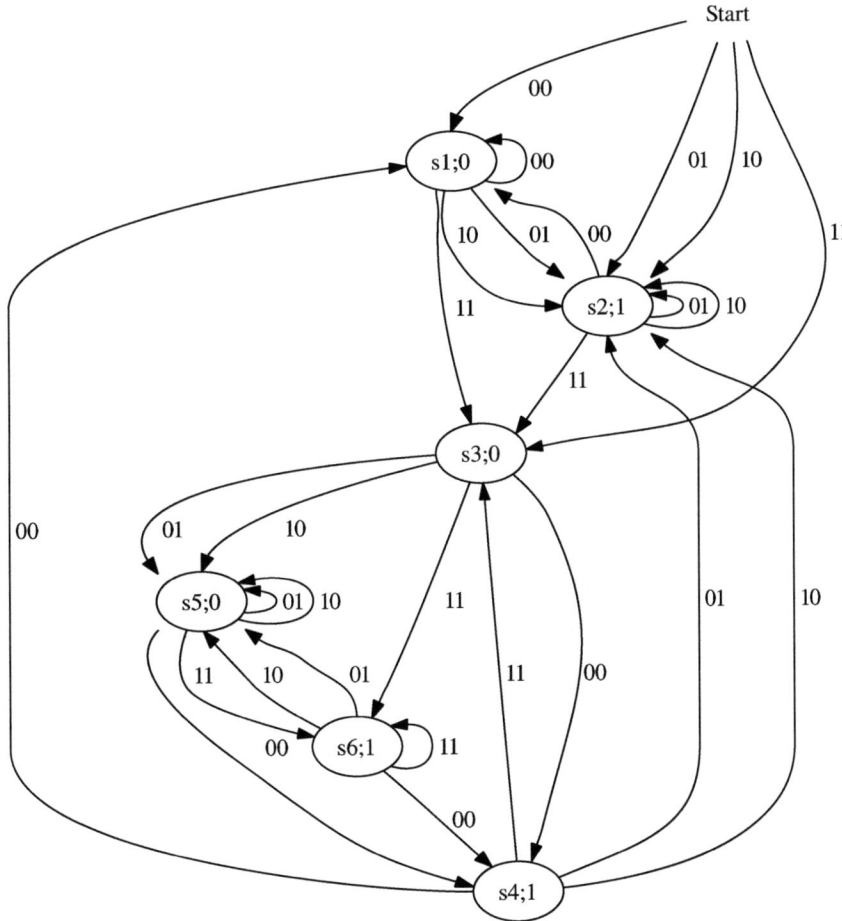

Abbildung 10.10: Zustandsdiagramm eines Moore-Automaten zur Addition zweier Binärzahlen

Gilt nun für eine bestimmte Transition t, dass für alle Stellen s

$$\mu(s) \geq \#(s, I(t))$$

ist, so heißt t *aktiviert*.

Eine aktivierte Transition kann *feuern*. Das bedeutet, dass von allen eingangsseitig verbundenen Stellen (entsprechend dem Kantengewicht) Marken entfernt und in allen ausgangsseitig verbundenen Stellen (entsprechend dem Kantengewicht) Marken kreiert wird.

Abb. 10.11 zeigt eine Petri-Netz-Transition vor und nach dem Feuern, wobei von einem Kantengewicht = 1 ausgegangen wurde.

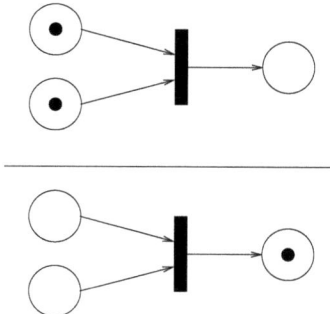

Abbildung 10.11: Eine Petri-Netz-Transition vor und nach dem Feuern

Aus der Definition von aktivierten Transitionen und dem Feuern von Transitionen folgt implizit, dass die Anzahl von Marken in einem Petri-Netz vor und nach dem Feuern unterschiedlich sein kann. Marken können also weder geteilt werden, noch muss eine existierende Marke erhalten bleiben.

Durch das Feuern einer Transition entsteht in einem Petri-Netz also eine neue Markierung. Dieser Zustandsübergang wird durch die sog. *Next-state-Funktion* δ definiert.

Die Next-state-Funktion $\delta(\mu, t)$ ist für ein markiertes Petri-Netz $N_m = (P, T, I, O, \mu)$ mit der Markierung μ und der Transition $t \in T$ dann und nur dann definiert, wenn gilt

$$\mu(p) \geq \#(p, I(t))$$

für alle $p \in P$ (d.h., t ist aktiviert). Wenn $\delta(\mu, t)$ definiert ist, dann gilt:

$$\delta(\mu, t) = \mu'$$

mit

$$\mu'(p) = \mu(p) - \#(p, I(t)) + \#(p, O(t))$$

für alle $p \in P$.

Sollte es potentiell möglich sein, dass mehrere Transitionen alternativ feuern können, so wird zufällig eine davon ausgewählt. Man spricht in diesem Zusammenhang vom *Indeterminismus* von Petri-Netzen.

Der Vorteil der Petri-Netze besteht darin, dass sie gut geeignet sind, parallelen Programmfluss zu modellieren. Man kann mit ihnen auch wichtige Eigenschaften paralleler Programme nachweisen.

Die Abb. 10.12 etwa zeigt den möglichen *Deadlock* in einem Petri-Netz. Abb. 10.12(a) zeigt den Anfangszustand. Aufgabe des Petri-Netzes soll es sein, die beiden Marken in Stelle S1 zu

10.7 Petri-Netze

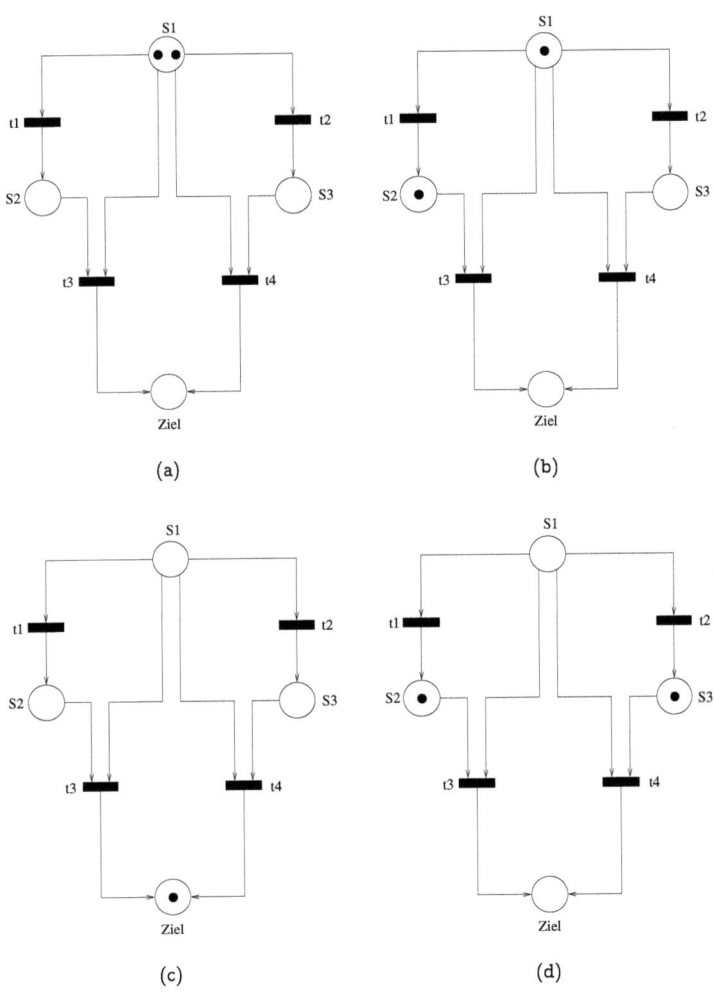

Abbildung 10.12: Ein möglicher Deadlock in einem Petri-Netz

nutzen, um eine Marke in der Stelle „Ziel" zu generieren. Dabei soll für die erste Marke entweder der Weg links oder der Weg rechts genommen werden. Als erste feuert Transition t1. Dadurch entsteht eine Marke in Stelle S2 und einer verschwindet in Stelle S1 (vgl. Abb. 10.12(b)). Wenn nun Transition t3 feuert, ergibt sich der gewünschte Endzustand (Abb. 10.12(c)) mit einer Marke in Stelle „Ziel". Wenn allerdings stattdessen Transition t2 feuert, ergibt sich der Zustand in Abb. 10.12(d). Da sich jetzt keine Marke mehr in Stelle S1 befindet, kann weder Transition t3, noch Transition t4 feuern und somit keine Marke in die Stelle „Ziel" gelangen.

Da das gewünschte Verhalten wegen des inhärenten Indeterminismus von Petri-Netzen nicht erzwungen werden kann, funktioniert das Petri-Netz in Abb. 10.12 nicht wunschgemäß.

Im Gegensatz dazu zeigt Abb. 10.13 ein korrekt funktionierendes Petri-Netz-Modell für den gegenseitigen Ausschluss (engl. mutual exclusion) zweier Agenten beim Zugriff auf eine gemeinsame Ressource. Hier ist gewährleistet, dass immer nur ein Agent in den kritischen Bereich eintritt und damit nur immer ein Agent die so geschützte Ressource verwenden kann.

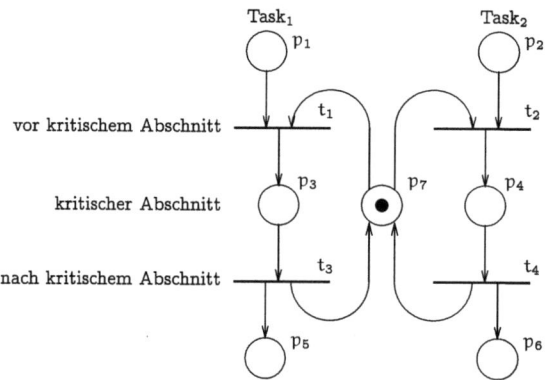

Abbildung 10.13: Ein Petri-Netz als Modell für gegenseitigen Ausschluss

Abschließend zeigt Abb. 10.14 ein Petri-Netz-Modell eines Produzent-Konsument-Systems (engl. producer consumer system). Dabei „kreisen" sowohl beim Produzenten als auch beim Konsumenten Marken, die dafür sorgen, dass Marken „geordnet" vom Produzenten zum Konsumenten übergeben werden.

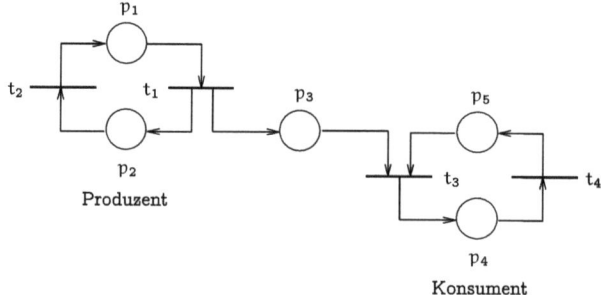

Abbildung 10.14: Ein Petri-Netz als Modell für ein Produzent-Konsument-System

Abschließend soll noch darauf hingewiesen werden, dass es Tools zum Auffinden von Deadlocks gibt, die erfolgreich zur Fehlersuche in parallel ablaufenden Programmen eingesetzt werden.

Weiterführende Literatur

K. H. Rosen. *Discrete Mathematics and Its Applications*. McGraw-Hill, New York, 1995

A. Gibbons. *Algorithmmic Graph Theory*. Cambridge Univ. Press, Cambridge, 1995

F. Harary, E. Palmer. *Graphical Enumeration*. Academic Press, New York, 1973.

M. M. Mano. *Computer Engineering*. Prentice-Hall, Englewood Cliffs, 1988

George H. Mealy. *A Method for Synthesizing Sequential Circuits*. Bell System Technology J., Vol. 34, S. 1045-1079, 1955

Edward Moore. *Gedanken-experiments on sequential machines*. Automata Studies, ser. Annals of Mathematical Studies, Princeton University Press, No. 34, S. 129-153, 1956.

G.H. Schildt, D. Kahn, Ch. Kruegel, Ch. Moerz. *Einführung in die Technische Informatik*, Springer-Verlag, Wien, 2. Aufl., ISBN 3-211-24346-1, 2005

G.H. Schildt, W. Kastner. *Prozeßautomatisierung*. Springer-Verlag, Wien, ISBN 3-211-82999-7, 1998

11 Boolesche Algebra

Tertium non datur.

Der Umgang mit logischen Ausdrücken stellt ein zentrales Fundament der gesamten Informatik dar. Logische Systeme (*Algebren*) sind, wie wir auch in den folgenden Kapiteln sehen werden, die Grundlage von elementaren Schaltungen, Prozessorarchitekturen, höheren Programmiersprachen sowie der Spezifikation und Verifikation von Programmen. Aus dieser keineswegs vollständigen Auflistung ist zu ersehen, dass alle Schichten von der Hardware bis hin zu den Korrektheitsbeweisen betroffen sind, wobei es wesentlich ist, die jeweils anzuwendende Logik formal vollkommen zu beherrschen.

Für jene Belange, die im weiteren Verlauf dieses Buches behandelt werden, genügt ein System, das es erlaubt, mit den Wahrheitswerten „wahre" und „falsche Aussage" umzugehen, und mit dessen Hilfe Funktionen über diesen Wertebereich aufgestellt und umgeformt werden können.

Die mathematische Grundlage dazu bildet die *Boolesche Algebra*. Der englische Mathematiker *George Boole (1815–1864)* versuchte, Logik formal auszudrücken, und entwickelte dazu 1847 die *Algebra der Logik*, die nach ihm *Boolesche Algebra* genannt wird. Diese arbeitet mit den Werten *falsche Aussage* und *wahre Aussage*, die wir der Einfachheit halber auf 0 und 1 abbilden wollen. In diesem Kapitel soll nur diese Algebra, losgelöst von jeder Anwendung, vorgestellt werden, wodurch einerseits das Arbeiten mit formalen Ausdrücken besonders in den Vordergrund tritt, und andererseits das Wesentliche ohne irgendwelche Einschränkungen betrachtet werden kann. Gerade der Umgang mit Formalismen und deren Abbildung auf konkrete Modelle ist für einen Informatiker von essentieller Bedeutung.

11.1 Operationen der Booleschen Algebra

Die Boolesche Algebra basiert auf der Menge $\{0,1\}$ und den folgenden Operationen (die linke Spalte zeigt die in diesem Buch verwendete Notation, die rechte andere gebräuchliche Schreibweisen):

Notation	andere Schreibweisen
$\wedge$	$\cdot$, &
$\vee$	$+$
$\neg$	Überstreichung

Wir geben nun die sogenannten Verknüpfungstafeln an, um diese anschließend zu analysieren. Beachten Sie dabei, dass $\wedge$ und $\vee$ binäre Operationen sind, also zwei Operanden verlangen (Zeilen und Spalten; Ergebnis jeweils am Kreuzungspunkt einer Zeile und einer Spalte), $\neg$ aber eine unäre Operation ist, sich also nur auf eine Größe bezieht.

$\wedge$	0	1
0	0	0
1	0	1

$\vee$	0	1
0	0	1
1	1	1

$\neg$	
0	1
1	0

Betrachten wir nun obige Verknüpfungstafeln, so erkennen wir, dass es sich beim $\neg$ Operator um eine sogenannte *Negation* handelt, das Ergebnis dieser Operation nennt man auch das *Komplement* des Operanden. Wenn wir, wie erwähnt, 0 und 1 als *falsche* bzw. *richtige Aussage* definieren, so wird durch diesen Operator eine Verneinung (Negation) bewirkt.

Auch die Operation ganz links ($\wedge$) lässt sich leicht verbal formulieren, denn das Ergebnis ist nur dann 1, wenn der erste *und* der zweite Operand 1 sind. Man spricht daher vom logischen *Und-Operator* oder der *Konjunktion*.

Beim $\vee$ Operator können wir gleichermaßen vorgehen und stellen fest, dass das Ergebnis der Operation immer dann 1 ist, wenn der erste *oder* der zweite Operand gleich 1 ist, aber auch, wenn beide Operanden 1 sind. Sie wird darum logische *Oder-Verknüpfung* bzw. *Disjunktion* genannt; das Operatorsymbol ist vom lateinischen *vel* (=oder) abgeleitet. Die genauere Bezeichnung für diese Operation ist *inklusives Oder*, da sie nicht die umgangssprachliche Bedeutung von *entweder–oder* hat.[*]

Die Boolesche Algebra kennt genau diese drei Operationen. Sie haben verschiedene Prioritäten, so wie etwa in der Arithmetik $\cdot$ vor $+$ kommt, gilt folgende Ordnungsrelation: $\neg$ vor $\wedge$ vor $\vee$.

Das bedeutet, dass in dem Ausdruck $(\neg e_1 \wedge e_2) \vee e_3$ die Klammern weggelassen werden können und dass der $\neg$ Operator sich nur auf die Variable e_1 und nicht auf die Operation $(e_1 \wedge e_2)$ bezieht. Oft werden aber Klammern wie im vorigen Beispiel trotzdem geschrieben, da sie ein einfacheres Lesen ermöglichen.

11.2 Gesetze der Booleschen Algebra

Ohne irgendein Gesetz kann gar nichts,
selbst nicht der größte Unsinn,
sein Spiel treiben.

Immanuel Kant, „Was heißt, sich im Denken orientieren?".

Eine Algebra wird immer durch ihre Operationen, die Wertemenge, auf der sie definiert sind, und die zugehörigen Rechengesetze bestimmt. Die in der folgenden Tabelle angeführten Gesetze gelten für die Boolesche Algebra, wobei $x, y, z \in \{0, 1\}$, also binäre Variable, sind.

Pos.	Gesetz	a)	b)
1	Kommutativ-	$x \vee y = y \vee x$	$x \wedge y = y \wedge x$
2	Assoziativ-	$(x \vee y) \vee z = x \vee (y \vee z)$	$(x \wedge y) \wedge z = x \wedge (y \wedge z)$
3	Distributiv-	$x \wedge (y \vee z) = (x \wedge y) \vee (x \wedge z)$	$x \vee (y \wedge z) = (x \vee y) \wedge (x \vee z)$
4	Absorptions-	$x \vee (x \wedge y) = x$	$x \wedge (x \vee y) = x$
5	———	$0 \vee x = x$	$1 \wedge x = x$
6	———	$x \vee \neg x = 1$	$x \wedge \neg x = 0$

Betrachten wir die angeführten Gesetze, so erkennen wir, dass durch die Vertauschungen von $\wedge$ mit $\vee$ und 0 mit 1 (bzw. umgekehrt), jedes Gesetz der Spalte a) in das entsprechende Gesetz der Spalte b) übergeht. In der Booleschen Algebra kann also aus jedem Satz ein weiterer gewonnen werden, indem man die Zeichen $\wedge$ und $\vee$, bzw. 0 und 1, vertauscht. Dieser Vorgang wird *Dualisieren* genannt, und der neue Satz heißt dann *dual* zum alten.

Aus den oben genannten Gesetzen und den Verknüpfungstafeln lassen sich die folgenden drei Sätze ableiten. Sie werden das Rechnen mit Funktionen mit Booleschen Variablen erleichtern.

1. Aus den Aussagen $x \wedge y = 0$ und $x \vee y = 1$ folgt, dass $y = \neg x$ ist. Dies kann folgendermaßen gezeigt werden:
$$y = y \vee 0 = y \vee (x \wedge \neg x) = (y \vee x) \wedge (y \vee \neg x).$$

---

[*]Das exklusive Oder wird mit XOR bezeichnet und im Kapitel 11.3 näher behandelt.

Das bisherige lässt sich mit den obigen Gesetzen herleiten.

Nun setzen wir für $(y \vee x) = 1$ ein und erhalten somit:

$$y = 1 \wedge (y \vee \neg x) = y \vee \neg x.$$

Ebenso erhalten wir

$$\neg x = \neg x \vee 0 = \neg x \vee (x \wedge y) = (\neg x \vee x) \wedge (\neg x \vee y) = \neg x \vee y = y \vee \neg x,$$

woraus die Gleichheit $(y = \neg x)$ folgt.

2. Es gilt $\neg(\neg x) = x$, wie wir auch aus der Verknüpfungstafel der Negation $(\neg)$ erkennen können. Als Beweis leiten wir einerseits

$$\neg(\neg x) = \neg(\neg x) \vee 0 = \neg(\neg x) \vee (x \wedge \neg x) =$$
$$(\neg(\neg x) \vee x) \wedge (\neg(\neg x) \vee \neg x) = \neg(\neg x) \vee x$$

und andererseits

$$x = x \vee 0 = x \vee (\neg x \wedge \neg(\neg x)) = (x \vee \neg x) \wedge (x \vee \neg(\neg x)) = \neg(\neg x) \vee x$$

ab, woraus der obige Satz folgt.

3. Das *de Morgansche Gesetz*:

$$\neg(x \vee y) = \neg x \wedge \neg y$$

und dual dazu

$$\neg(x \wedge y) = \neg x \vee \neg y.$$

Als Beweis dafür leiten wir her, dass $(x \vee y) \vee (\neg x \wedge \neg y) = 1$ und $(x \vee y) \wedge (\neg x \wedge \neg y) = 0$ gilt, und wenden dann die erste Rechenregel an.

$$(x \vee y) \vee (\neg x \wedge \neg y) = [(x \vee y) \vee \neg x] \wedge [(x \vee y) \vee \neg y] =$$
$$[(x \vee \neg x) \vee y] \wedge [x \vee (y \vee \neg y)] = (1 \vee y) \wedge (x \vee 1) = 1 \wedge 1 = 1$$
$$(x \vee y) \wedge (\neg x \wedge \neg y) = [x \wedge (\neg x \wedge \neg y)] \vee [y \wedge (\neg x \wedge \neg y)] =$$
$$[(x \wedge \neg x) \wedge \neg y] \vee [(y \wedge \neg y) \wedge \neg x] = (0 \wedge \neg y) \vee (0 \wedge \neg x) = 0 \vee 0 = 0$$

Dieses Gesetz, das von de Morgan aufgestellt wurde, kann auch noch erweitert werden, dazu führen wir analog zur Summenschreibweise ($\sum$) folgendes ein:

$$x_1 \vee x_2 \vee x_3 \vee \ldots \vee x_n = \bigvee_{i=1}^{n} x_i$$

bzw.

$$x_1 \wedge x_2 \wedge x_3 \wedge \ldots \wedge x_n = \bigwedge_{i=1}^{n} x_i$$

Durch vollständige Induktion nach n erhalten wir dann:

$$\neg \bigvee_{i=1}^{n} x_i = \bigwedge_{i=1}^{n} \neg x_i, \quad \text{bzw.} \quad \neg \bigwedge_{i=1}^{n} x_i = \bigvee_{i=1}^{n} \neg x_i.$$

Wird das de Morgansche Gesetz auf Formen, die sowohl $\wedge$ als auch $\vee$ Verknüpfungen gemischt enthalten, erweitert, spricht man auch vom *Shannonschen Theorem*.

11.3 Funktionen über der Booleschen Algebra

> *Mein Freund, die Kunst ist alt und neu,*
> *Es war die Art zu allen Zeiten,*
> *Durch Drei und Eins und Eins und Drei*
> *Irrtum statt Wahrheit zu verbreiten.*
>
> Mephistopheles.
> Johann Wolfgang von Goethe, „Faust".
> Der Tragödie erster Teil.

Wir sprechen von einer Funktion f über der Booleschen Algebra, wenn eine Abbildung der Form

$$f : (e_1, e_2, \ldots, e_n) \rightarrow a$$

vorliegt; dabei seien $e_i \in \{0,1\}$ für $i = 1, 2, \ldots, n$ und $a \in \{0,1\}$. Eine solche Funktion kann in der Aussagenlogik als eine Verknüpfung mehrerer Aussagen e_i zu einer Aussage a betrachtet werden. Der Zustand des Ausganges a hängt also von den Zuständen der Eingänge e_i ab.

Wir können leicht alle Funktionen mit $n = 1$, also jenen, die eine Eingangsvariable (e) auf die Ausgangsvariable abbilden ($f : e \rightarrow a$), angeben. Wir bezeichnen die Funktionen mit $f_{1.j}$, wobei 1 für *eine* Eingangsvariable steht und j die Werte 0, 1, 2 und 3 annehmen kann, da wir vier verschiedene Funktionen definieren können (Tab. 11.1).

e:	0	1	logische Funktion	Funktionstyp
$f_{1.0}$	0	0	$a_{1.0} = 0$	*Nullfunktion*
$f_{1.1}$	0	1	$a_{1.1} = e$	*Identität*
$f_{1.2}$	1	0	$a_{1.2} = \neg e$	*Negation*
$f_{1.3}$	1	1	$a_{1.3} = 1$	*Einsfunktion*

Tabelle 11.1: Logische Funktionen mit einer Eingangsvariablen und einer Ausgangsvariablen

Betrachten wir nun zwei Eingangsvariablen e_1 und e_2 und alle zugehörigen Funktionen $f_{2.j}$ ($j = 0, 1, \ldots, 15$), die diese auf die Ausgangsvariable a abbilden, so erhalten wir einige interessante Verknüpfungen.

	e_1:	0	1	0	1		
	e_2:	0	0	1	1		
j						$a_{2.j} = f_{2.j}(e_1, e_2)$	*Funktionstyp*
0	$f_{2.0}$	0	0	0	0	$a_{2.0} = 0$	Nullfunktion
1	$f_{2.1}$	0	0	0	1	$a_{2.1} = e_1 \wedge e_2$	Konjunktion, AND, $\wedge$
2	$f_{2.2}$	0	0	1	0	$a_{2.2} = \neg e_1 \wedge e_2$	Konjunktion
3	$f_{2.3}$	0	0	1	1	$a_{2.3} = e_2$	Identität
4	$f_{2.4}$	0	1	0	0	$a_{2.4} = e_1 \wedge \neg e_2$	Konjunktion
5	$f_{2.5}$	0	1	0	1	$a_{2.5} = e_1$	Identität
6	$f_{2.6}$	0	1	1	0	$a_{2.6} = (e_1 \vee e_2) \wedge \neg(e_1 \wedge e_2)$	Antivalenz, XOR
7	$f_{2.7}$	0	1	1	1	$a_{2.7} = e_1 \vee e_2$	Disjunktion, OR, $\vee$
8	$f_{2.8}$	1	0	0	0	$a_{2.8} = \neg e_1 \wedge \neg e_2 = \neg(e_1 \vee e_2)$	Konjunktion, NOR
9	$f_{2.9}$	1	0	0	1	$a_{2.9} = (e_1 \wedge e_2) \vee \neg(e_1 \vee e_2)$	Äquivalenz
10	$f_{2.10}$	1	0	1	0	$a_{2.10} = \neg e_1$	Negation
11	$f_{2.11}$	1	0	1	1	$a_{2.11} = \neg e_1 \vee e_2$	Disjunktion
12	$f_{2.12}$	1	1	0	0	$a_{2.12} = \neg e_2$	Negation
13	$f_{2.13}$	1	1	0	1	$a_{2.13} = e_1 \vee \neg e_2$	Disjunktion
14	$f_{2.14}$	1	1	1	0	$a_{2.14} = \neg e_1 \vee \neg e_2$	Disjunktion, NAND
15	$f_{2.15}$	1	1	1	1	$a_{2.15} = 1$	Einsfunktion

Tabelle 11.2: Logische Funktionen mit zwei Eingangsvariablen und einer Ausgangsvariablen

11.3 Funktionen über der Booleschen Algebra

Die in Tab. 11.2 angeführten Namen für $f_{2.14}$ NAND und $f_{2.8}$ NOR sind englische Kürzel und von not and bzw. not or abgeleitet.

Bei der Funktion $f_{2.9}$ handelt es sich um die *Äquivalenzfunktion* oder *Bijunktion*. Sie weist der Ausgangsvariablen a genau dann 1 zu, wenn beide Eingänge (e_1 und e_2) äquivalent sind (beide 1 oder beide 0). Wird diese Funktion negiert, so erhält man die *Antivalenzfunktion* $f_{2.6}$. Die Antivalenzfunktion wird auch als *exklusives Oder* bezeichnet, da sie der Ausgangsvariable immer dann 1 zuweist, wenn *entweder* e_1 *oder* e_2 1 ist, nicht jedoch, wenn beide Eingänge gleich sind (beide 0 oder beide 1). Aus dem Englischen ergibt sich das Kürzel XOR für exclusive or. Wir wollen im weiteren die Symbole $\equiv$ für die Äquivalenz und $\oplus$ für die Antivalenz verwenden.

Die Funktionen $f_{2.11}$ und $f_{2.13}$ werden auch *Implikation* (oder *Subjunktion*) genannt. Ihre logische Bedeutung können wir etwa mit „wenn, dann" angeben, dies trifft jedoch nicht ganz den umgangssprachlichen Gebrauch. Es ist darum besser, sich die nachfolgende Definition der Implikation einzuprägen und sich nicht auf die übliche Bedeutung von „wenn, dann" zu verlassen. Wir wählen für die Implikation das Zeichen $\Rightarrow$.

e_1	e_2	$e_1 \Rightarrow e_2$
0	0	1
0	1	1
1	0	0
1	1	1

Eine Besonderheit stellen die Funktionen $f_{2.0}$ und $f_{2.15}$ dar. Verknüpfungen von Wahrheitswerten, die immer den Wert 1 (*wahre Aussage*) liefern, werden *Tautologien* genannt. Ein Beispiel hierfür ist die Funktion $(e_1 \wedge e_2) \Rightarrow e_1$. Wir überzeugen uns davon, indem wir alle Kombinationen der Eingangsvariablen e_1 und e_2 überprüfen. Dieser Vorgang wird als das Aufstellen der *Wahrheitstabelle* bezeichnet. Für dieses Beispiel führen wir zwei getrennte Schritte durch. Im ersten bilden wir $e_1 \wedge e_2$, im zweiten verknüpfen wir dieses Zwischenergebnis mit e_1 entsprechend $(e_1 \wedge e_2) \Rightarrow e_1$.

e_1	e_2	$e_1 \wedge e_2$
0	0	0
0	1	0
1	0	0
1	1	1

e_1	e_2	$(e_1 \wedge e_2) \Rightarrow e_1$
0	0	1
0	1	1
1	0	1
1	1	1

Es ist natürlich auch möglich, die beiden Schritte in einem durchzuführen. Die Wahrheitstabelle könnte dann folgendes Aussehen haben.

e_1	e_2	$(e_1 \wedge e_2)$	$(e_1 \wedge e_2) \Rightarrow e_1$
0	0	0	1
0	1	0	1
1	0	0	1
1	1	1	1

Ein einfacheres Beispiel für eine Tautologie wäre etwa die Funktion $(e \vee \neg e)$, wie Sie sich leicht überzeugen können.

Funktionen, wie $f_{2.0}$ in unserer Tabelle, die für alle Kombinationen der Eingangsvariablen den Wert 0, also *falsche Aussage*, liefern, werden *Kontradiktionen* genannt. Als Beispiel dazu geben wir die Funktion $(e \wedge \neg e)$ an.

e	$\neg e$	$e \wedge \neg e$
0	1	0
1	0	0

11.4 Normalformen

Eine *Funktion* über der Booleschen Algebra lässt sich in verschiedenen *Formen* darstellen. So sind etwa die Aussageformen $(e_1 \wedge e_2) \vee (e_1 \wedge e_3)$ und $e_1 \wedge (e_2 \vee e_3)$ äquivalent, da wir aus der einen mittels Distributivgesetz die andere herleiten können. In komplizierteren Fällen können solche Übereinstimmungen zum Beispiel mit den Wahrheitstabellen der einzelnen Formen überprüft werden („Tabellarische Verifikation").

Wenn aber eine Funktion in mehreren Formen vorliegen kann, heißt das, dass wir die Menge aller Aussageformen in Klassen unterteilen können, wobei jede dieser Klassen durch die ihr und nur ihr zugeordnete Wahrheitsfunktion gekennzeichnet ist. Nun ist es aber auch verständlich, dass man nach einer Aussageform sucht, die als Repräsentant ihrer Klasse dient. Eine in dieser Weise ausgezeichnete Form wird *Normalform* genannt.

Je nach der Art des Normierungsverfahrens unterscheiden wir verschiedene Normalformen. Wir wollen im folgenden die *konjunktive* und die *disjunktive Normalform* als Vertreter einer Klasse äquivalenter Aussageformen näher untersuchen. Davor müssen jedoch noch einige Begriffe erläutert werden, die im folgenden beziehungsweise in der einschlägigen Literatur öfter auftreten.

Unter einer *Vollform* wird ein Ausdruck verstanden, in dem jede Variable genau einmal vorkommt. So ist eine *Vollkonjunktion* (ein *Minterm*) ein Ausdruck, in dem sämtliche vereinbarten Variablen konjunktiv verbunden sind. Die Variablen können dabei auch negiert sein. Analog dazu kann auch eine *Volldisjunktion* (ein *Maxterm*) definiert werden.

11.4.1 Disjunktive Normalform

Die *disjunktive Normalform* ist jene Darstellungsart, bei der eine Reihe von Vollkonjunktionen disjunktiv verknüpft werden.

Das Auffinden der disjunktiven Normalform wollen wir an einem konkreten Beispiel betrachten. Und zwar soll für die Funktion $f(e_1, e_2, e_3) = (e_1 \Rightarrow e_2) \wedge (\neg e_1 \equiv e_3)$ die disjunktive Normalform gefunden werden.

Im ersten Schritt stellen wir die Wahrheitstabelle dieser Funktion auf.

Zeile	e_1	e_2	e_3	$e_1 \Rightarrow e_2$	$\neg e_1 \equiv e_3$	$(e_1 \Rightarrow e_2) \wedge (\neg e_1 \equiv e_3)$
1	0	0	0	1	0	0
2	0	0	1	1	1	1
3	0	1	0	1	0	0
4	0	1	1	1	1	1
5	1	0	0	0	1	0
6	1	0	1	0	0	0
7	1	1	0	1	1	1
8	1	1	1	1	0	0

Im zweiten Schritt suchen wir alle Zeilen, in denen die Ergebnisspalte den Wert 1 aufweist. In unserem Beispiel sind dies die Zeilen 2, 4 und 7. Nun bilden wir die zu diesen Zeilen gehörenden Vollkonjunktionen, indem wir jene Variablen, deren Spalten 0 enthalten, negiert und die anderen direkt übernehmen. Wir erhalten folgende Vollkonjunktionen:

Zeile	Vollkonjunktion
2	$\neg e_1 \wedge \neg e_2 \wedge e_3$
4	$\neg e_1 \wedge e_2 \wedge e_3$
7	$e_1 \wedge e_2 \wedge \neg e_3$

Da nur diese Vollkonjunktionen den Wert 1 in der Ergebnisspalte erzeugen, ist es einsichtig, dass

$$(\neg e_1 \wedge \neg e_2 \wedge e_3) \vee (\neg e_1 \wedge e_2 \wedge e_3) \vee (e_1 \wedge e_2 \wedge \neg e_3)$$

dieselbe Wahrheitstabelle hat wie die Form $(e_1 \Rightarrow e_2) \wedge (\neg e_1 \equiv e_3)$, also die zu der gegebenen Funktion gehörende disjunktive Normalform ist.

11.4.2 Konjunktive Normalform

Analog zur vorigen ist die *konjunktive Normalform* die Konjunktion von Volldisjunktionen. Am folgenden Beispiel wird gezeigt, wie sie gefunden werden kann.

Gesucht sei die konjunktive Normalform zu $(e_1 \wedge e_2) \vee e_3$. Die Wahrheitstabelle lautet:

Zeile	e_1	e_2	e_3	$e_1 \wedge e_2$	$(e_1 \wedge e_2) \vee e_3$
1	0	0	0	0	0
2	0	0	1	0	1
3	0	1	0	0	0
4	0	1	1	0	1
5	1	0	0	0	0
6	1	0	1	0	1
7	1	1	0	1	1
8	1	1	1	1	1

Wir betrachten dieses Mal nur jene Zeilen, in denen die Ergebnisspalte den Funktionswert 0 aufweist, also die Zeilen 1, 3 und 5. Als Beispiel nehmen wir die Zeile 5 und bilden die zugehörige Vollkonjunktion: $\neg(e_1 \wedge \neg e_2 \wedge \neg e_3)$. Dies wiederum ergibt nach dem de Morganschen Gesetz die Volldisjunktion $(\neg e_1 \vee e_2 \vee e_3)$. Analog sind auch die Zeilen 3 und 1 zu behandeln.

Die konjunktive Verknüpfung dieser drei Volldisjunktionen

$$(\neg e_1 \vee e_2 \vee e_3) \wedge (e_1 \vee \neg e_2 \vee e_3) \wedge (e_1 \vee e_2 \vee e_3)$$

stellt dann die konjunktive Normalform der oben gegebenen Form $(e_1 \wedge e_2) \vee e_3$ dar.

Allgemein kann man sagen, dass es günstig ist, die disjunktive Normalform zu verwenden, wenn relativ wenige Zeilen der Wahrheitstabelle den Wert 1 beinhalten.

11.5 Vereinfachen von Funktionen

Verwicklungen zu vereinfachen ist in allen Wissenszweigen der erste wesentliche Erfolg.

Henry Thomas Buckle, „Geschichte der Zivilisation".

Eine übliche Art, Funktionen über der Booleschen Algebra zu erzeugen, ist, die Wahrheitstabelle aufzustellen und daraus die disjunktive oder konjunktive Normalform abzulesen. Die so gewonnenen Normalformen stellen jedoch meist nicht die einfachste Form dar. Es ist aber oft vorteilhaft, eine möglichst optimale Darstellung zu finden und zwar dadurch, dass aus den Ausdrücken irrelevante Variablen eliminiert werden.

Grundsätzlich können Umformungen, die zu solchen Vereinfachungen führen, mit den in Abschnitt 11.2 gegebenen Gesetzen durchgeführt werden. Es ist aber einsichtig, dass diese nicht immer zum Minimum führen, wenn man nicht systematisch vorgeht. Daher wurden mehrere Vereinfachungsverfahren entwickelt, von denen wir hier zwei vorstellen.

11.5.1 Verfahren nach Quine und McCluskey

Ist dies schon Tollheit, hat es doch Methode.

Polonius.
William Shakespeare, „Hamlet".

Bei der Methode von *Quine* und *McCluskey* wird von der disjunktiven Normalform ausgegangen und versucht, durch geschicktes Kombinieren Terme der Art $(x \vee \neg x)$ zu erzeugen. Diese fallen dann weg, da sie dem logischen Wert 1 entsprechen und in einer Konjunktion vorkommen. Um das Verfahren möglichst anschaulich zu erklären, werden wir es anhand eines Beispiels (Funktion f_B) Schritt für Schritt durchgehen. Es ist aber auf jede Funktion f mit beliebig vielen Variablen anwendbar, wenn diese in disjunktiver Normalform gegeben ist.

Gegeben sei die Funktion

$$\begin{aligned}f_B(e_1, e_2, e_3, e_4) = \quad &(e_1 \wedge \neg e_2 \wedge e_3 \wedge e_4) \vee (e_1 \wedge \neg e_2 \wedge e_3 \wedge \neg e_4) \vee \\ &(e_1 \wedge \neg e_2 \wedge \neg e_3 \wedge \neg e_4) \vee (\neg e_1 \wedge e_2 \wedge e_3 \wedge e_4) \vee \\ &(\neg e_1 \wedge e_2 \wedge e_3 \wedge \neg e_4) \vee (\neg e_1 \wedge e_2 \wedge \neg e_3 \wedge e_4) \vee \\ &(\neg e_1 \wedge e_2 \wedge \neg e_3 \wedge \neg e_4) \vee (\neg e_1 \wedge \neg e_2 \wedge e_3 \wedge e_4) \vee \\ &(\neg e_1 \wedge \neg e_2 \wedge \neg e_3 \wedge \neg e_4).\end{aligned}$$

Erster Schritt: Zusammenfassen von Termen.

Wir fassen als erstes die Konjunktionen mit den gleichen Variablen nach der Anzahl der in ihnen auftretenden Negationen zu Gruppen zusammen.

Die Vollkonjunktionen $(e_1 \wedge \neg e_2 \wedge e_3 \wedge e_4)$ und $(\neg e_1 \wedge e_2 \wedge e_3 \wedge e_4)$ beinhalten jeweils eine negierte Variable und bilden daher die Gruppe 1. Die Gruppe 2 setzt sich demnach aus den Termen $(e_1 \wedge \neg e_2 \wedge e_3 \wedge \neg e_4)$, $(\neg e_1 \wedge e_2 \wedge e_3 \wedge \neg e_4)$, $(\neg e_1 \wedge e_2 \wedge \neg e_3 \wedge e_4)$ und $(\neg e_1 \wedge \neg e_2 \wedge e_3 \wedge e_4)$ zusammen, da diese Konjunktionen jeweils zwei Negationen beinhalten. Die restlichen Terme teilen sich analog auf die Gruppen 3 und 4 auf, und so erhalten wir folgende Liste:

Zeile	Gruppe				
1	1	e_1	$\neg e_2$	e_3	e_4
2		$\neg e_1$	e_2	e_3	e_4
3	2	e_1	$\neg e_2$	e_3	$\neg e_4$
4		$\neg e_1$	e_2	e_3	$\neg e_4$
5		$\neg e_1$	e_2	$\neg e_3$	e_4
6		$\neg e_1$	$\neg e_2$	e_3	e_4
7	3	e_1	$\neg e_2$	$\neg e_3$	$\neg e_4$
8		$\neg e_1$	e_2	$\neg e_3$	$\neg e_4$
9	4	$\neg e_1$	$\neg e_2$	$\neg e_3$	$\neg e_4$

Nun betrachten wir je zwei benachbarte Gruppen und untersuchen die Terme paarweise auf ihre Zusammenfassbarkeit. Wir beginnen in unserem Beispiel mit den Gruppen 1 und 2 und innerhalb dieser mit den Zeilen 1 und 3. Schreiben wir diese beiden Zeilen zuerst einmal vollständig auf:

$$(e_1 \wedge \neg e_2 \wedge e_3 \wedge e_4) \vee (e_1 \wedge \neg e_2 \wedge e_3 \wedge \neg e_4)$$

Wir erkennen, dass diese beiden Konjunktionen auf folgende Weise zusammengefasst werden können:

$$((e_1 \wedge \neg e_2 \wedge e_3) \wedge e_4) \vee ((e_1 \wedge \neg e_2 \wedge e_3) \wedge \neg e_4) = (e_1 \wedge \neg e_2 \wedge e_3) \wedge (e_4 \vee \neg e_4)$$

11.5 Vereinfachen von Funktionen

Für diese Umformung benötigen wir nur das Distributivgesetz der Booleschen Algebra. Im nächsten Schritt wenden wir auf den Term $(e_4 \vee \neg e_4)$ das Gesetz 6 an und erhalten somit

$$(e_1 \wedge \neg e_2 \wedge e_3) \wedge 1 = (e_1 \wedge \neg e_2 \wedge e_3).$$

Damit wir nun die folgenden Vereinfachungen schneller durchführen können, wollen wir obige Herleitung algorithmisch formulieren: Um zwei Zeilen zusammenfassen zu können, müssen die beiden dieselben Variablen enthalten. Ist es dann der Fall, dass die Terme bis auf genau eine Negation übereinstimmen, kann diejenige Variable, in deren Spalte der Unterschied auftritt, gestrichen werden.

Wir betrachten nun noch einmal die Zeilen 1 und 3, wobei wir obiges Kriterium anwenden. Die Spalte, in der sich die beiden Zeilen unterscheiden, ist hervorgehoben, die in ihr enthaltene Variable kann gestrichen werden.

$$\left.\begin{array}{l}(e_1 \wedge \neg e_2 \wedge e_3 \wedge \boxed{e_4}) \\ (e_1 \wedge \neg e_2 \wedge e_3 \wedge \boxed{\neg e_4})\end{array}\right\} (e_1 \wedge \neg e_2 \wedge e_3)$$

Auf diese Art werden wir zur Übung noch mehrere Kombinationen betrachten. Als nächste Zeilen untersuchen wir 1 und 4.

$$\begin{array}{l}(\boxed{e_1} \wedge \boxed{\neg e_2} \wedge e_3 \wedge \boxed{e_4}) \\ (\boxed{\neg e_1} \wedge \boxed{e_2} \wedge e_3 \wedge \boxed{\neg e_4})\end{array}$$

Hier kann keine Vereinfachung durchgeführt werden, da sich die beiden Zeilen in mehreren Spalten unterscheiden. Das gleiche gilt für die Zeilenkombinationen 1–5 und 2–3. Im folgenden sind die restlichen Kombinationen 1–6, 2–4, 2–5, 2–6 angegeben.

$$\left.\begin{array}{l}(\boxed{e_1} \wedge \neg e_2 \wedge e_3 \wedge e_4) \\ (\boxed{\neg e_1} \wedge \neg e_2 \wedge e_3 \wedge e_4)\end{array}\right\} (\neg e_2 \wedge e_3 \wedge e_4)$$

$$\left.\begin{array}{l}(\neg e_1 \wedge e_2 \wedge e_3 \wedge \boxed{e_4}) \\ (\neg e_1 \wedge e_2 \wedge e_3 \wedge \boxed{\neg e_4})\end{array}\right\} (\neg e_1 \wedge e_2 \wedge e_3)$$

$$\left.\begin{array}{l}(\neg e_1 \wedge e_2 \wedge \boxed{e_3} \wedge e_4) \\ (\neg e_1 \wedge e_2 \wedge \boxed{\neg e_3} \wedge e_4)\end{array}\right\} (\neg e_1 \wedge e_2 \wedge e_4)$$

$$\left.\begin{array}{l}(\neg e_1 \wedge \boxed{e_2} \wedge e_3 \wedge e_4) \\ (\neg e_1 \wedge \boxed{\neg e_2} \wedge e_3 \wedge e_4)\end{array}\right\} (\neg e_1 \wedge e_3 \wedge e_4)$$

Fahren wir mit diesem Algorithmus solange fort, bis wir alle Kombinationen von Zeilen benachbarter Gruppen betrachtet haben und erstellen dabei eine Tabelle, in die wir die neuen Terme übernehmen.

Mehrfach auftretende Terme werden nur einmal berücksichtigt. Zusätzlich müssen auch alle Zeilen übernommen werden, die nicht in irgendeiner Zusammenfassung enthalten sind, darum geben wir noch an, welche Zeilen der vorigen Tabelle zusammengefasst wurden. Dies dient als Kontrolle, da jede Nummer mindestens einmal auftreten muss. Ist das nicht der Fall, so wurden Terme vergessen.

Für unser Beispiel erhalten wir die folgende Aufstellung:

Zeilen			
1,3	e_1	$\neg e_2$	e_3
1,6	$\neg e_2$	e_3	e_4
2,4	$\neg e_1$	e_2	e_3
2,5	$\neg e_1$	e_2	e_4
2,6	$\neg e_1$	e_3	e_4
3,7	e_1	$\neg e_2$	$\neg e_4$
4,8	$\neg e_1$	e_2	$\neg e_4$
5,8	$\neg e_1$	e_2	$\neg e_3$
7,9	$\neg e_2$	$\neg e_3$	$\neg e_4$
8,9	$\neg e_1$	$\neg e_3$	$\neg e_4$

Die disjunktive Verknüpfung dieser Konjunktionen stellt nun eine neue Form der ursprünglichen Funktion dar, und auf diese Terme kann dasselbe Verfahren noch einmal angewandt werden. Dazu ordnen wir die obige Tabelle um und erhalten:

Zeile				
1	e_1	$\neg e_2$	e_3	
2	$\neg e_1$	e_2	e_3	
3	$\neg e_1$	e_2	$\neg e_3$	
4		$\neg e_2$	e_3	e_4
5		$\neg e_2$	$\neg e_3$	$\neg e_4$
6	$\neg e_1$	e_2		e_4
7	e_1	$\neg e_2$		$\neg e_4$
8	$\neg e_1$	e_2		$\neg e_4$
9	$\neg e_1$		e_3	e_4
10	$\neg e_1$		$\neg e_3$	$\neg e_4$

Es ergeben sich wieder Gruppen, die sich durch die in ihnen enthaltene Anzahl von Negationen unterscheiden. Besonders wichtig ist dabei, dass die Terme entsprechend den in ihnen vorkommenden Variablen geordnet sind. Wir können nur Gruppen, die genau die gleichen Variablen besitzen, weiter zusammenfassen. In der obigen Tabelle wurde dies dadurch verdeutlicht, dass fehlende Variablen durch Auslassungen an der entsprechenden Stelle gekennzeichnet wurden. Zwischen Gruppen, die sich in beliebigen Variablen unterscheiden, wurden stärkere Linien gezogen, denn über diese Grenzen hinweg ist keine Zusammenfassung möglich. Nun wollen wir den ersten Schritt auf diese Tabelle erneut anwenden und erhalten:

Zeile			
1	e_1	$\neg e_2$	e_3
2,3	$\neg e_1$	e_2	
4	$\neg e_2$	e_3	e_4
5	$\neg e_2$	$\neg e_3$	$\neg e_4$
6,8	$\neg e_1$	e_2	
7	e_1	$\neg e_2$	$\neg e_4$
9	$\neg e_1$	e_3	e_4
10	$\neg e_1$	$\neg e_3$	$\neg e_4$

Der zweifach auftretende Term ($\neg e_1 \wedge e_2$) kann einmal gestrichen werden. Durch genaues Hinsehen (mit dem geübten Auge) oder durch Ausprobieren erkennen wir, dass nun nach diesem Verfahren keine Vereinfachungen mehr erreicht werden können. Allgemein ist der erste Schritt solange

11.5 Vereinfachen von Funktionen

anzuwenden, bis kein Zusammenfassen von Termen mehr möglich ist. Die so erzeugten Ausdrücke werden *reduzierte Terme* genannt; für unser Beispiel erhalten wir die folgenden:

$$R_1 = (\neg e_1 \wedge e_2), \quad R_2 = (e_1 \wedge \neg e_2 \wedge e_3), \quad R_3 = (\neg e_2 \wedge e_3 \wedge e_4),$$
$$R_4 = (\neg e_2 \wedge \neg e_3 \wedge \neg e_4), \quad R_5 = (e_1 \wedge \neg e_2 \wedge \neg e_4), \quad R_6 = (\neg e_1 \wedge e_3 \wedge e_4),$$
$$R_7 = (\neg e_1 \wedge \neg e_3 \wedge \neg e_4).$$

Nach diesen Vereinfachungen wird nun im zweiten Schritt versucht, unnötige reduzierte Terme zu streichen.

Dieses war der erste Streich
Doch der zweite folgt sogleich.

Wilhelm Busch, „Max und Moritz".

Zweiter Schritt: Streichen unnötiger reduzierter Terme.

Bevor wir uns dem zweiten Schritt zuwenden, sollten wir uns kurz ins Gedächtnis rufen, dass alles, was bisher gezeigt wurde und was im weiteren gesagt wird, verallgemeinert werden kann und dann für jede beliebige Funktion zutrifft.

Wir überlegen uns nun, dass die zu vereinfachende Funktion (ursprünglich in der disjunktiven Normalform gegeben) immer dann 1 ist, wenn eine der Vollkonjunktionen den Wert 1 annimmt. Daher gehen wir im zweiten Schritt von dieser Darstellung aus und schreiben als Kurzform $f_B = K_1 \vee K_2 \vee \ldots \vee K_9$, dabei stehen die K_i (i = 1, 2, ..., 9) für die Vollkonjunktionen der disjunktiven Normalform und entsprechen jeweils der i-ten Zeile der Tabelle auf Seite 202. Um nun nicht unnötig viele reduzierte Terme mitzuführen, muss aus R_1 bis R_7 (aus dem ersten Schritt, oben) eine Auswahl getroffen werden, sodass immer mindestens ein reduzierter Term den Wert 1 hat, wenn eine der Vollkonjunktionen 1 ist.

Dabei gehen wir systematisch vor und legen eine Tabelle mit den Vollkonjunktionen $K_1, \ldots, K_9$ als Spalten und den reduzierten Termen $R_1, \ldots, R_7$ als Zeilen an. Dann untersuchen wir alle Paare (R_j, K_i) (j = 1, ..., 7; i = 1, ..., 9) darauf, ob der reduzierte Term R_j in der Vollkonjunktion K_i enthalten ist, d.h., ob R_j durch Streichen von Variablen in K_i erzeugt werden kann. Ist dies der Fall, so bezeichnen wir die zugehörige Kreuzungsstelle (R_j, K_i) in unserer Matrix mit einem „X".

Wir betrachten nun beispielhaft den reduzierten Term $R_1 = (\neg e_1 \wedge e_2)$, der aus den Vollkonjunktionen K_2, K_4, K_5 und K_8 erzeugt werden kann, indem die Variablen e_3 und e_4 gestrichen werden. In der folgenden Tabelle ist dargestellt, wie R_1 in den Vollkonjunktionen enthalten ist. Daraus ist auch ersichtlich, dass ein reduzierter Term öfter den Wert 1 annehmen wird als eine Vollkonjunktion; wenn dadurch Redundanzen entstehen, kann gegebenenfalls auf bestimmte Ausdrücke verzichtet werden.

$R_1 =$	$\neg e_1$	e_2		
$K_1 =$	e_1	$\neg e_2$	e_3	e_4
$K_2 =$	$\neg e_1$	e_2	e_3	e_4
$K_3 =$	e_1	$\neg e_2$	e_3	$\neg e_4$
$K_4 =$	$\neg e_1$	e_2	e_3	$\neg e_4$
$K_5 =$	$\neg e_1$	e_2	$\neg e_3$	e_4
$K_6 =$	$\neg e_1$	$\neg e_2$	e_3	e_4
$K_7 =$	e_1	$\neg e_2$	$\neg e_3$	$\neg e_4$
$K_8 =$	$\neg e_1$	e_2	$\neg e_3$	$\neg e_4$
$K_9 =$	$\neg e_1$	$\neg e_2$	$\neg e_3$	$\neg e_4$

In den entsprechenden Spalten ist also in der Zeile R_1 ein „X" einzutragen. Mit den anderen reduzierten Termen muss genauso vorgegangen werden und wir erhalten folgende Matrix:

	K_1	K_2	K_3	K_4	K_5	K_6	K_7	K_8	K_9
R_1		X		X	X			X	
R_2	X		X						
R_3	X					X			
R_4							X		X
R_5		X				X			
R_6	X					X			
R_7								X	X

Steht nun in der i-ten Spalte an den Schnittpunkten mit den Zeilen $j_1, \ldots, j_p$ ($p \leq 7$) jeweils ein „X", so heißt dies, dass, wenn der Wert von $K_i = 1$ ist, auch die Werte von $R_{j_1}, \ldots, R_{j_p}$ gleich 1 sind. Und das bedeutet, dass einer dieser reduzierten Terme genügen würde, um die Vollkonjunktion K_i zu ersetzen, da er ja durch die fehlenden Variablen öfter den Wert 1 annimmt als K_i (klarerweise gilt dies nicht nur für unser Beispiel f_B, sondern für jede andere Funktion f).

Steht umgekehrt in der j-ten Zeile an den Schnittpunkten mit den Zeilen $i_1, \ldots, i_q$ ($q \leq 9$) ein „X", so gilt aufgrund von Schritt 1 $R_j = K_{i_1} \vee \ldots \vee K_{i_q}$. Ist also der Wert von R_j gleich 1, so hat mindestens ein K_{i_h} ($h = 1, \ldots, q$) den Wert 1. Daraus ergibt sich, dass eine Auswahl von reduzierten Termen derart getroffen werden muss, dass in jeder Spalte wenigstens ein „X" stehenbleibt. Mit dem folgenden Verfahren wird darum versucht, eine möglichst günstige Auswahl aus den reduzierten Termen zu treffen.

Steht in einer Spalte nur ein „X", so ist dann der entsprechende reduzierte Term auf jeden Fall in die Lösung aufzunehmen. Alle Spalten, die in der zu diesem reduzierten Term gehörenden Zeile ein „X" haben, sind somit auch erledigt und können gestrichen werden. Daher stehen in der verbleibenden Resttabelle in allen Spalten mindestens zwei „X". Welche reduzierten Terme dann ausgewählt werden, hängt meist von der praktischen Problemstellung ab.

Für unser Beispiel bedeutet dies, dass der reduzierte Term R_1 unentbehrlich ist, da nur er die Vollkonjunktionen K_4 und K_5 ersetzt. R_1 muss also auf jeden Fall in die Lösung aufgenommen werden. Aus diesem Grund können auch die Spalten von K_2 und K_8 gestrichen werden, da sie ebenfalls durch die Aufnahme von R_1 erledigt sind.

	K_1	K_2	K_3	K_4	K_5	K_6	K_7	K_8	K_9
R_1		X		X	X			X	
R_2	X		X						
R_3	X					X			
R_4							X		X
R_5		X				X			
R_6	X					X			
R_7								X	X

Durch diese Streichungen ergibt sich eine Resttabelle mit folgendem Aussehen:

	K_1	K_3	K_6	K_7	K_9
R_2	X	X			
R_3	X		X		
R_4				X	X
R_5			X		
R_6	X		X		
R_7					X

11.5 Vereinfachen von Funktionen

Um mit möglichst wenig reduzierten Termen auszukommen, ist es zweckmäßig, solche zu wählen, die viele „X" in ihrer Zeile haben, d.h., viele Vollkonjunktionen ersetzen. Wir werden der Einfachheit halber in unserem Beispiel den Term R_2 wählen, die anderen Möglichkeiten können Sie sich leicht selbst überlegen. Es wäre zum Beispiel gleichwertig, R_3 in die Lösung aufzunehmen. Da wir uns aber für R_2 entschieden haben, erhalten wir die Resttabelle:

	K_6	K_7	K_9
R_3	X		
R_4		X	X
R_5		X	
R_6	X		
R_7			X

Mit dieser Tabelle können wir die letzten benötigten Terme auswählen. Die Terme R_4 und R_3 oder R_4 und R_6 sind in die Lösung aufzunehmen (von der umfangreichen Möglichkeit R_5, R_6 und R_7 wollen wir gar nicht sprechen). Somit erhalten wir die vereinfachte Darstellung unserer Funktion f_B durch die disjunktive Verknüpfung der gewählten reduzierten Terme. Wir haben zwei äquivalente Darstellungen ermittelt.

$$f_B = R_1 \lor R_2 \lor R_4 \lor R_3$$
$$f_B = R_1 \lor R_2 \lor R_4 \lor R_6$$

Der Vorteil des Verfahrens nach Quine-McCluskey liegt in seinem algorithmischen und daher automatisierbaren Ablauf; der Nachteil ist, dass es nur auf Funktionen in disjunktiver Normalform angewandt werden kann.

11.5.2 Verfahren nach Karnaugh und Veitch

Jeder hat seine Technik;
drückt zum Beispiel den Ocker in Würstchen aus der Tube,
schmeißt mit dem Löffelstiel Dreckhäufchen auf das Bild,
verteilt sie mit dem Daumen,
kratzt sie mit dem Nagel des Zeigefingers zurecht -
und wenn die Dreckhäufchen hübsch getrocknet sind,
schleift er sie mit Glaspapier und Messer wieder ab. -
Ein schmieriges Gewerbe.

Roda Roda, „Der Festtag".

Beim *Verfahren nach Karnaugh-Veitch* handelt es sich im Prinzip um eine graphische Veranschaulichung des Algorithmus von Quine und McCluskey. Durch eine geschickte Darstellung sind diejenigen Terme, die nach Schritt 1 der Methode von Quine und McCluskey zusammengefasst werden können, direkt benachbart. Wie bei dieser muss die zu vereinfachende Funktion in disjunktiver Normalform vorliegen. Der Algorithmus nach Karnaugh und Veitch (auch Verfahren mittels *KV-Diagramm* genannt) kann nur auf Funktionen mit vier oder weniger Variablen sinnvoll angewandt werden.

Das KV-Diagramm wird aus Vierecken zusammengebaut, wobei jedes der Felder einer Vollkonjunktion entspricht. Um dieses Konzept genauer zu erläutern, untersuchen wir zuerst das KV-Diagramm für nur zwei Variablen, da es übersichtlicher und damit leichter verständlich ist.

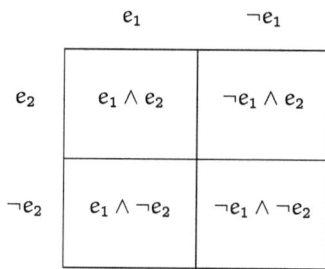

Für vier Variablen ist das Diagramm schon wesentlich komplizierter. Wir haben nur ein Feld (mit „X" bezeichnet) genauer ausgeführt.

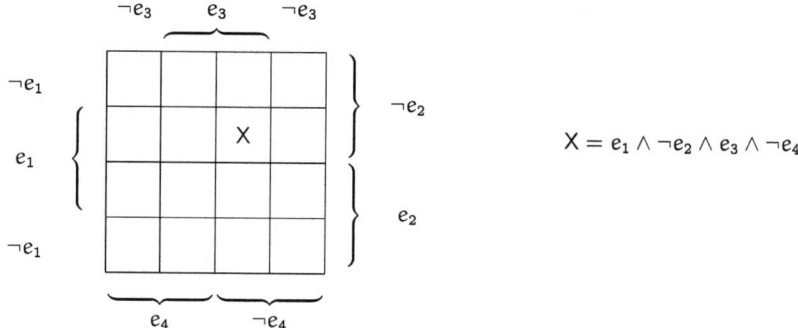

Daraus ist schon zu ersehen, dass für Funktionen mit mehr als vier Variablen dieses Verfahren nicht sinnvoll bzw. nur schwer anwendbar ist. Die oben angegebene Anordnung ist übrigens nicht die einzig denkbare, es gibt noch mehrere gleichwertige Darstellungen. Das KV-Diagramm für nur drei Variablen erhält man durch Weglassen der beiden rechten Spalten.

Das Diagramm wird nun entsprechend der zu vereinfachenden Funktion f gefüllt. Man geht dabei folgendermaßen vor: Da jedes Feld einer Vollkonjunktion entspricht, wird in jedes Viereck ein Einser („1") eingetragen, wenn diese Vollkonjunktion in der disjunktiven Normalform der Funktion vorkommt, sonst wird das Feld mit einer Null („0") markiert.

Das Vereinfachen mit Hilfe des KV-Diagrammes erfolgt nun derart, dass versucht wird, möglichst viele Einser, die in benachbarten Feldern stehen, zu Blöcken zusammenzufassen. Dieser Vorgang entspricht genau dem ersten Schritt des Verfahrens nach Quine und McCluskey, denn wenn zwei oder mehrere benachbarte Einser im Diagramm zusammengefasst werden, dann bedeutet dies, dass Variablen aus einer Vollkonjunktion gestrichen werden.

Wichtig ist, dass auch jene Felder, die sich ganz außen befinden, Nachbarn haben, und zwar immer die gegenüberliegenden Randfelder. Wir können definieren:

Nachbarn sind Felder, die sich in genau einer Koordinate um Eins unterscheiden.

Blöcke sind viereckig, dürfen aber auch entsprechend der Definition von Nachbarfeldern über die Diagrammgrenzen zyklisch fortgesetzt sein.

Wenn zwei Felder zusammengefasst werden können, dann bedeutet dies, dass in der disjunktiven Normalform zwei Vollkonjunktionen zu einer zusammengefasst werden können, wobei eine Variable gestrichen wird, und zwar jene, die einen Einser im negierten und im nicht negierten Bereich hat. Die Funktion ist von dieser Variablen unabhängig und kann durch die restlichen drei beschrieben werden. Einige mögliche Zweierblöcke sind in Abbildung 11.1 gegeben.

11.5 Vereinfachen von Funktionen

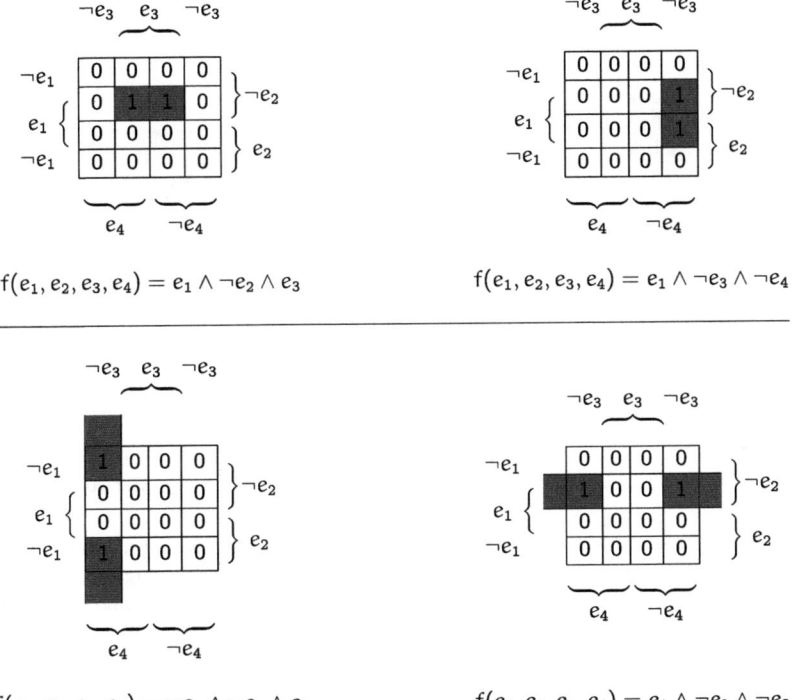

Abbildung 11.1: Einige mögliche Zweierblöcke

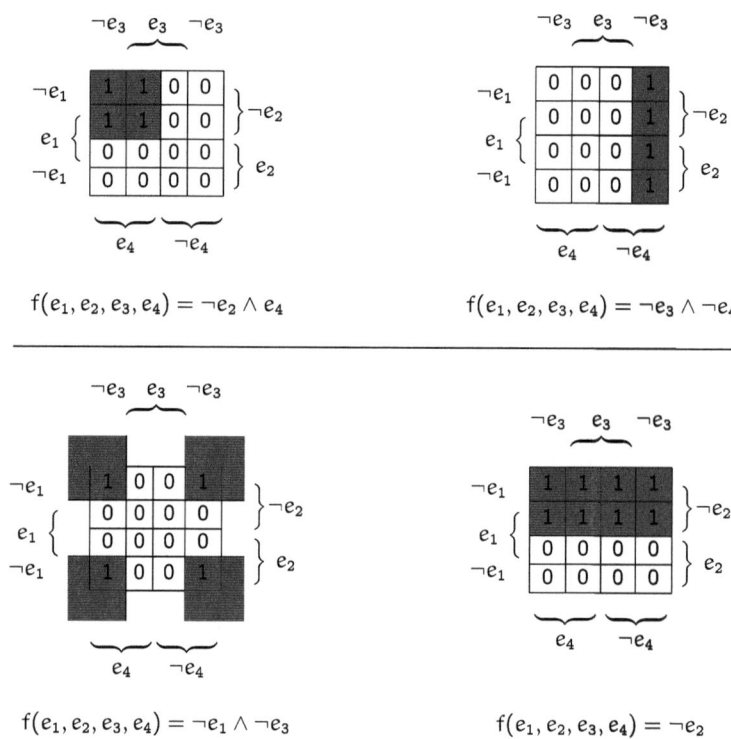

Abbildung 11.2: Einige mögliche Viererblöcke sowie ein möglicher Achterblock

Können vier Einser zu einem Block zusammengefasst werden, so kann dieser durch nur zwei Variablen beschrieben werden. Acht mit „1" markierte Felder zusammengefasst können dementsprechend mit einer Variablen beschrieben werden. Beispiele für KV-Diagramme mit *Vierer-* und *Achterblöcken* sind in Abbildung 11.2 angeführt.

Es ist auch erlaubt, einen Einser für mehrere Blöcke zu verwenden, wenn dies zu einem einfacheren Ergebnis führt. Als Beispiel betrachten wir die Funktion

$$f(e_1, e_2, e_3, e_4) = (e_1 \land \neg e_2 \land \neg e_3 \land e_4) \lor (e_1 \land \neg e_2 \land e_3 \land e_4) \lor$$
$$(e_1 \land e_2 \land \neg e_3 \land e_4) \lor (e_1 \land e_2 \land e_3 \land e_4) \lor (e_1 \land e_2 \land \neg e_3 \land \neg e_4).$$

Das KV-Diagramm zu dieser Funktion mit den entsprechenden Blöcken ist in Abbildung 11.3 angegeben. Beachten Sie dabei das zweifach verwendete Feld!

Es ergibt sich somit folgende vereinfachte Form der gegebenen Funktion:

$$f(e_1, e_2, e_3, e_4) = (e_1 \land e_4) \lor (e_1 \land e_2 \land \neg e_3).$$

Es wäre auch denkbar, das Feld nicht doppelt aufzunehmen und dadurch zu einer ähnlichen, aber komplizierteren Lösung zu kommen, die lauten würde

$$f(e_1, e_2, e_3, e_4) = (e_1 \land e_4) \lor (e_1 \land e_2 \land \neg e_3 \land \neg e_4).$$

Wir sehen daraus, dass solche Mehrfachbelegungen zu einfacheren Ergebnissen führen können.

11.5 Vereinfachen von Funktionen

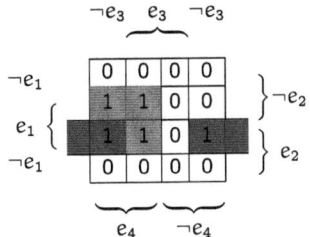

Abbildung 11.3: Ein KV-Diagramm

Im allgemeinen kann gesagt werden, dass das Auffinden der einfachsten Form mittels KV-Diagramm sehr von der Übung des Anwenders abhängt. Es ist nämlich meistens möglich, mehrere Einteilungen in gleichwertige Blöcke zu finden. Als Beispiel dazu geben wir zur Funktion

$$f(e_1, e_2, e_3, e_4) = (\neg e_1 \wedge \neg e_2 \wedge \neg e_3 \wedge e_4) \vee (\neg e_1 \wedge \neg e_2 \wedge e_3 \wedge e_4) \vee$$
$$(e_1 \wedge \neg e_2 \wedge e_3 \wedge e_4) \vee (e_1 \wedge \neg e_2 \wedge e_3 \wedge \neg e_4) \vee (e_1 \wedge e_2 \wedge e_3 \wedge \neg e_4) \vee$$
$$(e_1 \wedge e_2 \wedge \neg e_3 \wedge \neg e_4) \vee (\neg e_1 \wedge e_2 \wedge \neg e_3 \wedge e_4) \vee (\neg e_1 \wedge e_2 \wedge e_3 \wedge \neg e_4) \vee$$
$$(\neg e_1 \wedge e_2 \wedge \neg e_3 \wedge \neg e_4)$$

zwei mögliche Blockeinteilungen an.

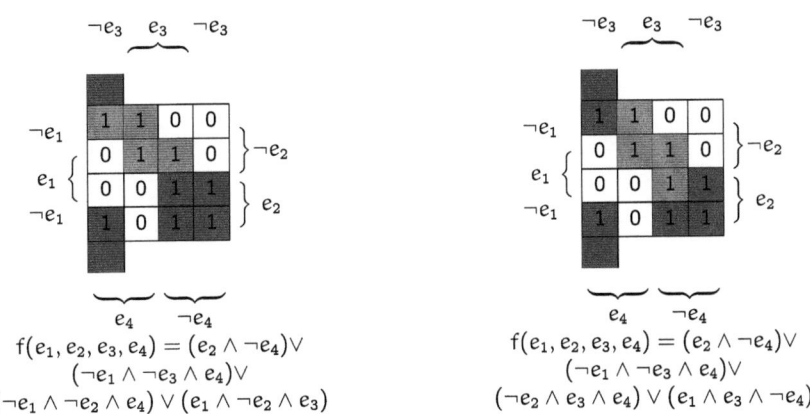

$f(e_1, e_2, e_3, e_4) = (e_2 \wedge \neg e_4) \vee$
$(\neg e_1 \wedge \neg e_3 \wedge e_4) \vee$
$(\neg e_1 \wedge \neg e_2 \wedge e_4) \vee (e_1 \wedge \neg e_2 \wedge e_3)$

$f(e_1, e_2, e_3, e_4) = (e_2 \wedge \neg e_4) \vee$
$(\neg e_1 \wedge \neg e_3 \wedge e_4) \vee$
$(\neg e_2 \wedge e_3 \wedge e_4) \vee (e_1 \wedge e_3 \wedge \neg e_4)$

Zum Abschluss sollte noch erwähnt werden, dass es für die verschiedensten Anwendungen vorgefertigte Software-Pakete zum Vereinfachen von Booleschen Funktionen gibt. Es bleibt deshalb zu hoffen, dass Sie selten in die Verlegenheit kommen, die oben erwähnten Verfahren in der Praxis anwenden zu müssen. Einerseits sind die Hardware-Kosten so gefallen, dass heutzutage die Kostenersparnis durch die Vereinfachung Boolescher Ausdrücke kaum mehr ins Gewicht fällt, andererseits verbessert eine geringere Anzahl von Hardware-Bauteilen heutzutage das Laufzeitverhalten von Computern merklich. Diese Aussagen soll Sie aber nicht davon abhalten, sich mit der Booleschen Algebra zu beschäftigen, denn diese wird Ihnen, wie eingangs erwähnt, in vielen Bereichen der Informatik begegnen. Ohne ein gewisses Verständnis für Logik und formales Arbeiten im allgemeinen wird es nicht möglich sein, bestimmte Aufgaben, die in der Praxis eines Informatikers immer wieder auftreten, zu bewältigen.

Weiterführende Literatur

H. Kaiser, R. Mlitz, G. Zeilinger. *Algebra für Informatiker.* Springer-Verlag, Wien, 1981.

J. Laub, W. Kranzer. *Lehrbuch der Mathematik (IV. Teil).* Hölder-Pichler-Tempsky, Wien, 1975.

W. Kastner, G.H. Schildt. *Informatik – Aufgaben und Lösungen.* Springer-Verlag, Wien, 2005.

12 Fuzzy-Logik

Eine Verallgemeinerung der zweiwertigen Booleschen Algebra, die sogenannte *Fuzzy-Logik*, die von *Lotfi A. Zadeh* in [26] eingeführt wurde, hat in den letzten Jahren zunehmend an Bedeutung gewonnen. Im wesentlichen wird dabei die Zweiwertigkeit der Booleschen Algebra (0 oder 1) durch das kontinuierliche Intervall [0, 1] ersetzt. Im Wörterbuch findet man als mögliche Übersetzungen des Begriffs *fuzzy* Wörter wie „undeutlich", „verschwommen" oder „fusselig". Fuzzy-Logik erweist sich jedoch als gar nicht so ungenau, wie vielleicht der Begriff suggeriert.

Zadeh hat sogenannte Fuzzy-Sets eingeführt, um nicht exakte oder unvollständige Datensätze, wie sie in der realen Welt oft auftreten z.B. als Sprache, Bilder oder subjektive Empfindungen mathematisch zu beschreiben und ggfs. zu verarbeiten. Im Gegensatz zur klassischen Logik, die nur zwei scharfe Zustände kennt (Ja oder Nein, Wahr oder Falsch, 0 oder 1) – kennt die Fuzzy-Logik eine normierte Zugehörigkeitsfunktion, die innerhalb des Wertebereichs 0 und 1 beliebige Werte annehmen kann und das Maß der Zugehörigkeit eines Objektes zu einer bestimmten Menge beschreibt.

Ein besonders interessantes Teilgebiet der Fuzzy-Logik ist das des Fuzzy-Control, d.h., Fuzzy-Logik für regelungstechnische Aufgaben einzusetzen. Zwar hat die Regelungstechnik den Ruf des Exakten, es gelang jedoch, die Erfahrung eines Prozessoperators auf das Design des Reglers zu übertragen. Dabei geht man von einer *linguistischen* Zustandsbeschreibung (lat.: lingua = Sprache) eines Systems aus. Die Kontroll- oder Regelstrategie wird ebenfalls durch einen Satz linguistischer Regeln beschrieben. Der Vorteil dieses sprachlich-orientierten Ansatzes besteht darin, dass man kein exaktes mathematisches Prozessmodell benötigt, sondern mit Hilfe von menschlicher Erfahrung, Intuition und Heuristiken eine regelungstechnische Aufgabe löst. Oftmals können für technische Systeme keine mathematischen Beschreibungen gefunden werden (z.B. das thermische Verhalten von Drehrohröfen bei der Zementherstellung), sodass gerade bei solchen Anwendungen linguistische Beschreibungen von Vorteil sind. Die Fuzzy-Logik selbst stellt ein mathematisch begründetes Software-Konzept dar.

12.1 Fuzzy-Mengen

Wir wollen uns nun eingehender mit Fuzzy-Mengen befassen. Bei einer Fuzzy-Menge wird nicht mehr davon gesprochen, ob ein Element x in einer Menge A enthalten ist oder nicht, sondern man spricht von einem x zugeordnetem Zugehörigkeitsmaß. Die für eine Menge notwendigen Operationen wie Durchschnitt, Vereinigung und Komplementbildung ($\overline{A}$) werden ebenfalls definiert. So kann man etwa festlegen, dass

- $(A \cup B)(x) = \max(A(x), B(x))$,
- $(A \cap B)(x) = \min(A(x), B(x))$ und
- $\overline{A}(x) = 1 - A(x)$,

wobei man A und B als Funktionen von X, der zugrundeliegenden Menge, nach [0, 1] auffasst, A(x) gibt dabei das Zugehörigkeitsmaß von x in A an.

Eine andere mögliche Definition benutzt

- $(A \cup B)(x) = 1 - (1 - A(x)) \cdot (1 - B(x)) = A(x) + B(x) - A(x) \cdot B(x)$,

- $(A \cap B)(x) = A(x) \cdot B(x)$ und
- $\overline{A}(x) = 1 - A(x)$.

Beachten Sie, dass bei beiden Definitionen des Zugehörigkeitsmaßes der herkömmliche (zweiwertige) Mengenbegriff als Sonderfall enthalten ist, wenn $A(x)$ und $B(x)$ nur die Werte 0 und 1 annehmen können. Der Fuzzy-Mengenbegriff stellt also eine echte Verallgemeinerung des gewöhnlichen Mengenbegriffes dar.

Im folgenden wollen wir unscharfe Mengen genauer betrachten. Dazu wollen wir zunächst von einer klassischen, scharfen Menge ausgehen, die durch eine zugeordnete, charakteristische Funktion beschrieben werden kann, wobei das Zugehörigkeitsmaß allein die Werte 1 für *zugehörig* und 0 für *nicht-zugehörig* annehmen kann. Den Verlauf des Zugehörigkeitsmaßes $\mu(x)$ über x nennt man die Zugehörigkeitsfunktion (engl. membership function). Abbildung 12.1 zeigt die Zugehörigkeitsfunktion einer scharfen Menge.

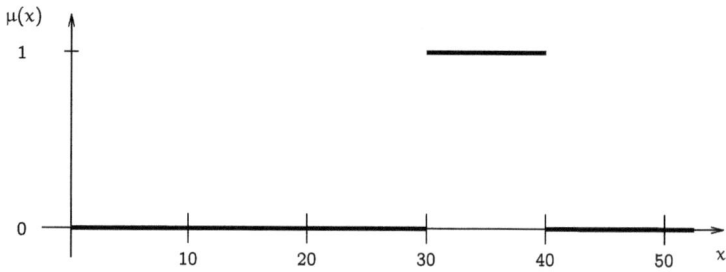

Abbildung 12.1: Zugehörigkeitsfunktion einer scharfen Menge

Von der Zugehörigkeitsfunktion einer scharfen Menge kommt man zur Beschreibung einer unscharfen Menge, wenn man für den Zugehörigkeitswert μ nicht nur die diskreten Werte 0 und 1, sondern auch beliebige Werte zwischen 0 und 1 (kontinuierlicher Wertebereich für μ) zulässt. Auf diese Weise wird es möglich, für die Zugehörigkeit von Elementen zu einer Menge den Übergang zwischen „gehört dazu" und „gehört nicht dazu" festzulegen.

Abbildung 12.2 veranschaulicht als Beispiel den Verlauf der Zugehörigkeitsfunktion $\mu(x)$ für eine unscharfe Menge.

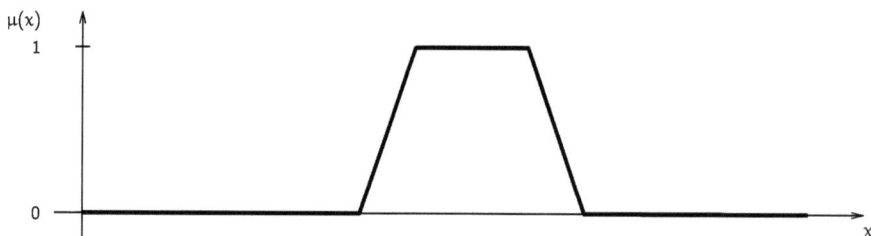

Abbildung 12.2: Zugehörigkeitsfunktion einer unscharfen Menge

Mathematisch kann eine unscharfe Menge als geordnete Menge von Paaren

$$A = \{(x, \mu_A(x) \mid x \in X\}$$

beschrieben werden, wobei $\mu_A(x)$ die Zugehörigkeitsfunktion von A in x genannt wird, welche die Menge X auf den Zugehörigkeitsraum abbildet. Der Bereich der Zugehörigkeitsfunktion ist eine Untermenge der reellen Zahlen mit einer endlichen Obergrenze und der Untergrenze Null. Ist die Obergrenze gleich 1, so heißt die unscharfe Menge *normal*.

12.2 Fuzzyfizierung

Nachdem die Zugehörigkeitsfunktion μ(x) eingeführt ist, soll nun beschrieben werden, wie Variablen durch Zugehörigkeitsfunktionen dargestellt werden können. Dazu bedient man sich sogenannter *Fuzzy-Sets*. Dies sind Beschreibungen von Zugehörigkeitsfunktionen.

Mit Hilfe von Fuzzy-Sets ist man nun in der Lage, den Wert einer Zustandsgröße (z.B. einer Temperatur) anzugeben. Man bedient sich dabei menschlicher Erfahrung, die eine Temperatur nicht exakt als 39,6 Grad C bestimmt, sondern diese als zum Beispiel „heiß" einstuft. Die menschliche Wahrnehmung beschränkt sich auf eine Bewertung des Temperatureindrucks in Form von einigen Kategorien. So können z.B. folgende Eindrücke des Menschen bezüglich einer Temperatur angegeben werden:

sehr kalt/kalt/kühl/warm/sehr warm/heiß/sehr heiß.

Natürlich ist die Zuordnung des Eindrucks von einer Temperatur *subjektiv*, und die o.a. Kategorien können auch anders gestaffelt sein. Wichtig aber ist, dass für die angegebenen Kategorien nun mit Hilfe von Fuzzy-Sets Zugehörigkeitsfunktionen für jede Kategorie angegeben werden können. Diese müssen durchaus nicht für jede Kategorie gleich sein.

Für die Bewertung des Temperatureindrucks über die Temperatur sei folgendes Beispiel gegeben (Abbildung 12.3):

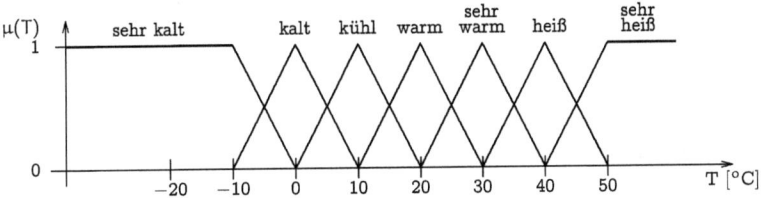

Abbildung 12.3: Zugehörigkeitsfunktionen μ(T)

Die einzelnen Zugehörigkeitsfunktionen haben in diesem Beispiel einen dreiecksförmigen Verlauf bis auf die für die Klasse „sehr kalt", da sie am Rande des Betrachtugsbereiches liegt; ebenso die Zugehörigkeitsfunktion für die Klasse „sehr heiß".

Bei der Fuzzyfizierung (deutsch: Verunschärfung) werden die Zugehörigkeitswerte aller linguistischen Elementaraussagen bestimmt. Abbildung 12.4 zeigt ein weiteres Beispiel, wobei die Zugehörigkeitsfunktionen nicht-symmetrisch vorgegeben sind.

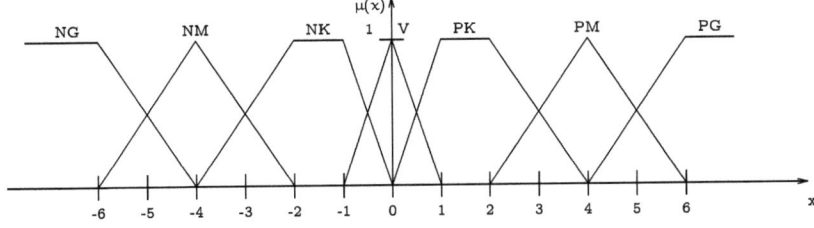

Abbildung 12.4: Beispiel für die Fuzzyfizierung einer Eingangsgröße

In dieser Abbildung bedeuten

NG negativ groß
NM negativ mittel
NK negativ klein
V verschwindend (klein)
PK positiv klein
PM positiv mittel
PG positiv groß

als Klassifizierungen der einzelnen Zugehörigkeitsfunktionen. Natürlich sind alle möglichen mathematischen Funktionen zulässig zur Beschreibung einer Zugehörigkeitsfunktion. Es erweist sich jedoch als besonders einfach, wenn man Zugehörigkeitsfunktionen stückweise linear z.B. als Dreiecke oder Trapeze festlegt. Dies hat den Vorteil, dass im Rechner nur drei bzw. vier Wertepaare zu speichern sind, welche die Eckpunkte des jeweiligen Dreiecks oder Trapezes repräsentieren.

Für fuzzyfizierte Größen gilt zweckmäßigerweise folgende Regel:

„Die Summe der Zugehörigkeitsmaße aller linguistischen Aussagen soll für jeden scharfen Wert 1 betragen."

Wird diese Regel befolgt, so ist der nachfolgende Umgang mit den Entscheidungsregeln einfacher zu handhaben; außerdem können die Zugehörigkeitsmaße einer diskreten Eingangsgröße relativ einfach gespeichert werden.

12.2.1 Fuzzy-Operatoren

Im nächsten Schritt sollen nun Fuzzy-Sets ein und derselben Grundmenge miteinander verknüpft werden. Hierfür ist es notwendig, die wesentlichen Verknüpfungen OR, AND und NOT auf Operatoren, die auf Fuzzy-Sets anwendbar sind, abzubilden. Die nachfolgenden Beschreibungen beschränken sich auf jene *elementarsten* Operatoren, die bereits von *Zadeh* vorgeschlagen wurden, und somit der klassischen Fuzzy-Logik zuzuordnen sind. Konkret sind dies:

- für die OR-Verknüpfung zweier Fuzzy-Sets A und B der *Maximum-Operator*, definiert durch die Vereinigung der unscharfen Mengen A und B:

$$A \text{ OR } B \equiv A \cup B \equiv \mu(x) = \max(\mu_A(x), \mu_B(x)), \text{ mit } x \in X \qquad (12.1)$$

Sollen z.B. die Zugehörigkeitsfunktionen der beiden Ausdrücke *sehr kalt* und *kalt* durch OR verknüpft werden, so ergibt sich die neue Vereinigungsmenge wie in Abb. 12.5.

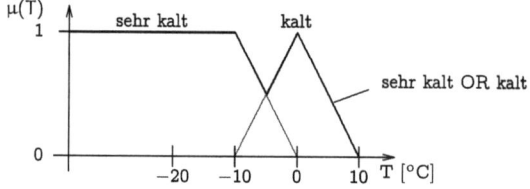

Abbildung 12.5: OR-Verknüpfung durch Maximum-Operator

- für die AND-Verknüpfung zweier Fuzzy-Sets A und B der *Minimum-Operator*, definiert durch den Durchschnitt der unscharfen Mengen A und B:

$$A \text{ AND } B \equiv A \cap B \equiv \mu(x) = \min(\mu_A(x), \mu_B(x)), \text{ mit } x \in X \qquad (12.2)$$

Werden z.B. die Zugehörigkeitsfunktionen der beiden Ausdrücke *sehr kalt* und *kalt* mittels AND verknüpft, so ergibt sich die neue Durchschnittsmenge wie in Abb. 12.6.

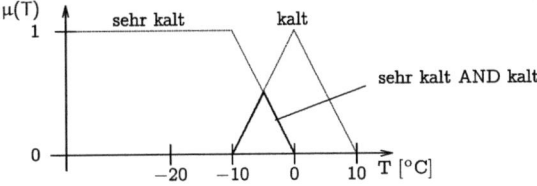

Abbildung 12.6: AND-Verknüpfung durch Minimum-Operator

- für die Negation eines Fuzzy-Sets A das *Komplement* der unscharfen Menge A:

$$\text{NOT } A \equiv \mu(x) = 1 - \mu_A(x), \text{ mit } x \in X \qquad (12.3)$$

Wird z.B. der Zugehörigkeitsfunktion des Ausdrucks *sehr kalt* ein NOT vorangestellt, so ergibt sich die neue unscharfe Menge wie in Abb. 12.7.

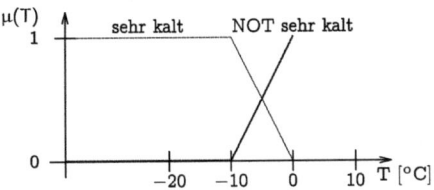

Abbildung 12.7: NOT-Verknüpfung mittels Komplement

Drei abschließende Bemerkungen seien erlaubt:

1. Für die beiden vorgestellten Operatoren max und min der Verknüpfungen OR und AND gilt, wie leicht nachzuvollziehen ist, sowohl das Kommutativ- als auch das Assoziativgesetz.

2. Die OR- und AND-Verknüpfung könnte auch auf andere Operatoren abgebildet werden (Abb. 12.8).

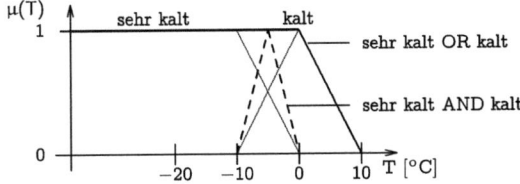

Abbildung 12.8: Alternative Operatoren für OR- und AND-Verknüpfung

3. Natürlich existiert eine Vielzahl weiterer Verknüpfungen und Operatoren, die für praktische Anwendungen allerdings von untergeordneter Bedeutung sind. Die Palette reicht von T- und S-Normen hin zu sog. justierbaren Operatoren. Einige Beispiele sind:

$$
\begin{aligned}
\text{Algebraisches Produkt:} \quad & (\mu_A \cdot \mu_B)(x) = \mu_A(x) \cdot \mu_B(x) \\
\text{Abgeschnittene Summe:} \quad & (\mu_A \hat{+} \mu_B)(x) = \min(1, \mu_A(x) + \mu_B(x)) \\
\text{Abgeschnittene Differenz:} \quad & (\mu_A \hat{-} \mu_B)(x) = \max(0, \mu_A(x) + \mu_B(x) - 1)
\end{aligned}
\tag{12.4}
$$

Zusammenfassend kann festgehalten werden, dass der Maximum-Operator komplementär zu seinem Widerpart, dem Minimum-Operator, definiert werden sollte. Es empfiehlt sich daher letzteren „pessimistisch" arbeiten zu lassen und durch ihn immer den kleineren Wert auszuwählen.

12.2.2 Fuzzy-Relationen

Die bisherigen Verknüpfungen zielten lediglich auf Fuzzy-Mengen ein und derselben Grundmenge ab. Nunmehr soll dazu übergegangen werden, Fuzzy-Sets *unterschiedlicher* Grundmengen in Relation zu setzen. Dies bewerkstelligt man unter Zuhilfenahme des *kartesischen Produkts*, womit Regeln der Form

$$\text{IF p THEN c} \tag{12.5}$$

modelliert werden. Eine Regel, die auch als *Implikation* bezeichnet wird, besteht aus einer Prämisse p und einer Konklusion c. Geht man davon aus, dass die Prämisse p durch das Fuzzy-Set X_1 und die Konklusion c durch das Fuzzy-Set X_2 beschrieben sind, so definiert das *kartesische Produkt* die entstehende unscharfe Ausgangsmenge X.

Gegeben seien X_1 und X_2 zwei Merkmalsräume bzw. Mengen, die durch ihre Zugehörigkeitsfunktionen μ_1 und μ_2 festgelegt sind. Die *Fuzzy-Relation* $\mu_R(x_1, x_2): X_1 \times X_2 \to [0,1]$ beschreibt die Fuzzy-Menge X, wobei die Zugehörigkeitsfunktion $\mu_R(x_1, x_2)$ jedem Element (x_1, x_2) aus dem kartesischen Produkt $X_1 \times X_2$ den Zugehörigkeitsgrad aus dem Intervall $[0, 1]$ zuordnet.

Hand in Hand mit der von *Zadeh* erfundenen Fuzzy-Logik geht die ebenfalls von ihm entwickelte Theorie des *unscharfen Schließens* (engl.: *approximate reasoning*). Ansatzpunkt dafür ist das soeben vorgestellte kartesische Produkt, welches Beziehungen zwischen unterschiedlichen Grundmengen festhält. Ebenso wie bei den Fuzzy-Verknüpfungen wird nun dem kartesischen Produkt ein Operator zugeordnet. Diese Zuordnung hängt vom jeweiligen Anwendungsfall ab. Sehr häufig werden unter anderem eingesetzt:

$$
\begin{aligned}
\text{Minimum-Operator:} \quad & \mu_R(x_1, x_2) = \min(\mu_1(x_1), \mu_2(x_2)) \\
\text{Produkt-Operator:} \quad & \mu_R(x_1, x_2) = \mu_1(x_1) \cdot \mu_2(x_2)
\end{aligned}
\tag{12.6}
$$

Falls die Prämisse selbst aus unterschiedlichen Fuzzy-Sets, die mit OR, AND oder NOT verknüpft sind, aufgebaut ist, können diese Verknüpfungen wiederum auf die zuvor besprochenen Operatoren max, min und Komplement abgebildet werden. Die Auswertung einer Regel bzw. der Gesamtheit aller Regeln, die zu einer Regelbasis zusammengefaßt sind, wird *Inferenz* genannt und näher auch anhand eines praktischen Anwendungsbeispiel im Abschnitt 12.2.4 behandelt.

12.2.3 Regelbasis

Die Regelbasis enthält sog. Produktionsregeln $R_1, R_2, \ldots R_n$. In ihr ist das Expertenwissen zur Regelung des technischen Prozesses abgelegt. Diese Regelbasis kann allgemein beschrieben werden als

$$R_k: \text{IF } p_k \text{ THEN } c_k$$

12.2 Fuzzyfizierung

Darin sind

- p_k die *Prämissen* als Funktionen der Eingangsgrößen e des Fuzzy-Reglers. Die Prämissen können durch die Fuzzy-Relationen AND und OR verknüpft sein. Auch das Voranstellen des Fuzzy-Operators NOT ist erlaubt;

- c_k die *Konklusionen* als Aussagen, die sich auf die Ausgangsgrößen u beziehen.

So könnte z.B. eine Regel für eine Temperaturregelung lauten:

IF (*Temperatur* = heiß AND *Gradient* = hoch) OR
Temperatur = sehr heiß
THEN *Ventilstellung* = ganz zu

Die in der Regelbasis enthaltenen Regeln sollten das Ergebnis eingehender Systemanalyse eines Prozesses sein und nach Möglichkeit *vollständig* und *widerspruchsfrei* sein. Hierbei handelt es sich für den Informatiker um eine Aufgabe der *Wissensakquisition* und *-verarbeitung* (engl.: *knowledge acquisition and knowledge engineering*). Was bezüglich einer bestimmten Eingangssituation zu entscheiden ist, lässt sich somit mit relativ geringem Aufwand dadurch modifizieren, dass man einfach den Inhalt der Regelbasis verändert.

Tabelle 12.1 zeigt den Inhalt einer Regelbasis für die beiden Eingangsgrößen T und δ zusammen mit der Konklusion für die Ausgangsgröße ξ, wobei δ die zeitliche Änderungsgeschwindigkeit der Eingangsgröße T als dT/dt (Gradient) sein soll. Die Tabelle ist folgendermaßen zu lesen:

R_1: IF T = sehr kalt AND δ = negativ THEN ξ = ganz offen

Tabelle 12.1: Regelbasis für die Eingangsgrößen T und δ sowie die Ausgangsgröße ξ.

AND	Gradient		
Temperatur	negativ	null	positiv
sehr kalt	ganz offen	ganz offen	offen
kalt	ganz offen	offen	offen
warm	mittel	mittel	zu
heiß	zu	zu	ganz zu
sehr heiß	zu	ganz zu	ganz zu

Man erkennt anhand des Beispiels, dass der Umfang der erforderlichen Regeln durchaus endlich ist und wider Erwarten nicht über alle Grenzen wächst.

Der besondere Vorteil einer Entscheidungsfindung mit Hilfe einer Regelbasis besteht darin, nicht etwa komplizierte Differentialgleichungen lösen und womöglich noch Integraltransformationen anwenden zu müssen, sondern einfach zu überprüfen, welche Regeln der Regelbasis zutreffen („feuern"), um daraus eine Entscheidung abzuleiten. Der besondere Vorteil dieser Vorgangsweise besteht in einem leicht zu realisierenden Echtzeitverhalten.

12.2.4 Inferenz

Unter Inferenz versteht man die Auswertung der Regeln aus der Regelbasis und die anschließende Zusammenfassung der daraus abzuleitenden Handlungsanweisungen (Konklusionen) auf der Grundlage einer speziell implementierten *Entscheidungsstrategie*. Hierbei ist zu beachten, dass man völlig freie Hand bei der Auswahl einer solchen Strategie hat; allein wesentlich ist, dass die gewählte Vorgangsweise zum Erfolg führt. Die Auswertung der Regeln läuft folgendermaßen ab:

1. Ermittlung der *aktiven* Regeln. Zu Beginn werden aus der Regelbasis jene Regeln „gefiltert", deren Prämissen einen Erfülltheitsgrad größer als null aufweisen.

   Angenommen, zu einem bestimmten Zeitpunkt t wird die Temperatur $T = 10\ °C$ und der Temperaturabfall von $\delta = 2\ °C/\text{min}$ gemessen. Für diese scharfen Eingangswerte sollen die einzigen aktiven Regeln aus einer alternativen Regelbasis lauten:

   R_1: IF T = kalt AND δ = negativ THEN ξ = mittel
   R_2: IF T = sehr kalt OR δ = null THEN ξ = offen

2. Ermittlung der *einzelnen* Ausgangs-Fuzzy-Mengen. Für jede aktive Regel wird der Wahrheitswert (als Zugehörigkeitsmaß) der Prämisse bestimmt. Er gibt an, in welchem Maß die Regel „feuert". In Abhängigkeit von der realisierten Entscheidungsstrategie liefert die Implikation nun unterschiedliche Zugehörigkeitsmaße. Zwei der wichtigsten Strategien seien erwähnt:

   MAX-MIN-Inferenz. Im Bereich Fuzzy-Control ist dieses Schema, das auf *Zadeh* und *Mamdani* zurückzuführen ist, weltweit am meisten benutzt. Die Operatoren werden folgendermaßen auf die Verknüpfungen bzw. Relationen zugewiesen:

   $$\begin{array}{ll} \text{OR} & \text{max} \\ \text{AND} & \text{min} \\ \text{Implikation} & \text{min} \end{array} \qquad (12.7)$$

   Abbildung 12.9 zeigt, wie die einzelnen Ausgangs-Fuzzy-Mengen im Falle der Eingangsgrößen Temperatur $T = 10\ °C$ und Temperaturabfall $\delta = 2\ °C/\text{min}$ für die MAX-MIN-Inferenz gefunden werden.

   MAX-PROD-Inferenz. Bei dieser Inferenz-Strategie verwendet man dieselben Operatoren zur Realisierung der OR- und AND-Verknüpfung, die Implikation wird hingegen durch den Produkt-Operator $(\cdot)$ abgebildet. Zusammengefaßt bedeutet dies:

   $$\begin{array}{ll} \text{OR} & \text{max} \\ \text{AND} & \text{min} \\ \text{Implikation} & \cdot \end{array} \qquad (12.8)$$

   Abbildung 12.10 zeigt, wie die einzelnen Ausgangs-Fuzzy-Mengen im Falle der Eingangsgrößen Temperatur $T = 10\ °C$ und Temperaturabfall $\delta = 2\ °C/\text{min}$ für die MAX-PROD-Inferenz gefunden werden.

3. Ermittlung der *resultierenden* Ausgangs-Fuzzy-Menge. Da meist mehrere Regeln aus der Regelbasis gleichzeitig „feuern", bildet man als Ergebnis der Handlungsanweisungen aller Regeln die unscharfe Menge durch Vereinigung aller unscharfen Mengen.

   Die resultierende Ausgangsmenge für das verwendete Fallbeispiel im Falle der MAX-MIN- bzw. MAX-PROD-Inferenz zeigt Abb. 12.11.

12.2 Fuzzyfizierung

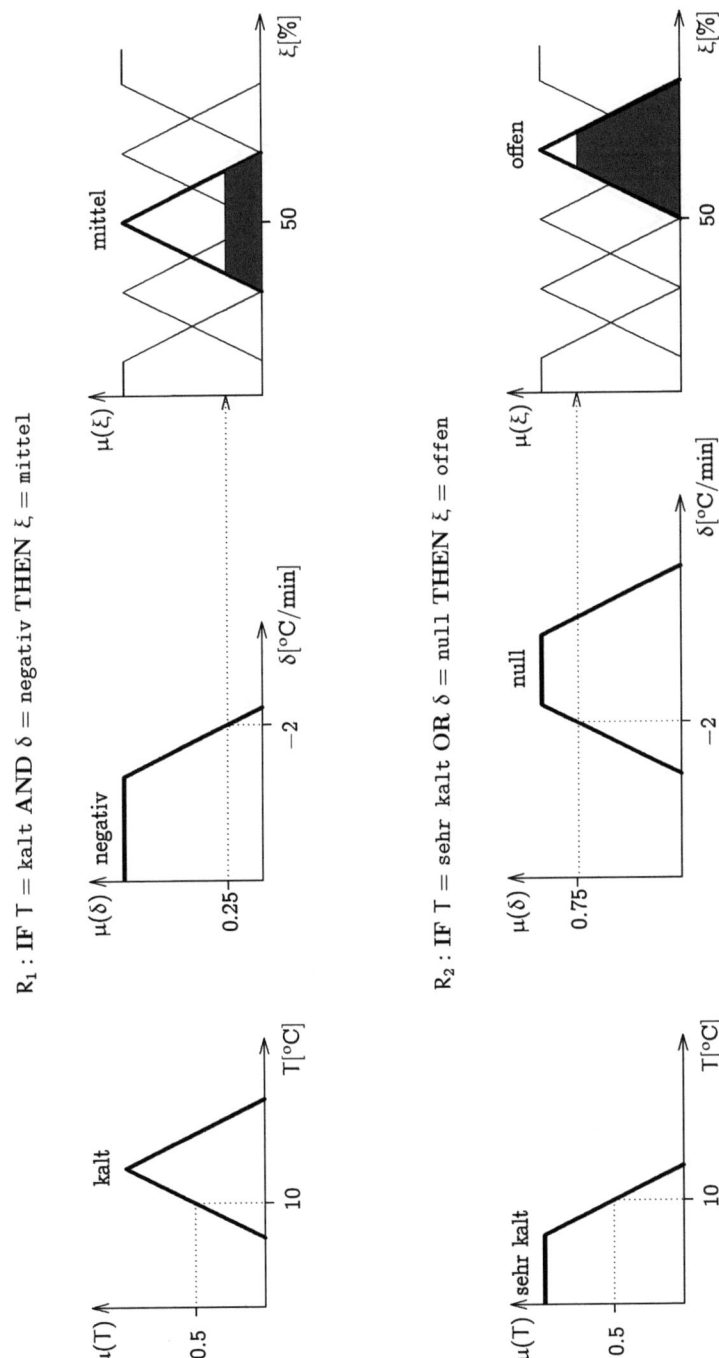

Abbildung 12.9: MAX-MIN-Inferenz

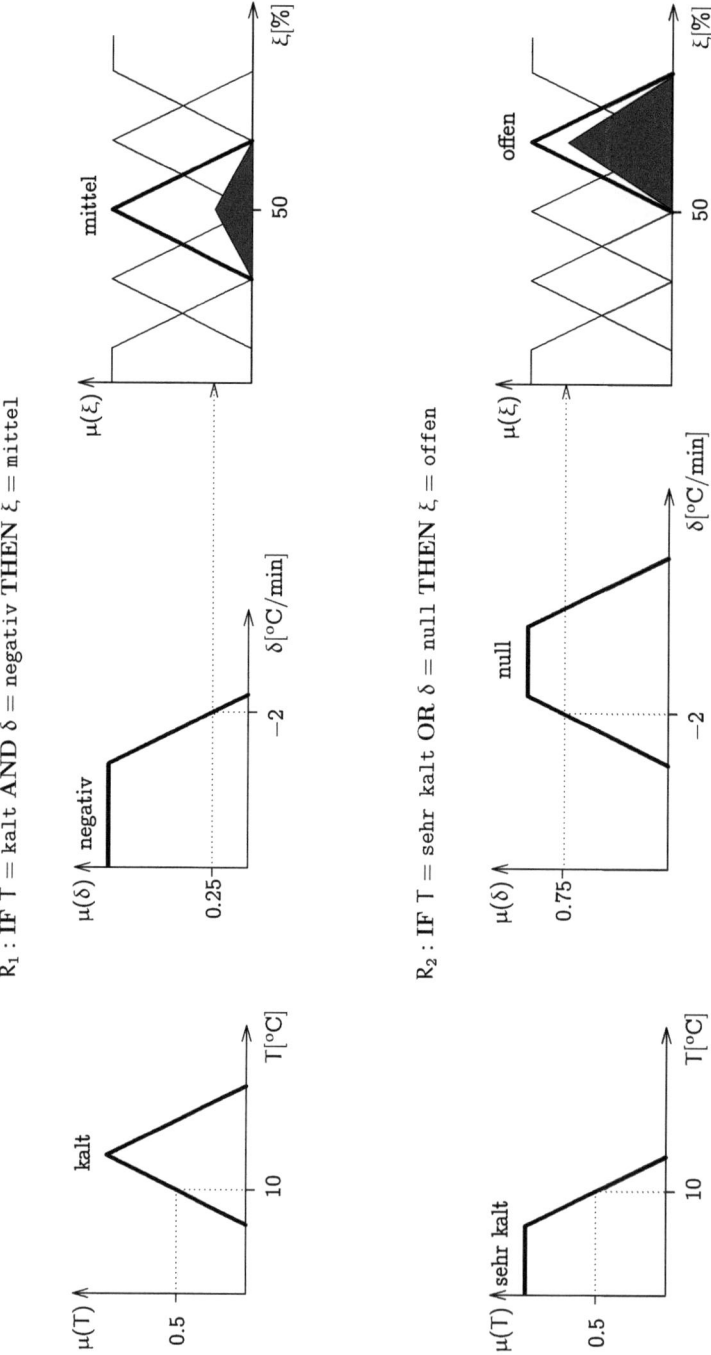

Abbildung 12.10: MAX-PROD-Inferenz

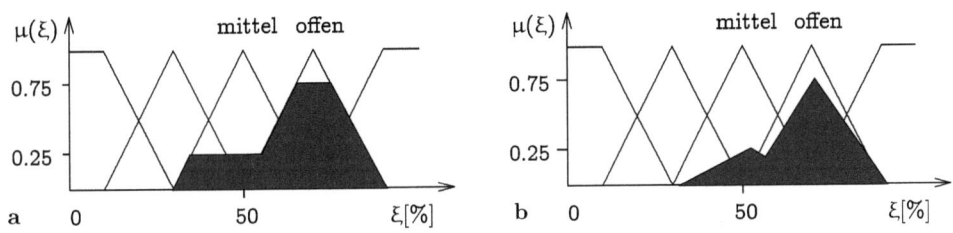

Abbildung 12.11: Ausgangsmenge bei MAX-MIN-Inferenz (a) und MAX-PROD-Inferenz (b)

12.2.5 Defuzzifizierung

Unter *Defuzzifizierung* versteht man die Ermittlung eines scharfen Wertes u_S aus der unscharfen Menge U (engl. crisp value), welche die Inferenz liefert. Übliche Methoden der Defuzzifizierung sind:

Maximum Height (maximale Höhe). Die *Maximum Height-Methode* liefert als Ausgangsgröße u_S den Wert, für den die Zugehörigkeitsfunktion der Ausgangsmenge U ihr Maximum erreicht. Damit gilt:

$$\mu_U(u_S) = \max \mu_U(u) \tag{12.9}$$

Der Vorteil dieser Methode besteht in der einfachen Berechnung von u_S aus μ_U. Ungünstig ist diese Methode nur dann, wenn in $\mu_U(u)$ mehrere Maxima auftreten.

Mean of Maximum (Maximum-Mittelwert). Die *Maximum-Mittelwert-Methode* liefert als Ausgangsgröße u_S das arithmetische Mittel aller Werte, für die die Zugehörigkeitsfunktion $\mu_U(u)$ maximal ist. Ungünstig ist diese Methode allerdings dann, wenn im μ_U-Verlauf mehrere plateauartige Verläufe (mit der Steigung 0) enthalten sind, auf denen überall der Maximalwert gegeben ist. Außerdem kann der Zugehörigkeitsgrad $\mu_U(u_S)$ unter Umständen sehr klein sein.

Center of Gravity (Schwerpunktmethode). Die *Schwerpunkt-Methode* liefert als Ausgangsgröße u_S die u-Komponente des Schwerpunktes der Fläche unter dem $\mu(u)$-Graphen. Dabei wird die Zugehörigkeitsfunktion als Fläche aufgefaßt. Die scharfe Ausgangsgröße erhält man durch die Berechnung der u-Koordinate des Flächenschwerpunktes nach folgender Berechnung

$$u_S = \frac{\int_u u \cdot \mu_U(u) \cdot du}{\int_u \mu_U(u) \cdot du} \tag{12.10}$$

Der Vorteil dieser Methode besteht darin, dass der gesamte Verlauf der Zugehörigkeitsfunktion $\mu(u)$ in die Berechnung des scharfen Wertes u_S eingeht. Nachteilig kann allerdings sein, dass der Zugehörigkeitswert $\mu(u_S)$ unter Umständen sehr klein sein kann.

Die scharfen Werte bei Anwendung der Schwerpunktmethode sind in Abb. 12.12 schätzungsweise wiedergegeben. Dem interessierten Leser sei die genaue Berechnung zu Studienzwecken überlassen.

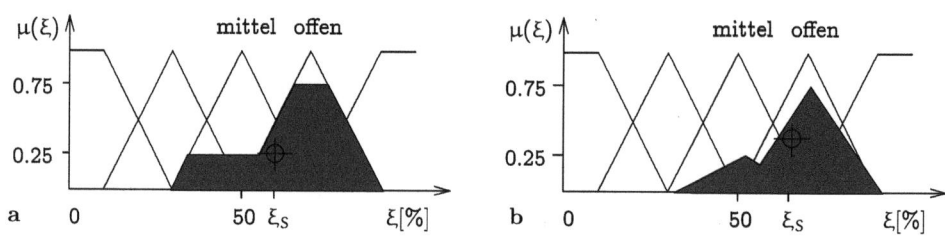

Abbildung 12.12: Scharfer Wert für MAX-MIN-Inferenz (a) und MAX-PROD-Inferenz (b)

Weiterführende Literatur

Kahlert, J.; Frank, H.: *Fuzzy-Logik und Fuzzy-Control*. Wiesbaden: Vieweg Verlag, 1994.

Zimmermann, H.-J.: *Fuzzy Set Theory and Its Applications*. Dortrecht: Kluwer Academic Publishers, 1996.

Zadeh, L.: *Fuzzy-Sets*, Information and Control 8, 1965.

G. H. Schildt, W. Kastner. *Prozeßautomatisierung*, Springer-Verlag, 1998.

G. H. Schildt, *Fuzzy Control, eine regelungstechnische Herausforderung*, Informationstagung Mikroelektronik, Wien, 1995

W. Kastner, G.H. Schildt, *Informatik – Aufgaben und Lösungen*, Springer-Verlag, ISBN 3-211-21136-5, 2005

13 Quanten-Computer

> *An important scientific innovation rarely makes its way by gradually winning over and converting its opponents: it rarely happens that Saul becomes Paul. What does happen is that its opponents gradually die out and that the growing generation is familiarized with the idea from the beginning.*
>
> Max Planck (1936)

Die zunehmende Miniaturisierung von Computer-Schaltkreisen wird unweigerlich dazu führen, dass man im atomaren Bereich auf Quanteneffekte stoßen wird, die sich für die Aufrechterhaltung des gewünschten Verhaltens der Schaltungen als hinderlich erweisen werden. Da diese Aussichten unausweichlich zu sein scheinen, klingt es viel erfolgversprechender, Quanteneffekte als Basis für Computer zu nutzen.

Erste Indizien dafür, dass solche Quanten-Computer mächtiger sein könnten als klassische Computer, wurden von Richard P. Feynman geliefert, der erkannte, dass es nicht möglich ist, Quantensysteme effizient auf klassischen Computern zu simulieren.

In letzter Zeit hat sich das Interesse gesteigert, vor allem nachdem Peter W. Shor zeigen konnte, dass es mit Quanten-Computern möglich sein wird, eine gegebene Zahl in polynomieller Zeit in ihre Primfaktoren zu zerlegen. Für klassische Computer existieren bisher nur Algorithmen zur Primfaktorenzerlegung, die mindestens exponentiellen Aufwand haben.

Da das RSA-Verfahren zur Verschlüsselung von Daten aber genau darauf beruht, dass es schwer ist, eine Zahl in ihre Primfaktoren zu zerlegen, ist es, sobald effektiv einsetzbare Quanten-Computer existieren, überholt. Zum Glück ermöglicht die Quantenmechanik aber ein alternatives Verschlüsselungsverfahren, das zudem den Vorteil besitzt, absolut abhörsicher zu sein. Die Gruppe um den Österreicher Anton Zeilinger gehört dabei international zu den federführenden Wissenschaftern.

Mit diesen und anderen höchst interessanten Aspekten von Quanten-Computern werden wir uns in diesem Kapitel auseinandersetzen.

13.1 Schrödingers Katze

> *Denn wenn man nicht zunächst über die Quantentheorie entsetzt ist, kann man sie doch unmöglich verstanden haben.*
>
> Niels Bohr zitiert aus
> „Der Teil und das Ganze. Gespräche im Umkreis der Atomphysik"
> von Werner Heisenberg, 1969

Um die Eigentümlichkeiten und dem „Hausverstand" zuwiderlaufende Paradoxa, die im Zusammenhang mit Quanteneffekten auftreten, beispielhaft aufzuzeigen, greifen wir wieder auf ein „virtuelles" Wesen – vergleichbar den Laplaceschen und Maxwellschen Dämonen – zurück, nämlich auf Schrödingers Katze*.

Besagte Katze befindet sich in einem abgeschlossenen Kasten, dessen Inneres von außen nicht beobachtet werden kann. Zusätzlich beinhaltet der Kasten eine Apparatur, die – gesteuert von einem quantenmechanischem Versuchsaufbau, etwa durch radioaktivem Zerfall – sicherstellt, dass mit der Wahrscheinlichkeit von $\frac{1}{2}$ eine Maschine in Bewegung gesetzt wird, welche die Atemluft im Kasten mit einem Giftgas versetzt.

Für einen Beobachter, der keinen Zugang zum Inneren des Kastens hat, ist nicht feststellbar, ob die Katze nun tot ist oder nicht. Erst wenn er den Kasten öffnet, kann er mit Sicherheit sagen, welche der beiden Alternativen zutrifft.

Interessant ist aber vor allem der Zustand, bevor diese Beobachtung stattfindet. Quantenmechanisch betrachtet befindet sich die Katze in einem *Überlagerungszustand* beider möglichen Zustände. In dem Moment, in dem die Beobachtung der Katze stattfindet, kollabiert dieser Überlagerungszustand und der Beobachter wird mit der Wahrscheinlichkeit von jeweils $\frac{1}{2}$ feststellen, dass die Katze lebt oder tot ist.

Für den Informatiker sind solche Überlagerungszustände insofern von höchstem Interesse, als sie erlauben, „mehrere Zustände" in einem Überlagerungszustand darzustellen. Zunächst ist klar, dass man sich einiges an (Speicher-)Platz erspart. Vielleicht nicht sofort ersichtlich ist, dass, wenn es einem gelingt, Operationen auf einen Überlagerungszustand anzuwenden, man diese Operationen auf viele „klassische" Zustände *gleichzeitig* anwendet. Daher kann man auch zeitliche Einsparungen erwarten.

Quanten-Computer bauen nun genau auf diesem Prinzip auf! Vom Zustand, in dem sich die Schrödinger-Katze befindet, wird durch ein sogenanntes *Qubit* abstrahiert. Wenn wir viele Kästen mit Schrödinger-Katzen aneinander reihen, erhalten wir ein sogenanntes *Quantenregister*.[†] Ein Quantenregister der Länge n kann also 2^n klassische Zustände gleichzeitig in einem Überlagerungszustand darstellen.

Die Schreibweise des Zustandes von Qubits unterscheidet sich natürlich von der klassischer Bits, die ja nur 0 oder 1 als Wert annehmen können. Man schreibt für ein Qubit $|\varphi\rangle$

$$|\varphi\rangle = \begin{pmatrix} \alpha \\ \beta \end{pmatrix} = \alpha |0\rangle + \beta |1\rangle, \tag{13.1}$$

wobei $\alpha, \beta \in \mathbb{C}$ komplexe Zahlen sind, die

$$|\alpha|^2 + |\beta|^2 = 1$$

erfüllen.

Wird nun das Qubit $|\varphi\rangle$ beobachtet, so kollabiert der Überlagerungszustand (13.1) entweder in den klassischen Zustand 0 oder in den klassischen Zustand 1, wobei der Zustand 0 mit der Wahrscheinlichkeit $|\alpha|^2$ und der Zustand 1 mit der Wahrscheinlichkeit $|\beta|^2$ auftritt.

Warum hier komplexe Zahlen auftreten und wieso sich die Auftrittswahrscheinlichkeiten gerade zu $|\alpha|^2$ und $|\beta|^2$ ergeben, sind Fragen, die man aus dem Modell heraus nicht beantworten kann. Vielmehr haben die Physiker festgestellt, dass sich die Natur genau so verhält, d.h., dass etwa die reale Manifestation eines Qubits, z.B. der Spin eines Elementarteilchens oder die Polarisationsrichtung eines Photons, in *allen* beobachteten Fällen erklärt werden kann, indem man als *Modell* annimmt, dass ihr „interner Zustand" durch zwei komplexe Zahlen in der oben dargestellten Art und Weise beschrieben werden kann.

---

*Weder bei der Erstellung des Manuskripts dieses Buches noch bei der Produktion sind lebende Tiere zu Schaden gekommen!

[†]Den Tierschützern unter den Lesern sei gesagt, dass die praktische Realisierung von Qubits ohne Katzen auskommt.

> *So the Boggart sitting in the darkness within
> has not yet assumed a form. He does not yet know what
> will frighten the person on the other side of the door.
> Nobody knows what a Boggart looks like when he is alone,
> but when I let him out, he will immediately become
> whatever each of us most fears.*
>
> Professor Lupin.
> Joanne K. Rowling,
> „Harry Potter and the Prisoner of Azkaban".

Der Überlagerungszustand der Schrödinger-Katze kann demnach beschrieben werden durch

$$|\text{🐱}\rangle = \frac{1}{\sqrt{2}}|\text{tot}\rangle + \frac{1}{\sqrt{2}}|\text{lebendig}\rangle = \frac{1}{\sqrt{2}}\left(|\text{tot}\rangle + |\text{lebendig}\rangle\right).$$

13.2 Für Qubits definierte Operationen

Genau wie es für klassische Bits Operationen gibt (wir haben sie in Kapitel 11 behandelt), so gibt es Operationen für Qubits. Diese gehorchen aber im Gegensatz zu den Operationen für klassische Bits nicht einer Booleschen Algebra, sondern weisen andere Eigenschaften auf, von denen wir einige in diesem Abschnitt behandeln wollen.

Um die für Qubits definierten Operationen kompakt beschreiben zu können, nehmen wir wieder bei der Matrizenrechnung eine Anleihe. Diese Operationen können nämlich durch sogenannte *unitäre Matrizen* beschrieben werden, die wie folgt definiert sind. Sei M eine quadratische Matrix, deren Elemente komplexe Zahlen sind. M heißt unitär, wenn $M \cdot M^* = I$ ist, wobei M^* die transponierte, konjugiert komplexe[‡] Matrix von M ist und I die Einheitsmatrix bezeichnet. Anders ausgedrückt: Eine quadratische Matrix M heißt unitär, wenn die zu M inverse Matrix identisch ist zu ihrer transponierten, konjugiert komplexen Matrix.

Einfache Beispiele für unitäre Matrizen sind

$$\begin{pmatrix} 1 & 0 \\ 0 & 1 \end{pmatrix}, \quad \frac{1}{2}\begin{pmatrix} 1-i & 1+i \\ 1+i & 1-i \end{pmatrix}, \quad \begin{pmatrix} 1 & 0 & 0 & 0 \\ 0 & 1 & 0 & 0 \\ 0 & 0 & 0 & 1 \\ 0 & 0 & 1 & 0 \end{pmatrix}.$$

Man kann sich nun leicht überlegen, dass aufgrund der Unitarität der Matrix auch $|\psi\rangle = \gamma|0\rangle + \delta|1\rangle = M|\varphi\rangle$ die Bedingung $|\gamma|^2 + |\delta|^2 = 1$ erfüllt. Außerdem gilt $M_1(M_2|\varphi\rangle) = (M_1 \cdot M_2)|\varphi\rangle$, das heißt, dass zusammengesetzte Operationen durch Multiplikation von Matrizen gebildet werden können.

Darüber hinaus sind die so definierten Operationen *linear*, das heißt, es gilt

$$M(\lambda|\varphi\rangle + \mu|\psi\rangle) = \lambda M|\varphi\rangle + \mu M|\psi\rangle.$$

[‡] Zur Erinnerung: Sei $a + ib$ eine komplexe Zahl, dann ist $a - ib$ die zugehörige konjugiert komplexe Zahl. Die konjugiert komplexe Matrix einer Matrix M entsteht aus M, indem man alle Elemente der Matrix durch ihre konjugiert komplexen Äquivalente ersetzt. Transponierte Matrizen wurden auf Seite 89 eingeführt.

13.2.1 Unäre Operationen

Seien nun $|\varphi\rangle$ ein Qubit und M eine unitäre 2×2-Matrix, dann ist die Operation $M|\varphi\rangle$ wie folgt definiert

$$M|\varphi\rangle = \begin{pmatrix} a & b \\ c & d \end{pmatrix} (\alpha|0\rangle + \beta|1\rangle) = \begin{pmatrix} a & b \\ c & d \end{pmatrix} \begin{pmatrix} \alpha \\ \beta \end{pmatrix}$$
$$= \begin{pmatrix} a \cdot \alpha + b \cdot \beta \\ c \cdot \alpha + d \cdot \beta \end{pmatrix} = (a\alpha + b\beta)|0\rangle + (c\alpha + d\beta)|1\rangle.$$

Es ist zu beachten, dass es im Unterschied zu den klassischen Bits, wo es nur vier unterschiedliche Operationen auf einem Bit gibt, nämlich die Nullfunktion, die Identität, die Negation und die Einsfunktion, für ein Qubit unendlich viele Operationen existieren.[§]

Wir wollen nun einige einfache Beispiel-Operationen studieren.

Identität Id

$$\begin{pmatrix} 1 & 0 \\ 0 & 1 \end{pmatrix} (\alpha|0\rangle + \beta|1\rangle) = \alpha|0\rangle + \beta|1\rangle$$

Negation NOT

$$\begin{pmatrix} 0 & 1 \\ 1 & 0 \end{pmatrix} (\alpha|0\rangle + \beta|1\rangle) = \beta|0\rangle + \alpha|1\rangle$$

Klarerweise gilt $\text{NOT}(\text{NOT}|\varphi\rangle) = |\varphi\rangle$, wie man aus

$$\begin{pmatrix} 0 & 1 \\ 1 & 0 \end{pmatrix} \cdot \begin{pmatrix} 0 & 1 \\ 1 & 0 \end{pmatrix} = \begin{pmatrix} 1 & 0 \\ 0 & 1 \end{pmatrix}$$

leicht ersieht.

$\sqrt{\text{NOT}}$

$$\frac{1}{2} \begin{pmatrix} 1-i & 1+i \\ 1+i & 1-i \end{pmatrix}$$

Um die Sinnhaftigkeit der Benennung $\sqrt{\text{NOT}}$ zu beweisen, berechnen wir

$$\frac{1}{2} \begin{pmatrix} 1-i & 1+i \\ 1+i & 1-i \end{pmatrix} \cdot \frac{1}{2} \begin{pmatrix} 1-i & 1+i \\ 1+i & 1-i \end{pmatrix} =$$
$$\frac{1}{4} \begin{pmatrix} (1-i)(1-i) + (1+i)(1+i) & (1-i)(1+i) + (1+i)(1-i) \\ (1+i)(1-i) + (1-i)(1+i) & (1+i)(1+i) + (1-i)(1-i) \end{pmatrix} =$$
$$\frac{1}{4} \begin{pmatrix} (1-2i+i^2) + (1+2i+i^2) & (1-i^2) + (1-i^2) \\ (1-i^2) + (1-i^2) & (1+2i+i^2) + (1-2i+i^2) \end{pmatrix} =$$
$$\frac{1}{4} \begin{pmatrix} 0 & 4 \\ 4 & 0 \end{pmatrix} = \begin{pmatrix} 0 & 1 \\ 1 & 0 \end{pmatrix},$$

was zeigt, dass wir für Qubits die Wurzel aus NOT ziehen können[¶].

Hadamard-Operation

$$H = \frac{1}{\sqrt{2}} \begin{pmatrix} 1 & 1 \\ 1 & -1 \end{pmatrix}$$

Wendet man die Hadamard-Operation auf $|0\rangle$ an

$$H|0\rangle = \frac{1}{\sqrt{2}} \begin{pmatrix} 1 & 1 \\ 1 & -1 \end{pmatrix} (1|0\rangle + 0|1\rangle) = \frac{1}{\sqrt{2}}(|0\rangle + |1\rangle),$$

[§]Es gibt unendlich viele unterschiedliche unitäre 2×2-Matrizen mit komplexen Elementen!
[¶]De facto kann man aus *jeder* Qubit-Operation die Wurzel ziehen!

so erzeugt man den Überlagerungszustand $\frac{1}{\sqrt{2}}(|0\rangle + |1\rangle)$. Da man solche Überlagerungszustände häufig benötigt, kann man sie mittels H leicht aus dem Zustand $|0\rangle$ gewinnen[||].

Obwohl es also sehr viel mehr und äußerst interessante Operationen auf nur einem Qubit gibt, existieren gegenüber der klassischen Booleschen Algebra auch Einschränkungen. Wie wir gleich zeigen werden, gibt es etwa weder eine Nullfunktion noch eine Einsfunktion für Qubits. Wir zeigen diese Tatsache nur für die Nullfunktion, der Beweis für die Einsfunktion ist analog durchzuführen.

Wir führen den Beweis indirekt. Sei also

$$\text{NF} = \begin{pmatrix} a & b \\ c & d \end{pmatrix}$$

die Nullfunktionsmatrix. Das heißt, sie muss $\text{NF}|\varphi\rangle = \text{NF}(\alpha|0\rangle + \beta|1\rangle) = |0\rangle$ für alle $|\varphi\rangle = \alpha|0\rangle + \beta|1\rangle$ erfüllen.

Im speziellen müsste daher gelten

$$\begin{pmatrix} a & b \\ c & d \end{pmatrix}(1|0\rangle + 0|1\rangle) = a|0\rangle + c|1\rangle = |0\rangle,$$

woraus $c = 0$ folgt.

Natürlich müsste auch

$$\begin{pmatrix} a & b \\ c & d \end{pmatrix}(0|0\rangle + 1|1\rangle) = b|0\rangle + d|1\rangle = |0\rangle$$

erfüllt sein, woraus $d = 0$ folgt.

Die Matrix $\begin{pmatrix} a & b \\ 0 & 0 \end{pmatrix}$ ist jedoch nicht unitär, was man – wie folgt – leicht erkennt

$$\begin{pmatrix} a & b \\ 0 & 0 \end{pmatrix} \cdot \begin{pmatrix} \overline{a} & 0 \\ \overline{b} & 0 \end{pmatrix} = \begin{pmatrix} a\overline{a} + b\overline{b} & 0 \\ 0 & 0 \end{pmatrix} \neq \begin{pmatrix} 1 & 0 \\ 0 & 1 \end{pmatrix},$$

wobei $\overline{a}$ und $\overline{b}$ für die zu a und b konjugiert komplexen Zahlen stehen.

Zusammenfassend kann es also eine solche Matrix NF nicht geben.

Daraus folgt nun aber auch, dass das Löschen von Qubits nicht möglich ist!

13.2.2 Das Tensorprodukt

Bevor wir uns den binären Operationen zuwenden, führen wir noch einen Operator zum Zusammenhängen von Qubits – etwa, um Quanten-Register bilden zu können – ein. Wir schreiben

$$|\varphi\psi\rangle = |\varphi\rangle \otimes |\psi\rangle = (\alpha|0\rangle + \beta|1\rangle) \otimes (\gamma|0\rangle + \delta|1\rangle) = \alpha\gamma|00\rangle + \alpha\delta|01\rangle + \beta\gamma|10\rangle + \beta\delta|11\rangle.$$

Diese Operation ist außerdem bezüglich „+" distributiv, das heißt, sie erfüllt

$$(|\varphi\rangle + |\psi\rangle) \otimes |\xi\rangle = |\varphi\rangle \otimes |\xi\rangle + |\psi\rangle \otimes |\xi\rangle = |\varphi\xi\rangle + |\psi\xi\rangle.$$

Sie wird auch *Tensorprodukt* genannt.

[||]Allerdings ist die Herstellung des Zustands $|0\rangle$ technisch gesehen auch nicht-trivial.

Als abkürzende Schreibweise ist auch

$$\alpha\gamma\,|00\rangle + \alpha\delta\,|01\rangle + \beta\gamma\,|10\rangle + \beta\delta\,|11\rangle = \alpha\gamma\,|0\rangle + \alpha\delta\,|1\rangle + \beta\gamma\,|2\rangle + \beta\delta\,|3\rangle$$

üblich.

Im allgemeinen schreibt man etwa für ein aus n Qubits bestehendes Quanten-Register

$$\sum_{i=0}^{2^n-1} a_i\,|i\rangle.$$

Das Tensorprodukt kann man auch für Matrizen definieren. Seien etwa A und B Matrizen, dann ist

$$A \otimes B = \begin{pmatrix} A_{11} \cdot B & A_{12} \cdot B & \cdots \\ A_{21} \cdot B & A_{22} \cdot B & \cdots \\ \vdots & \vdots & \ddots \end{pmatrix}$$

ihr Tensorprodukt.

13.2.3 Binäre Operationen

Als nächstes wenden wir uns den Operationen zu, die auf zwei Eingangs-Qubits definiert sind. Für klassische Bits gibt es genau 16 unterschiedliche Operationen. Die bekanntesten sind: Konjunktion ($\wedge$), Disjunktion ($\vee$) und exklusives Oder (XOR).

Aufgrund der Definition von Qubit-Operationen über quadratische Matrizen ist klar, dass eine Qubit-Operation, die zwei Eingänge besitzt, auch zwei Ausgänge haben muss. Zusätzlich bedingt die eindeutige Umkehrbarkeit unitärer Matrizen, dass jede Qubit-Operation ebenfalls umkehrbar ist. Das bedeutet, dass eine so simple Operation wie die Konjunktion für Qubits nicht realisiert werden kann, da vom Resultat einer logischen Und-Verknüpfung nicht eindeutig auf deren Operanden geschlossen werden kann. So ist zwar klar, dass die Operanden gleich 1 waren, wenn das Resultat 1 ist, wenn das Resultat aber 0 ist, gibt es für die Eingänge drei Möglichkeiten.

Wir können aber eine Quanten-XOR-Operation definieren. Die Operation sieht folgendermaßen aus

$$\begin{pmatrix} 1 & 0 & 0 & 0 \\ 0 & 1 & 0 & 0 \\ 0 & 0 & 0 & 1 \\ 0 & 0 & 1 & 0 \end{pmatrix} (\alpha_1\,|00\rangle + \alpha_2\,|01\rangle + \alpha_3\,|10\rangle + \alpha_4\,|11\rangle) = \alpha_1\,|00\rangle + \alpha_2\,|01\rangle + \alpha_4\,|10\rangle + \alpha_3\,|11\rangle.$$

Da diese Operation in Abhängigkeit vom ersten Eingangs-Qubit die Negation des zweiten Qubits durchführt, nennt man diese Operation auch *kontrollierte Negation* und bezeichnet sie auch mit CNOT *(Controlled NOT)*.

Man überzeugt sich leicht, dass im klassischen Fall (genau ein $\alpha_i = 1$, die anderen gleich 0) das zweite Ergebnisbit sich wie das klassische XOR verhält.

13.2.4 Das No-Cloning Theorem

In diesem Abschnitt wollen wir uns mit einer weiteren Abstrusität von Quanten-Computern beschäftigen, mit dem *No-Cloning Theorem*, das besagt, dass es nicht möglich ist, Qubits zu kopieren.

Da das Kopieren von klassischen Bits eine allgegenwärtige Operation ist, bedarf daher das Programmieren von Quanten-Computern eines gewissen Umdenkens.

Wir führen den Beweis wieder indirekt. Sei also U eine 4×4-Matrix, die eine Kopie beliebiger Qubits $|\varphi\rangle$ produziert, also

$$U(|\varphi 0\rangle) = U(|\varphi\rangle \otimes |0\rangle) = |\varphi\rangle \otimes |\varphi\rangle = |\varphi\varphi\rangle.$$

Seien nun $|\varphi\rangle$ und $|\psi\rangle$ zwei unterschiedliche Qubits. Dann würde $U(|\varphi 0\rangle) = |\varphi\varphi\rangle$ und $U(|\psi 0\rangle) = |\psi\psi\rangle$ gelten. Sei nun $|\xi\rangle = \frac{1}{\sqrt{2}}(|\varphi\rangle + |\psi\rangle)$, dann gilt einerseits

$$\begin{aligned}
U|\xi 0\rangle &= |\xi\xi\rangle \\
&= |\xi\rangle \otimes |\xi\rangle \\
&= \frac{1}{\sqrt{2}}(|\varphi\rangle + |\psi\rangle) \otimes \frac{1}{\sqrt{2}}(|\varphi\rangle + |\psi\rangle) \\
&= \frac{1}{2}|\varphi\varphi\rangle + \frac{1}{2}|\varphi\psi\rangle + \frac{1}{2}|\psi\varphi\rangle + \frac{1}{2}|\psi\psi\rangle,
\end{aligned}$$

wegen der Distributivität von „+" und „⊗"; andererseits gilt aber auch

$$\begin{aligned}
U|\xi 0\rangle &= U\left(\frac{1}{\sqrt{2}}(|\varphi\rangle + |\psi\rangle) \otimes |0\rangle\right) \\
&= U\left(\frac{1}{\sqrt{2}}|\varphi 0\rangle + \frac{1}{\sqrt{2}}|\psi 0\rangle\right) \\
&= U\left(\frac{1}{\sqrt{2}}|\varphi 0\rangle\right) + U\left(\frac{1}{\sqrt{2}}|\psi 0\rangle\right) \\
&= \frac{1}{\sqrt{2}}U|\varphi 0\rangle + \frac{1}{\sqrt{2}}U|\psi 0\rangle \\
&= \frac{1}{\sqrt{2}}|\varphi\varphi\rangle + \frac{1}{\sqrt{2}}|\psi\psi\rangle,
\end{aligned}$$

was nicht ident mit dem Ergebnis der oberen Berechnung ist.

Daher kann es so eine Operation U nicht geben!

Eine alternative, aber weniger exakte Erklärung, warum man keine Kopien von Qubits anlegen kann, ist folgende: Angenommen man könnte eine exakte Kopie eines Elementarteilchens produzieren, dann könnte man zum Beispiel bei einem den Aufenthaltsort exakt bestimmen und beim anderen seinen Impuls. Das steht aber im Widerspruch zur Heisenbergschen Unschärferelation.

13.2.5 Verschränkte Qubits

Eine Verschränkung von Qubits tritt etwa in folgendem Beispiel auf. Sei

$$|\varphi\rangle = \frac{1}{\sqrt{2}}(|00\rangle + |11\rangle).$$

Wenn wir das erste der beiden Qubits beobachten, wird es mit der Wahrscheinlichkeit $\frac{1}{2}$ den Wert 0 haben und mit derselben Wahrscheinlichkeit den Wert 1, das heißt, es wird sich vollkommen zufällig verhalten. Durch diese Beobachtung allerdings kollabiert der Gesamtzustand im ersten Fall zu $|00\rangle$ und im zweiten Fall zu $|11\rangle$. Das Ergebnis einer Beobachtung des zweiten Qubits ist also mit absoluter Sicherheit vorausbestimmt.

Diese Eigentümlichkeit wurde bereits von Erwin Schrödinger bemerkt. Von ihm stammt auch die Bezeichnung „verschränkter Zustand". Im Englischen nennt man in einem solchen Fall die Qubits „entangled".

Interessant wird es, wenn man zwei verschränkte Teilchen örtlich von einander trennt und Messungen an den Teilchen so vornimmt, dass es nicht möglich ist, die Tatsache, dass beim ersten Teilchen eine Messung stattgefunden hat, an das andere Teilchen zu übermitteln, bevor am zweiten Teilchen die Messung durchgeführt wird. Dieses Problem ist bereits Albert Einstein aufgestoßen. Er konnte sich verständlicherweise nicht vorstellen, dass diese „Information" schneller als das Licht von einem Ort zum anderen gelangen könnte, und lehnte deshalb die Quantentheorie ab. Man nennt dieses Phänomen die *Nicht-Lokalität* der Quantentheorie. Es ist als *EPR-Paradoxon* in die Geschichte der Physik eingegangen. EPR steht dabei für die Anfangsbuchstaben der Namen der Physiker Einstein, Podolsky und Rosen.

Die Interpretation der Quantentheorie für die Nicht-Lokalität besteht darin, dass es sich „in Wirklichkeit" nicht um *zwei* Teilchen handelt, sondern um *ein* System von Teilchen. Daher wird die Relativitätstheorie nicht verletzt, und es ist mit verschränkten Qubits auch nicht möglich, Information überlichtschnell zu übertragen. Die Tatsache, dass Einstein hier irrte, wurde mittlerweile mehrfach experimentell nachgewiesen. Wenn Information mittels verschränkter Teilchen übertragen wird, nennt man den „Kanal", der zur Übertragung genutzt wird, *EPR-Kanal*.

Verschränkte Qubits spielen eine wesentliche Rolle bei Quanten-Computern** und können mittels unitärer Operationen aus nicht-verschränkten Zuständen gewonnen werden. Betrachten wir etwa den (nicht-verschränkten) Zustand $\frac{1}{\sqrt{2}}(|0\rangle + |1\rangle) \otimes |0\rangle$ und wenden die XOR-Operation darauf an. Wir erhalten

$$\text{XOR}\left(\frac{1}{\sqrt{2}}(|0\rangle + |1\rangle) \otimes |0\rangle\right) = \text{XOR}\left(\frac{1}{\sqrt{2}}|00\rangle + \frac{1}{\sqrt{2}}|10\rangle\right) =$$

$$\begin{pmatrix} 1 & 0 & 0 & 0 \\ 0 & 1 & 0 & 0 \\ 0 & 0 & 0 & 1 \\ 0 & 0 & 1 & 0 \end{pmatrix} \left(\frac{1}{\sqrt{2}}|00\rangle + \frac{1}{\sqrt{2}}|10\rangle\right) = \frac{1}{\sqrt{2}}|00\rangle + \frac{1}{\sqrt{2}}|11\rangle,$$

also einen verschränkten Zustand.

Wenn wir 0 nun als „die Katze ist tot" und 1 als „die Katze lebt" interpretieren, ergeben sich interessante Eigenschaften der XOR-Operation. Wenn nämlich Ihre Lieblingskatze gestorben ist, besteht kein Grund zur Panik. Gehen Sie – wie folgt – vor:

1. Legen Sie Ihre tote Lieblingskatze in einen Kasten, dessen Inhalt von außen nicht beobachtbar ist.

2. Besorgen Sie sich eine andere lebende Katze (etwa die eines nicht so sympathischen Nachbarn) und sperren Sie sie in einen Kasten, der mit der üblichen Schrödinger-Apparatur versehen ist.

3. Versetzen Sie den zweiten Kasten in einen Überlagerungszustand wie in Abschnitt 13.1 beschrieben.

4. Sperren Sie beide Kästen in einen weiteren Kasten. Das entspricht dem Tensorprodukt.

5. Wenden Sie die XOR-Operation auf den Inhalt des äußeren Kastens, das heißt, auf die beiden Kästen mit den Katzen, an.

6. Öffnen Sie die Kästen. Entweder beide Katzen leben oder beide Katzen sind tot!

**Wir werden verschiedene Anwendungen von verschränkten Qubits in späteren Abschnitten kennenlernen.

13.2 Für Qubits definierte Operationen

Ihre Lieblingskatze hat nun die Chance mit Wahrscheinlichkeit $\frac{1}{2}$ wieder zu leben. Sollte es nicht gleich geklappt haben, versuchen Sie es neuerlich mit einer anderen Fremd-Katze. Sie sollten im Mittel nicht mehr als zwei Fremd-Katzen benötigen, um Ihre Lieblingskatze zum Leben zu erwecken.

13.2.6 Die Grover-Operation

In diesem Abschnitt werden wir eine Operation studieren, die wir in weiterer Folge benötigen werden, um einen interessanten Algorithmus für Quanten-Computer zu verstehen. Es handelt sich dabei um eine Operation, die für ein Register von n Qubits definiert ist und die daher durch eine $2^n \times 2^n$-Matrix folgendermaßen beschrieben werden kann

$$D_n = \begin{pmatrix} -1 + \frac{2}{2^n} & \frac{2}{2^n} & \cdots & \frac{2}{2^n} \\ \frac{2}{2^n} & -1 + \frac{2}{2^n} & \cdots & \frac{2}{2^n} \\ \vdots & \vdots & \ddots & \vdots \\ \frac{2}{2^n} & \frac{2}{2^n} & \cdots & -1 + \frac{2}{2^n} \end{pmatrix}.$$

Wir wollen zunächst zeigen, dass die Matrix D_n unitär ist. Da D_n nur reelle Elemente enthält und darüber hinaus D_n symmetrisch ist, ist die transponierte, konjugiert komplexe Matrix D_n^* gleich D_n. Wir müssen also nur überprüfen, ob $D_n \cdot D_n^* = D_n \cdot D_n = I_n$ ist, wobei I_n die 2^n-dimensionale Einheitsmatrix bezeichnet. Die Multiplikation in Matrix-Form sieht wie folgt aus

$$D_n \cdot D_n^* = \begin{pmatrix} -1 + \frac{2}{2^n} & \frac{2}{2^n} & \cdots & \frac{2}{2^n} \\ \frac{2}{2^n} & -1 + \frac{2}{2^n} & \cdots & \frac{2}{2^n} \\ \vdots & \vdots & \ddots & \vdots \\ \frac{2}{2^n} & \frac{2}{2^n} & \cdots & -1 + \frac{2}{2^n} \end{pmatrix} \cdot \begin{pmatrix} -1 + \frac{2}{2^n} & \frac{2}{2^n} & \cdots & \frac{2}{2^n} \\ \frac{2}{2^n} & -1 + \frac{2}{2^n} & \cdots & \frac{2}{2^n} \\ \vdots & \vdots & \ddots & \vdots \\ \frac{2}{2^n} & \frac{2}{2^n} & \cdots & -1 + \frac{2}{2^n} \end{pmatrix}.$$

Bei der „Multiplikation" von Zeilen und Spalten treten genau zwei unterschiedliche Fälle auf:

1. Bei der „Multiplikation" der i-ten Zeile der ersten Matrix mit der i-ten Spalte der zweiten Matrix erhält man

$$\frac{2}{2^n} \cdot \frac{2}{2^n} + \ldots + \frac{2}{2^n} \cdot \frac{2}{2^n} + \left(-1 + \frac{2}{2^n}\right) \cdot \left(-1 + \frac{2}{2^n}\right) + \frac{2}{2^n} \cdot \frac{2}{2^n} + \ldots + \frac{2}{2^n} \cdot \frac{2}{2^n},$$

wobei der mittlere Term (mit den geklammerten Faktoren) als i-ter Term auftritt. Wir haben also genau einen Term der Gestalt $\left(-1 + \frac{2}{2^n}\right) \cdot \left(-1 + \frac{2}{2^n}\right)$ und $(2^n - 1)$ Terme der Gestalt $\frac{2}{2^n} \cdot \frac{2}{2^n}$ aufzusummieren. Wir bekommen

$$\left(-1 + \frac{2}{2^n}\right) \cdot \left(-1 + \frac{2}{2^n}\right) + (2^n - 1) \cdot \frac{2}{2^n} \cdot \frac{2}{2^n} = \left(1 - 2 \cdot \frac{2}{2^n} + \frac{2 \cdot 2}{2^n \cdot 2^n}\right) + \left(\frac{2 \cdot 2}{2^n} - \frac{2 \cdot 2}{2^n \cdot 2^n}\right) = 1,$$

was bedeutet, dass das Element (i, i) von $D_n \cdot D_n$ gleich 1 ist. Daher besteht die Hauptdiagonale des Resultates aus 1.

2. Bei der „Multiplikation" der i-ten Zeile der ersten Matrix mit der j-ten Spalte der zweiten Matrix ($i \neq j$) erhält man

$$\frac{2}{2^n} \cdot \frac{2}{2^n} + \ldots + \frac{2}{2^n} \cdot \frac{2}{2^n} + \left(-1 + \frac{2}{2^n}\right) \cdot \frac{2}{2^n} + \frac{2}{2^n} \cdot \frac{2}{2^n} + \ldots$$
$$\ldots + \frac{2}{2^n} \cdot \frac{2}{2^n} + \frac{2}{2^n} \cdot \left(-1 + \frac{2}{2^n}\right) + \frac{2}{2^n} \cdot \frac{2}{2^n} + \ldots + \frac{2}{2^n} \cdot \frac{2}{2^n}.$$

Das heißt, wir haben zwei Terme der Gestalt $\frac{2}{2^n} \cdot \left(-1 + \frac{2}{2^n}\right)$ und $(2^n - 2)$ Terme der Gestalt $\frac{2}{2^n} \cdot \frac{2}{2^n}$ aufzusummieren. Wir erhalten als Ergebnis

$$2 \cdot \frac{2}{2^n} \cdot \left(-1 + \frac{2}{2^n}\right) + (2^n - 2) \cdot \frac{2}{2^n} \cdot \frac{2}{2^n} = \left(-\frac{2 \cdot 2}{2^n} + \frac{2 \cdot 2 \cdot 2}{2^n \cdot 2^n}\right) + \left(\frac{2 \cdot 2}{2^n} - \frac{2 \cdot 2 \cdot 2}{2^n \cdot 2^n}\right) = 0.$$

Daher stehen in der Hauptdiagonale des Matrixproduktes 1-Elemente und sonst nur 0. Das Resultat ist daher die 2^n-dimensionale Einheitsmatrix und damit ist gezeigt, dass D_n unitär ist.

Es bleibt die Frage, was diese Operation D_n, angewandt auf das Quanten-Register $\sum_{i=0}^{2^n-1} a_i |i\rangle$, bewirkt. Wir berechnen

$$D_n \left(\sum_{i=0}^{2^n-1} a_i |i\rangle\right) = \left(-a_0 + \sum_{i=0}^{2^n-1} a_i \frac{2}{2^n}\right)|0\rangle + \left(-a_1 + \sum_{i=0}^{2^n-1} a_i \frac{2}{2^n}\right)|1\rangle + \cdots + \left(-a_{2^n-1} + \sum_{i=0}^{2^n-1} a_i \frac{2}{2^n}\right)|2^n - 1\rangle.$$

Bezeichnen wir nun mit E den Mittelwert der a_i, das heißt,

$$E = \frac{1}{2^n} \sum_{i=0}^{2^n-1} a_i,$$

dann kann man die Wirkung von D_n wie folgt beschreiben

$$D_n \left(\sum_{i=0}^{2^n-1} a_i |i\rangle\right) = \sum_{i=0}^{2^n-1} (2 \cdot E - a_i) |i\rangle.$$

In Worten bedeutet das, dass die Grover-Operation eine „Spiegelung" aller a_i um den Mittelwert der a_i vornimmt. Als Beispiel ist eine solche Operation für $n = 2$ in Abb. 13.1 dargestellt. Im allgemeinen sind die a_i, die in dieser Abbildung als reelle Zahlenwerte dargestellt sind, natürlich komplexe Zahlen.

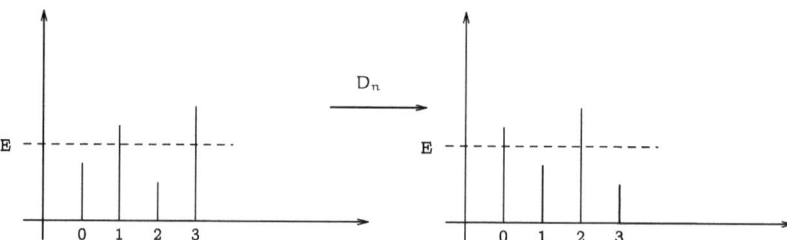

Abbildung 13.1: Ein Beispiel für die Grover-Operation

13.2.7 Universelle Operationen

Für klassische Bit-Operationen gibt es universelle Operationen: So kann man beispielsweise mit der NOR-Operation (Negiertes OR) allein alle denkbaren booleschen Funktionen realisieren.

Dieselbe Thematik wurde auch für Qubit-Operationen studiert, und es konnte tatsächlich eine universelle Operation mit nur zwei Eingangs-Qubits gefunden werden. Diese Operation hat folgende Gestalt

$$\begin{pmatrix} 1 & 0 & 0 & 0 \\ 0 & 1 & 0 & 0 \\ 0 & 0 & (\cos\alpha + i\sin\alpha)\cos\theta & (\sin(\alpha-\phi) - i\cos(\alpha-\phi))\sin\theta \\ 0 & 0 & (\sin(\alpha+\phi) - i\cos(\alpha+\phi))\sin\theta & (\cos\alpha + i\sin\alpha)\cos\theta \end{pmatrix},$$

wobei α, ϕ und θ irrationale Vielfache von π und paarweise voneinander sind.

Benutzt man die aus der komplexen Analysis bekannte Identität

$$e^{i\phi} = \cos\phi + i\sin\phi,$$

so kann man obige universelle Operation auch kompakter in der Gestalt

$$\begin{pmatrix} 1 & 0 & 0 & 0 \\ 0 & 1 & 0 & 0 \\ 0 & 0 & e^{i\alpha}\cos\theta & -e^{i(\alpha-\phi)}\sin\theta \\ 0 & 0 & -ie^{i(\alpha+\phi)}\sin\theta & e^{i\alpha}\cos\theta \end{pmatrix}$$

anschreiben.

Beweise für die Universalität dieser und anderer Operationen findet der interessierte Leser etwa in [10].

13.2.8 Die Quanten-Fourier-Transformation

Die *Quanten-Fourier-Transformation* ist bisher eine der Schlüssel-Operationen für Quanten-Computer. Sie ist definiert durch

$$\text{QFT}_q : |a\rangle \to \frac{1}{\sqrt{q}} \sum_{c=0}^{q-1} e^{2\pi i a c/q} |c\rangle,$$

wobei $0 \leq a < q$, $a, c, q \in \mathbb{N}$. Die zugehörige unitäre Matrix hat die Gestalt

$$\begin{pmatrix} 1 & 1 & 1 & \ldots & 1 \\ 1 & \omega & \omega^2 & \ldots & \omega^{(q-1)} \\ 1 & \omega^2 & \omega^4 & \ldots & \omega^{2(q-1)} \\ \vdots & \vdots & \vdots & \ddots & \vdots \\ 1 & \omega^{(q-1)} & \omega^{2(q-1)} & \ldots & \omega^{(q-1)^2} \end{pmatrix},$$

wobei $\omega = e^{2\pi i/q} = \cos\frac{2\pi}{q} + i\sin\frac{2\pi}{q}$ die q-te Einheitswurzel ist.

Eine komplexe Zahl ω heißt q-te Einheitswurzel genau dann, wenn

1. $\omega^q = 1$ und
2. $\omega^j \neq 1$ für alle $1 \leq j < q$.

Als Beispiel sind eine fünfte Einheitswurzel und ihre Potenzen in Abb. 13.2 dargestellt. Beachten Sie, dass in diesem Fall auch ω^2, ω^3 und ω^4 fünfte Einheitswurzeln sind.

Angewandt auf das Quanten-Register $\frac{1}{\sqrt{q}}\sum_{a=0}^{q-1} f(a)|a\rangle$ produziert die Quanten-Fourier-Transformation

$$\text{QFT}_q : \sum_{a=0}^{q-1} f(a)|a\rangle \to \sum_{c=0}^{q-1} \bar{f}(c)|c\rangle,$$

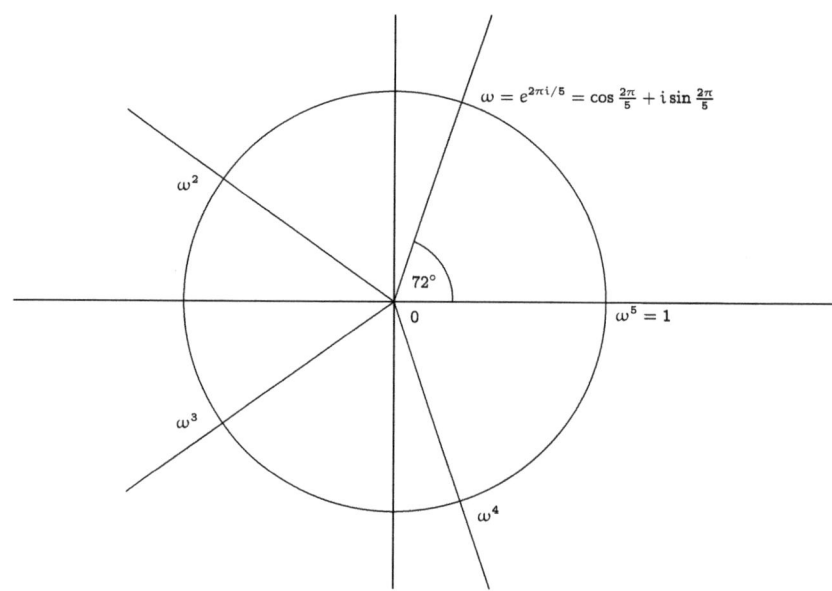

Abbildung 13.2: Fünfte Einheitswurzel

wobei $\bar{f}(c)$ gegeben ist als

$$\bar{f}(c) = \frac{1}{\sqrt{q}} \sum_{a=0}^{q-1} e^{2\pi i a c/q} f(a).$$

Wir werden eine wichtige Anwendung der Quanten-Fourier-Transformation in Kapitel 13.4.4 kennenlernen. Wichtig ist noch anzumerken, dass die QFT$_q$-Operation für $q = 2^n$ in $O(n^2)$ Schritten durchgeführt werden kann.

13.3 Quanten-Informationstheorie

Die Definition von *Quanten-Entropie* geht auf *John von Neumann* zurück. Bis jetzt haben wir nur Quantenzustände betrachtet, die durch unitäre Operationen ineinander übergeführt werden. Solche Zustände nennt man *reine Quantenzustände*.

Wenn nun aber mehrere solche reinen Quantenzustände gleichzeitig auftreten können, reicht unser bisheriger Ansatz nicht aus. Wir wollen nun annehmen, dass bei einer Beobachtung genau n verschiedene reine Quantenzustände $u_i, i \in \{1, \ldots, n\}$ in Erscheinung treten können. Der reine Quantenzustand u_i soll dabei mit der Wahrscheinlichkeit p_i auftreten, wobei natürlich $\sum_{i=1}^{n} p_i = 1$ gelten soll.

Wenn wir nun eine Beobachtung dieses Gesamtsystems vornehmen, so spielen die Wahrscheinlichkeiten p_i eine Rolle, aber durch das Kollabieren des entsprechenden Quantenzustandes beeinflussen auch die komplexen Koeffizienten der Quantenzustände das Ergebnis der Beobachtung. Man nennt so ein System, das aus mehreren reinen Quantenzuständen besteht, eine *Quanten-Mischung*.

13.3.1 Die von Neumannsche Quantenentropie

Wir definieren zunächst in Analogie zu $|\varphi\rangle$

$$\langle\varphi| = (\alpha, \beta).$$

John von Neumann definiert nun eine sogenannte Dichte-Matrix ρ durch

$$\rho_i = |u_i\rangle\langle u_i|$$

und

$$\rho = \sum_{i=1}^{n} p_i \cdot \rho_i.$$

Beachten Sie, dass die Multiplikation $|u_i\rangle \cdot \langle u_i|$ eine Matrix als Resultat liefert, während $\langle u_i| \cdot |u_i\rangle$ einen Skalar ergibt. Diese Tatsachen folgen aus der Vektordarstellung der $|.\rangle$-Schreibweise.

Die Quanten-Entropie H (der Quanten-Informationsgehalt) einer Quanten-Mischung ist nun definiert durch

$$H_Q = -\text{Spur}(\rho \cdot \text{ld } \rho),$$

wobei Spur für die Summe der Diagonalelemente der Matrix steht.

Um $-\text{Spur}(\rho \cdot \text{ld } \rho)$ zu berechnen, müssen wir nur die Eigenwerte von ρ bestimmen.

Sei A eine Matrix und bezeichne $\mathbb{E}$ die Einheitsmatrix. Dann definieren wir für einen Skalar λ die Matrix

$$W_A = A - \lambda \cdot \mathbb{E}.$$

Die Eigenwerte der Matrix A sind nun definiert als die Lösungen in λ von

$$\det W_A = 0,$$

wobei $\det W_A$ für die Determinante der Matrix W_A steht.

> *„aus dieser triade"*, denkt hödlmoser,
> *„erzwingt sich ein notwendiger handlungsprozess, ja,*
> *die determinanten sind einfach herrlich sensibel entlarvt worden."*
>
> Reinhard P. Gruber, „Aus dem Leben Hödlmosers".

Seien die Eigenwerte von ρ bezeichnet als $\lambda_1, \ldots, \lambda_n$. Dann ist die Entropie gegeben durch

$$H_Q = -\sum_{i=1}^{n} \lambda_i \cdot \text{ld } \lambda_i.$$

Wir wollen nun an einfachen Beispielen studieren, wie diese Berechnung vonstatten geht. Als erstes seien zwei (klassische) Zustände $u_1 = |1\rangle$ und $u_2 = |0\rangle$ mit den Auftrittswahrscheinlichkeiten p und $q = 1 - p$ gegeben. Dann berechnet man

$$\rho_1 = |u_1\rangle \cdot \langle u_1| = \begin{pmatrix} 1 \\ 0 \end{pmatrix} \cdot (1, 0) = \begin{pmatrix} 1 & 0 \\ 0 & 0 \end{pmatrix}$$

und

$$\rho_2 = |u_2\rangle \cdot \langle u_2| = \begin{pmatrix} 0 \\ 1 \end{pmatrix} \cdot (0, 1) = \begin{pmatrix} 0 & 0 \\ 0 & 1 \end{pmatrix}.$$

Daher ergibt sich

$$\rho = \begin{pmatrix} p & 0 \\ 0 & q \end{pmatrix}.$$

Da ρ eine Diagonalmatrix ist, erhalten wir sofort

$$H_Q = -p \cdot \text{ld } p - q \cdot \text{ld } q.$$

Wir sehen also, dass die von Neumannsche Definition den klassischen Fall beinhaltet.

Als nächstes betrachten wir die Quanten-Mischung, die aus den beiden reinen Quantenzuständen $u_1 = |0\rangle$ und $u_2 = \frac{1}{\sqrt{2}}(|0\rangle + |1\rangle)$ mit den Auftrittswahrscheinlichkeiten p und $q = 1-p$ besteht.

Wir erhalten

$$\rho_1 = |u_1\rangle \cdot \langle u_1| = \begin{pmatrix} 0 & 0 \\ 0 & 1 \end{pmatrix}$$

und

$$\rho_2 = |u_2\rangle \cdot \langle u_2| = \frac{1}{2}\begin{pmatrix} 1 & 1 \\ 1 & 1 \end{pmatrix}.$$

Daher ergibt sich

$$\rho = \begin{pmatrix} q/2 & q/2 \\ q/2 & p + q/2 \end{pmatrix}.$$

Um die Eigenwerte zu bestimmen, erstellen wir

$$W_\rho = \begin{pmatrix} q/2 - \lambda & q/2 \\ q/2 & p + q/2 - \lambda \end{pmatrix}.$$

Die Determinante von W_ρ ist

$$\det W_\rho = (q/2 - \lambda) \cdot (p + q/2 - \lambda) - (q/2) \cdot (q/2) = \lambda^2 - \lambda + \frac{pq}{2}.$$

Lösen der Gleichung $\det W_\rho = 0$ ergibt die beiden Eigenwerte

$$\lambda_1 = \frac{1}{2} + \sqrt{\frac{1}{4} - \frac{pq}{2}}$$

$$\lambda_2 = \frac{1}{2} - \sqrt{\frac{1}{4} - \frac{pq}{2}}.$$

Schließlich erhält man

$$H_Q = -\left(\frac{1}{2} + \sqrt{\frac{1}{4} - \frac{pq}{2}}\right)\text{ld}\left(\frac{1}{2} + \sqrt{\frac{1}{4} - \frac{pq}{2}}\right) - \left(\frac{1}{2} - \sqrt{\frac{1}{4} - \frac{pq}{2}}\right)\text{ld}\left(\frac{1}{2} - \sqrt{\frac{1}{4} - \frac{pq}{2}}\right).$$

Abb. 13.3 zeigt eine graphische Repräsentation dieser Entropie.

13.3.2 Die bedingte Quanten-Entropie (Quanten-Irrelevanz)

Die Quanten-Irrelevanz ist wie folgt definiert

$$H_Q(\mathfrak{A}|\mathfrak{B}) = -\text{Spur}(\rho_{\mathfrak{A}|\mathfrak{B}} \cdot \text{ld } \rho_{\mathfrak{A}|\mathfrak{B}}),$$

wobei

$$\rho_{\mathfrak{A}|\mathfrak{B}} = \begin{cases} \rho_{\mathfrak{A}\mathfrak{B}}(\mathbb{E}_\mathfrak{A} \otimes \rho_\mathfrak{B})^{-1}, & \text{falls } \rho_{\mathfrak{A}\mathfrak{B}} \text{ und } (\mathbb{E}_\mathfrak{A} \otimes \rho_\mathfrak{B})^{-1} \text{ kommutieren}^{\dagger\dagger}, \\ \lim_{n\to\infty}(\rho_{\mathfrak{A}\mathfrak{B}}^{\frac{1}{n}}(\mathbb{E}_\mathfrak{A} \otimes \rho_\mathfrak{B})^{-\frac{1}{n}})^n, & \text{sonst.} \end{cases}$$

13.3 Quanten-Informationstheorie

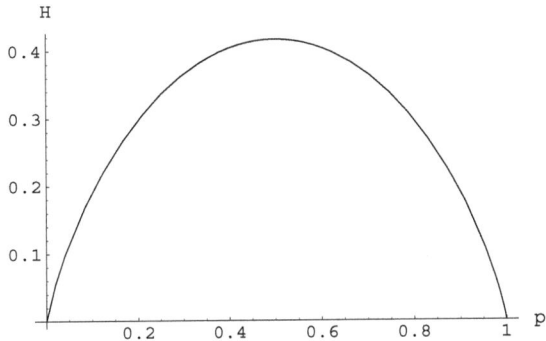

Abbildung 13.3: Der graphische Verlauf einer Quanten-Entropie

Dabei steht $\mathbb{E}_\mathfrak{A}$ für die Einheitsmatrix, $\rho_\mathfrak{B} = \mathrm{Spur}(\rho_{\mathfrak{AB}})$ bezeichnet eine „Rand-Dichtematrix" entsprechend einer Randverteilung in der Wahrscheinlichkeitstheorie und $\otimes$ bezeichnet das Tensorprodukt von Matrizen.

Ohne Beweis sei angeführt, dass es mit dieser Definition möglich ist, zu zeigen, dass gilt

$$H_Q(\mathfrak{A}|\mathfrak{B}) = H_Q(\mathfrak{AB}) - H_Q(\mathfrak{B}).$$

Obwohl es hier eine offensichtliche Übereinstimmung zwischen klassischer und Quanten-Informationstheorie gibt, trügt der Schein. Die klassischen, bedingten Wahrscheinlichkeiten sind nämlich Wahrscheinlichkeiten im engeren Sinn, während $\rho_{\mathfrak{A}|\mathfrak{B}}$ keine eigentliche Dichtematrix ist. Ihre Eigenwerte können nämlich größer als 1 sein, wodurch die bedingte Quantenentropie (Irrelevanz) negativ werden kann. Aus diesem Grund verhält sich die Quantenentropie auch *nicht-monoton*, was bedeutet, dass $H_Q(\mathfrak{AB}) < H_Q(\mathfrak{B})$ sein kann, d.h., dass die Entropie des Gesamtsystems kleiner ist als der der Teilsysteme, was im klassischen Fall nicht passieren kann (vgl. Seite 28). Ein Beispiel dafür im Zusammenhang mit verschränkten Qubits werden wir abschließend studieren.

Sei $|\psi\rangle = \frac{1}{\sqrt{2}}(|00\rangle + |11\rangle)$ gegeben. Dann ist die Dichtematrix $\rho_{\mathfrak{AB}} = |\psi\rangle\langle\psi|$ gegeben durch

$$\rho_{\mathfrak{AB}} = \begin{pmatrix} 1/2 & 0 & 0 & 1/2 \\ 0 & 0 & 0 & 0 \\ 0 & 0 & 0 & 0 \\ 1/2 & 0 & 0 & 1/2 \end{pmatrix}.$$

Die Rand-Dichtematrizen $\rho_\mathfrak{A} = \rho_\mathfrak{B} = \mathrm{Spur}(\rho_{\mathfrak{AB}}) = \frac{1}{2}(|0\rangle\langle 0| + |1\rangle\langle 1|)$ ergeben sich zu

$$\rho_\mathfrak{A} = \begin{pmatrix} 1/2 & 0 \\ 0 & 1/2 \end{pmatrix}.$$

Daher ist $H_Q(\mathfrak{A}) = H_Q(\mathfrak{B}) = 1$. Die Dichtematrix $\rho_{\mathfrak{A}|\mathfrak{B}} = \rho_{\mathfrak{AB}}(\mathbb{E} \otimes \rho_\mathfrak{B})^{-1}$ ist

$$\rho_{\mathfrak{A}|\mathfrak{B}} = \begin{pmatrix} 1 & 0 & 0 & 1 \\ 0 & 0 & 0 & 0 \\ 0 & 0 & 0 & 0 \\ 1 & 0 & 0 & 1 \end{pmatrix}.$$

Daher ist $H_Q(\mathfrak{AB}) = H_Q(\mathfrak{B}) + H_Q(\mathfrak{A}|\mathfrak{B}) = 1 - 1 = 0$, weil $H_Q(\mathfrak{A}|\mathfrak{B}) = -1$.

---
††Zwei Matrizen A und B kommutieren, wenn $A \cdot B = B \cdot A$ gilt.

13.3.3 Die Quanten-Transinformation

Die Quanten-Transinformation kann definiert werden über die „gegenseitige" Dichtematrix

$$\rho_{\mathfrak{A};\mathfrak{B}} = \lim_{n \to \infty}((\rho_\mathfrak{A} \otimes \rho_\mathfrak{B})^{\frac{1}{n}} \rho_{\mathfrak{A}\mathfrak{B}}^{-\frac{1}{n}})^n.$$

Falls die beteiligten Matrizen kommutieren, vereinfacht sich diese Formel wieder entsprechend.

Diese Definition impliziert die folgenden Beziehungen

$$H_Q(\mathfrak{A}; \mathfrak{B}) = H_Q(\mathfrak{A}) - H_Q(\mathfrak{A}|\mathfrak{B}) = H_Q(\mathfrak{A}) + H_Q(\mathfrak{B}) - H_Q(\mathfrak{A}\mathfrak{B}).$$

13.4 Quanten-Algorithmen

13.4.1 Quanten-Parallelismus

Ohne Beweis geben wir die folgende Tatsache an:

Sei $f : \{0, 1, \ldots, 2^m - 1\} \to \{0, 1, \ldots, 2^n - 1\}$ *eine Funktion. Dann ist die Abbildung* $X_f : a \mapsto (a, f(a))$ *eine reversible Funktion. Daher existiert eine unitäre Operation so, dass, wenn wir ein Quanten-Register der Länge* $(n + m)$ *nehmen, das sich aus einem Quanten-Register der Länge* m *für* $x \in \{0, 1, \ldots, 2^m - 1\}$ *und einem Quanten-Register der Länge* n *für ein* $b \in \{0, 1, \ldots, 2^n - 1\}$ *zusammensetzt, und annehmen, dass x, b und f(x) als binäre Zahlen dargestellt sind, gilt*

$$|x\rangle \otimes |b\rangle = |x, b\rangle \xrightarrow{U_f} |x, b \oplus f(x)\rangle = |x\rangle \otimes |b \oplus f(x)\rangle,$$

wobei die Operation $\oplus$ *(das klassische XOR) bitweise angewendet wird und b beliebig gewählt werden kann.*

Der immense Vorteil der Quanten-Operationen besteht nun darin, dass wir die Operation U_f jetzt aber auch auf den Überlagerungszustand $|\varphi\rangle = \frac{1}{\sqrt{2^m}} \sum_{x=0}^{2^m-1} |x\rangle$ anwenden können. Dann bekommen wir in einem Berechnungsschritt

$$|\varphi\rangle = \frac{1}{\sqrt{2^m}} \sum_{x=0}^{2^m-1} |x, 0\rangle \xrightarrow{U_f} |\varphi\rangle = \frac{1}{\sqrt{2^m}} \sum_{x=0}^{2^m-1} |x, f(x)\rangle = U_f|\varphi\rangle = |\psi\rangle,$$

das heißt, mit einer einzigen Anwendung der Operation U_f haben wir alle Werte von $f(x)$ für $x \in \{0, 1, \ldots, 2^m - 1\}$ berechnet.

Dieses Phänomen nennt man *Quanten-Parallelismus*.

Ein Problem mit dem Quanten-Parallelismus besteht allerdings darin, dass beim Ablesen des Ergebnisses nur einer dieser Werte „beobachtet" werden kann. In Abschnitt 13.4.3 werden wir sehen, wie man es bewerkstelligen kann, dass manche der Resultate mit größerer Wahrscheinlichkeit auftreten.

13.4.2 Vorzeichenänderung

Die in diesem Abschnitt beschriebene Operation wird unter anderem im nächsten Abschnitt benötigt; sie findet aber auch bei anderen Algorithmen häufig Verwendung.

Sei $f: \{0, 1, \ldots, 2^n - 1\} \to \{0, 1\}$ eine Funktion. Die Operation

$$V_f |x\rangle \to (-1)^{f(x)} |x\rangle$$

ändert das Vorzeichen bei jenen Basiszuständen von $|x\rangle$, für die $f(x) = 1$ gilt.
Durch Hinzufügen eines Qubits im Zustand $\frac{1}{\sqrt{2}}(|0\rangle - |1\rangle)$, den man leicht durch

$$\frac{1}{\sqrt{2}}\begin{pmatrix} 1 & 1 \\ -1 & 1 \end{pmatrix}(1|0\rangle + 0|1\rangle) = \frac{1}{\sqrt{2}}(1|0\rangle - 1|1\rangle) = \frac{1}{\sqrt{2}}(|0\rangle - |1\rangle)$$

erhalten kann, kann man V_f durch die Operation U_f wie folgt ausdrücken

$$U_f |x, \frac{1}{\sqrt{2}}(|0\rangle - |1\rangle)\rangle = \frac{1}{\sqrt{2}}(|x, f(x)\rangle - |x, 1 \oplus f(x)\rangle)$$
$$= (-1)^{f(x)} |x, \frac{1}{\sqrt{2}}(|0\rangle - |1\rangle)\rangle.$$

13.4.3 Der Groversche Algorithmus

Wir werden in diesem Abschnitt einen Quanten-Algorithmus genauer studieren, den Groverschen Algorithmus, der ein bestimmtes Element aus einem nicht-sortierten Datenbestand heraussucht (vgl. dazu die Überlegungen im Falle von klassischen Computern in Kapitel 9).

Es seien $N = 2^n$ Zahlen $\{0, 1, \ldots, N - 1\}$ und eine Funktion $f: \{0, 1, \ldots, N - 1\} \to \{0, 1\}$ gegeben, sodass für ein x_0 gilt, dass $f(x_0) = 1$ und für alle anderen $f(x) = 0$. Man möchte nun dieses x_0 finden.

Der Groversche Algorithmus führt dazu folgende Schritte aus:

1. Ein Quanten-Register der Länge n wird mit n-facher Anwendung der Hadamard-Operation initialisiert. Man erhält

$$|\varphi\rangle = \frac{1}{\sqrt{2^n}} \sum_{x=0}^{2^n - 1} |x\rangle.$$

2. Man wendet die Vorzeichenänderungsoperation V_f auf $|\varphi\rangle$ an und bekommt

$$|\psi\rangle = \frac{1}{\sqrt{2^n}} \sum_{x=0}^{2^n - 1} (-1)^{f(x)} |x\rangle.$$

3. Man wendet die Grover-Operation (vgl. Kapitel 13.2.6) auf $|\psi\rangle$ an.

4. Die Schritte (2) und (3) werden $\lceil \frac{\pi}{4 \cdot \theta_N} - \frac{1}{2} \rceil$-mal durchgeführt, wobei $\theta_N = \arcsin \frac{1}{\sqrt{N}}$.

5. Man liest das Quanten-Register x aus und bekommt x_0. Sollte $f(x_0) \neq 1$ sein, geht man zurück zu Schritt (1).

Die Anzahl der Iterationen des Groverschen Algorithmus ist also $\lceil \frac{\pi}{4 \cdot \theta_N} - \frac{1}{2} \rceil$, wobei $\theta_N = \arcsin \frac{1}{\sqrt{N}}$. Um ein Gefühl dafür zu bekommen, in welcher Größenordnung sich diese Anzahl von Iterationen bewegen, überlegen wir, dass in der Nähe von 0 sich die Sinus- und die Arcsinus-Funktion ($\sin(x)$ und $\arcsin(x)$) ähnlich wie x verhalten. Das heißt, wir können in obiger Formel für θ_n den Ausdruck $\frac{1}{\sqrt{N}}$ einsetzen. Abb. 13.4 zeigt die Funktion $\arcsin(x)$ im Vergleich zu x für kleine Werte von x.

Der Groversche Algorithmus benötigt also ungefähr $\lceil \frac{\pi}{4} \sqrt{N} \rceil$ Schritte, um ein bestimmtes Element in einem unsortierten Datenbestand zu finden, während klassische Algorithmen dafür im schlechtesten Fall N Schritte brauchen.

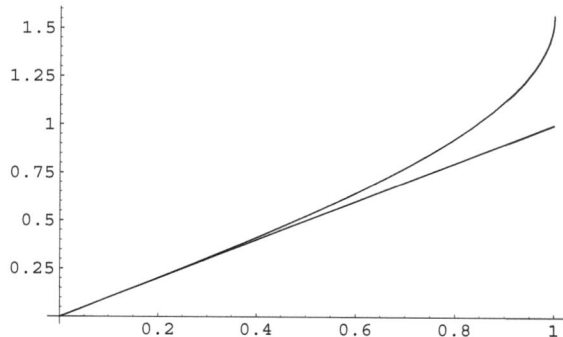

Abbildung 13.4: Die Funktion $\arcsin(x)$ im Vergleich zu x für kleine Werte von x

Um zu verstehen, was im Zuge des Groverschen Algorithmus vor sich geht, wollen wir uns ansehen, wie die Berechnungsschritte für $N = 8$ ($n = 3$) ablaufen. Zunächst erhalten wir nach Schritt (1)

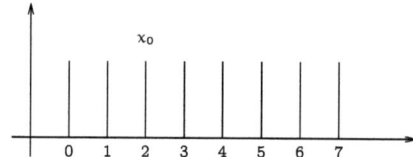

Nach Ausführung der Vorzeichenänderungsoperation V_f sieht das Ergebnis wie folgt aus

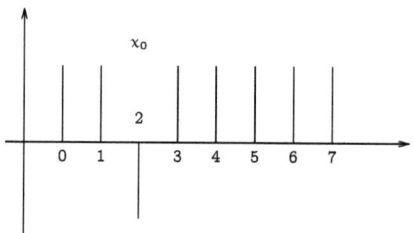

Einzeichnen des Mittelwertes E ergibt

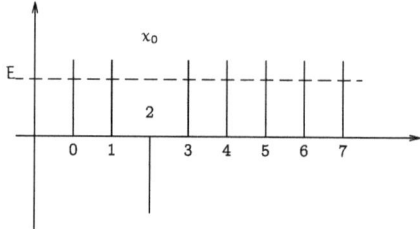

Spiegeln um den Mittelwert (Grover-Operation) ergibt

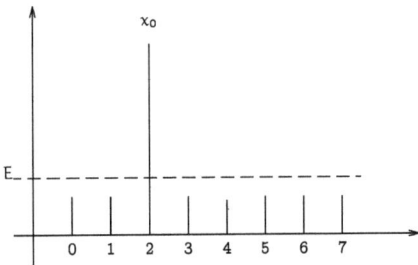

Man erkennt, dass nunmehr der Wert für x_0 gegenüber dem originalen Wert angewachsen ist, während die anderen Werte kleiner geworden sind. Dieses Wachstum des x_0-Wertes setzt sich im Zuge der weiteren Iterationen fort. Nach der $\left\lceil \frac{\pi}{4 \cdot \theta_N} - \frac{1}{2} \right\rceil$-ten Iteration ist der Wert von x_0 am größten (praktisch gleich 1), danach wird er wieder kleiner.

Man ist also gut beraten, nach $\left\lceil \frac{\pi}{4 \cdot \theta_N} - \frac{1}{2} \right\rceil$ Iterationen das Resultat auszulesen. Sollte man nicht das richtige Resultat gefunden haben (es besteht eine gewisse Rest-Wahrscheinlichkeit, einen anderen Wert auszulesen), wendet man den Groverschen Algorithmus noch einmal an.

In unserem Beispiel endet der Algorithmus nach 2 Iterationen. Wir zeigen die Ergebnisse der zweiten Iteration in Abb. 13.5.

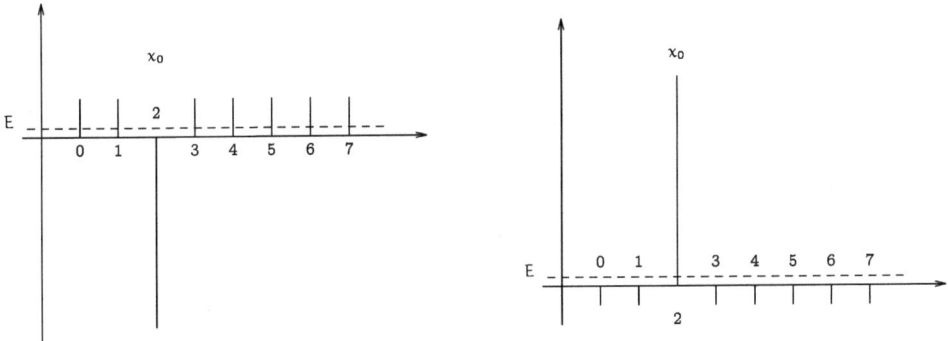

Abbildung 13.5: Die zweite Iteration des Groverschen Algorithmus (Beispiel)

13.4.4 Der Shorsche Algorithmus

Der beste bekannte Algorithmus, um eine m-stellige Binärzahl zu faktorisieren, benötigt

$$O\left(e^{c(\ln m)^{1/3}(\ln \ln m)^{2/3}}\right)$$

Schritte, wobei $c = \left(\frac{64}{9}\right)^{1/3} \approx 1.9$. Es handelt sich also um einen Algorithmus, der exponentiell viel Zeit verbraucht. Das RSA-Verschlüsselung-Verfahren (vgl. Kapitel 4.6.6) beruht unter anderem darauf, dass es schwer ist, eine Zahl in ihre Faktoren zu zerlegen. Wir werden in diesem Kapitel sehen, dass Quanten-Computer Zahlen in polynomieller Zeit faktorisieren können. Um genau zu sein, benötigt ein Quanten-Computer $O(m^2 \cdot \text{ld } m \cdot \text{ld ld } m)$ Schritte, um eine m-stellige Binärzahl in ihre Faktoren zu zerlegen.

Wir werden in diesem Abschnitt nicht auf alle Details des Shorschen Algorithmus eingehen können, da er viel zahlentheoretisches Wissen voraussetzt, und wir nicht davon ausgehen, dass jeder Leser dieses Wissen besitzt. Wir werden aber versuchen, möglichst allgemein verständlich die wesentlichen Schritte zu erklären. Wer an der genauen Behandlung des Problems interessiert ist, sei auf die Originalarbeit von *Peter W. Shor* [23] verwiesen.

Der erste wesentliche Vereinfachungsschritt besteht darin, dass man zeigen kann, dass man eine Zahl in ihre Faktoren zerlegen kann, wenn man die Periode der Funktion $f_{n,x}(k) = x^k \mod n$ bestimmen kann. Dabei verstehen wir unter Periode jene kleinste Zahl r, sodass $f_{n,x}(k+r) = f_{n,x}(k)$ für beliebiges k. Den Beweis dafür bleiben wir aus oben genannten Gründen schuldig.

Wir beginnen nun mit dem eigentlichen Shorschen Algorithmus:

Initialisierung: Gegeben sei eine m-stellige Binärzahl n. Wir wählen q, sodass q eine Zahl in der Größenordnung von n^2 ist. Dann erstellen wir fünf Quanten-Register $|n, x, q, 0, 0\rangle$, wobei die letzten beiden Register $\lceil \mathrm{ld}\, n \rceil$ Qubits besitzen.

Phase 1: Wir wenden die Hadamard-Operation an und erhalten

$$\frac{1}{\sqrt{q}} \sum_{a=0}^{q-1} |n, x, q, a, 0\rangle.$$

Nun nutzen wir die Quanten-Parallelität, um $x^a \mod n$ in einem Schritt für alle a gleichzeitig zu berechnen. Das Ergebnis speichern wir im fünften Register. Wir bekommen

$$\frac{1}{\sqrt{q}} \sum_{a=0}^{q-1} |n, x, q, a, x^a \mod n\rangle.$$

Wichtig ist, dass diese Operation effizient ausgeführt werden kann (vgl. [23]).

Im nächsten Schritt lesen wir das Ergebnis aus dem letzten Register aus. Sei y der Wert, den wir erhalten, das heißt, $y = x^l \mod n$ für das kleinste l mit dieser Eigenschaft. Wenn r die Periode von $f_{n,x}$ ist, dann gilt $x^l \equiv x^{jr+l} \pmod{n}$ für alle j. Daher können durch das Auslesen bedingt im vierten Register nur folgende Werte für a vorhanden sein: $l, l+r, l+2r, \ldots l+Ar$, wobei A die größte ganze Zahl ist, sodass $l + Ar \leq q$, und l durch das Auslesen rein zufällig gewählt wurde. Da $l \leq r < n$ und $q \approx n^2$, bekommen wir $A \approx \frac{q}{r}$. Der Zustand nach dem Auslesen des fünften Registers ist daher

$$|\varphi_l\rangle = \frac{1}{\sqrt{A+1}} \sum_{j=0}^{A} |n, x, q, jr+l, y\rangle.$$

Da n, x, q und y ab jetzt unveränderlich sind, werden wir sie nicht mehr anschreiben. Daher können wir obigen Zustand auch wie folgt beschreiben

$$|\varphi_l\rangle = \frac{1}{\sqrt{A+1}} \sum_{j=0}^{A} |jr+l\rangle.$$

Phase 2: Von jetzt an konzentrieren wir uns nur noch auf einen speziellen Fall, nämlich auf $A = \frac{q}{r} - 1$. Die anderen Fälle sind ähnlich zu behandeln (vgl. [23]). In unserem Fall erhalten wir für den obigen Zustand

$$|\varphi_l\rangle = \sqrt{\frac{r}{q}} \cdot \sum_{j=0}^{\frac{q}{r}-1} |jr+l\rangle.$$

Darauf wenden wir nun die Quanten-Fourier-Transformation an und erhalten

$$\begin{aligned}
\mathrm{QFT}_q |\varphi_l\rangle &= \frac{1}{\sqrt{q}} \sum_{c=0}^{q-1} \sqrt{\frac{r}{q}} \cdot \sum_{j=0}^{\frac{q}{r}-1} e^{2\pi i c(jr+l)/q} |c\rangle \\
&= \frac{\sqrt{r}}{q} \cdot \sum_{c=0}^{q-1} e^{2\pi i l c/q} \left(\sum_{j=0}^{\frac{q}{r}-1} e^{2\pi i j c r/q} \right) |c\rangle = \sum_{c=0}^{q-1} \alpha_c |c\rangle.
\end{aligned}$$

13.4 Quanten-Algorithmen

Wenn nun c ein Vielfaches von $\frac{q}{r}$ ist, dann ist $e^{2\pi i j c r/q} = 1$. Falls c kein Vielfaches von $\frac{q}{r}$ ist, dann ist

$$\sum_{j=0}^{\frac{q}{r}-1} e^{2\pi i j c r/q} = 0,$$

weil hier $\frac{q}{r}$-te Einheitswurzeln aufsummiert werden, die gleichmäßig über den Einheitskreis verteilt sind. Daher gilt

$$\alpha_c = \begin{cases} \frac{1}{\sqrt{r}} e^{2\pi i l c/q}, & \text{wenn c ein Vielfaches von } \frac{q}{r} \text{ ist,} \\ 0, & \text{sonst.} \end{cases}$$

Daher erhalten wir

$$|\varphi_{out}\rangle = \text{QFT}_q |\varphi_l\rangle = \frac{1}{\sqrt{r}} \sum_{j=0}^{r-1} e^{2\pi i l c/q} |j\frac{q}{r}\rangle.$$

Phase 3: Eine Beobachtung des Zustandes $|\varphi_{out}\rangle$ fördert daher eines der Vielfachen von c, nämlich $\lambda \frac{q}{r}$ zu Tage, wobei $\lambda \in \{0, 1, \ldots, r-1\}$ zufällig mit der Wahrscheinlichkeit $\frac{1}{r}$ auftritt. Der Betrag von $e^{2\pi i l c/q}$ ist 1, da für alle $\epsilon \in \mathbb{R}$ gilt

$$\left|e^{i\epsilon}\right|^2 = |\cos\epsilon + i\sin\epsilon|^2 = \cos^2\epsilon + \sin^2\epsilon = 1.$$

Nach der „Messung" kennen wir daher die Werte von c und q

$$\frac{c}{q} = \frac{\lambda}{r},$$

wobei λ zufällig auftritt. Falls $\text{ggT}(\lambda, r) = 1$ (ggT steht für *größter gemeinsamer Teiler*), dann können wir r bestimmen, indem wir q durch $\text{ggT}(c, q)$ dividieren. Die Wahrscheinlichkeit dafür, dass $\text{ggT}(\lambda, r) = 1$ ist – wie man aus der Zahlentheorie weiß – ungefähr $\frac{1}{\text{ld ld } r}$. Wenn man daher die ganze Berechnung ungefähr (ld ld r)-mal wiederholt[‡‡], so erhält man r mit hinreichend hoher Wahrscheinlichkeit.

Wir schließen diesen Abschnitt mit einer kleinen Gegenüberstellung. Unter der Annahme, dass das *Mooresche Gesetz* weiter gilt, das heißt, dass sich die Rechenkapazität der Prozessoren weiterhin in 18 Monaten ungefähr verdoppelt, geben wir die Zeiten, die notwendig sind, um Zahlen mit klassischen Computern zu faktorisieren (Tabelle 13.1). Dem gegenüber stellen wir die Faktorisierungszeiten eines fiktiven Quanten-Computers mit 100 MHz in Tabelle 13.2.

Anz. von Bits	1024	2048	4096
Faktorisieren im Jahre 2006	10^5 Jahre	$5 \cdot 10^{15}$ Jahre	$3 \cdot 10^{29}$ Jahre
Faktorisieren im Jahre 2024	38 Jahre	$5 \cdot 10^{12}$ Jahre	$7 \cdot 10^{25}$ Jahre
Faktorisieren im Jahre 2042	3 Tage	$3 \cdot 10^8$ Jahre	$2 \cdot 10^{22}$ Jahre

Tabelle 13.1: Zeiten um Zahlen in Faktoren zu zerlegen: Klassische Computer

Anz. von Bits	1024	2048	4096
Anzahl von Qubits	5124	10244	20484
Zeitaufwand	4.5 Min.	36 Min.	4.8 Std.

Tabelle 13.2: Zeiten um Zahlen in Faktoren zu zerlegen: Quanten-Computer

---

[‡‡]Es konnte mittlerweile sogar gezeigt werden, dass die Anzahl der Wiederholungen konstant gehalten werden kann.

13.5 Dichte Codierung

Die dichte Quanten-Codierung verwendet ein Qubit und ein Paar verschränkter Teilchen, um zwei klassische Bits zu codieren und zu übertragen. Da Paare verschränkter Teilchen im Prinzip schon vorab verteilt werden können, wird also nur ein Qubit benötigt um zwei klassische Bits zu übertragen.

Wir nehmen an, dass zwei Personen *Alice* und *Bob* in den Vorgang involviert sind. Alice will zwei klassische Bits, die die Zahlen 0, 1, 2 und 3 darstellen, versenden. Abhängig vom Wert dieser Zahl wendet Alice die folgenden Operationen auf das Paar von verschränkten Teilchen an

Wert	Operation	neuer Zustand
0	$Id \otimes Id$	$\frac{1}{\sqrt{2}}(|00\rangle + |11\rangle)$
1	$NOT \otimes Id$	$\frac{1}{\sqrt{2}}(|10\rangle + |01\rangle)$
2	$Y \otimes Id$	$\frac{1}{\sqrt{2}}(-|10\rangle + |01\rangle)$
3	$Z \otimes Id$	$\frac{1}{\sqrt{2}}(|00\rangle - |11\rangle)$

wobei Id die Identitätsoperation und NOT die Negation ist. Die zu Y und Z gehörigen unitären Matrizen sind gegeben durch

$$Y : \begin{pmatrix} 0 & 1 \\ -1 & 0 \end{pmatrix}$$

$$Z : \begin{pmatrix} 1 & 0 \\ 0 & -1 \end{pmatrix}$$

Da Alice nur über das erste Bit des verschränkten Teilchenpaares verfügt, kann sie das zweite nicht explizit verändern. Deshalb scheint die Identitätsoperation in obiger Tabelle für das zweite Qubit auf.

Nachdem Alice die entsprechende Operation ausgeführt hat, sendet sie das Qubit an Bob.

Bob wendet nun die XOR-Operation auf die beiden Qubits des verschränkten Teilchenpaares an. Er erhält

Anfangszustand	nach XOR	erstes Qubit	zweites Qubit
$\psi_0 = \frac{1}{\sqrt{2}}(|00\rangle + |11\rangle)$	$\frac{1}{\sqrt{2}}(|00\rangle + |10\rangle)$	$\frac{1}{\sqrt{2}}(|0\rangle + |1\rangle)$	$|0\rangle$
$\psi_1 = \frac{1}{\sqrt{2}}(|10\rangle + |01\rangle)$	$\frac{1}{\sqrt{2}}(|11\rangle + |01\rangle)$	$\frac{1}{\sqrt{2}}(|1\rangle + |0\rangle)$	$|1\rangle$
$\psi_2 = \frac{1}{\sqrt{2}}(-|10\rangle + |01\rangle)$	$\frac{1}{\sqrt{2}}(-|11\rangle + |01\rangle)$	$\frac{1}{\sqrt{2}}(-|1\rangle + |0\rangle)$	$|1\rangle$
$\psi_3 = \frac{1}{\sqrt{2}}(|00\rangle - |11\rangle)$	$\frac{1}{\sqrt{2}}(|00\rangle - |10\rangle)$	$\frac{1}{\sqrt{2}}(|0\rangle - |1\rangle)$	$|0\rangle$

Nun kann Bob das zweite Bit beobachten, ohne den Quantenzustand zu stören. Wenn der beobachtete Wert $|0\rangle$ ist, so war der codierte Wert entweder 0 oder 3, wenn der beobachtete Wert $|1\rangle$ ist, so war der codierte Wert entweder 1 oder 2.

Als nächstes wendet Bob die Hadamard-Operation H auf das erste Qubit an. Er bekommt

Anfangszustand	erstes Qubit	H(erstes Qubit)
$\psi_0 = \frac{1}{\sqrt{2}}(\lvert 00\rangle + \lvert 11\rangle)$	$\frac{1}{\sqrt{2}}(\lvert 0\rangle + \lvert 1\rangle)$	$\frac{1}{\sqrt{2}}\left(\frac{1}{\sqrt{2}}(\lvert 0\rangle + \lvert 1\rangle) + \frac{1}{\sqrt{2}}(\lvert 0\rangle - \lvert 1\rangle)\right) = \lvert 0\rangle$
$\psi_1 = \frac{1}{\sqrt{2}}(\lvert 10\rangle + \lvert 01\rangle)$	$\frac{1}{\sqrt{2}}(\lvert 1\rangle + \lvert 0\rangle)$	$\frac{1}{\sqrt{2}}\left(\frac{1}{\sqrt{2}}(\lvert 0\rangle - \lvert 1\rangle) + \frac{1}{\sqrt{2}}(\lvert 0\rangle + \lvert 1\rangle)\right) = \lvert 0\rangle$
$\psi_2 = \frac{1}{\sqrt{2}}(-\lvert 10\rangle + \lvert 01\rangle)$	$\frac{1}{\sqrt{2}}(-\lvert 1\rangle + \lvert 0\rangle)$	$\frac{1}{\sqrt{2}}\left(-\frac{1}{\sqrt{2}}(\lvert 0\rangle - \lvert 1\rangle) + \frac{1}{\sqrt{2}}(\lvert 0\rangle + \lvert 1\rangle)\right) = \lvert 1\rangle$
$\psi_3 = \frac{1}{\sqrt{2}}(\lvert 00\rangle - \lvert 11\rangle)$	$\frac{1}{\sqrt{2}}(\lvert 0\rangle - \lvert 1\rangle)$	$\frac{1}{\sqrt{2}}\left(\frac{1}{\sqrt{2}}(\lvert 0\rangle + \lvert 1\rangle) - \frac{1}{\sqrt{2}}(\lvert 0\rangle - \lvert 1\rangle)\right) = \lvert 1\rangle$

Abschließend beobachtet Bob das Ergebnis-Qubit, das es ihm erlaubt, zwischen den Fällen 0 und 3 sowie zwischen 1 und 2 zu unterscheiden.

13.6 Quanten-Teleportation

„Beam me up, Scotty!"

Captain James T. Kirk, „Star Trek".

Die Quanten-Teleportation ist im wesentlichen die Umkehroperation zur dichten Quanten-Codierung.

Wir nehmen an, dass sich zwei Personen Alice und Bob verschränkte Teilchen

$$\lvert \text{EPR}\rangle = \frac{1}{\sqrt{2}}(\lvert 00\rangle + \lvert 11\rangle)$$

teilen. Außerdem sei Alice im Besitze eines Qubits

$$\lvert \psi\rangle = \alpha\lvert 0\rangle + \beta\lvert 1\rangle,$$

dessen Zustand sie selbst nicht kennt.

Wir werden im folgenden eine Methode darlegen, mit deren Hilfe es möglich ist, den exakten Zustand von $\lvert \psi\rangle$ von Alice an Bob zu übertragen.

Zunächst koppelt Alice das unbekannte Qubit $\lvert \psi\rangle$ an das verschränkte Teilchen und erhält

$$\lvert \phi\rangle = \lvert \psi\rangle\lvert \text{EPR}\rangle = \frac{1}{\sqrt{2}}(\alpha\lvert 000\rangle + \alpha\lvert 011\rangle + \beta\lvert 100\rangle + \beta\lvert 111\rangle),$$

wobei Alice das erste der beiden verschränkten Teilchen besitzt und Bob das zweite.

Im nächsten Schritt wendet Alice die XOR-Operation auf die ersten beiden Bits von $\lvert \phi\rangle$ an. Sie erhält

$$\lvert \phi'\rangle = \frac{1}{\sqrt{2}}(\alpha\lvert 000\rangle + \alpha\lvert 011\rangle + \beta\lvert 110\rangle + \beta\lvert 101\rangle).$$

Danach wendet Alice die Hadamard-Operation auf das erste Qubit an und bekommt

$$\begin{aligned}\lvert \phi''\rangle &= \tfrac{1}{2}(\alpha(\lvert 000\rangle + \lvert 011\rangle + \lvert 100\rangle + \lvert 111\rangle) + \beta(\lvert 010\rangle + \lvert 001\rangle - \lvert 110\rangle - \lvert 101\rangle))\\ &= \tfrac{1}{2}(\lvert 00\rangle(\alpha\lvert 0\rangle + \beta\lvert 1\rangle) + \lvert 01\rangle(\alpha\lvert 1\rangle + \beta\lvert 0\rangle) + \lvert 10\rangle(\alpha\lvert 0\rangle - \beta\lvert 1\rangle) + \lvert 11\rangle(\alpha\lvert 1\rangle - \beta\lvert 0\rangle)).\end{aligned}$$

Nunmehr beobachtet Alice die ersten beiden Qubits und erhält als Ergebnis eines der vier möglichen Resultate $\lvert 00\rangle$, $\lvert 01\rangle$, $\lvert 10\rangle$ oder $\lvert 11\rangle$ mit gleicher Wahrscheinlichkeit. Je nachdem welches Ergebnis Alice erhalten hat, ändert sich Bobs verschränktes Teilchen zu $\alpha\,|0\rangle + \beta\,|1\rangle$, $\alpha\,|1\rangle + \beta\,|0\rangle$, $\alpha\,|0\rangle - \beta\,|1\rangle$ oder $\alpha\,|1\rangle - \beta\,|0\rangle$. Abschließend sendet Alice ihr Resultat in Form von zwei klassischen Bits an Bob.

Beachten Sie, dass Alice durch die Beobachtung den Zustand von $|\phi\rangle$ endgültig zerstört hat. Daher steht die Quanten-Teleportation nicht im Widerspruch zum No-Cloning Theorem.

Nachdem Bob die zwei klassischen Bits empfangen hat, benutzt er die folgende Tabelle, um sein Qubit in den ursprünglichen Zustand von $|\phi\rangle$ zu verwandeln:

empfangene klassische Bits	Zustand	Decodier-Operation
00	$\alpha\,\|0\rangle + \beta\,\|1\rangle$	Id
01	$\alpha\,\|1\rangle + \beta\,\|0\rangle$	NOT
10	$\alpha\,\|0\rangle - \beta\,\|1\rangle$	Z
11	$\alpha\,\|1\rangle - \beta\,\|0\rangle$	Y

Die Decodier-Operationen sind aus Abschnitt 13.5 bekannt.

Obwohl also die Änderungen auf Bobs Seite „sofort" (überlichtschnell) erfolgen, kann er mit dieser Information erst dann etwas anfangen, wenn er die zwei klassischen Bits erhalten hat. Diese klassischen Bits können aber nur höchstens mit Lichtgeschwindigkeit übertragen werden. D.h., die Nichtlokalität der Quantentheorie kann nicht zum überlichtschnellen Transport von Information genutzt werden.

Abschließend sei festgehalten, dass die Quanten-Teleportation bereits mehrfach experimentell realisiert worden ist.

Weiterführende Literatur

J. Gruska. *Quantum computing.* McGraw-Hill, 1999.

A. Peres. *Quantum theory: Concepts and methods.* Kluwer Academic Publisher, 1993.

E. Rieffel, W. Polak. *An Introduction to Quantum Computing for Non-Physicists.* ACM Computing Surveys, Vol. 32, No. 3, September 2000, S. 300–335

A. Zeilinger. *Einsteins Schleier.* C.H.Beck, 2003

Ausklang

Das vorliegende Buch soll nicht enden, ohne noch einmal Rückschau auf die vorangegangenen Kapitel zu halten. Dabei ist klar, dass auf viele interessante Dinge nicht oder nur oberflächlich eingegangen worden ist.

Das Kapitel „Informationstheorie" behandelt zwar alle wichtigen Aspekte des von Claude E. Shannon eingeführten Informationsbegriffes, viele andere Ansätze, etwa die von Gregory J. Chaitin gegründete *Algorithmische Informationstheorie* konnten jedoch nicht gewürdigt werden, da dafür das theoretische Rüstzeug erst erarbeitet werden müsste, was aus Platzgründen hier nicht möglich war.

In der „Codierungstheorie" konnten einige wichtige Ergebnisse nur erwähnt, aber nicht bewiesen werden, da das dafür notwendige zahlentheoretische Wissen den Umfang des Buches gesprengt hätte.

Das Kapitel „Datenübertragungsverfahren" beschränkt sich auf einfache Methoden. Gerade hier sind in den letzten Jahre große Fortschritte erzielt worden, deren Verständnis aber mathematisches Methoden voraussetzt, von deren Präsentation wir Abstand genommen haben.

Auch bei den „Informationsreduzierenden Codierungen" schien eine oberflächliche gegenüber einer exakt mathematischen Behandlung angebracht. Wir hoffen, dass die Verständlichkeit dennoch gegeben ist.

Das Kapitel „Zahlendarstellungen" beschränkt sich auf die gängigen Zahlensysteme (im speziellen dezimal, binär und hexadezimal), die *ganze Zahlen* als Basis verwenden. Theoretisch interessante Ansätze, nicht-ganze Zahlen, etwa $\phi = \frac{1+\sqrt{5}}{2}$, oder gar komplexe Zahlen als Basis zu verwenden, wurden nicht behandelt. Hier sei der interessierte Leser auf die einschlägige wissenschaftliche Literatur verwiesen.

Die im Kapitel „Numerik" behandelten Themen mussten wir auf die wichtigsten Grundlagen beschränken. Spezielle Gebiete, wie etwa das Finden von Nullstellen mathematischer Funktionen, die numerische Integration und die numerische Lösung von Differentialgleichungen, konnten wir nicht berücksichtigen. Zu diesen Kapiteln gibt es jedoch umfangreiche Spezial-Literatur.

Die äußerst umfangreiche Thematik der „Graphen" und „Automaten" konnte im entsprechenden Kapitel nur angerissen werden.

Die Analyse von „Algorithmen" konnte wahrlich nur gestreift werden. Die hierfür vorhandene Literatur füllt ganze Bibliotheken! Wären wir hier detaillierter vorgegangen, so hätten wir auch die Grundlagen von Datenbanken erörtern können. Allerdings schien auch hier mit Blick auf den Umfang eher in der Kürze die Würze zu liegen.

Das Kapitel „Boolesche Algebra" gehört zu den klassischen Gebieten der Informatik und wurde entsprechend gewürdigt. Nicht-klassische Logiken wurden nur teilweise behandelt.

Da auch wichtige technische Anwendungen auf der „Fuzzy-Logik" basieren, wurde ihr ein eigenes Kapitel gewidmet.

Für das zukunftsträchtige Thema der „Quanten-Computer" wurde ein Zugang gewählt, der mit nur wenig Vorwissen über komplexe Zahlen sowie aus Algebra und Matrizen-Rechnung gestattet, die wesentlichen Grundlagen der Quanten-Computer zu verstehen. Unsere Präsentation findet etwa das Auslangen ohne *Hilbert-Räume* und ohne viel komplexer Analysis (Funktionentheorie). Darüber hinaus wurde versucht, die Grundlagen der „Quanten-Informationstheorie" zu erarbeiten und sie der Shannonschen Informationstheorie gegenüberzustellen. Hier ist aber deutlich die Grenze des mit den verwendeten mathematischen Mitteln Erreichbaren zu sehen. Eine kurze Einführung in die „Quanten-Logik" schien möglich, wurde aber im Hinblick auf den Umfang des Buches unterlassen.

Zum Abschluss sei noch einmal darauf hingewiesen, dass der interessierte Leser am Ende jedes Kapitels eine Liste weiterführender Literatur findet, die eine Vertiefung des behandelten Themas ermöglicht.

Ich habe schimpflich missgehandelt,
Ein großer Aufwand, schmählich! ist vertan.

Mephistopheles.
Johann Wolfgang von Goethe, „Faust".
Der Tragödie zweiter Teil.

Ja freilich, freilich Blödsinn! (...)
Wie denn anders?! Und was denn sonst als Blödsinn?!
Alles Unsinn—

Doctor Döblinger.
Heimito von Doderer, „Die Merowinger oder Die totale Familie".

Dieses Buch wurde mit dem Buchsatzsystem LaTeX, dem CONCRETE-Zeichensatz und mit dem nach *Leonhard Euler* benannten Zeichensatz für mathematische Ausdrücke gesetzt.

Literaturverzeichnis

[1] A. V. Aho, J. E. Hopcroft, and J. D. Ullman. *The Design and Analysis of Computer Algorithms*. Addison-Wesley, Reading, MA, 1974.

[2] T. C. Bell, J. G. Cleary, and I. H. Witten. *Text Compression*. Prentice Hall, Englewood Cliffs, N.J., 1990.

[3] P. Damerow, R. Englund, and H. Nissen. Die ersten Zahldarstellungen und die Entwicklung des Zahlbegriffs. *Spektrum der Wissenschaft*, 3, 1988.

[4] Diffie and Hellman. New directions in cryptography. *IEEE Trans. on Information Theory*, IT-22:644–654, 1976.

[5] D. L. Gall. MPEG: A video compression standard for multimedia applications. *Communications of the ACM*, 34(4):46–58, April 1991.

[6] R. G. Gallager. Variations on a theme by Huffman. *IEEE Trans. on Information Theory*, IT-24(6):668–674, 1978.

[7] D. Goldberg. What every computer scientist should know about floating-point arithmetic. *ACM Computing Surveys*, 23(1):5–48, 1991.

[8] S. Golomb, B. Gordon, and L. Welch. Comma-free codes. *Can. J. Math.*, 10:202–209, 1958.

[9] M. Graband. *Sicherheitsrelevante Funkdatenübertragung mit selbstsynchronisierendem Code für Verkehrssysteme*. PhD thesis, Technische Universität Braunschweig, 1982.

[10] J. Gruska. *Quantum Computing*. McGraw-Hill, London, 1999.

[11] S. W. Hawking. *Eine kurze Geschichte der Zeit*. Rowohlt, Reinbek, 1988.

[12] D. R. Hofstadter. *Gödel, Escher, Bach - ein endloses geflochtenes Band*. Klett Verlag, Stuttgart, 1979.

[13] D. E. Knuth. *Seminumerical Algorithms*, volume 2 of *The Art of Computer Programming*. Addison-Wesley, Reading, Mass., second edition, 1981.

[14] B. B. Mandelbrot. *Die fraktale Geometrie der Natur*. Birkhäuser Verlag, Basel, 1987.

[15] G. H. Mealy. A method for synthesizing sequential circuits. *Bell System Technology J.*, 34:1045–1079, 1955.

[16] E. Moore. Gedanken-experiments on sequential machines. *Automata Studies, ser. Annals of Mathematical Studies*, (34):129–153, 1956.

[17] D. A. Patterson and J. L. Hennessy. *Computer Organization and Design, the Hardware / Software Interface*. Morgan Kaufman, San Mateo, California, 1994.

[18] K. Rao and P. Yip. *Discrete Cosine Transform*. Academic Press, San Diego, CA, 1990.

[19] R. Riedl. *Die Strategie der Genesis*. Piper, Berlin, 1986.

[20] Rivest, Shamir, and Adleman. On a method for obtaining digital signatures and public key cryptosystems. *Communications of the ACM*, 21:120–126, 1978.

[21] C. E. Shannon. A mathematical theory of communication. *The Bell system Technical Journal*, 27:379–423, 623–656, 1948.

[22] C. E. Shannon. Communication in the presence of noise. *Proceedings Institute of Radio Engineers*, 37:10–21, 1949.

[23] P. W. Shor. Polynomial time algorithms for prime factorization and discrete logarithms on a quantum computer. *SIAM Journal on Computing*, 26(5):1484–1509, 1997.

[24] G. K. Wallace. The JPEG still picture compression standard. *Communications of the ACM*, 34(4):30–45, April 1991.

[25] I. H. Witten, R. M. Neal, and J. G. Cleary. Arithmetic coding for data compression. *Communications of the ACM*, 30(6):520–540, 1987.

[26] L. A. Zadeh. Fuzzy sets. *Inf. & Contr.*, 8:338–353, 1965.

Namensverzeichnis

Adleman, Leonard M., 62
Aiken, Howard Hathaway, 3
al-Khwârizmî, Abu Ja'far Mohammed ibn Mûsâ, 101, 165

Bachmann, Paul, 167
Boltzmann, Ludwig, 16
Boole, George, 195
Burks, Arthur W., 128

Chaitin, Gregory J., 249
Clausius, Rudolf Julius Emanuel, 16

de Morgan, Augustus, 197

Eckert, John Presper, 3
Einstein, Albert, 232
Euler, Leonhard, 176

Feynman, Richard P., 225
Fibonacci, *siehe* Pisano, Leonardo

Goldstine, Herman H., 128
Grover, Lov K., 233, 241

Hadamard, Jacques Salomon, 228
Hamming, Richard Wesley, 44, 45
Heisenberg, Werner, 15
Hoare, C.A.R., 170
Huffman, David A., 33

Kahan, William, 128, 135, 160

Laplace, Pierre Simon, Marquis de, 15
Leibniz, Gottfried Wilhelm, Freiherr von, 102
Lempel, Abraham, 43

Mandelbrot, Benoît B., 98
Mauchly, John William, 3
Maxwell, James Clerk, 15
McCluskey, Edward J., 202
Mealy, George H., 187
Moore, Edward F., 187
Morgan, Augustus de, 197
Morse, Samuel Finley Breese, 20

Neumann, John von, 128, 236
Newton, Sir Isaac, 15

Palmer, John, 128
Petri, Carl Adam, 188
Pisano, Leonardo, 101

Podolsky, Boris, 232

Quine, 202

Rivest, Ronald L., 62
Rosen, Nathan, 232

Schönhage, Arnold, 113
Schrödinger, Erwin, 225, 232
Sedgewick, Robert, 174
Shamir, Adi, 62
Shannon, Claude Elwood, 15, 21
Shor, Peter W., 225, 244
Strassen, Volker, 113

von Neumann, John, 128

Zadeh, Lotfi A., 213
Zeilinger, Anton, 225
Zemanek, Heinz, 4
Ziv, Jacob, 43
Zuse, Konrad, 3, 129

Stichwortverzeichnis

adaptiver Code, 35
adaptiver Huffman-Code, 35
Addition, 107
    im binären Zahlensystem, 107
    im Gleitpunkt-Zahlensystem, 146
    im hexadezimalen Zahlensystem, 111
Additionsregel, 107
additive Störung, 86
Äquivalenzklassen, 83
Äquivokation, 28, 30
Algebra, 101, 195
Algorithmen, 165
    Analyse, 165
    Ausgangsdaten, 166
    Eingangsdaten, 166
    Performance, 165
    rekursive, 170
    Speicherplatzbedarf, 165
    Wahrscheinlichkeitsmodell, 167
    Zeitverhalten, 165
Algorithmus, 101
Alice, 246–248
Alphabet, 18
    Binäralphabet, 19
American Standard Code for Information Interchange (ASCII), 51
Amplitudenentscheider, 69
Analyse von Algorithmen, 165
Antivalenzfunktion, 199
arithmetisches Codieren, 35
ASCII, *siehe* American Standard Code for Information Interchange
ASCII-Code, 51
Assembler, 3
asymptotische Ergebnisse, 168
Aufwandsabschätzung, 112
Ausklang, 249
Auslöschung, 151, 158
Authentisierung, 64
Authentizität, 64
Automat
    endlicher, 185
    Mealy-Automat, 187
    Moore-Automat, 187
    Petri-Netz, 188
    Zustandsdiagramm, 185

Bad Guy, 55
Bandspreizung (Spread Spectrum), 77
Basis, 121, 123
Baum, 20, 182
    binärer, 183
    Blätter, 20
    Blatt, 183
    Geschwister, 183
    innerer Knoten, 183
    Kanten, 20
    Kind, 183
    Knoten, 20
    Vater, 183
    Wurzel, 20, 183
    Wurzelbaum, 183
BCD, *siehe* Binary Coded Decimal
BCD-Code, 50
Benign Cancellation, 159
Bewertungsfenster, 82
Bijunktion, 199
Bildkompression, 94
    fraktale, 98
    JPEG-Standard, 94
Bildpunkt, 94
Binäralphabet, 19
Binärbaum, 183
Binärcode, 20
binärer Baum, 174, 183
binäres Suchen, 168
Binary Coded Decimal (BCD), 50
Bit, 20, 22, 115
    GBit, 21
    KBit, 21
    MBit, 21
    PBit, 21
    TBit, 21
Bit-Destuffer, 72
Bit-Stuffing, 72
Bittaktregeneration, 69
Bittaktsynchronisation, 69, 81
Blätter, 20
Blatt, 183
Bob, 246–248
Bösewicht, 55

Boolesche Algebra, 195
    Antivalenzfunktion, 199
    Bijunktion, 199
    de Morgansches Gesetz, 197
    Disjunktion, 196
    Dualität, 196
    exklusives Oder (XOR), 199
    Gesetze der, 196
    Implikation, 199
    inklusives Oder (OR), 196
    Karnaugh-Veitch (Algorithmus), 207
    Komplement, 195
    Konjunktion, 196
    KV-Diagramm, 207
    Maxterm, 200
    Minterm, 200
    Negation, 195
    Normalform, 200
    Normalform, disjunktive, 200
    Normalform, konjunktive, 201
    Oder-Operator (Disjunktion), 196
    Quine-McCluskey (Algorithmus), 202
    reduzierte Terme, 205
    Shannonsches Theorem, 197
    Und-Operator (Konjunktion), 196
    Volldisjunktion, 200
    Vollform, 200
    Vollkonjunktion, 200
    Wahrheitstabelle, 199
Brücke, 181
Byte, 21
    GByte, 21
    KByte, 21
    MByte, 21
    TByte, 21

CASE, *siehe* Computer Aided Software Engineering
Catastrophic Cancellation, 159
Chip, 78
chipping sequence, 77
Ciphertext, 55
Code, 19
    adaptiver, 35
    arithmetischer, 35
    ASCII-, 51
    BCD-, 50
    Binär-, 20
    Bit, 20
    Codebaum, 20, *siehe* Baum
    CRC-, 46
    Decodierung, 19
    einschrittiger, 50
    fehlererkennender, 43, 46
    fehlerkorrigierender, 43, 48
    genetischer, 20, 86
    Gray-, 50
    Hamming-, 48, 84
    Hammingdistanz, 46
    Huffman-, 33
    kommafreier, 82
    Morse-, 20
    orthogonaler, 76
    Polynom-, 46
    Redundanz, 24
    selbstsynchronisierender, 83
    trennzeichenfreier, 82
    umkehrbar eindeutig, 23
    Wortlänge, *siehe* Wortlänge
    Ziv-Lempel-, 43
Code Division Multiplexing/CDM, *siehe* Codemultiplex
Code-Spreizungs-Sequenzen, 77
Codebaum, 20, *siehe* Baum
Codemultiplex, 76
Codierung
    Code, *siehe* Code
    dichte, 246
    Grundlagen, 19
    Wort, 19
Computer Aided Software Engineering, 4
Cosinus-Transformation
    diskrete, *siehe* diskrete Cosinus-Transformation
CRC, *siehe* Cyclic Redundancy Codes
CRC-Code, 46
Cryptanalysis, 56
Cryptogram, 55
Cryptographie, 55
Cryptology, 56
Cyclic Redundancy Codes (CRC), 46

Dämon
    Laplacescher, 15
    Maxwellscher, 16
Data Encryption Standard (DES), 58, 60
Datenübertragungsverfahren, 69
Datenkompression, 37
    Modell, 37
    Vorhersage, 37
Datenschutz, 13
Datenverdichtung, 33
DCT, *siehe* diskrete Cosinus-Transformation
de Morgansches Gesetz, 197
Deadlock, 190
Decodierung, 19

STICHWORTVERZEICHNIS

decrypt, 61
Defuzzifizierung, 223
    Maximum Height, 223
    Mean of Maximum, 223
    Schwerpunktmethode, 223
Denormalisierte Gleitpunktzahlen, 122, 131
DES, *siehe* Data Encryption Standard
Dichte Codierung, 246
Direct Sequence Spread Spectrum, 77
Direct Sequence Spread Spectrum (DSSS), 77
Directed Rounding, 138
Disjunktion, 196
diskrete Cosinus-Transformation, 90
    Anwendungen, 93
    Beispiel, 95
    Bild, 94
    Film, 96
    Filter, 93
    Frequenzbereich, 93
    Signal, 93
    Sprache, 94
    Video, 96
    Zeitbereich, 93
Distributed Systems, *siehe* verteilte Systeme
Division
    im binären Zahlensystem, 111
    im Gleitpunkt-Zahlensystem, 157
    im hexadezimalen Zahlensystem, 111
Dominanz-Relation, 185
Doppelte Genauigkeit, 130
Doppler-Effekt, 81
Double Precision, 130
DSSS, *siehe* Direct Sequence Spread Spectrum

Eindringling, 55
Einerkomplementdarstellung, 116
Einfache Genauigkeit, 130
einschrittiger Code, 50
elektronisches Geld, 65
Elektrotechnik, 18
Empfänger, 17
encrypt, 61
Endekennung, 37
endlicher Automat, 185
Entropie, 15, 23
    Äquivokation, 28, 30
    bedingte, 29
    Irrelevanz, 28, 29
    Maximum der, 25
    Quanten-, 236
    Transinformation

    mittlere, 28
    Verbundentropie, 27
Entscheidungs-
    strategie, 219
Entwurf
    objektorientierter, 10
Epoche, 75
Epochendauer, 75
EPR-Kanal, 232
EPR-Paradoxon, 232
EPS, *siehe* Machine Epsilon
Ersetzung
    monoalphabetische, 56
    polyalphabetische, 57
Ersetzungsmethoden, 56
Erwartungsfenster, 72
Eulersche Konstante Gamma, 176
Exponent, 121, 123
Extended Precision, 130
Exzess, 116

Fehler, 44
Fehlerbündel, 44
fehlererkennende Codes, 43, 46
Fehlerfortpflanzung, 158
Fehlerkompensierte Summation, 160
fehlerkorrigierende Codes, 43, 48
Fehlerverhalten, 86
Fensterinhalt, 82
Festpunkt-Darstellung, 119
Festpunkt-Zahlensystem, 119
feuern, 190
FHSS, *siehe* Frequency Hopping Spread Spectrum
Filmkompression, 96
    MPEG-Standard, 96
Filter, 93
Fixed Point Representation, 119
Floating Point Representation, 120
Flussgraph, 184
    Dominanz-Relation, 185
    irreduzierbarer, 185
    reduzierbarer, 185
Fortran, 3
Fraction, 133
Fraktal, 98
Fraktale Bildkompression, 98
Frame, 96
Frequency Hopping Spread Spectrum (FHSS), 77
Frequenzband, 75
Frequenzmultiplex (Frequency Division Multiplexing/FDM), 75

Funkzellennetz, 73
Fuzzy-
    Operator, 216
    Relation, 218
Fuzzy-Logik, 213

GAG, *siehe* Graph, gerichteter azyklischer
    topologische Ordnung, 181
GBit, 21
GByte, 21
Geld
    elektronisches, 65
Genauigkeit
    doppelte, 130
    einfache, 130
    erweiterte, 130
genetischer Code, 20, 86
geordneter Wurzelbaum, 183
gerichteter Graph, 179
Gerichtetes Runden, 138
Geschwister, 183
Gleitpunkt-Darstellung, 120
    Arithmetik, 135
        Addition, 146
        Division, 157
        Implementierung, 145
        Multiplikation, 156
        Subtraktion, 146
    Auslöschung, 151, 158
    Basis, 121, 123
    Benign Cancellation, 159
    Catastrophic Cancellation, 159
    Codierung, 126, 130
    Denormalisierte Gleitpunktzahlen, 122, 131
    Directed Rounding, 138
    EPS, *siehe* Machine Epsilon
    Exponent, 121, 123
    Fehlerfortpflanzung, 158
    Fraction, 133
    Gerichtetes Runden, 138
    Gleitpunkt-Zahlensystem, 123
        Absolute Abstände, 124
        Anzahl der Gleitpunktzahlen, 123
        Größte Gleitpunktzahl, 124
        Kleinste Gleitpunktzahl, 124
        Parameter, 123
    Grenzpunkt, 137
    Guard Digit, 146
    IEEE-Normen, 128
        754-1985, 129
        854-1987, 129
        Geschichte, 128
        IEEE 754, *siehe* IEEE 754

Implizites erstes Bit, 130
Iterative Summation, 145
Java Virtual Machine, 129, 141
Linux-Kernel, 141
Machine Epsilon, 141
Mantisse, 121
NaN, *siehe* Not a Number
Normalisieren, 122
Normalisierte Darstellung, 121
Normalisierungsbedingung, 121, 122
Normalisierungsindikator, 123
Not a Number, 133
Null, 121, 132
Nullstellenberechnung, 144
Overflow, 122, 138
Precision, 121, 123
Pseudo-Arithmetik, 143
Relative Maschinengenauigkeit, 141
Round Away from Zero, 137
Round Digit, 147
Round to Even, 137
Round to Nearest, 137
Round Toward Minus Infinity, 138
Round Toward Plus Infinity, 138
Round Toward Zero, 137
Rundung, 135, 136
Rundung durch Abschneiden, 137
Rundung und Vergleich, 144
Rundungsfehler, *siehe* Rundungsfehler
Rundungsfunktion, 136, 137
Rundungsverfahren, 135
Sticky Bit, 147
Subnormale Gleitpunktzahlen, 122
Summation, 160
    fehlerkompensiert, 160
    nach Kahan, 163
    naiv, 160
Überlauf, 122, 138
ULP, *siehe* Unit of Last Position
Underflow, 122
Unendlich, 132
Unit of Last Position, 124
Unterlauf, 122
Global Positioning System, 76
GPS, *siehe* Global Positioning System
Grad, 180
Grammatik, 18
Graph, 174, 179
    Baum, 182
    Brücke, 181
    Flussgraph, 184
    gerichteter, 179
    gerichteter azyklischer, 7, 180

Kante, gerichtete, 7
Knoten, 7
Kante, 179
Knoten, 179
Komponente, 181
Kreis, 180
Pfad, 180
Schatten, 180
ungerichteter, 179
Wald, 182
zusammenhängender, 181
Graph, gerichteter, azyklischer
    Buchaufbau, 8
Gray-Code, 50
Grundrechnungsarten
    im binären Zahlensystem, 107
GSM-Telefonie, 73
Guard Digit, 146

Hacker, 13
Hamming-Code, 48, 84
    Korrekturindikator, 48
Hammingdistanz, 44, 45
Harmonische Zahlen, 176
Heisenbergsche Unschärferelation, 15
Hornerschema, 105
Huffman-Code, 33
    adaptiver, 35

IBM, 4
ideeller Zahlenbegriff, 103
IEEE, 128
IEEE 754, 129
    Arithmetik, 135
    Codierung, 130
    Erweiterte Formate, 130
    Grundformate, 130
Implementierung, 165
Implikation, 199, 218
Implizites erstes Bit, 130
Indeterminismus, 190
Inferenz, 218, 219
    MAX-MIN, 220
    MAX-PROD, 220
Informatik, 18
Informatiker
    Anforderungen, 5
    Berufsbild, 3
Information, 18
    gegenseitige, 31
Information Hiding, 10
Informationsbegriff
    Empfänger, 17
    Information, 18

Kanal, 17
    Medium, 17
    Nachricht, 18
    Nachrichtenkanal, 17
    nachrichtentechnischer, 17
    Quelle, 17
    Sender, 17
    Senke, 17
    Signal, *siehe* Signal
    Sprache, *siehe* Sprache
Informationsfluss, 21
Informationsgehalt, 21, 22
    bedingter, 28
    mittlerer, *siehe* Entropie
Informationstheorie, 15
    Shannon, 21
innerer Knoten, 183
Integrated Service Data Network, 73
Intel, 128
Inter-range Instrumentation Group, 81
International Organization for Standardization (ISO), 51
Internet, 64, 65
Intruder, 55
IRIG, *siehe* Inter-range Instrumentation Group
irreduzierbarer Flussgraph, 185
Irrelevanz, 28, 29
ISDN, *siehe* Integrated Service Data Network
ISDN-System, 73
ISO, *siehe* International Organization for Standardization

Java, 165
Java Virtual Machine, 129, 141
Job, 4
Joint Photographic Experts Group, 94
JPEG, *siehe* Joint Photographic Experts Group
JPEG-Standard, 94
    Quantisierung, 94

Kahan-Summation, 163
Kanal, 17, 75
    EPR, 232
Kanalcodierung, 81
Kante, 179
    Brücke, 181
    Quelle, 180
    Ziel, 180
Kanten, 20
Karnaugh-Veitch Verfahren, 207
Katze
    Schrödingers, 225
KBit, 21
KByte, 21

Key, 55
Kind, 183
Kinder, 183
Knoten, 20, 179
    Grad, 180
    innerer, 183
Knotengrad, 180
Knowledge
    acquisition, 219
    engineering, 219
kommafreier Code, 82
Kompatibilität, 4
Komplement, 195, 217
Kompression
    Bild–, 94
    Film–, 96
    Sprach–, 94
    Video–, 96
Konjunktion, 196
Konklusion, 219
Kontradiktion, 199
Konversion, 104
    von ganzen Zahlen, 104, 105
    von Zahlen mit Nachkommastellen, 104, 106
    zwischen binärer und hexadezimaler Zahlendarstellung, 107
Korrekturindikator, 48
Kreis, 180
Kurzzeitstabilität, 69
KV-Diagramm, 207

Laplacescher Dämon, 15
lineare Rekursion, 176
local clock oscillator, 75

Machine Epsilon, 141
Mantisse, 121
Marken, 188
Markierung, 188
Maschinensprache, 3
Mathematik, 13
Matrix, 87, 88
    inverse, 89
    Operationen, 88
    transponierte, 89
    unitäre, 227
    Vektor, *siehe* Vektor
Matrizen, *siehe* Matrix
Maximum Operator, 216
Maxwellscher Dämon, 16
👻, 16
MBit, 21

MByte, 21
Mealy-Automat, 187
Medium, 17
Mehrfachnutzung, 73
Metasprache, 19
Minimum-Operator, 217
mittlere Synchronisationszeit, 86
mittlerer Informationsgehalt, 22
Mobilfunksystem, 76, 77
Modell
    Dictionary-basierend, 43
    dynamisches Markov-, 42
    mit endlichem Kontext, 39
    endlich viele Zustände, 40
    Ziv-Lempel, 43
Modellierung, 37
    adaptive, 38
    semi-adaptive, 38
    statische, 38
monoalphabetische Ersetzung, 56
Moore-Automat, 187
Morse-Code, 20
Moving Picture Experts Group, 96
MPEG, *siehe* Moving Picture Experts Group
MPEG-Standard, 96
    bidirektionale Frames, 97
    Frame, 96
    interpolierte Frames, 97
    Intraframes, 97
    vorhergesagte Frames, 97
Multiplikation
    im binären Zahlensystem, 109
    im Gleitpunkt-Zahlensystem, 156
    im hexadezimalen Zahlensystem, 111
Multiplikationsalgorithmus
    von Schönhage und Strassen, 113
Multiplikationsregel, 109

Nachricht, 18
Nachrichtenkanal, 17
Naive Summation, 160
NaN, *siehe* Not a Number
Negation, 195
    kontrollierte, 230
negative Zahlen, 114
    Darstellung durch Vorzeichen und Betrag, 115
    Einerkomplementdarstellung, 116
    Exzessdarstellung, 116
    Zweierkomplementdarstellung, 117
Netzwerke, 4
Newtonsches Weltbild, 15
Nicht-Lokalität, 232

Nicht-Periodizitat, 83
nichtlineare Verzerrungen, 69
No-Cloning Theorem, 230
Non-Return-to-Zero-Inverted, 72
Normalform, disjunktive, 200
Normalisieren von Gleitpunktzahlen, 122
Normalisierungsindikator, 123
Not a Number, 133
NRZ-L-Codierung, 81
NRZI, *siehe* Non-Return-to-Zero-Inverted
NRZI-Codierer, 72

O-Notation, 167
Objektorientierung, 10
Octet, 21
Oder-Operator, 196
Ordnung
    topologische, 181
orthogonaler Code, 76
Overflow, 122, 138

P-Box, 58
Parallelität, 4
Parity-Bit, 46
PBit, 21
Performance, 165
Permutation
    zyklische, 83
Permutationen, 167
Petri-Netz, 188
    Deadlock, 190
    Indeterminismus, 190
    Marken, 188
    Markierung, 188
    Stelle, 188
    Stellen-Kapazität, 188
Petri-netz
    Transition, 188
Pfad, 180
    Schleife, 180
Phase Lock Loop, 69
Phasendiskriminator, 69
Physik, 13
Pionierzeit, 3
Pixel, 94
Plaintext, 55
polyalphabetische Ersetzung, 57
Polynomcode, 46
Potenzieren, 114
Präfixeigenschaft, 82
Prämisse, 219
Precision, 121, 123
    Double, 130
    Extended, 130

    Single, 130
Primzahl, 104
Programm, 165
Projektmanagement, 11
Prozessor, 4
Prüfbit, 48
Pseudo-Arithmetik, 143
Pseudotetraden, 50
Puls-Code-Modulation (PCM), 73

Quanten-Entropie, 236
    bedingte, 238
Quanten-Fourier-Transformation, 235
Quanten-Irrelevanz, 238
Quanten-Parallelismus, 240
Quanten-Teleportation, 247
Quantisierung, 94
Qubit, 226
    verschränkte Qubits, 231
Qubit-Operation
    binäre, 230
        CNOT, 230
        Tensorprodukt, 229
        $\otimes$, 229
        XOR, 230
    Hadamard-Operation, 228
    Löschen(B), 229
    unäre, 228
        Einsfunktion(B), 229
        Id, 228
        Identität, 228
        Negation, 228
        NOT, 228
        Nullfunktion(B), 229
        $\sqrt{\text{NOT}}$, 228
    universelle, 234
Quelle, 17
Quicksort, 170
Quine-McCluskey (Algorithmus), 202

Raummultiplex (Space Division Multiplexing/SDM), 73
Rauschquelle, 28
Rechenzeitabschätzung, 112
Rechnen
    im binären Zahlensystem, 107
    im hexadezimalen System, 111
    mit überlangen Zahlen, 112
Redundanz, 24
    relative, 24
reduzierbarer Flussgraph, 185
reelle Zahlen
    Festpunkt-Darstellung, 119

Gleitpunkt-Darstellung, *siehe* Gleitpunkt-Darstellung
Regel
  -basis, 218
  aktive, 220
Regula falsi, 144
Rekursion, 112, 170, 171
Rekursionsformel, 175
Relative Maschinengenauigkeit, 141
Rivest, Shamir, Adleman (RSA), 62
Round Away from Zero, 137
Round Digit, 147
Round to Even, 137
Round to Nearest, 137
Round Toward Minus Infinity, 138
Round Toward Plus Infinity, 138
Round Toward Zero, 137
RSA, *siehe* Rivest, Shamir, Adleman
RSA-Methode, 62
Rundung durch Abschneiden, 137
Rundungsfehler, 138
  absolut, 139
    Schranken, 139
  Arithmetische Operationen, 143
  relativ, 140
    Machine Epsilon, 141
    Schranken für, 140
  Relative Maschinengenauigkeit, 141
RZ-Kanalcodierung, 82

S-Box, 60
Schaltschwelle, 69
Schatten, 180
scheinbare Synchronisationsworte, 72
Schleife, 180
Schliesen, unscharfes, 218
Schlüssel, 55, 56
Schrödinger-Katze, 225
🐈, 227
Schutzabstand, 73
Schutzzeit, 75
selbstsynchronisierender Code, 83
Sender, 17
Senke, 17
Shannonsche Funktion, 23
Shannonsches Theorem, 197
Shift, 110
Signal, 18
  analoges, 18
  diskretes, 18
Single Precision, 130
Sortieren

Quicksort, 170
Soziologische Implikationen, 11
Spezialisierung, 11
Sprache, 18
  Alphabet, 18
  Binäralphabet, 19
  Grammatik, 18
  künstliche, 19
  Metasprache, 19
  natürliche, 19
  Syntax, 18
  Zeichen, 18
Sprachkompression, 94
Spurprüfung, 72
Stelle, 188
Stellen-Kapazität, 188
Stellenwertsystem, 101
Sticky Bit, 147
Störung, 43
  additive, 86
Subnormale Gleitpunktzahlen, 122
Substitution, 60
Subtraktion
  im binären Zahlensystem, 109
  im Gleitpunkt-Zahlensystem, 146
  im hexadezimalen Zahlensystem, 111
Suchen
  binäres, 168
Synchronisation auf Bit- und Wortebene, 69
Synchronisationsinformation, 83
Synchronisationsstorung, 86
Synchronisationsworte
  scheinbare, 72
Synchronisationszeit
  mittlere, 86
Syntax, 18
Systemadministrator, 11
Systemanalyse, 2

Tautologie, 199
TBit, 21
TByte, 21
Telemetrie, 81
TeX, 19
Text
  unverschlüsselter, 55
  verschlüsselter, 55
time slot, 75
topologische Ordnung, 181
Transinformation
  mittlere, 28, 31
Transinformationsgehalt, 31
Transition, 188

feuern, 190
Trennzeichenfreie Codierung, 82
trennzeichenfreier Code, 82

Überlauf, 122, 138
Übertragungsbandbreite, 77
Übertragungskapazitat, 73
ULP, *siehe* Unit of Last Position
UML, *siehe* Unified Modeling Language
Und-Operator, 196
Underflow, 122
ungerichteter Graph, 179
Unified Modeling Language, 4
Unit of Last Position, 124
unitäre Matrix, 227
Unschärferelation
   Heisenbergsche, 15
Unterlauf, 122
unverschlüsselter Text, 55

Vater, 183
Vektor, 87
   Operationen, 88
   Produkt
     skalares, 88
   skalares Produkt, 88
   transponierter, 87
Verbundentropie, 27
Verschiebungsmethoden, 57
verschlüsselter Text, 55
verschränkte Qubits, 231
verteilte Systeme, 4
Vertrieb, 11
Verzerrungen
   nichtlineare, 69
Videokompression, *siehe* Filmkompression
Vigenèremethode, 57
VLSI-Technik, 4
voltage controlled oscillator (VCO), 69

Wahrheitstabelle, 199
Wahrscheinlichkeitsmodell, 167
Wald, 182
Wavelet-Transformation, 98
Weltbild
   Newtonsches, 15
Wissens-
   akquisition, 219
   verarbeitung, 219
WLT, *siehe* Wavelet-Transformation
Wort, 19
Wortlänge, 19
   mittlere, 23
Wortsynchronisation, 69, 72

Wurzel, 20, 183
Wurzelbaum, 183
   geordneter, 183
$\boxed{W}$, vi, 20, 33, 40, 42, 50, 56, 57, 89, 105, 108–111, 115, 116, 118, 119, 127, 170, 202, 207

Zahlen
   negative, 114
Zahlenbegriff
   ideeller, 103
Zahlendarstellung, 101
Zahlensystem, 101
   b-äres, 102
   binäres, 102
   dezimales, 101
   hexadezimales, 102
Zahlenumwandlung, *siehe* Konversion
Zehnersystem, 101
Zeichen, 18
Zeitmultiplex (Time Division Multiplexing/TDM), 75
Zeitmultiplexverfahren, 75
Zeitschlitz, 75
Zeittor, 75
Ziffern, 102
zusammenhängender Graph, 181
Zustandsdiagramm, 40, 185
   Beschriftungen, 40
   Kanten, 40
   Knoten, 40
Zweierkomplementdarstellung, 117
zyklische Permutation, 83

Most readers get as far as the Future Semiconditionally Modified Subinverted Plagal Past Subjunctive Intentional before giving up; and in fact in later editions of the book all the pages beyond this point have been left blank to save on printing costs.

Douglas Adams, „The Restaurant at the End of the Universe".

SpringerInformatik

G. H. Schildt, D. Kahn, C. Kruegel, C. Moerz
Einführung in die Technische Informatik

Unter Mitarbeit von J. Klasek, H. Pangratz, A. Redlein, U. Schmid und S. Stöckler
Zweite, überarbeitete und erweiterte Auflage.
2005. XIV, 358 Seiten. 254 Abbildungen.
Broschiert **EUR 39,–**, sFr 66,50
ISBN 3-211-24346-1
Springers Lehrbücher der Informatik

Das Buch gibt eine leicht verständliche Einführung in die Thematik der Technischen Informatik, die heute für das Verständnis technischer Hard- und Softwaresysteme unverzichtbar ist. Zahlreiche Abbildungen sollen technische Zusammenhänge in Computersystemen verdeutlichen.
Folgende Themenbereiche werden behandelt:
• Entwurf logischer Schaltungen
• Very High Speed Integrated Circuit Hardware Description Language (VHDL)
• Endliche Automaten
• Mikroprozessoren
• Computersysteme
• Betriebssysteme und Systemsoftware
• Programmprozesse
• Speicherverwaltung
• Interprozess-Kommunikation
• Netzwerke
• Resource-Management
• Sicherheit in Betriebssystemen
Die Neuauflage wurde um ein Kapitel über USB und Firewire sowie um eines über Netzwerke ergänzt. Das Kapitel „Betriebssysteme" wurde um einen Abschnitt „Sicherheit" erweitert.

P.O. Box 89, Sachsenplatz 4–6, 1201 Wien, Österreich, Fax +43.1.330 24 26, books@springer.at, **springer.at**
Haberstraße 7, 69126 Heidelberg, Deutschland, Fax +49.6221.345-4229, SDC-bookorder@springer-sbm.com, springer.com
P.O. Box 2485, Secaucus, NJ 07096-2485, USA, Fax +1.201.348-4505, orders@springer-ny.com, springeronline.com
Eastern Book Service, 3–13, Hongo 3-chome, Bunkyo-ku, Tokyo 113, Japan, Fax +81.3.38 18 08 64, orders@svt-ebs.co.jp
Preisänderungen und Irrtümer vorbehalten.

SpringerInformatik

Wolfgang Kastner, Gerhard-Helge Schildt
Informatik
Aufgaben und Lösungen

Begleitbuch zu Blieberger et al.: Informatik
Dritte, überarbeitete Auflage.
2005. VIII, 124 Seiten. 5 Abbildungen.
Broschiert **EUR 14,90**, sFr 25,50
ISBN 3-211-21136-5
Springers Lehrbücher der Informatik

Diese Aufgabensammlung stellt eine sinnvolle Ergänzung zum Lehrbuch „Informatik" von Blieberger et al. dar. Ziel der Aufgabensammlung ist es, durch das Lösen von Aufgaben den angebotenen Stoff zu vertiefen und zugleich anhand der Lösungen die eigene Bearbeitung zu überprüfen. Den Aufgaben und Lösungen zu den einzelnen Kapiteln werden jeweils Zusammenfassungen des Stoffes vorangestellt, die das Buch auch unabhängig vom Lehrbuch verwendbar machen.

Besuchen Sie auch unsere Website: **springer.at**

P.O. Box 89, Sachsenplatz 4–6, 1201 Wien, Österreich, Fax +43.1.330 24 26, books@springer.at, **springer.at**
Haberstraße 7, 69126 Heidelberg, Deutschland, Fax +49.6221.345-4229, SDC-bookorder@springer-sbm.com, springer.com
P.O. Box 2485, Secaucus, NJ 07096-2485, USA, Fax +1.201.348-4505, orders@springer-ny.com, springeronline.com
Eastern Book Service, 3–13, Hongo 3-chome, Bunkyo-ku, Tokyo 113, Japan, Fax +81.3.38 18 08 64, orders@svt-ebs.co.jp
Preisänderungen und Irrtümer vorbehalten.

SpringerInformatik

Gerd Baron, Peter Kirschenhofer

Einführung in die Mathematik für Informatiker

Zweite, überarbeitete Auflage.
Springers Lehrbücher der Informatik

Band 1
1992. VIII, 196 Seiten. 28 Abbildungen.
Broschiert **EUR 26,90**, sFr 46,–
ISBN 3-211-82397-2

Band 2
1996. VIII, 217 Seiten. 28 Abbildungen.
Broschiert **EUR 31,50**, sFr 54,–
ISBN 3-211-82748-X

Band 3
1996. VIII, 191 Seiten. 79 Abbildungen.
Broschiert **EUR 31,50**, sFr 54,–
ISBN 3-211-82797-8

Das dreibändige Werk bietet eine Einführung in die wichtigsten mathematischen Grundlagen aus den Gebieten der Linearen und Nichtlinearen Algebra, der Analysis und der Diskreten Mathematik für Informatiker. Besondere Schwerpunkte bilden die in den Computerwissenschaften wichtigen Methoden aus Kombinatorik, Graphentheorie und der Theorie endlicher Körper. Damit zeichnet sich das Werk gegenüber den klassischen Grundlagenwerken der Ingenieurmathematik durch informatikspezifischere Inhalte aus. Zahlreiche durchgerechnete Beispiele und Erklärungen sollen die Möglichkeiten des Selbststudiums fördern.

P.O. Box 89, Sachsenplatz 4–6, 1201 Wien, Österreich, Fax +43.1.330 24 26, books@springer.at, **springer.at**
Haberstraße 7, 69126 Heidelberg, Deutschland, Fax +49.6221.345-4229, SDC-bookorder@springer-sbm.com, springer.com
P.O. Box 2485, Secaucus, NJ 07096-2485, USA, Fax +1.201.348-4505, orders@springer-ny.com, springeronline.com
Eastern Book Service, 3–13, Hongo 3-chome, Bunkyo-ku, Tokyo 113, Japan, Fax +81.3.38 18 08 64, orders@svt-ebs.co.jp
Preisänderungen und Irrtümer vorbehalten.

Springer und Umwelt

ALS INTERNATIONALER WISSENSCHAFTLICHER VERLAG sind wir uns unserer besonderen Verpflichtung der Umwelt gegenüber bewusst und beziehen umweltorientierte Grundsätze in Unternehmensentscheidungen mit ein.

VON UNSEREN GESCHÄFTSPARTNERN (DRUCKEREIEN, Papierfabriken, Verpackungsherstellern usw.) verlangen wir, dass sie sowohl beim Herstellungsprozess selbst als auch beim Einsatz der zur Verwendung kommenden Materialien ökologische Gesichtspunkte berücksichtigen.

DAS FÜR DIESES BUCH VERWENDETE PAPIER IST AUS chlorfrei hergestelltem Zellstoff gefertigt und im pH-Wert neutral.

MIX
Papier aus verantwortungsvollen Quellen
Paper from responsible sources
FSC® C105338

If you have any concerns about our products,
you can contact us on
ProductSafety@springernature.com

In case Publisher is established outside the EU,
the EU authorized representative is:
**Springer Nature Customer Service Center GmbH
Europaplatz 3, 69115 Heidelberg, Germany**

Printed by Libri Plureos GmbH
in Hamburg, Germany